古本屋散策

小田光雄

論創社

古本屋散策　目次

古本屋散策

1　近代古書業界の誕生

一九九〇年初頭のバブル崩壊から始まった日本の経済不況は、出版業界も例外ではなく、二一世紀を迎えてもその出口はみえず、出版業界がこれまで体験したことのない未曾有の危機に陥っている。従来の出版不況は、出版社の倒産として表出していたが、現在の出版不況は、出版業界の全領域に及んでいる。かつてとは比較にならないほど日常茶飯事のように起きている出版社の危機と倒産。これまでは潰れることのないとされていた取次の破産、無数の書店の閉店、廃業、それらの事実は書物の生産者としての出版社ばかりでなく、取次、書店といった書物の流通、販売のインフラの解体を告げている。

このように出版業界の全領域で起きている危機は、委託制と再販制に基づく護送船団方式の出版流通システムの終焉を意味し、構造改革を先送りしながら、奈落へとたどっているように思える。その出版業界の構図は紛れもない日本社会の現在の縮図である。

出版業界の危機はそのまま古書業界へと反映され、それは図書館界へとも確実に及んでいる。どうしてこのような事態に陥ってしまったのか。それを解明するためには、日本の近代出版業界の始まりまで、降りていき、出版社という単体の考察ではなく、古書業界、図書館界も含めた書物を支えてきたインフラをも総合的に歴史構造分析する必要があると思われる。

博文館と東京堂の関係から本格的に始まり、明治二十年代に立ち上がった出版社・取次・書店と

2002・4

いう日本特有の近代出版流通システムは、同時期に起きた雑誌の時代と交差し、また近代文学の誕生と軌を同一にしている。明治後半からの出版業界の成長と近代文学の成立の過程で、作者・出版社・取次・書店・読者からなる近代読書社会が出現し、様々な出版、書物神話、作者、作品崇拝、読書信仰が生まれていく。

そして明治三十五年に、博文館による大橋図書館が開館し、昭和前期にかけての私立図書館の時代の嚆矢となる。大正五年には、古書籍取引常設市場として東京図書倶楽部ができ、それを受けて、同九年に東京古書組合が結成され、本格的に近代古書業界が始まる。

したがって、出版社・取次・書店という近代出版流通システムの成長と連鎖するように、近代図書館も近代古書業界も立ち上がり、書店とともに読者の書物インフラを形成したことになる。近代図書館については、拙著『図書館逍遥』（編書房）で言及したので、ここでは近代出版流通システムと近代古書業界の関係にふれてみよう。

神田に代表される日本の古書業界は、世界に匹敵するものがないといわれているが、それは取次を中心とする特殊な流通システムが必然的に誕生させたのであり、近代出版流通システムの補完装置として始まったのではないかと考えられる。

博文館に代表されるように、雑誌や書籍は買切制で始まったのであるが、明治四十二年の実業之日本社による『婦人世界』の委託制の採用から返品可能となり、昭和初期にはそれが書籍にまで及び、この時代以後、日本の出版業界は現在に至るまで、返品制度に基づく出版史でいうところの「悪魔的取引」と「どんぶり勘定」と「自転車操業的出版」を宿命づけられたことになる。この委託制の導入により、明治末期に三千店だった書店は大正時代に九千店と急増していくが、それらはほとんどが雑誌店であった。そしてこの時代に定価販売制も確立された。委託制も書店網の拡大も定価販売も、雑誌にベースをおく取次主導によってなされた取次の売上の増加と安定のためのカルテルであり、書籍出版社もそうしたシステムに巻き込まれ、大量生産、大量消費へ向かい、少部数の書物もまたその波に呑みこまれた。そして無数の出版社が死屍累々と横たわり、売れ残った書物と大量の返品が生じることになった。

それらの近代出版流通システムからはじき出された大量の書物群を背景にして、古書業界が誕生したのであり、返品制と定価販売の始まりのかたわらで、大正九年に東京古書組合が発足したのは偶然ではない。書店と異なるリユースと割引販売、さらに小出版社、消滅した出版社の書物のリバリューといった古本屋のアイデンティティが確立され、そこから古本屋は様々な専門分野へと特化していく。そして書店がほとんどマガジンショップであったのに対して、古本屋はブックストアの地位をしめることになった。このように考えてみると、近代日本の書物文化の伝承と保存は、書店ではなく古本屋によって担われていたといえよう。

しかし、一九八〇年代以後、近代出版流通システムは過剰なまでの大量生産、大量消費によって均一的、画一的な書物しか生み出さず、リユース、リバリューに価しないリサイクル商品しか提供してこなかった。この事実が平成時代になってのブックオフに代表される現代古本屋の誕生を促したのであり、古書業界の危機もそこに原因が求められるのではないだろうか。

2　佐野眞一『だれが「本」を殺すのか』と大島一雄『歴史のなかの「自費出版」と「ゾッキ本」』

2002・5

昨年出版され、数多くの書評が出た佐野眞一の『だれが「本」を殺すのか』（プレジデント社）は、異例の売れ行きで五万部をこえたといわれている。これまでの出版業界本の実売部数は、せいぜいその一割にも充たなかったから、部数からいえば、この本は出版業界の人々や本に関係する人々に最もよく読まれたことになる。

しかし、こうした『だれが「本」を殺すのか』の異例の売れ行きと読まれ方にこそ、出版不況の真実と問題が潜んでいるのではないだろうか。佐野眞一は同書のなかで、出版業界のそれぞれの現場である書店、取次、出版社、図書館等を訪ね、精力的に取材して、現在の出版業界を「著者、版元という最川上から書店、読者という最川下まで、『本』の世界をいわば串刺しに」し、出版不況の背景をリアルタイムで報告しようと試みている。だがその分析と報告は、ひたすら出版業界の平面の表層を横滑りしているだけであり、出版業界の歴史的構造への視線を意図して捨象してしまっている。したがってこの本は、一般読者に対して出版不況の現在を解説する啓蒙書、あるいは出版ビジネス書であるといってさしつかえなく、出版業界の専門書、オリジナルな研究書ではありえない。

ところが残念なことに、数多くの書評はことごとく同書を出版業界の専門書であるかのように論じ、紹介することに終始していた。それも評者たちのほとんどが出版業界の内部の人間か身近な人々であったから、彼らもまた佐野眞一と同様に、出版業界の歴史的構造分析の視線を持つことなく、同書を書評していたことになる。しかし、出版業界のみならず、どんな領域においても、歴史への注視なくして、現在の問題を語れはしない。何よりも現在の出版敗戦の要因は歴史のなかに潜んでいるのであり、佐野眞一も評者たちも歴史的事実を直視することなく出版を論じている。それゆえに、出版の危機の本質と真実を隠蔽してしまっている。

今年になって刊行された大島一雄の『歴史のなかの「自費出版」と「ゾッキ本」』（芳賀書店）は、そのような『だれが「本」を殺すのか』に対する強い異和感に端を発し、異議申し立ての色彩を帯びているように思われる。

出版は文化の名のもとにピュアなものとして、また作者、著者、編集者というハイアングルな視点から常に語られ続けてきた。これが大島一雄の指摘している「出版の本流」であり、佐野眞一の本も含めて、近年かなり刊行された出版業界本も、多かれ少なかれこの「出版の本流」にある。しかし日本の出版業界の特有な歴史とは、生産と流通と消費という視点から考察するならば、むしろこれまでまともに論じられることのなかった「ゾッキ本」と「自費出版」といった「出版の傍流」にこそ、もうひとつの出版の真実が潜んでいるのではないだろうか。これが『歴史のなかの「自費出版」と「ゾッキ本」』を貫いているモチーフといえる。

そして、ある意味において昭和初期からの近代古書業界の成長も、「ゾッキ本」の流通販売と近世、近代の「自費出版」の発見とリバリューによってなされたのである。「自費出版」は説明するまでもないだろうが、「ゾッキ本」とは念のため申しそえれば、書店で売れなかったり、出版社が経営に窮したり、倒産したりして、大量に放出され、半値以下で古本屋で売られているものをいい、特価本、見切本、数物、バーゲン本等と様々によばれているものである。

「ゾッキ本」も「自費出版」も「出版の本流」からみれば、マイナスのイメージが強く、そのような研究書の出現を出版業界は望んでいなかったように思われる。だが現在問われているのは「出版の本流」の幻想の崩壊であり、その事実から逆に「出版の傍流」が浮上してくるのである。

大島一雄は『歴史のなかの「自費出版」と「ゾッキ本」』において、初めて総合的に書物の歴史を通じて「自費出版」とは何なのか、「ゾッキ本」とは何なのかを真正面から論じている。書物の出現と出版流通の歴史から考察すれば、「自費出版」はその入り口であり、近世から近代にかけての文学作品の多くが「自費出版」であった事実を論証している。また「ゾッキ本」に関してはその出口であり、出版社・取次・書店という「出版の本流」ではない、出版社・特価本業者・古本屋からなるもうひとつの流通システムに言及し、これまで出版資料としてほとんど使用されることのなかった全国出版物卸商業協同組合史である『三十年のあゆみ』にスポットを当てている。かくして、大島一雄が明らかにした事実は、「自費出版」や「ゾッキ本」といった「出版の傍流」もまた紛れもない出版業界のもうひとつの重要な側面であったことを教えてくれる。本誌の読者には、佐野眞一は読まなくてもいいが、ぜひ、大島一雄の本は読んでほしいと思う。

3　古本屋と『現代史資料』

2002・6

一九九〇年代から古本の世界にも確実にデフレーションの波が押し寄せているようで、個人全集の多くは驚くほど安くなってきている。この現象は新古本産業の出現もあるが、明らかに読者の立場をまったく無視しているとしか思えない出版社の経済的理由による再刊、復刊といった過剰生産に、その原因の一端が求められるだろう。

またそれは同時に、書物の世界を支えてきた近代文学の神話の崩壊を物語っているし、個人全集だけでなく、日本文学全集、世界文学全集もまた捨値処分のような価格になってしまっている。これらの風景は昭和初期の円本時代から始まった全集物の終焉を告げているのではないだろうか。

日本の古書業界も出版業界と同じく、二〇世紀のパラダイムのなかで成長してきたといえるであろう。二〇世紀のパラダイムとは、絶えざる人口増加とインフレーションであり、それは読者層の拡大と古書価格の上昇を意味していた。しかし、二一世紀は逆に人口減少とデフレーションから始まっている。この二一世紀のパラダイムはまちがいなく近年の古書価格の低落に影響を与えていると思われる。

先日送られてきたある古書展の目録に、みすず書房の『現代史資料』全四十五巻が十五万円という価格で掲載されていた。昭和三十七年から刊行を開始し、五十五年に完結した『現代史資料』は、他に類書のない現代史の一次資料であり、大量生産、大量消費とは無縁の企画であるのだが、この価格も古本デフレの反映なのであろうか。新刊定価は五十万円をこえているから、定価の三割にも充たない価格ということになるし、五、六年前までは記憶によれば、三十万円は下らなかったのであるから、半値以下になってしまったことになる。

あまりの安さに思い切って申しこむと当ってしまい、金策に悩むはめになってしまった。しかし、当選したということは、この価格でも申しこむ者が少なかったのであろうし、読者の立場からすれば安く入手できて喜ぶべきだろうが、さらなる古本デフレを告げているような気がするし、長年にわたる出版社と編集者の労苦に値しない価格で購入したことに後めたさを感じてしまうのだ。

この『現代史資料』は多くの学術研究の基礎文献であるばかりでなく、現代史をテーマとする歴史小説やミステリーの第一次資料となり、様々な人文科学の分野に多大な貢献を果たしていると思われるが、この企画は図書館でも研究室でも書斎でもなく、古本屋の店頭において見出されたことにその特色が求められる。実際に、『現代史資料』の企画者であり、そのうちの『ゾルゲ事件』三冊の編者で解説者でもあるみすず書房の元編集長の小尾俊人は、『本が生まれるまで』（築地書館）のなかで、「実例―現代史資料『ゾルゲ事件』が本になるまで」という『現代史資料』の企画の出現の実情を次のように記している。

「東京の本屋の街並み、神田神保町、本郷の大学前などの古本屋がなかったならば、『現代史資料』の企画のチャンスはなかったといえよう。」

小尾俊人の証言によれば、昭和三十五年前後に法律書専門の古本屋の店頭に、戦前の検事局思想部や特高や憲兵隊などの「極秘」で、配布番号の打たれた資料類や左右活動家調書数百冊が山積みされていた。その中に、表紙に「外諜事件」と小さく書かれた一冊の文書綴があり、それは昭和十六年に司法省刑事局思想課長であった太田耐造のゾルゲ事件に関する書類の綴込だった。このナマ資料の持つ具体的な迫力と検察記録としての第一級のものとの出会いによって、小尾俊人はまず『ゾルゲ事件』を企画編集し、それが長大な『現代史資料』の始まりとなったのである。「編集は出会いである。出会いからはじまるネットワークづくりが編集作業となる。それは単数が複数に、個人が集団に転換する、いわば生命現象にも似た社会現象ともいえよう。（中略）出会いのきっかけをつくるもの—それは人であり、本であり、社会であり、国であり、あるいは勢い、また空気でもある」。そしてこれらの偶然の組み合わせが、混沌から秩序へと向かい、それが成功した時、「世界のなかに『本』という名の新しい『モノ』が生み出される」と小尾俊人は述べている。

その出会いは古本屋とその流通システムによって用意されたのであり、古本屋の存在がなかったら、『現代史資料』の企画も成立していなかったことになる。小尾俊人はこれらの書物の規格からはずれた資料の流出のいきさつについて、「ばた屋」の手で拾い出され、「せどり屋」の目に止まり、専門の古本屋に持ちこまれたのではないかと推測しているが、おそらく昭和三十年代には、ばた屋・せどり屋・古本屋という流通システムが確固として機能していたように思われる。それが編集者と出会うことにより、『現代史資料』として結実したことになる。だが現在では、ばた屋もせどり屋も消滅してしまったといっていい。それは古書業界にも出版業界にも不幸なことのように思われる。

4 『世界文芸大辞典』の価値

2002・7

『新潮』の四月号に、島尾敏雄のこれまで未発表部分であった『「死の棘」日記』が掲載された。これは昭和二十九年の九月から十二月にかけての日記であり、『死の棘』（新潮文庫）の前半と照応している。始まりは九月三十日で、「この晩より蚊帳つらぬ」と記され、『死の棘』の書き出しである「私たちはその晩からかやをつるのをやめた」が、日記から引き出されていることを想起させる。

この日記は、三島由紀夫をして、「読むほどに引き入れられ、その凄愴な人間記録に、ただの文学的感銘といふ以上の怖ろしい迫力を感じさせ」、「正に只事ならぬ世界である」（「魔的なものの力」『三島由紀夫文学論集』講談社）といわしめた小説『死の棘』の詳細な補注であり、また古本屋も含めた当時の島尾一家の生活記録ともなっている。

昭和二十七年に、島尾敏雄は神戸から上京して、江戸川区小岩町に住んでいた。すでに『単独旅行者』（真善美社）などの三冊の作品を出版していたが、まだ新人作家であり、上京したものの小説の注文は少なく、定時制高校の講師として世界史、一般社会を教えることで生活を支えていた。そして日記にあるように、妻が夫の情事を知り、神経に異常をきたし、一家は狂気の生活へと追いこまれていき、生活費に事欠くようになり、しばしば古本屋へ本を売りにいっている。

特に十二月は節季のためか、大事にしていた蔵書まで売りに出している。その部分を引用する。

「十二月七日／都電で飯田橋、乗り換え神田に出て厳南堂《ママ》に世界文芸大辞典を値をつけさせると4000円という。

十二月八日／小岩書店によると世界文芸大辞典5000円という、明日金を貰うことにする。

十二月九日／世界文芸大辞典をミホと小岩書店に持って行き5000円受け取る。」

日記には記されていないが、小説では夫は妻に生活費として月々一万五千円渡していたとあるから、この五千円は生活費の三分の一に相当し、現在の価値からすれば五万円以上に考えられ、当時の古本の辞典類の相場が高かったことを教えてくれる。

この『世界文芸大辞典』は、昭和十年に刊行された中央公論社の全七巻本であろう。これは世界でも先駆けて編まれた辞典であり、数年前に集英社の『世界文芸大辞典』全六巻が出版されるまでは、六十年もの間匹敵するものがないほどの大著であった。昭和初期までの世界文学状況という時代の制約はあるにしても、第七巻を丸ごと各国文学史にあて、日本、中国、インド文学を西洋文学と同列に配置している特色があり、そのことで東洋史を専攻した島尾敏雄の貴重な蔵書になっていたのではないかと推測できるのである。

『世界文芸大辞典』は、仏文学者の吉江喬松を責任編集として、早稲田大学文芸学会のメンバーを中心にして企画されたもので、それに中央公論社の嶋中雄作が社の五十周年記念出版として賛同し、顧問には島崎藤村、市河三喜、新村出、辰野隆、藤村作等の作家や東大、京大の学者たちが就任していた。

当時としても、大企画であり画期的なものであったと考えられるのだが、現在に至るまでこの辞典に関してのまとまった言及はみられない。『中央公論社の八十年』や『回顧五十年』といった社史にも出版の記述があるだけで、各種の文学事典においても解説すらほどこされていない。『新潮日本文学辞典』の吉江喬松の項を引いても『世界文芸大辞典』のことは出ていないし、『吉江喬松全集』（白水社）のなかにも文章は残されていない。かろうじて、佃実夫、稲村徹元編の『辞典の辞典』（文和書房）で、「各種『世界文学辞典』の原点ともいうべき名著。現在なおかつ価値の高いものである。（中略）中央公論社がなぜ再刊しないのか不思議なくらい」と記しているだけである。

それはどうしてなのだろうか。想像するに、中央公論社はこの企画に大失敗したゆえに、『世界文芸大辞典』を封印してしまったのではないだろうか。私の所有しているものに全巻七十万部目標との葉書がはさまれている。早過ぎた企画、一冊七円の高定価、外国文学読者層の薄さ、出版社として辞典や書籍出版の経験の浅さ、それらを総合して考えると、せいぜい一万部止まりであり、悪夢のような赤字出版ではなかったか。そして編者の吉江喬松が昭和十五年に亡くなったこともあり、忘却されてしまったように思える。その証拠に中央公論社は戦後になっても辞典を出版することはなかった。

しかし、その価値は戦後の時代に古書業界においてリバリューされ、島尾敏雄の売り値から考えれば相当高い価格になっていたことがわかる。現在ではインターネットで検索すると一万円を切っている。安くはなってしまったが、当時の日本の外国文学事情に関して、これ以上の辞典はないように思われる。

5　高浜虚子「杏の落ちる音」と岡田村雄

2002・8

明治四十五年に発表された高浜虚子の短編「杏の落ちる音」は、『集古』の同人であった岡田村雄とその周辺の人物をモデルにしている。この短編に関しては、林若樹が『集古随筆』(大東出版社)のなかで、「『杏の落ちる音』に就て」やその余談としての「復軒先生」を記し、内田魯庵は『思ひ出す人々』(春秋社)に「『杏の落ちる音』の主人公」を収録している。また最近では山口昌男が『内田魯庵山脈』(晶文社)の冒頭で、虚子の短編と内田魯庵の回想を丁寧に結びつけて論じ、『集古』の人脈にわけいるプロローグとしている。

しかし、虚子の小説も林若樹や内田魯庵の補注や回想も文庫からは外されているため、文学全集か個人全集でしか読むことができなくなっている。岡田村雄は世に現れることはなかったが、多芸多才の人物で狂言師としても名前が通り、先代からの古銭家として、一部の好事家の間でだけ知られていた。まさに内田魯庵がいうように、「此の陰れたる才人の面影が虚子の筆に載って世に傳へられたのは何かの因縁であらうし、江戸の通人を偲ばせる紫男の面影は虚子の作に由て後世に残る」ことになったのである。

この「杏の落ちる音」とそれをめぐる林若樹や内田魯庵のエッセイに、『集古』と関連する出版物が散見され、実物を入手したりしたので、それらについて記しておきたい。虚子の小説によれば、岡田村雄は自宅で一中節の稽古を始めたことをきっかけにして、お紫津という元は堀の内の芸者で一中節の師匠と通じるようになる。お紫津は男遍歴に富んだ女で、村雄は彼女から肉の方面に関するきわめて大胆な告白を引き出し、それを熱心に筆記し、女の閨情文学として「おしづ籠」と題する一冊の書物にしようとしていた。そのことで村雄の健康は損なわれていき、インフルエンザにかかり、「お紫津の為めに命を取られた」とうわ言を残して、三十八歳で早逝してしまう。そして村雄の細君は遺言に従い、彼の残した書きものを林若樹に贈った。小説は次のような文章で終わっている。「其中に『おしづ籠』もあった。其は仮綴してあったのを直樹は表紙を買って来て自分で製本した」。

小説では「おしづ籠」となっているが、実際は「お千代船」で、林若樹は「復軒先生」のなかで、彼女と関係のあった大槻文彦がこれをみせるように迫ったエピソードを記し、大槻文彦が登場する「お千代船」の部分を紹介している。そして山口昌男は「お千代船」は風俗史的部分だけが『風俗』に連載されたと書いている。その後、この「お千代船」の行方はどうなったのであろうか。少部数の私家版として出版されたのだろうか。

岡田村雄の死後、大正五年に、『集古』に連載していた江戸時代の商標集が、『紫艸』として和本仕立てで出版される。内田魯庵によって、これは「明治大正年間を通じて凝った出版の一つで、後世珍本としてもてはやされるべきものだ」と評されている。『紫艸』は「集古叢書第二」として刊行され、「集古叢書第一」は三村竹清の『蔵書印譜』である。この「集古叢書」も『集古』にその記載がないため、その後も刊行されたのかどうかわからない。鈴木馨の「集古会について」(『書物展望』昭和十五年九月号)を読むと、屋代弘賢の年賀の名刺を集めた三村竹清の名紙譜を叢書として刊行する予定で、印刷完了していたが何かの都合で林若樹の土蔵に埋もれたままになっていて、昭和十四年林若樹追善のため出版されたとなっている。これが「集古叢書第三」なのであろうか。昭和七年の三村竹清の『続蔵書印譜』は発行所が文行堂書店になっていて「集古叢書」とは銘うたれていない。

さらに岡田村雄は、小説にも書かれているが、その頃支那人の古銭コレクションを入手して、同仙会という古銭の会を開き、古銭講義をしていた。この古銭購入については、小説には林若樹や内田魯庵のようにモデルとして登場していないが、山中共古も関係していたのではないだろうか。やはり『集古』の同人であり、古銭の専門家でもあった山中共古はかなりの古銭に関する著述を残している。それらは主として、明治二十年代の『東京古泉会報告』「東京古泉会雑誌』に発表され、共古翁記念文集『趣味と嗜好』（岡書院）所収の貫井銀次郎の「愛泉雑感」によれば、後者は東京古銭会が出していた月刊雑誌で岡田村雄たちの提唱で始まっている。ところが、この二つの雑誌の所在が判明せず、これらの山中共古の古銭随筆はこれまで未見のままで、読むことができない。

このように、岡田村雄をモデルにした「杏の落ちる音」とその周辺文献には、書物や雑誌に関する謎が散見できるのである。そこでいくつかの疑問を記してみた。

6　中村古峡の出版

2002・9

ここ数年、明治二十年代に成立した出版社・取次・書店という近代出版流通システムと近代文学の関係、そしてそのひとつの帰結としての昭和初期の円本時代について調べているのだが、近代文学と流通システムに関する資料がほとんど残されていないため、全体の見取図を描けずにいる。

一般的な近代出版流通システムの理解からいえば、明治末期に実業之日本社が『婦人世界』に返品制を導入したことから、他社も追随してそれまでの買切制から雑誌委託制が始まり、そのことによって当時三千店であった書店が昭和初期には一万店をこえ、大正時代の出版業界の成長を促したとされている。確かに、大正時代には岩波書店、平凡社、白水社、春秋社、改造社、小学館、文芸春秋社など多くの出版社が創業している。

しかし、この大正時代こそはこれらの著名な出版社の背後で、出版史に記述されることのない無数の出版社が出現し、ひとつの出版ルネサンスを迎えていたのではないだろうか。そして文学者ばかりでなく、様々な分野の人々が出版に身を投じ、多様な出版活動が展開され、出版を通じての理想の実現と共同体が夢見られ、その水脈が円本時代の三百数十種の全集、講座、長巻物の百花斉放ともいうべき企画へ流れこんでいったと推測できる。

例えば近代文学の領域に限っても、紅野敏郎の労作『大正期の文芸叢書』（雄松堂）や現在刊行中の『編年体大正文学全集』（ゆまに書房）に明らかなように、短かった大正時代に驚くほど多くの文芸叢書や文学作品が出版されている。しかしこれらを刊行した出版社はほとんど消滅してしまっているし、前述の大正期創業の出版社との関わり合いは薄い。この事実のなかに、大正時代の出版の二重性、あるいは特質が潜み、これらの出版を支えた流通システムが別個にあったのではないかと思われる。

近代出版流通システムの成長はひたすら読者層を追求するマス商品をベースにしていた。そのかたわらで、現在の言葉でいえば、リトルマガジン、小部数の文芸書、翻訳書、研究書を主とするインディーズ系出版社は、読者に向けての作品を出版し、予約直接販売、会員制方式、組合システムといった近代出版流通システムとは異なる流通と販売に立脚し、成長していく出版資本とは別の出版活動を模索していたのではないだろうか。だがその可能性はおそらく東京の出版社の半数を壊滅させた関東大震災で断ち切られてしまった。

ここではそうした大正時代の出版シーンに持続して参画し、円本時代へと直接繋っている中村古峡にふれてみよう。彼の名前を最初に知ったのは夏目鏡子の『漱石の思い出』（角川文庫）であり、その後フロイトやユングの早くからの翻訳者、紹介者であることがわかった。そして数年前に古本屋で『近世変態心理学大観』の第十巻『狂人の心理』を購入し、その奥付からこのシリーズの発行者が中村古峡であり、彼が出版者でもあったことをあらためて知った。

そして近年、曽根博義らの尽力と研究によって、精神病者の弟をモデルにした小説『殻』がゆまに書房『編年体大正文学全集』第二巻に収録され、古峡が主宰していた『変態心理』の復刻及び『「変態心理」と中村古峡』（いずれも不二出版）の刊行がなされ、文学者、異常心理研究家、臨床精神科医としての中村古峡の軌跡が明らかにされつつある。それに加えて、大正時代を通じて中村古峡は出版者であり続けていた。『「変態心理」と中村古峡』に収録されている曽根博義による詳細な年譜を参照して出版者としての古峡を追跡してみる。

大正三年／青年学芸社。アンデルセン、イプセン等の翻訳書。
大正四年／古峡社。宮城県温泉紀行『仙南仙北温泉游記』
大正六年／三俠社。『日記文自在』日本精神医学会。『変態心理』創刊。『日本変態心理叢書』（大正十年）
大正十年／日本変態心理学会。『変態心理学講義録』。『近世変態心理学大観』（大正十二年）
大正十三年／南北社、方丈社。『殻』再刊。

いずれもがその発行者は中村古峡の本名である中村蓊となっていて、その精力的な出版活動に驚かされるが、その経済、流通、販売がどうなっていたかはわからない。そしてどのような経緯を経たのかこれも不明であるが、昭和の円本時代に入ると、『世界大思想全集』や『大思想エンサイクロペヂア』（いずれも春秋社）、『変態文献叢書』（文芸資料研究会）、『近代犯罪科学全集』（武俠社）の訳者や著者として、出版者から転身していく。

おそらくこの時代から、出版はマスに転化し、著者、翻訳者、出版者の分業化が始まり、三者を兼ねることの多かった小出版社が円本時代にのみこまれていったことを中村古峡の軌跡は示しているのではないだろうか。

7　三上於菟吉の翻訳

2002・10

数ヵ月前、浜松の時代舎で三上於菟吉のサイレン社版『雪之丞変化』をみつけた。入荷したばかりで、保存状態もよく美本であり、八千円であった。すぐ買い求めればよかったのだが、他の本が必要だったので見送ってしまった。買うつもりで次にいくと、すでに売り切れていた。店主の田村氏に聞くと東京の同業者が買っていったとのことであった。

三上於菟吉はこの代表作『雪之丞変化』すらも講談社の大衆文学館を最後に文庫は品切となり、もはや忘れられた作家になろうとしている。大正末期から昭和初期にかけては、大佛次郎、白井喬二、佐々木邦と並んで流行作家四天王の一人に数えられ、昭和十年には『三上於菟吉全集』（全十二巻、平凡社）が刊行されているが、昭和十一年に病いに倒れたこともあり、その全盛期はわずかの間であった。そして戦後になっても、他の三人は全集が刊行されたが、三上於菟吉だけは復活しなかった。高見順が『昭和文学盛衰史』（文春文庫）で、「三上於菟吉は、放蕩三昧のなかで逞しく通俗小説を書き飛ばして稼いだ」と冷淡に記しているように、こうした評価が近代文学史における三上於菟吉についての共通の理解であるかもしれない。

しかし近代文学史の評価からではなく、近代出版史や翻訳史の視点から三上於菟吉に焦点を当ててみると、彼が出版者や翻訳者として見逃すことのできない役割を果たしていたことがわかる。

大正四年に三上於菟吉は『春光の下に』（文好堂書店）を自費出版し、作家としてスタートするのであるが、そのかたわらで一貫して出版者であり続けていた。大正十一年に元泉社（共同経営者の直木三十五によれば原泉社、他の資料では玄泉社）という出版社を起こし、白井喬二の『神変呉越草紙』など十数点を刊行するが、関東大地震で潰れてしまう。昭和三年には平凡社の円本『現代大衆文学全集』（全六十巻のうち三巻を占めている）の印税を妻の長谷川時雨に与え、自宅に女人芸術社を設立し、『女人芸術』を創刊する。しかしこれもまた膨大な赤字となり、昭和七年に四十八冊を刊行して女人芸術社は終わる。元泉社、女人芸術社の失敗にもこりず、昭和十年にはまたしても出版社を始める。それがサイレン社であり、時雨の『近代美人伝』『草魚』、丹羽文雄の『鮎』、石坂洋次郎の『金魚』、魯迅の『支那小説史』などを出版した。だがサイレン社も三上於菟吉の病いとともに終わりを告げたと思われる。これらの出版活動のために、三上於菟吉は「通俗小説を書き飛ばして稼い」でいたのだ。

作家、出版者であると同時に、三上於菟吉は翻訳者としてもあり続けていた。彼はその卓抜な英語力で同時代の作家と比較にならぬほどの多くの原書を読破していたし、それが多作な大衆作家として頭角を現した要因であった。唯一のエッセイ集『わが随筆漂泊』（サイレン社）によれば、ジェイムズ・ジョイスやペトラルカ全集まで読んでいたようで、広津和郎は「三上は驚くほど本を読んでいた。十八世紀あたりの世界文学をあんなに読んでいた男は、早稲田には殆んどいなかったであろう」（『年月のあしおと』講談社）と書いている。

三上於菟吉の翻訳のなかで特記すべきはゾラであり、『獣人』（改造社）、『貴女の楽園』（天佑社）、『歓楽』（元泉社）などの「ルーゴン＝マッカール叢書」に連なる作品を翻訳している。このゾラの蔵書は十九世紀後半のフランス「第二帝政下における一家族の自然的・社会的歴史」というサブタイトルのもとに刊行された全二十巻にわたるものであり、『居酒屋』や『ナナ』もこの叢書に収められている。

しかし日本のフランス文学翻訳史において、ゾラはあまり恵まれた扱いを受けておらず、全集も刊行されていないし、「ルーゴン＝マッカール叢書」も全点の翻訳がなされていない。しかしこの叢書は一九世紀フランスのバブル経済を描いて百年後の日本の状況と酷似している。

現在からみて「ルーゴン＝マッカール叢書」のなかで最も重要なのは、三上於菟吉が大正十一年に翻訳した『貴女の楽園』であり、近年この作品を題材にして、鹿島茂の『デパートを発明した夫婦』（現代新書）を始めとする研究書、翻訳書が刊行されている。しかし三上訳はすでに八十年前のものであり、英訳からの重訳、抄訳であり、誤訳も多いのにもかかわらず、奇妙なことにフランス語からの全訳がなされていなかった。

一八八五年に出版されたこのゾラの作品は一九世紀後半の百貨店の誕生とともに始まろうとしていた消費社会の起源をリアルタイムで描いたものであり、世界文学史からみても初めての近代商業小説、消費社会小説として位置づけられる。そして消費社会の立ち上がりを生々しく伝えるテキストとなっている。

昨年から一年間かけてこの作品の新訳の編集を続け、ようやく校了したばかりだ。本邦初訳完訳版『ボヌール・デ・ダム百貨店』（伊藤桂子訳、論創社）として十月に刊行された。

8　『村上太三郎傳』と『明治文学書目』

2002・11

古本屋の均一台で買った一冊の本の話をしよう。それは昭和十四年に九曜社から非売品扱いで出版された『村上太三郎傳』であり、編者は早稲田大学教授で文化人類学者の西村真次となっているが、実際の執筆は歴史学者の洞富雄が担当している。

村上太三郎はもはや忘れられた経済人、実業家であると思われるし、人名辞典等にもその名前は残されていない。わずかに、横山源之助が『明治富豪史』（現代教養文庫）のなかで、泡沫金《あぶくぜに》を儲けた株屋として、「栗生武右衛門や、村上太三郎や、鈴木圭三などいう一騎当千の連中は、手具脛《てぐすね》引いて、一六勝負をやっている」とその名前をあげているくらいで、他には見当たらない。

しかし村上太三郎は藩閥も学閥も閨閥も持つことなく、徒手空拳で明治の株式相場や実業界に名を馳せた特異な人物であり、またそれゆえにこそ忘れられた経済人、実業家となってしまったように思われる。『村上太三郎傳』は記している。「五十九箇年に於ける彼れの生活は、多角、多測で、極めて複雑である」。

『村上太三郎傳』によってその生涯を追ってみる。安政四年に遠江の掛塚で生まれ、七歳にして父親を失い、母親の手で育てられる。天竜川下降の掛塚は江戸時代からすでに木材を中心とする廻漕業の盛んな土地で、普通の農村とは異なり、投機的な雰囲気が漂い、土地の人々には一種の商人魂がみなぎっていたようだ。村上太三郎は母親に商人になれとすすめられ、明治元年に十二歳で横浜に出て、洋銀取引、両替商に勤める。そして二十三歳で横浜洋銀取引所（明治十三年に横浜株式取引所と改称）仲買人、三十三歳で東京株式取引所仲買人となる。村上太三郎は若くして文明開化の渦巻く開港場である横浜を肌で学び、明治維新の殖産興業、産業報国を背景にして、相場師となったのである。明治十一年に開設された東京株式取引所は日清、日露戦争を経て驚くべき成長をとげ、その過程で三井、岩崎、安田等の財閥が形成され、そこには様々な生々しい前期資本主義時代のドラマが展開されたに違いなく、その中心人物のひとりが村上太三郎であった。その一例として、『村上太三郎傳』は北海道炭鉱鉄道会社の株の仕手戦を取り上げている。この鉄道株をめぐって、桂太郎、安田善次郎、雨宮敬次郎といった政財界の人々、玄洋社の杉山茂丸なども関係して、一大仕手戦が繰り拡げられた。そしてそれに相場師たちも参画していた。『村上太三郎傳』は南波禮吉の『日本買占史』を引いて、それを次のように書いている。「相場師中の巨頭として投機界に其人ありと知られてゐた『天下の絲平』事、田中平八であり、今村清之助であり、更に仲買人としては、村上太三郎、加東徳三などと云ふ株界に於ける一騎当千の猛者揃であつた」。

村上太三郎はこの仕手戦に勝利を納め、その利益は「殆んど想像に余るほどの巨額」であり、「北海道炭鉱将軍」と新聞で渾名されたという。そしてこの巨額の利益を元にして、様々な新興産業に対する投資したり、経営に加わっていく。鉄工、電燈、精糖、石油、製粉、製壜、製鋼、重石、木材、水道電気、醤油醸造、汽船、映画といった多岐に及び、最後には鉱山業に進出している。しかしその多くは失敗に終ったようで、大正四年には衆議院議員に当選したが、その後すぐ肉腫で死亡し、相場師、投機家としては知られていたが、大成しない実業家、経済人、政治家としてその生を終えたことになる。村上太三郎がなぜ忘れられ、大成せずに終ったのか、それは彼の投資した産業をみるとわかるような気がする。明治新興財閥の三本の柱は株式投機、金融資本の育成、土地の買占めであり、村上太三郎は株式投機だけで、そのことによって実業家、経済人としては大成しなかったといえるのではないだろうか。

しかし村上太三郎もまったく予測していなかったと思われるが、村上の名前は明治文学や明治文献収集の分野において記憶されることになるのである。子供のいなかった村上太三郎は、養女の婿として旧姓を鈴木濱吉という同郷の掛塚出身の青年を迎える。この青年は東京高等師範学校卒業後、早稲田中学で教鞭を執っていたが、明治四十三年に村上の援助で渡英してロンドン大学に入り、ついでドイツに移ってベルリン大学に学び、経済学を修めて、大正三年に帰国し、結婚して姓を村上と改めた。

村上濱吉は経済学を専攻するかたわら、英文学を修めていたことから、関東大震災後の大正十三年から主に明治の文学書の収集を始め、それは昭和十二年には三万冊を擁する村上文庫へと結実した。そして同年、その文庫目録を『明治文学書目』として村上文庫から出版している。『明治文学書目』は昭和五十一年に飯塚書房から六十三年に国書刊行会と二度も複刻されている。しかし品川区上大崎にあった村上文庫の蔵書は、戦後、経緯は不明であるがアメリカに渡りカリフォルニア大学バークレー校にその六、七割が保管されている。

この事実は占領時代に村上文庫がアメリカへ持ち出されたことを物語っている。いつかこの事情を詳しく調べてみたい

9　白水社『模範仏和大辞典』と仏文学者

若い頃の読書を考えると本当に赤面の至りではあるのだが、外国文学研究者の随筆集は研究や評論より軽くみて、どちらかといえば読み飛ばしていたように思う。しかし近年、近代日本の出版史や翻訳史について調べていると、それらの随筆集が外国文学受容史と日本における洋書の輸入事情に関する貴重な証言となっていることに気づかされる。

たとえば、昭和三十六年に出版された鈴木信太郎の『記憶の蜃気楼』（文芸春秋新社）は、日本のフランス文学翻訳史の事情を断片的ではあるが、くっきりと伝えてくれる。東大フランス文学科はエミール・エックによる明治二十五年のフランス語学文学の講座とともに創始され、大正十年に退官するまで、二十九年間教鞭を執っていたが、その間に卒業したものはわずか二十二人で、鈴木信太郎はその最後の弟子の一人だったという。そして鈴木信太郎はフランス文学の翻訳事情について次のように記している。「欧州大戦以前には、日本に於けるフランス文学の研究などは皆無であつて、小説等も直接原典から正確に翻訳されたものは殆ど無かつた」。

この証言は英米文学、独文学、露文学に比較して、フランス文学が大正以前においてはほとんど重訳であったことを改めて教えてくれる。事実、エミール・エックを監修者として、初めてのフランス語辞典『模範仏和大辞典』が白水社から刊行されたのが大正十年であり、それまで本格的な辞典は存在していなかったことになる。この辞典について、堀口大学が、翻訳のために一年に一冊を

2002・12

使用不可になるほど読みこんでいるとどこかで書いていた。この辞典はバルザックやゾラといった一九世紀の作家を読む際には現在でも有益であり、私も重宝している。『模範仏和大辞典』は編纂者として名前を掲げてはいないが、鈴木信太郎は同期の岸田國士によって原稿の大部分が書かれたと証言している。そしてこの辞典の刊行を契機にして、本格的にフランス文学の翻訳紹介がなされるようになり、その成果が豊島与志雄のユゴーの『レ・ミゼラブル』であり、昭和初期の円本時代の『世界文学全集』（新潮社）などのフランス文学翻訳の隆盛へと繋っていったように思われる。

また無類の愛書家であった鈴木信太郎は、戦後の日本におけるボードレールの『悪の華』の初版と再版本の出現についても触れている。この二冊はさすがの鈴木信太郎も入手していなかった稀覯本で、神田の古本屋でインド文学者の松山俊太郎が発見して、身の廻りの物を一切処分して秘かに買っていたのである。

その話を聞かされた鈴木信太郎は、「路地からいきなり自動車が飛び出して来たやうな、冷蔵庫の中に押し込められて扉を閉められたやうな、何とも言へないショックを感じた」と書いている。

『悪の華』の初版は一八五七年に千三百二十部が出版された。しかし直ちに発売禁止となり、風俗壊乱で起訴され、六編の詩の削除を余儀なくされた。再版は一八六一年に千五百部が刊行されることになる。

筑摩書房の『ボードレール全集』第一巻の阿部良雄による詳細な「解題・詩集『悪の華』の成立」を読むと、『悪の華』の初版は表紙の細部の異同によって四種類があり、さらに完本、六編の削除本を含めて内容から五種類が存在しているという。松山俊太郎の入手した初版の完本版は稀少本であり、「研究者にとっても愛書家にとっても正に垂涎に価する」ものだったようで、鈴木信太郎は松山俊太郎からそれを借りて写真版を作成し、阿部良雄も松山本を参照して、『悪の華』を訳出し、その書影を前記の全集に掲載している。

フランス本国においても入手の難しかった『悪の華』初版が、刊行時から約一世紀を経て、どのような事情で神田の古本屋に入荷したのかは明らかにされていないし、その店の名前も不明だが、それにまつわるエピソードには興味深いものが潜んでいるように思われる。鈴木信太郎もそう感じていたようで、「こんな素晴らしい世界的な本を、而も初版再版併せて、誰が日本に輸入したのだらう。私はさういふ日本人に敬意を表したい」と記している。

鈴木信太郎のこの言葉を読んで、ノウル・R・フィッチの『シルヴィア・ビーチと失われた世代』（前野繁他訳、開文社出版）のなかに書かれていたある日本人の話を思い出した。この本はシルヴィア・ビーチが一九一九年にパリで開いたシェイクスピア・アンド・カンパニー書店とジョイスの『ユリシーズ』の出版をめぐる物語である。二二年に『ユリシーズ』は初版豪華版百部、普及版七百五十部が出版され、評判になると日本からも注文が届く。「東京の本堂善一郎という名の貧しい本屋の店員が二月一日シルヴィアに『ユリシーズ』一冊と一束の日本の通俗小説とを交換してほしいと申し出た」。これもまた本をめぐる奇妙なエピソードであり、本堂善一郎とはどのような人物なのであろうか。

10 戦前の『図書総目録』

2003・1

近代出版史の通時的一次資料として、年度版の『出版年鑑』のほかに、『図書月報』や『東京堂月報』がある。『図書月報』は明治三十六年、『東京堂月報』は昭和二年に創刊され、月毎に流動していく戦前の出版業界を書物の刊行に即して記録したクロニクルとなっている。しかしこれらは特定の年度の出版物や出版状況を調べるには有効だが、出版社と出版物全体を俯瞰するには断面的で、また多年に及ぶため大部すぎるといえよう。そればかりではなく、いずれも複刻されているが、高価なため個人では入手しがたい。

もう少しコンパクトで、通時的でありながら出版物を静止して俯瞰できる資料がないかとずっと考えていたのだが、それをようやく発見したので記しておきたい。その資料とは東京書籍商組合発行の『図書総目録』である。この目録はかなり以前から二冊所有していて、一冊は大正十五年版で四六判並製の七百頁余、もう一冊は昭和十五年版で菊判上製の千七百頁弱のものである。

しかし迂闊なことに所有していながら、この『図書総目録』は発行所もタイトルも同じであるので、昭和十五年版は大正十五年版から出版点数の増加に伴い、徐々にヴォリュームを増して、このような大冊になったのではないかと単純に思いこんでいた。ところが最近、東京の啓明書店から昭和四年版を入手して、前述の二冊がまったく別のものであることを知った。

昭和四年版には、十五年版には付されていなかった『図書総目録』の詳しい沿革が東京書籍商組合の大倉保五郎の「緒言」や赤堀又次郎の「跋」のなかに書かれている。それを補足すると、この『図書総目録』の刊行は次の九回にわたっている。

第一版明治二十六年、第二版明治三十一年、第三版明治三十九年、第四版明治四十四年、第五版大正七年、第六版大正十二年、第七版昭和四年、第八版昭和八年、第九版昭和十五年。

ちなみに入手した昭和四年の第七版の構成を記せば、「五十音別」四百六十頁、「発行所別」五百八頁、「類別」四百六十二頁、「著者別」三百六十二頁となっており、重複を別にして収録冊数は「五十音別」「類別」から判断すると一万八千点前後と推定できる。

参考のために、第七版に付されているそれ以前の版と昭和十五年第九版の収録冊数を上げてみる。

第一版約九千九百点、第二版約一万一千点、第三版約一万九千点、第四版約二万一千点、第五版約二万点、第六版約二万三千点、第九版約四万点。

この数字を追ってみると、出版社・取次・書店という近代出版流通システムが整備され始めた明治二十年代の書店流通在庫は一万点弱であり、その成長過程で二万点前後に倍増し、昭和期に入ると書店数が一万店をこえたこともあり、出版点数が急激に上昇していったことがわかる。しかもどのような事情からか昭和期の第七版、第九版も文庫はすべて収録されていないようなので、実質的にはさらに点数は増加する。そして第七版の一万八千点という数字の落ちこみは関東大震災による出版社の倒産や出版物の消滅を示しているように思われる。

これらの九冊の『図書総目録』は、明治から昭和戦前にかけて、持続して出版業界が一種の書籍総目録を試みてきた事実を物語っている。これは驚くべきことだ。なぜならば戦後になって『日本書籍総目録』が初めて刊行されたのは昭和五十二年であり、約四十年近くにわたって書籍総目録は空白のままだったのである。明らかに戦後の出版業界は量的拡大だけを追求し、情報、保存といった書物の意味を捨象して成長してきたことになる。

戦前のこれらの『図書総目録』は確実に古書業界にも影響を与えている。大正十四年の『一誠堂古書籍目録』や昭和三年の巌松堂書店の『日本志篇』といった古書目録の出現も『図書総目録』を範としたように思われてならない。そしてさらに大学図書館、私立図書館も含めた近代図書館における蔵書構成や目録編纂においても参考にされたにちがいない。

しかしあまりにも詳細で大部であったため、当時の書店事情や規模を考えると店頭の活用には無理であり、そのことからハンディで使いやすいダイジェスト版が求められ、別種の『書籍総目録』がこちらは年度版として刊行されたのではないだろうか。その証拠として、私の所有している大正十五年版には「小石川区雑司ヶ谷町新書堂書店」という判がうたれている。主として発行年と収録点数に言及しただけだが、これらの九冊の『書籍総目録』は明治から昭和戦前にかけての連続的な書物情報の宝庫である。その後、全冊を入手したことを付記しておく。

11 「御愛読趣味家鑑」

2003・2

本誌の一月号から、八木福次郎氏による斎藤昌三についての連載が始まり、また同時に三田林蔵に関するノートが掲載され、二月号より『趣味と平凡』の総目次が連載されるということなので、この二人に関する資料を記しておきたい。

私は刷り物やポスターなどにはまったくの門外漢であるのだが、一枚だけそれに類するものを所有していて、額に入れて時々眺めている。それは数年前の正月に、偶然立ち寄ったビルで骨董市が開かれていて、興味深い刷り物を発見し、値段は三千円であったが、山口昌男がみたら喜びそうな代物だと思い、購入したものである。その刷り物は「御愛読趣味家鑑」と題された大正十四年発行の縦五十センチ、横四十センチほどの一枚で、発行所は神戸荒田町の趣味新聞社、主幹は田中乃月と記されている。

この「御愛読趣味家鑑」は納札、絵葉書、商標、切手を始めとする多くの紙類、それらに加えて土俗玩具、古銭等のコレクターの大正期における全国名簿だと思われる。五段組で、東と西にわかれて、総勢二百人以上の名前と住所、収集分野が明記されていて、それは集古会の名簿である『千里相識』を彷彿させる。四段目には賛助役名も記載され、東の賛助役として外骨先生や淡島寒月の名前もあがっており、この趣味家たちの人脈ネットワークの奥行の深さを推測することができる。

私は浅学にして十人ほどしか名前を知らないが、碩学な読者であれば、これらの趣味家群像の見取図をただちに解明できるかもしれない。
たまたま読んでいた谷沢永一の『書物耽溺』（講談社）のある一章に、明治の文士録から『日本蒐書家名簿』までの様々な人名録の紹介があったが、趣味家名簿については言及されていない。ひょっとすると、この「御愛読趣味家鑑」の名簿は貴重なものであるかもしれないし、世話人として下段に「全国趣味誌発行者及主幹」が掲載され、当時の趣味に関する民間雑誌の一覧を構成しているように思われるので、その雑誌名と主幹名を紹介してみよう。

『壽々』／山内神斧
日本郵便切手協会々長／三井高陽
『趣味の燐票』／佃野由兵衛
『趣味之友』／石川武二
『アワー』／前田晃
『ミカド交換クラブ』／小塚省吾
『趣味と平凡』／三田林蔵
『スタンプコレクタ』／吉田一郎
『遊覧と名物』／鷲見東一
『洛陽』／福田江月
『東洋趣味』／小幡實
『三すじ』／前田千之助
郵楽会長／木村梅次郎
『寸葉趣味』／伊藤子郎
『テーストポスト』／吉田映一
『いもづる』／斎藤昌三
『郵明』／梶原元繼
『江戸紫』／鈴木祥湖
『万国通信世界』／夏目金計
『鳩笛』／田中緑紅
『交通運輸時報』／下村完兵衛
『川柳大大阪』／本田溪花坊
『交蒐』／蒲原抱水
『親郵』／寺島九一郎

『趣味檀』／佐々木万次郎
『蒐樂』／津田喜代治
『趣味』／柏木克之
『てんわうじ』／信田葛葉
『愛書趣味』／青山督太郎
『鳥域』／武田鋭二
『久壽加語』／藤井好浪子
『愛燐界』／中尾佐太郎
『あさづま』／樋口朝次郎
『大大阪時報』／辻元閃光

私が知っているのは斎藤昌三、三田林蔵、前田晁の三人だけで、その他の人物と雑誌に関しては全くの初見である。しかしこのようにリストアップしてみると大正時代には趣味の世界が全国的な拡がりをもっていて、それぞれの趣味家たちが自立した民間のパブリシャーであったようだ。この事実は短かった大正時代において、多くの文学者ばかりでなく、民間の趣味家たちもリトルマガジンというメディアで、出版資本の外側から自らの趣味を発信し続けていたことを物語っている。

おそらく明治後半から大正時代に形成された様々な趣味とコレクションの世界は、高度成長期の過程で終焉に向かったように思われる。大量消費、大量廃棄の社会へと移行するにつれ、その継承者たちも退場していく。それは趣味の意味の変容でもあった。そして現在、個々の趣味はマスメディアの発信するマスイメージのなかにとりこまれ、重苦しいまでの圧迫感を与えるものへと変質してしまった。すでにあの趣味家たちの充足した小宇宙は滅びたのだ。大正時代の趣味家たちのコレクションの対象もほどなく消え去るだろう。

12　北上二郎訳『悪の華』

2003・3

先頃、実用書の出版社である梧桐書院が民事再生法を申請して、実質的に倒産し、また同様に婦人生活社も自己破産が伝えられている。出版不況は出版物のなかでも最も手固いと思われてきた実用書の分野にも及んできているようだ。

出版物のシェアからいって実用書はかなりの売上を占めているのだが、人文社会書と異なり書評の対象となることもなく、古書業界においてもゾッキ本を除いて、商品以前の扱いを受けている。また実用書出版社は出版目録も社史も殆ど刊行していないので、その出版物の全貌を把握することが困難である。

しかし、これらの実用書出版社も高度成長期には実用書だけでなく、様々な分野の出版物を刊行していた。だがそれらはロングセラーとはならなかったようで、短期間で姿を消し、実用書版元の名前ゆえか、古書市場でもみつけることが難しい。私もそうした実用書出版社の金園社から、昭和四十二年に刊行されたボードレールの北上二郎訳『悪の華』を三十年近く捜しているのだが、現在に至るまで入手出来ない。

この本の存在を知ったのは、昭和四十八年の『ユリイカ』五月臨時増刊号の『総特集ボードレール』に掲載されていた阿部良雄のボードレール文献に関する「批評的書誌」においてだった。そのなかで、阿部良雄は他の訳書に比べて、北上二郎訳に長い注解を加え、「その解釈においてしばしば目を見はらせる新鮮なものをもっている」と記していた。このことから、北上二郎という見知らぬ訳者名と金園社という版元の組み合わせは奇妙な印象を残した。

この本について、しばらく忘れていた時期もあったのだが、四方田犬彦が『読むことのマニア』（筑摩書房）のなかで、昭和四十二年に渋谷の大盛堂書店で買い求め、「わたしは岩波文庫に収められた、厳粛にして難解なる鈴木信太郎訳よりも北上二郎訳から『悪の華』に触れることができたのを、奇貨であったと考えている」と書いていたことから、どうしても読みたくなり、図書館での検索を頼んだ。すると国会図書館にしか所蔵がなく、コピーは不可であるが、原本を初めてみることができた。北上二郎訳は確かに新鮮である。他の訳と対照すれば、それは歴然であるが、紙幅もないので、北上二郎訳「秋の歌」の一節を上げてみよう。

「われらは、ほどなく寒々とした暗黒の中に沈むであろう。さらば！　あまりにもあわただしかった輝く光の夏よ！　私は、すでに聞く、中庭の敷石の上に、悲しい音を立てて落ちてゆく枯枝の響きを――」

北上二郎の「後書」から推測すると、この訳書が刊行されたのは昭和十年前後のようで、金園社版はその複刻ではないだろうか。北上はこの『悪の華』百五十八篇の全訳について、「世界最初のもの」であり、翻訳形式に関しては、日本の自由詩にならい、原文の行換えを排除し、「難解な美辞麗句を排撃し、できるだけ素朴に、詩によっては、童謡の行き方さえ取った」と記している。北上がボードレールの原文に接したのは、大正十一年岩手県一関町の天主公教会のフランス人神父の導きによってであり、その後「貧しい巷の詩人」として、『悪の華』の全訳を試み続けていたようだ。

「後書」の謝辞に、高橋新吉、山室静、土方定一、林達夫、佐藤春夫等の名前が上げられていて、この北上二郎という謎の訳者の文学環境を彷彿させる。四方田犬彦は北上二郎について、社会的に名のある人物の筆名ではないかと推測しているが、「後書」から考えると、本当に「貧しい巷の詩人」であったように思われてならない。

しかし謎は訳者ばかりではない。昭和十年頃、どのような出版社から刊行されたのか。そして三十年後にどのような経緯と事情で実用書出版社から複刻刊行されたのか。ちなみに金園社からは同時期に本書だけでなく、訳詩集が何冊か刊行されたようで、巻末に五冊の案内が掲載されている。

加納健訳『ゲーテ詩集』、間野藤夫訳『ハイネ詩集』、阿部瓊夫訳『バイロン詩集』、黒崎鉄夫訳『ヴェルレーヌ詩集』、浅野晃訳『ホイットマン詩集』

これらの訳者のうち、浅学のため浅野晃しか知らない。これらの詩集も『悪の華』と同様のシリーズで昭和十年前後に出版されたものなのか、いずれも未見のため訳詩集の出版と実用書出版社の企画の謎は深まるばかりである。

最近になって、妻がインターネットを始めたので、先日『悪の華』を「日本の古本屋」で検索してもらった。そうしたら何と、青森の林語堂に八百円であるではないか。喜び勇んで注文するとすぐに受注の返事がきた。しかしその翌日、メールで売り切れていましたという知らせが届いていた。悔しい。

13　船戸与一前史資料

2003・4

ひとつのテーマを定めて、一冊の書き下しに取りかかる場合、そのための資料収集にかなりの時間を費やしているのだが、それでも事前にすべてを原本で入手することは難しい。しかも書いている途中で、予測していなかった本が必要な資料となってくる。結局いつも書くことと平行して本探しをすることになってしまうが、締切という時間の制約もあるので、いつまでも古本屋で探している訳にもいかず、とりあえずは所蔵している図書館を調べ、コピーを取るか、抜き書きで間にあわせるしかない。

ところが書き下しを終えてからも、コピーや抜き書きですませた本に関しては気になるもので、その後も収集を諦められない。しかしそれらが一九六〇年代から七〇年代にかけて出版されたものだと、往々にして古書価が定まっていないので、容易にみつけることができない。そのために十年くらいかかってしまう本もあり、このほどインターネットによってようやくその一連の最後の本を入手したので記してみたい。

十年程前のことになるが、旧知の筑摩書房の編集者と別件で会った際に、船戸与一論の書き下しの依頼を受けた。私もいずれはそのつもりで資料収集していたので、力不足は承知の上で、一九七九年の処女作『非合法員』（講談社）から八九年の『砂のクロニクル』（毎日新聞社）に至る船戸与一の物語世界をあらためて再読することになった。しかし船戸与一を論じることは作品論だけですまされるものではなく、船戸与一のよって立つ思想と状況、それに絡み合う現代史の流動に注視する必要があり、同時に船戸与一の前史の検討も射程に入れなければ、その作品群を読み解いたことにならないのである。衝撃を伴う『非合法員』の出現は突然であったが、その船戸与一の前史には原田建司、豊浦志朗、外浦吾朗という三つの名前が潜んでいて、この三者の合体によって『非合法員』の特異な世界が形成されたのだ。

本名の原田建司においては、早稲田大学探検部員、アラスカ遠征に参加。豊浦志朗においては、『硬派と宿命』（世代群評社）と『叛アメリカ史』（ブロンズ社）のルポライター。この二冊は船戸与一の物語世界を理解するのに必読の文献である。後者は前述の編集者によりちくま文庫に収録されたが、前者は著者の意向により文庫化されていない。その理由は推測できるが、あえて書かない。外浦吾朗においては、コミック『ゴルゴ13』と『メロス』の原作者。

この船戸与一の前史に関する資料が不足していた。その主なもの四点を記す。

1　『早稲田大学探検部史』
2　原田建司他『アラスカ・エスキモー』朝日新聞社
3　外浦吾朗原作『メロス』全四巻、双葉社
4　M・イレル他『狂気の家畜人収容所』（鈴木豊訳）二見書房

これらの四冊を早急に入手することに、書き下しの行方がゆだねられ、完成はそれにかかっていると考えた。しかし念じれば、本は奇蹟のようにも出現してくる。

1は刊行されているのかどうか不明であったが、何の偶然なのか、その編集者が社内に転ってい

たといって届けてくれた。正式タイトルは『早稲田大学探検部30年史』であり、学生時代の船戸与一の写真が掲載されていた。2と4は長い間古本屋で探していたのだが入手できないことから、図書館で探すしかない。2は早稲田の図書館に寄贈されているのではないかと考え、教師をしている友人に頼むと在庫があり、コピーを入手した。4は思いがけぬ地方の図書館にあり、抜き書きできた。さて問題は3の『メロス』であるが、何の期待もせずに入った小さな町の古本屋に全四巻セットが五百円で売られていた。本当に何という巡り合せであろうか。この時、まだ原稿は途中であったが、すでに完成したかのように思われた。また事実、その後すぐに脱稿したのである。だが資料に関しては幸運に恵まれても、出版は頓座する。件の編集者が退職してしまい、原稿は数年の間机の引き出しに眠ることになり、他社から出版されたのは数年後であった。(『船戸与一と叛史のクロニクル』青弓社)。

その後も、2の『アラスカ・エスキモー』と4の『狂気の家畜人収容所』を探し続けたが、店頭でも古書目録でも一度も出会わなかった。それは1と3も同様である。だが二年前、九州の古本屋を対象とした講演でその話をすると、長崎の太郎舎に4の在庫があり、千五百円で送ってくれた。この本は皆川博子の直木賞作品『死の泉』(早川書房)の種本でもあり、探求者が近年増えているようだが、ほとんどみつからないという。

2は最近になって、前述したようにインターネットで札幌の花島書店において発見し、二千五百円で入手した。しかしこれほど時間をかけているのに、感激は薄い。やはり店頭での思いがけぬ発見に優るものはないように思われる。だがそのような時代も次第に遠去かっていく。

14　大正期の出版と宗教

2003・5

昨年の暮れ、学習院大学の山本芳明氏と『文学』（二〇〇三年三、四月号）で、昭和初期の円本時代についての「円本の光と影」という対談をすることになり、その必要から、広津和郎の『昭和初年のインテリ作家』を再読した。

昭和五年に発表されたこの小説は、いわゆる馬込文士村を舞台にして、登場人物は広津和郎、尾崎士郎、宇野千代、梶井基次郎、萩原朔太郎夫妻がモデルとなっている。テーマのひとつはこの時代におけるアメリカニズムの台頭と宇野千代と梶井基次郎、萩原朔太郎の妻の恋愛事件であるが、本筋は円本時代におかれた作家がその状況に対してどのように対応すべきかの試みを描いていることにある。

広津らしき主人公の北川は、円本という大量生産、大量消費の時代を迎えて、作品は功利主義的商品に限りなく接近し、作家は出版資本主義に従属する単なる執筆業者、あるいは労働者にすぎないのではないかと考える。そして作家たちの団体である芸術協会が、出版資本に対して円本全集的企画は協会の承認と口銭収入を約束させれば、作家は出版資本と対等の関係にもちこめるのではないかと空想する。実際に、それを協会に提案するのだが、ほとんど理解されず、否決されてしまう。つまり広津和郎は出版資本に抗する文学サンディカリズムをこの時代に真剣に考えていたことになり、円本の経済をめぐるひとつのエピソードを示している。

このような広津和郎の発想も円本の出現も大正時代特有の文化的モードを背景にしているように

思われる。短かかった大正時代は国際的には第一次世界大戦、ロシア革命、国内では米騒動、関東大震災が起き、同時にマスメディアの発達とモダニズムの波に見舞われていた。島田清次郎の『地上』や賀川豊彦の『死線を越えて』のベストセラー現象もあり、熱狂的な文化的コアが急速に形成された時代だった。またそれは大本教のような新興宗教のブームにも象徴的に現われていた。

その事実は『昭和初年のインテリ作家』のなかにも垣間見られる。この作品で作家たちが伊豆の温泉に出かけて滞在する場面がある。そしてエピソードとして大本教（○教）がこの地方にも信者を多くもち、出口王仁三郎（鰐口出歯三郎）の写真が宿に飾られていることや彼が女中にいい寄ったという噂を書きつけている。出口王仁三郎が大正時代に湯ヶ島の温泉に滞在して、『霊界物語』を口述筆記させていたいきさつもあり、この地方に大本教が普及したのだろう。

『大本教七十年史』によれば、大正初期にその信者数は千人にみたなかったが、大正末期には数十万人に及んだという。その布教活動は出版を情宣ツールにして営まれていた。宗教と出版の関係はこの時代にあって読者層を一挙に獲得できるため、必然的に結びついたと考えられる。一燈園と春秋社、ひとのみち教団と新潮社、生長の家と日本教文社、それから意外に思われるかもしれないが、人文書院も前身は大本教脱退者たちと立ち上げた日本心霊学会であり、大正時代における出版は宗教と密接な関係を持ち、それ以後の宗教が出版活動を重視するようになったのは大本教に起源をもっている。

きわめて早い時期から、大本教は独自の出版社、印刷所、書店を持ち、盛んな出版活動を通じて、リテラシー階層への布教を目論み、海軍将校、教官、華族、文学者にまでそれは及んでいくようになる。明治四十二年に直霊《なおい》社を設立して、機関紙『直霊軍』を発刊したのを皮切りに、大正六年には英文学者の浅野和三郎を編集長として『神霊界』を創刊する。『神霊界』は当初東京の有朋堂を発売元とし、全国へと流通していった。国文学の『有朋堂文庫』の有朋堂と大本教の結びつきが何であったのかはわからない。これもまた知られざる出版流通史の一面である。『神霊界』が全国的に流通するようになると、大日本修斎会や天声社といった大本教直営の出版社の書物も活発に刊行され、読者層を拡げていく。手元にある浅野和三郎の『大正維新の真相』（大日本修斎会、大正八年）の巻末広告をみると、『皇道大本畧説』『皇道大本の研究』『大本神諭略解』など十一点が掲載され、いずれも版を重ねている。

それだけでなく、大正十年から刊行され始めた八十巻を越える『霊界物語』の第一巻は、昭和十年までに十版を重ね、一万七千部から二万部に達したと『大本教七十年史』は記している。全巻をトータルすれば、膨大な冊数が売れたことになり、大正から昭和にかけての宗教と書物をめぐる熱狂的モードを知ることができる。おそらくこのような状況を背景にして、『地上』や『死線を越えて』のベストセラー現象があり、その延長線上に円本時代が出現したのではないだろうか。

最近、この時代の出口王仁三郎のまとまった著作を磐田市の武蔵野書店で発見したのでそれを報告しよう。それらは『京都出版史明治元年―昭和二十年』（日本書籍出版協会京都支部）で確認すると、『王仁文庫』十冊（大正九年―十年）プラス一冊の全十一冊、『出口王仁三郎全集』（昭和十年）全八巻である。いずれも美本で、全冊に出口王仁三郎の署名があり、血の拇印が捺されている。前者は二十二万円、後者は八万円と高価ではあるが、貴重な資料、文献であるかもしれないので紹介してみた。

15 北上二郎訳『悪の華』顛末

2003・6

本連載12で、金園社の北上二郎訳、ボードレール『悪の華』について書いたところ、読者から様々な情報が寄せられ、北上二郎が誰であるか判明したので、そのことを報告しよう。

岩手県の読者から、金園社版は昭和十三年に出版された金鈴社の矢野文夫訳『悪の華』が元版ではないか、また北上二郎というペンネームは岩手県一関市を縦断する北上川から採られているのではないかとのご教示を受け、「秋の歌」と「後書」のコピーを恵送頂いた。その数日後に、これもまた古本をめぐる偶然であるのだが、大阪の近代資料会の『善本古書』目録が送られてきて、しかも矢野書房が二千五百円でそれを出品しているのを発見し、運よく入手することができた。こちらは昭和十四年の再版で、四六判四百七十頁、箱の有無は不明だが、この矢野文夫訳は北上二郎訳とまったく同じものであり、矢野文夫と北上二郎は同一人物ということになる。金園社版と金鈴社版の「後書」を比較すると、前者には一個所だけ削除がなされていて、それは謝辞人名のうちの、須藤慶治の前にある「耕進社主」に当たる。金園社版はこの「耕進社主」が削除されて、北上二郎訳で刊行されたために、元版が昭和九年出版の日本で最初の完訳、耕進社の『悪の華』であることに気づかなかったことになる。それは北上二郎訳に注目した阿部良雄や四方田犬彦も同様である。最近の『文学界』(二月号)の「読書のサバイバル」特集で、四方田犬彦が矢野文夫に言及しているが、なぜか耕進社版『悪の華』だけにふれ、北上二郎と同一人物であることを指摘していない。矢野文夫に関しては四方田犬彦の一文や『日本近代文学大事典』の項にゆずるが、何と平成五年まで存命であり、ボードレールと異なり、長寿を全うしたようだ。

さてこの『悪の華』に戻ると、戦後の金園社版は戦前の耕進社、金鈴社版のほぼそのままの復刻ということになるのだが、それまでの経緯は複雑な経路をたどって、様々な出版社から刊行されていたようだ。全国出版物卸商業組合の『三十年の歩み』の巻末にある、昭和九年から十四年にかけての「特価本資料」をみると、『悪の華』を含めて、耕進社の『小熊秀雄詩集』や式場隆三郎の『印象画家の手紙』がゾッキ本となっている。そこには耕進社だけでなく、金鈴社の土谷昌介訳『トルストイ傑作全集』、相馬御風・泰三訳『復活』、生田長江・春月訳『全訳罪と罰』も掲載されていて、さらには学而書院の矢野文夫訳『ボードレエル抒情詩集』も同様である。これは『悪の華』ではなく、『巴里の憂欝』の訳なのであろうか。耕進社、金鈴社、学而書院についてこのほかに何も知らない。しかし円本時代以後、翻訳書をメインとする小出版社がこれら以外にもあったにちがいない。だがそれらも先達者としての栄光もなく、出版史の闇に埋もれてしまっている。

ところが戦後になっても、矢野文夫訳の『悪の華』は様々に出版され続けていた。本誌の樽見博氏から、昭和二十二年の白樺書房版『悪の華』の恵贈を受けたのでそれにふれてみよう。この白樺書房版は全訳ではなく抄訳であるが、韻文訳の試みで訳文も異なり、また別の「後書」が収録され、戦前の『悪の華』のたどった運命が記されている。耕進社版は初版五百部で、「草色の羊皮と手漉の鳥の子紙を貼り合せた天金の素晴らしい豪華版」であったようだ。それでもゾッキ本となってしまったのだ。その後も出版社を変えて刊行され続けたらしいが、三版（出版社不明）を除いて粗末な製本であり、戦争が始まり削除に続いて発禁処分を受け、それを機に刊行のあてもなく改訳に着手し、白樺書房版はその成果を戦後になって提出したものと思われる。しかも白樺書房の発行人は矢野文夫となっているので、彼は出版者も兼ねていたことになる。戦前にも邦画荘という出版社を経営していた事実もあり、耕進社、金鈴社、学而書院と同様に詩集や翻訳書の出版に関わっていたのだろう。

『悪の華』がなぜ最後に、しかも北上二郎名で金園社から出版されたのかはわからない。金園社は戦前に創人社という別社名で「世界名作選書」を刊行していたようなので、このシリーズに『悪の華』も収録され、その際に発禁処分を考慮して、北上二郎というペンネームを使用したのだろうか。それとも金園社の編集者であった伊藤桂一が関係しているのだろうか。

矢野文夫については多く言及できなかったが、最後にウィルヘルム・マイテルの『バルカン・クリーゲ』（河出文庫）に付された城市郎の解説を紹介しておこう。城市郎は松戸淳（平野威馬雄）の証言を引いて、昭和二十六年に東京書院から刊行された『バルカン戦争』の訳者である矢野正夫が矢野文夫と同一人物ではないかと指摘している。とすれば、矢野文夫の翻訳出版は梅原北明たちの艶本人脈とクロスしていたと類推できるのである。さらに『バルカン戦争』を探し求めなければならない。

その後、機会を得て矢野がフランス人神父の導きによって『悪の華』の原文に接した岩手県一関市の天主公教会を訪ねることができた。

16　アンダーグラウンド出版の水脈

2003・7

先月号で、矢野正夫訳『バルカン戦争』（東京書院）を探すつもりだと書いたが、インターネット時代はこうした急ぎの探索において誠に調法で、早速福井市のアテネ堂にあることを発見し、千五百円で入手した。

この本は昭和二十六年に出版されたもので四六判並製、紙質も悪く煽情的な赤表紙で、いかにも当時の安手のエロ本という印象を与える。東京書院は同時期に『バルカン戦争』以外にも何冊かの翻訳ポルノグラフィを出版していて、猥褻容疑で摘発され、押収の浮き目に会っているので、古書市場でもそれほど在庫していないかもしれない。東京書院の住所は中央区日本橋浜町で発行人は田中隆光となっている。石黒敬七監修『趣味娯楽芸能百科事典』という昭和三十三年の東京書院発行の本を所持しているが、こちらは住所も発行人も異なっているし、同名他社なのであろうか。

城市郎コレクションの『発禁本』（「別冊太陽」）の指摘によれば、昭和二十五、六年頃に悪書追放運動が起き、紫書房、東京書院、美和書房、銀河書房、三星社書房の翻訳ポルノグラフィも相次いで摘発された。しかしこれらは偽本の色彩が強く、「原典の完全な翻訳ではなく、いい加減にアレンジメントした本である」とされている。

ところが矢野正夫訳のこの『バルカン戦争』は初めての全訳のようであり、その訳文はすばらしく、ポルノグラフィというより性的メルヘンの趣きを呈している。矢野文夫が『悪の華』の翻訳で試みた童謡的な語りであり、ボードレールを訳すのと同様の意気ごみで、『バルカン戦争』に取り組んでいたのではないかと推察できるし、それは現在読んでみてもきわめて新鮮なのである。したがって矢野文夫と矢野正夫は同一人物であると断定していいと思われる。その「序章」（文芸市場社版を原本としている河出文庫版には収録されていない）の書き出しを引用してみる。

「青いダニユーブの流れが緑の野を果しなく流れています。家々の庭の垣根に黄薔薇が咲き、オリーブが実り、あくまで濃い南国の空には、白いちぎれ雲が浮かんでいます。バルカンの野も山も美しく静かでした。」

この『バルカン戦争』について、矢野正夫は巻末の付記で、「近代のダンテの『地獄編』であり、しばしば好色本、艶本として扱われてきたが、この小説ほど、戦争の凄惨さをわれわれに強く教えるものは稀れであらう」と書いている。そして書誌にも及び、ドイツ人ウイルヘルム・マイテルがトルコで書いたとされているが、実際には著者も国籍も不明でありフランスで出版され、そのうちのチャール・キャリドン書店刊行の少部数の珍本が日本に直輸入され、それが文芸市場社版の原書であり、本書もそれによっていると記している。さらに文芸市場社版の訳者は「帝大出の文学士某氏（後に文学博士となり、数多の業績を残した人）によったもの」だとの言及もある。

たまたま最近、「艶本時代とポルノグラフィ書店」（『書店の近代』所収、平凡社新書）を書いたばかりなので、これらのことを補足しよう。前記の拙稿は、昭和八年の『書物展望』に六回にわたって連載された紫覆面という匿名の人物による「近世輸入艶本原書秘史」の紹介を兼ねているのだが、紫覆面はフランス文学者らしく、この人物が「帝大出の文学士某氏」ではないだろうか。かつて別のところで、『相対会報告』に『赤い帽子の女』等を寄稿した黙陽が辰野隆ではないかと推理したことがあったが、当時の外国文学者たちが非公然でポルノグラフィの出版に関わっていた可能性が高い。おそらくそのことで翻訳ポルノグラフィを中心とする昭和初期艶本時代の出現が可能になったと思われる。そしてそのひとりが矢野文夫であったのではないだろうか。

さらにこれらの原書ポルノグラフィを専門に輸入していた神田小川町の仏蘭西書院や神楽坂の谷書店が存在していて、翻訳者、洋書輸入者、艶本出版社のネットワークが形成され、出版アンダーグラウンドの出現をみた。そしてこのようなルートを経て、矢野文夫のもとに『バルカン戦争』がもたらされ、それを原本にして戦後に完訳が出版されたのである。

推測するにこの昭和初期に形成されたと思われる出版アンダーグラウンドの水脈は、戦後になって出版社・取次・書店という流通システムと性格を異にする特価本、赤本、ゾッキ本業界と結びつくことで、東京書院に代表される艶本時代の再現となったように思われる。矢野正夫以外のそれらの訳者を判明しただけでもあげてみよう。山中美一、原一平、原笙二、高橋健作、おそらく彼らもまた匿名の人物であり、売れない詩人、文学者ではないだろうか。このように推理してみると、なぜ矢野文夫訳の『悪の華』が戦後になって実用書の金園社から北上二郎名儀で出版されたのかがわかる。金園社も特価本、赤本業界の出版社であるからだ。

それにしても、矢野正夫訳『バルカン戦争』の訳文は特筆すべきもので、打ち捨てておくのは惜しい。復刻出版を考えてみたい。

17　博文館の『温泉案内』

2003・8

ここ数年、かつてない温泉ブームのようでビジュアルな温泉ガイドが数多く出版され、これまであまり論議にのることのなかった源泉湯か循環湯かの区別まで言及されている。しかしそれでも温泉に関して熱湯かぬる湯かという問題はさほど取り上げられていない。これは日本の温泉でぬる湯のところが少ないことと、温泉は熱いものだというイメージが先行しているからであろうか。ところがぬる湯の温泉に慣れると熱い温泉の良さも承知していても、その魅力に抗し難くなってくる。ぬる湯の温泉の利点はまず何よりも長時間つかっていられることで、疲労回復や病気療養のための入浴としてはかなり効能があるように思える。緩慢な湯疲れは翌日にも残るが、それは病後回復のような感じで心地よいものだ。こうしたぬる湯体験は熱湯では得られない。

私も温泉好きではあるが、ぬる湯体験はこれまでほとんどなく、昨年に初めてその魅力を知った次第だ。論創社の森下紀夫氏に誘われて、昨年六回も仕事も兼ねて出かけたことで、すっかりぬる湯のファンになってしまった。このぬる湯は畑毛温泉で、東海道線の三島駅から電車、バスで三十分ほどの所にあり、ここは近年の温泉ガイドにはほとんどのっていないが、甲州の下部温泉、信州の鹿教湯温泉と並んで高血圧、中風に特効のある名湯とされていた時代もあったようだ。しかし現在では若い世代や家族連れの温泉客はあまり見受けることがなく、温泉の他には何もないためやはりさびれ気味の印象を与える。だがそれゆえにゆっくりとぬる湯につかることができ、私たちのような中年男性には、昔なら初老といったかもしれないが、うってつけの温泉である。本誌の読者にも温泉好きがおられると思うし、宿泊費も安く、交通アクセスもよいので、ぜひこのぬる湯温泉をお勧めしたい。またしても私たちは来月畑毛温泉に行くのである。

温泉といえば、戦前には博文館が各種の『温泉案内』を出していて、私も二冊所有しているけれど、これらは鉄道省編纂のもとに日本温泉協会や日本旅行協会（日本交通公社の前身であろう）が発行人で、発売元が博文館になっている。その他にも博文館の『鉄道旅行案内』や『旅程と費用概算』といった旅行書を持っているが、いずれも奥付をみると一年間に十版以上重版していることから察するに、これらは戦前のロングセラーであり、博文館が旅行ガイドの出版社でもあったことに気づかされる。

『博文館五十年史』を読むと、明治四十年に月刊誌『鉄道汽船旅行案内』を創刊していることがわかり、これが現在の各種の『時刻表』の原型であろう。この雑誌に鉄道省の折りこみ式の全国鉄道線路図を組み入れたことから、鉄道省との関係が深くなり、旅行書の分野へと進出することを可能にしたと思われる。実際に「大正四年から、鉄道院にて出版せらるる案内記は、総て発行を本館へ委託せらるることとなり、それが後来長く続いて今に及んで」おり、「本館出版物の要部を占めて」いるとの記述がある。このことは博文館が日記も含めていわゆる実用書の分野において大きな収益を上げていた事実を教えてくれるし、博文館の出版物を考える上で、無視できない視点のように思える。

博文館ばかりでなく、戦前において温泉に関する本がかなり出版されたようで、均一台で拾った一冊に西川義方の『温泉須知』がある。これは昭和十二年に診断と治療社出版部から刊行されたもので、菊判五百頁弱の大冊となっている。西川義方については何も知らないが、その「序」を読むと医者であり、温泉医療の科学的研究をめざしていることが書かれているので、きわめて早い時期の温泉学の一書であろう。ただ奥付の大売捌所をみると出版社の関係もあって、明らかに医学書関係のルートで流通販売されたようで、一般的にはそれほど読まれていなかったと推測できる。だがこの本の特色は、著者によって収集された国内外の温泉文献一覧で、江戸から昭和にかけての温泉に関する書物、錦絵等、それから洋書、外国温泉雑誌、案内書等、二十頁に及んでおり、これほどまとまった温泉書の網羅はみたことがない。本文中にはそれらの文献から転載した多くの図版が収録されていて、研究書ではあるのだが、歴史も含めた楽しい温泉書となっている。最近、源泉湯を精力的に紹介している温泉学教授の松田忠徳が温泉文献の探索に乗り出しているらしいが、西川義方ほどまでに収集できたであろうか。

さて畑毛温泉にもどると、さびれ気味の印象を受けると前述したが、これらの戦前の温泉書にはかならず掲載されていて、温泉療養地としてそれなりに有名であったことがわかる。しかし話を聞いてみると、やはり湯量が減っていることもあり、その復活は難しいのかもしれない。昨年も行ったことのある一軒が廃業してしまった。ブームの陰で忘れ去られていく温泉もあるように思われる。

18 小山書店と流通問題

2003・9

先月号で三島の畑毛温泉のことを記したが、温泉は枕であって、これから何回かその帰りに古本屋で入手した本について書いてみたい。文学者と温泉の関係は種村季弘・池内紀編の『温泉百話』（ちくま文庫）に収録された多くのエッセイにも明らかだが、古本屋と温泉についての言及は見当らない。これはとても魅力的なテーマのように思えるのだが、同じく池内紀の『温泉旅日記』（徳間文庫）にある石川県の湯涌温泉と金沢の南陽堂書店の話しか知らない。もちろん他にもあるだろうし、温泉と古本屋に関するアンソロジーを編めば楽しい一冊になるにちがいない。

昨年から畑毛温泉に行くと、三島の北山書店に寄り、湯疲れの身体で古本の棚をみて、何冊かを買い、電車のなかでそれらを読みながら帰るということを繰り返してきた。北山書店は三島駅から商店街を歩いて、二十分程のところにあり、在庫も多くて値段も安く、意外な掘り出し物にも出会える古本屋である。

裸本ではあったが、昭和十年発行のレヴィ＝ブリュルの『未開社会の思惟』をみつけた。これは小山書店から出版されていて、訳者は山田吉彦（きだみのる）であり、本書が岩波文庫に収録されたのは戦後になってからで、元版は小山書店であることを知った。菊判四百頁余の堅牢な造本で、戦前の学術書の丁寧な編集製作をうかがわせてくれる。レヴィ＝ブリュルの自筆のフランス語序文も収録されていて、山田吉彦の「訳者序」には柳田国男に翻訳を勧められたとある。

小山書店の本は石塚友二『松風』、間宮茂輔『あらがね』、徳田秋声『縮図』の三冊しか所有しておらず、文芸書の出版社だと思っていたが、本書の巻末刊行案内をみると言語学、経済学、人類学、民俗学書等の翻訳書に加えて、柳田国男や林達夫の著作も出版していたことがわかる。

小山書店は岩波書店に勤めていた小山久二郎によって昭和八年に創業され、昭和二十六年にチャタレイ裁判のために倒産に追いこまれるまで、戦争期をはさんで二十年間近く出版活動を続け、数百点を刊行したと思われるが、消滅してしまった出版社につきものの総合出版目録が存在しないゆえに、その全貌が不明になっている。しかし幸いなことに、小山久二郎の手によって、社史ともいうべき『ひとつの時代―小山書店私史』（六興出版）が残されているので、その概略はつかむことができる。

小山久二郎は岩波茂雄の盟友である安倍能成の甥で、大正八年に縁故で岩波書店に入る。退職して小山書店を始めたのは、昭和三年に小林勇がやはり岩波書店をやめて、鉄塔書院を創業したことに刺激されたようで、その出版企画は安倍とその周辺の人脈を通じてのものであり、小林勇が三木清をパートナーとしていたように、小山久二郎にとっては山田吉彦や林達夫がブレーンであった。

山田吉彦の訳書も創業当時からの企画であり、小山久二郎は前書でその事情を次のように書いている。

「山田吉彦がレヴィ・ブリュルの『未開社会の思惟』の翻訳を完成し、製作にとりかかった頃、山田が私をひっぱって柳田先生のところへゆき、先生の『一目小僧その他』の原稿をもらうことになった。」

おそらくこのようなきっかけによって、小山書店の出版企画は文芸書のみならず、様々な分野へと及んでいったのではないだろうか。一冊の書物の誕生の背後にはいくつもの出版のドラマが隠されていることをこのエピソードは教えてくれる。

それればかりでなく、この『ひとつの時代―小山書店私史』の特筆すべき部分は、他の社史にはみられない出版流通への言及である。どの社史も流通システムについては述べていないし、返品や委託制度の問題点に触れようとはしない。また経営者たちがそれらに無自覚であることも歴然としている。小山久二郎は倒産を体験して、それらのことを考えざるをえなかった。小山書店もまた返品との戦いの歴史であり、創業時からすでに始まっていた。創業し、仕事は着々と進展し、出版物の売れ行きも好調でいい気持で帰ってくると、「玄関にはいままで出した本の返品が山のように積んであった」。この記述は円本時代以後の出版業界が大正時代までの買切ではなく、委託返品制度に移行していたことを示している。それは現在まで続いている取次から「支払いを受けるためには次々に新刊書を出し続けて行かなければならない。何れの社も委託販売を続けて行く限り、大なり小なり自転車操業的状態になる」システムの始まりであった。

小山書店にとって致命的だったのはチャタレイ裁判によって倒産の噂がたち、書店からの大返品が発生したことであり、事実上はその引き取る場所もないほどの莫大な返品で倒産したのである。裁判という特殊な事情を除けば、現在の出版業界で起きている現象は小山書店の場合とほとんど変わっていない。

19　三笠書房と艶本人脈

2003・10

先月号で小山書店にふれたが、やはり同時期に竹内道之助によって創業された三笠書房も、その出版物の全貌が明らかではない。それは小山書店と同様に総合出版目録も社史もないことに起因しているが、昭和戦前から戦後のある時期までは文芸書出版の分野において、それなりの一角を占めていたと思われる。戦前の三笠書房の出版物に関する唯一まとまった言及は秋朱之介（西谷操）の『書物游記』にみることができ、その付録に示された荻生孝編の「秋朱之介と関係出版社系譜」を参照すると、明らかに三笠書房の出版人脈は梅原北明を中心とした昭和艶本時代に端を発していることがわかる。そしてまた現在の三笠書房は経営者も変わり、ビジネス書系の出版社となっているが、別会社のフランス書院でポルノ文庫を刊行していることを考えると、そのＤＮＡは確実に継承されているのかもしれない。

三島の北山書店でその三笠書房の本を三冊入手した。いずれも未見であったので左記に記す。

1　Ｃ・ノードホフ、Ｊ・Ｎ・ホール『颱風』（大久保康雄訳）昭和十六年
2　竹内道之助『地獄の季節』昭和二十四年
3　廣瀬進一『父母妻子』昭和二十四年

1は昭和十六年に刊行され始めた「現代叢書」の一冊で、巻末には既刊、近刊合わせて四十点近くが掲載されているが、ほとんどみたことがない。全点出版されたのであろうか。

2の『地獄の季節』は短編小説集で、竹内道之助は出版者であるばかりでなく、翻訳者にして作家でもあったことになる。小説作品として同書の他に、『二人の愛人』(仏蘭西書院)や『失ひし青春を求めて』(評論社、近刊)が併記されている。「現代叢書」の近刊書目と同様に、後者は出版されたのだろうか。この『地獄の季節』は十三の短編を収録し、「序」は川端康成が寄せている。これらの短編のひとつに「薊(あざみ)」があり、昭和艶本時代の内幕と竹内道之助が出版業に携わるようになった経緯が描かれているので、紹介してみたい。

竹内道之助は昭和五年に風俗資料刊行会を設立して、雑誌『デカメロン』や『風俗資料』を刊行し、そのかたわら酒井潔監修の「デカメロン叢書」等を出版した。その後昭和八年に三笠書房を創業し、本格的に文芸書出版を始めていくのだが、この「薊(あざみ)」という短編はその前史のエピソードとなっていて、艶本時代のモデル小説でもあり、文芸資料研究会の出版物を実質的に発行した印刷製本工場の福山福太郎とその甥の大野卓を主人公とし、そこに雇われた脇役の若い編集者西田が竹内道之助だと推測される。もちろん梅原北明も上原白明という名で登場し、短編ではあるが、なぜ文芸市場社から数多くの艶本出版社が派生したかの一端とその事情を生々しく伝えている。

主人公の富山はしがない大阪の製本工であったが、妻と二人で上京して、小金を貯え、それを元手に同僚たち相手の金貸しを始め、十年目にそれがまとまった金になると、勤めていた工場を買収し、それが現在の富山印刷製本工場となったのである。そして初期プロレタリア文学運動の闘士上原白明と知り合い、彼の雑誌『芸術市場』の印刷、製本、用紙のすべてを引き受けたが、赤字続きでその欠損は五、六万円に及び、それを富山がかぶってしまった。上原は窮余の一策として、軟派出版を考案し、シリーズ物として『変態十二史』（この短編ではこの書名は出てこないがおそらくまちがいない）を出版すると、異常な成功をおさめ、これを機会にして借金の返済も済んだので、上原は富山から離れて独立してしまった。上原の出版販売システムは次のように説明されている。

「これらはすべて書店の手を経ず、専ら直接読者から振替預金乃至は小為替などで前金を送らせた上で、当局へ納本するかしないうちに、読者へ郵送してしまふといふ実に巧妙な方法をとつたので、出版法違反と認められて発売禁止その他の行政処分に遭ふまでには、既にその出版物の大部分は需要者の手に渡つてしまつてゐるのである。」

富山にとって書物は印刷と製本の対象物でしかなく、彼は書物趣味もなければ、好色漢でもなかったが、上原の出版に魅せられたのは日曜以外に毎朝読者から送金されてくる振替貯金であって、それが多額にのぼることを知ったからだった。工場の仕事の入金日は決められていたので、毎日の振替入金の魅力に抗し切れず、養子の卯之吉と編集者の西田を使って、上原と競うように次々とポルノグラフィを出版した。しかし工場は警察の手入れを受け、書物は押収され、富山もまた警察に拘留の身となった。これを軌にして、富山の妻は死に、工場も没落し始める。文学的にはさほどの作品とも思われないが、円本時代の知られざる一面を描いた興味深い短編である。

本書と3の『父母妻子』にはそれぞれ著者の署名があり、小出節子という女性に献本されている。彼女はどのような人物であるのだろうか。

20 浜松の泰光堂書店の閉店

もう一回三島の北山書店で購入した古本について書くつもりだったが、最近長年通ってきた古本屋が閉店すると聞かされたので、そのことを記しておきたい。その古本屋は浜松の泰光堂書店である。先日所用のついでに泰光堂書店に立ち寄ると、全商品が五割引になっていて、今年限りで閉店するという貼り紙があった。驚いて店主に聞くと、区画整理事業による立ちのき、売上不振、店主の高齢化、後継者不在が重なって、閉店するのだという。とてもショックであった。

新刊書店も今年になっても閉店ラッシュがとどまることを知らず、千店をこえているが、古本屋の閉店も全国的な現象となっているようで、私の知っている古本屋でも昨年豊橋の講文堂が廃業したし、東海道沿線の老舗すらも存続を危ぶまれる時代に入っている。

このチラシにあるように泰光堂書店は昭和六年に現在地で開業した浜松最古の古本屋であり、以来七十年余の営業を続けてきたが、ついに終わりを迎えてしまうのだ。泰光堂書店は浜松駅から歩いて十分程の国道一号線沿いにあり、私は子供の頃から現在までどれほど多くこの道筋を通ってきたことだろうか。それもただ泰光堂書店に行くという理由だけで。来年からはもはやその習慣と

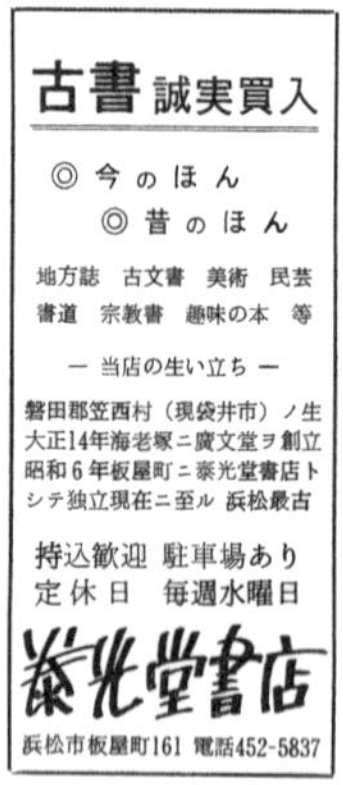
古書 誠実買入
◎今のほん
◎昔のほん
地方誌　古文書　美術　民芸
書道　宗教書　趣味の本　等
― 当店の生い立ち ―
磐田郡笠西村（現袋井市）ノ生
大正14年海老塚ニ廣文堂ヲ創立
昭和6年板屋町ニ泰光堂書店トシテ独立現在ニ至ル　浜松最古
持込歓迎　駐車場あり
定休日　毎週水曜日
泰光堂書店
浜松市板屋町161　電話452-5837

2003・11

なった行為も消え去ってしまう。

この店に出入りするようになったのは昭和三十年代後半で、私はまだ小学校五年生だったと思う。だから泰光堂書店の営業年数の半分以上の四十年間を通ったことになり、他の様々な行きつけの店を含んでも、これほど長く定期的に通いつめてきた店は存在しない。私は思い出す。昭和三十年代後半の泰光堂書店は当時の新刊書店と比べても、本の在庫は豊富でひけを取らず、客もあふれるようにいた。あの時代がこの店の全盛であり、古本屋の黄金時代であったのだろうか。私はここで初めて本格的な古本の世界に出会ったのであり、それをきっかけにして新刊書店や図書館とは異なる本の宇宙へと足を踏み入れたのだ。その時確か文庫化されていなかった新潮社の時代小説の単行本を何冊か買い、それからかなりの冊数を揃えた。この時代の装丁と箱はとてもよい出来で、後年になって再び買い求めたが、その印象は変わらない。そして私は乱読の道を歩み始めた。そうした意味で、泰光堂書店は文字通り、私の古本小学校であり、この店を起点として、おそらく死ぬまで続くであろう私の古本屋散策が始まったことになる。

今あらためて思うのだが、通い続けて来た四十年間泰光堂書店の店舗の光景は全く変わっていなかった。在庫の内容は時代によって変化していたが、店舗も棚もそのままであり、周囲の驚くべき変化に比べて、時間が止まったように存在していた。駅の建物もロータリの風景も商店街の佇まいも激しい変貌を遂げ、さらに郊外消費社会の隆盛に伴い、取り残されてしまった。そして新しさと流行と大量廃棄の支配する現代の社会から追放宣告を受けてしまったかのようだ。だがそれゆえにこそ、私たちはその変わらない風景のなかで慰撫されながら、いつも古本を購い、その連鎖する記憶を通じて本を知り、教えられてきたのである。その風景が消え去ろうとしている。

しかし馴染んできた店が消えていくのは古本屋ばかりではない。一九九〇年代になって私たちの生活や文化を形成してきたあらゆる店が消滅してしまった。商店街に代表される様々な小売店、大衆食堂、喫茶店、映画館、これらのすべてが地方都市においては成立不可能となり、次々に閉店に追いやられている。これらの様々な町の商店も近代書店や近代古本屋と同時に形成された近代の装置であり、本を買い求める環境であった。渡辺京二の『逝きし世の面影』（葦書房）は幕末から明治にかけての来日異邦人たちの記録をもとに、近代化と共に失われてしまった近世日本の原風景を描き出している。そして明治半ばにして、そのひとつの文明が消滅したと記している。

私たちも現在、近代日本が造型してきたもうひとつの文明の崩壊に立ち会っているのかもしれない。

さらにその消滅や崩壊には共通する現象がある。それは前時代の本が異常に安くなるという同様の兆候を示している。

泰光堂書店で閉店祝に岩波書店の『国書総目録』を買った。五割引であるので、二万五千円だった。本誌の発売は十一月十日頃なので、泰光堂書店の閉店までまだ五十日が残されている。浜松には時代舎もあることだし、本誌の読者も追悼のためにぜひ一度訪ねてほしい。来年になるとそれもかなわぬのだ。とてもさみしい。

21 フロイトの邦訳と大槻憲二

2003・12

前回は泰光堂書店の閉店のことを記したので、一度休んでしまったが、続けて三島の北山書店で入手した本に戻る。北山書店は全集も多く在庫しているが、円本の端本もかなりあって、『現代詩人全集』（新潮社）、『古典劇大系』（近代社）、『新興文学全集』（平凡社）、『フロイド精神分析学全集』（春陽堂）を購入した。

このなかの『フロイド精神分析学全集』について書いてみたい。日本における精神分析関係の翻訳史はその詳細が明らかになっておらず、最も総合的な『精神分析事典』（弘文堂）の「文献一覧」を参照しても、戦前の翻訳に関しては全く記載されていない。しかし昭和初期の円本時代に最も活発に、また集中的にフロイトの翻訳がなされていて、春陽堂だけでなく、アルスからも『フロイド精神分析大系』が刊行されている。これは未見であるが、全十五巻でそのうちの一巻が未刊に終わったようだ。その他にも各社から単発で出版されたと思われるし、現に手元に昭和三年の吉岡永美訳『トーテムとタブー』（啓明社）がある。

こうしたフロイトの翻訳出版が出版資本に利益をもたらしたとは考えられないし、どのような経緯があって刊行されたのか不明であるが、円本時代の百花斉放の如きあらゆる分野における全集出版の動向と関連していたことはまちがいない。だが特に春陽堂はこの時期に『クロポトキン全集』も刊行していて、近代文学の著名な版元の性格からすれば、奇異な思いを抱かされる。春陽堂は明治時代に限ってだが、山崎安雄の社史的な『春陽堂物語』と『春陽堂書店発行図書目録（一八七九年～一九八八年）』が刊行されていて、他の出版社より資料は残されている。そのために創業期のことや出版物の明細はわかるが、残念ながらそれらの事情にはふれられていない。

春陽堂の『フロイド精神分析学全集』は全十巻で、訳者は大槻憲二、長谷川誠也、矢部八重吉、対島完治の四人からなっている。私が入手したのはその第一巻の大槻憲二訳『夢の注釈』であり、訳者名と精神分析学研究所が併記されていることから察するに実際の出版社は精神分析学研究所で、春陽堂は発売所を引き受けただけだったかもしれない。

大槻憲二に関しては各種人名辞典で調べたが、記載されておらず気になっていた。ところがその後すぐに古本屋の均一台で大槻憲二の著書を三冊見つけた。それらは昭和十年代に刊行された『精神分析新しい立身道』（春陽堂）、『精神分析社会円満生活法』（人生創造社）、没後に出版された『民俗文化の精神分析』（堺屋図書）である。『民俗文化の精神分析』は大半が大槻憲二の主宰していた雑誌『精神分析』に寄せた民俗学関連の論文を収録していて、フロイトからの著者への自筆書簡も掲載されている。発売所はこずえで、未知の版元であり、出版の経緯もわからないが、おそらく大槻憲二の弟子筋の人物がかかわっているのではないだろうか。

本書の巻末には「大槻憲二略譜」があり、驚くべきことにその著作は昭和五十二年に九十歳近くで亡くなるまでに六五冊に及び、その他にも膨大な論文を書いていたことがわかる。大槻憲二は明治十四年に兵庫県の淡路に生まれ、東京美術学校を経て、早稲田大学英文科に移り、大正七年に鉄道省に入り、旅行案内書等の編集に携わった。そして心理学者の矢部八重吉、旧師の長谷川誠也

〈天渓〉との関係から精神分析学に関心を持つようになった。それは中学生時代からの神経症に起因していた。大正十三年に鉄道省を退職して文筆生活に入り、ウィリアム・モリス等の訳書を刊行し、続いて前記の人々と精神分析学研究所を創設し、昭和四年から八年にかけて『フロイド精神分析学全集』を翻訳することになる。戦後になって『フロイド選集』を刊行した日本教文社の谷口雅春もこの会のメンバーだったと推測できる。

昭和六年には『精神分析』を創刊し、十六年に休刊したが、戦後の昭和二十七年に復刊し、死亡の年の昭和五十二年まで刊行された。大槻憲二はこの『精神分析』を主体にして、精神分析の普及と啓蒙をはかり、読者に対して独自の分析治療や手紙による精神指導を行なっていたようだ。そして柳田国男に接近したことから民俗学と精神分析の融合を目ざしていた。しかし正規の医者でなかったにもかかわらず、分析治療を行なったことや書名に見られるように人生論的啓蒙の色彩のために、フロイトの紹介や翻訳の先駆者であったことも戦後のアカデミズムからは黙殺され、民間の精神分析者としてその生涯を終えたように思われる。だが昭和二十四年に出版された『精神分析心理学辞典』（岩崎書店）はその種の初めての辞典であり、先にあげた『精神医学事典』もこの本をベースにして構想されたと考えられる。未見であるのでいつか入手したい。

〈付記〉　本文脱稿の翌日アルス版を一冊偶然に入手した。古本との不思議な出会いに驚かされる。

22 エマ・ゴールドマン『リビング・マイ・ライフ』の全訳完了

2004・1

三島の話ばかり続いて恐縮であるが、もう一回ご容赦願いたい。三島の畑毛温泉には論創社の森下紀夫氏と二人で行き始めたのだが、次第にゲストも加わるようになり、ぱる出版の奥沢邦成氏もその一人であった。前に記したように、畑毛温泉はぬる湯であるので一回の入浴が一時間以上に及ぶため、湯治に来ているにもかかわらず、湯船のなかの話がついつい仕事と出版企画のことになってしまうのである。

ぬる湯にひたって話をしているうちに、奥沢氏から二十年前に手がけていて、中断したままになっている翻訳書をみてくれないかという依頼を受けた。それはアメリカのアナキスト、エマ・ゴールドマンの自伝『リビング・マイ・ライフ』であった。途中まで下訳もあるというので、気軽に引き受けたまではよかったのだが、原書を送られてみると、何と上下巻の千ページに及ぶとんでもない大著であった。下訳も三分の一ほどで、分担訳のために人名や文体も統一されておらず、結局自分で最初から訳すしかないと覚悟する羽目になってしまった。そうはいっても、一人でこなせる分量ではないので、大学院生の息子に協力してもらい、昨年の十一月にようやく訳了に至った。四百字詰三千五百枚で、女性の自伝としては最大の長さであろう。

一九三一年にアメリカのアルフレッド・クノップ社から出版されたこの『リビング・マイ・ライフ』は、エマ・ゴールドマンの一八八六年から一九二〇年代にかけての自伝であり、この時代こそ国際的にアナキズム運動が最も高揚していた事実を伝えてくれる。同書のなかでエマたちが大逆事件に対して抗議活動を展開する場面もあり、ヨーロッパ、アメリカにおけるアナキズム運動の隆盛を背景にして、大逆事件がフレームアップされたことを教えてくれる。さらにエマはロシア革命の渦中で二年間を過ごし、アナキストの目で革命の現実をみて、そこがボルシェヴィキ独裁体制による「収容所列島」と化している事実を明らかにし、世界でも先駆けての共産主義国家に対する批判者でもあった。

本書は戦後いくつかの出版社で翻訳が企画されたらしいのだが、あまりにも大部なために実現しなかったと思われる。しかし部分訳や抄訳は日本のアナキズム陣営で何度か試みられ、抄訳として昭和二十五年にジープ社から大沢正道による『恋と革命と』が刊行されている。これは大沢正道著となっているが、まぎれもなく抄訳である。私はこの本を十九歳の時に池袋の小さな古本屋で買った。三十年後にまさか私が翻訳することになろうとは！　また神戸の一栄堂書店の古書目録にジープ社の本が五冊掲載されていて、瀬川清子などの民俗学書であったが、このジープ社とはどのような出版社なのであろうか。

戦後の一時期ばかりでなく、戦前においてエマ・ゴールドマンに対する関心はさらに高かったようで、単行本としては大杉栄と伊藤野枝の共著である『二人の革命家』はバクーニンとエマを扱っていて、伊藤野枝がエマの部分を担当している。大杉栄は「序」で書いている。

「伊藤も又、女らしく、其の無政府主義を知り始めた十年ばかり前に、先づエマ・ゴオルドマンに私淑し出した。そして其の私淑は、貞淑に、今でもまだ変らず持つてゐるやうだ。」

実際に大杉夫妻は二人の女の子にエマという名前をつけていて、エマが当時の女性の輝ける星であったことをうかがわせる。こうした事実から考えると、『青鞜』の人々も含めて、エマ・ゴールドマンが大正から昭和にかけて日本の女性解放運動に与えた影響はかなり大きなものがあったと推測できる。翻訳中に時代舎で入手したこの『二人の革命家』は大正十一年にアルスから刊行されているが、奥付をみると、半年あまりで十七版を重ねていて、その事実の一端を告げているように思われる。

エマ・ゴールドマンに関心を寄せていたのはアナキストたちばかりではない。それは戦争と革命の時代にあって、当然のことかもしれないが、日本の「当局」も同様であった。これは息子が大学の図書館でみつけてくれたのだが、大正十三年の『司法資料』第四十八号に、エムマ・ゴールドマン『露西亜事情』が掲載されている。これは司法省大臣官房調査課の訳によるもので、百七十ページに及び、「えむま・ごーるどまん著露国ニ於ケル我覚醒ト題スル小冊子ヲ邦訳」したとある。おそらく『リビング・マイ・ライフ』の原型に当たる『ロシアでの私の幻滅』(一九二三年)のうちのロシアの部分だけを翻訳したものであり、その出版の翌年に日本で訳出刊行されていることからすると、「当局」の情報収集力の早さと関心の高さを如実に示している。

しばらくの間、エマ・ゴールドマンの名前は忘れ去られていたが、欧米では一九九〇年代になって活発な研究がなされ始めている。今回の邦訳が日本でもその一助となることを願わずにはいられない。

23　エマ・ゴールドマンとサダキチ・ハートマン

2004・2

昨年の暮れにエマ・ゴールドマンの自伝のゲラが出た。本文だけで千五百ページという代物で、これから取り組まなければならない編集作業と翻訳の再チェックのことを考え、溜息をつきながら年を越した。

この自伝の特色は二〇世紀初頭において、有名無名を問わず、エマ・ゴールドマンと関わりをもった何百人にも及ぶ人々が登場することにあり、それはアナキズムだけに限らない、同時代の文化史、思想史を露出させているように思われる。夥しい男女の群れが一九世紀末の様々な故国の文化と精神を引きずりながら、アメリカへとたどり着き、エマと出会い、散じていく。おそらくこの自伝に出現している人物たちの詳細な経歴とプロフィルを描くことができれば、アメリカのこの時代の特異な精神史となるであろう。

それらのエマを取り巻く一人に日系人であるサダキチ・ハートマンがいて、五回ほど姿をみせている。彼はエマの刊行していた雑誌『母なる大地』の常連寄稿者で、大逆事件に際して、エマたちとともに日本政府への抗議文の署名者でもあった。サダキチ・ハートマンの名前はそれまで知らなかったので、いつか調べてみたいという思いにかられた。ところがその後しばらくして送られてきた古書目録をみていると、太田三郎著『叛逆の芸術家』（東京美術、昭和四十七年）があり、サブタイトルに「世界のボヘミアン＝サダキチの生涯」と記されていた。早速入手すると、紛れもなくエマも登場するサダキチ・ハートマンの評伝であった。

本書の原型は『俳句』に昭和三十七年から翌年にかけて「サダキチ・ハルトマン伝」として連載されたものであり、彼はきわめて早い時期に日本に紹介されていたことになる。サダキチはドイツ人を父とし、日本人を母として、一八六七年に長崎の出島で生まれた。幼くして父とドイツに渡り、十三歳の時にアメリカへ単身で移民した。かくして一九四四年に没するまでボヘミアンの生活を送る人生が始まった。そしてホイットマンと知り合い、『ウォルト・ホイットマンとの対話』を始めとする多彩な三十冊以上の著作を出版し、フランスで交流したマラルメの象徴主義、日本美術、浮世絵、版画をアメリカに紹介して、文学者や写真家に大きな影響を与え、短歌俳句形式の詩を創作し、一方ではハリウッド映画にも出演するという日系人として特異な軌跡を示している。

太田三郎は『叛逆の芸術家』で、現在アメリカでサダキチ・ブームが起こり、著書の再刊が続いていると述べているが、本書に収録されたサダキチの多くの写真や資料もそうしたブームによって発掘されたもののように思われる。この評伝の後、サダキチへの言及は途絶えてしまったが、最近になって再び論じられ始めている。越智道雄が『三省堂ぶっくれっと』で「サダキチ・ハートマン伝」を連載し、今橋映子が『〈パリ写真〉の世紀』（白水社）で写真評論家としてのサダキチとその影響力を指摘している。しかし残念なことに越智も今橋も『叛逆の芸術家』を読んでいないようだ。

美術、絵画の著名なコレクターとして、ニューヨークのグッゲンハイム美術館にその名を残すペギー・グッケンハイムもエマの周辺の人物であり、エマが自伝を書いたのは彼女のサン・トロペの別荘においてだった。ペギーの自伝『20世紀の芸術と生きる』（岩本巌訳、みすず書房）は明らかにエマを意識して書かれ、わずかしか言及していないにもかかわらず、エマの写真を掲載している。二人の関係には屈折があったようで、エマを有名な革命家で尊敬していたが、虚栄心の強い女性であることに幻滅し、それに気を悪くしてエマは自伝から自分をほとんど省いてしまったとペギーは恨みがましく書いている。

エマの影はサダキチやペギーだけでなく、二十世紀思想史、女性史にも反映され、隠れたるヒロインとして存在する。マーティン・グリーンの『リヒトホーフェン姉妹』（塚本明子訳、みすず書房）においても「革命的かつ母性的な」エマは数ページしか登場しないが、写真が収録され、マックス・ウェーバーの愛人にして知識人のミューズであったエルゼ、D・H・ロレンスの妻にしてエロス的想像力のミューズであったフリーダというリヒトホーフェン姉妹と並ぶ「新しい女」の星座を形成している。だが当時絶版であったためか、エマの自伝を読んでおらず、記述に間違いがある。グリーンの著書はバハオーフェンの母権制の問題を背景にしているが、同様に上山安敏も『神話と科学』（岩波書店）のなかで、アナキズムと母権制の関係に注目し、ホイットマン、エマ、有島武郎の連鎖を推測している。有島武郎がホイットマンに由来する誌名である『母なる大地』を読んでいたかもしれないのだ。

さらにエマ・ゴールドマンの精神とその活動の系譜は、「帝国」のなかにあって果敢にアメリカ批判を展開しているノーム・チョムスキーに継承されているのではないだろうか。彼もまたユダヤ人であり、アナキストを自称しているではないか。エマをめぐる謎は深い。

24　矢島輝夫と矢切隆之

2004・3

これはどこの小出版社も同様であると思うが、零細な出版社に携わっていると、常に資金繰りのことで悩まされ、そのために出版のかたわらで、できる仕事やもちこまれた仕事のほとんどすべてを引き受けてきた。他社の下請け、企画の売りこみ、自費出版の斡旋、翻訳それから個人的な原稿、講演、対談、シンポジウム依頼も断わったことがない。このように出版にかかわるありとあらゆる仕事をこなしてきたが、二つだけやらなかったことがある。ひとつはテレビ出演であり、私のようなマイナーな出版者や書き手の主張がテレビといったマスメディアを通じて理解されることはないと考えていたからだ。もうひとつはポルノグラフィを書くことだった。

もはや時効の時期になっているので、その経緯と事情を記してみよう。データ等は十年ほど前のこととご了承願いたい。安定した定期的収入をもたらすのは原稿料のよい雑誌連載を持つことが一番であるのだが、それは様々な編集者との関係が必要であり、知名度のない書き手の場合は不可能に近い。それならば無名であっても、しかも匿名で原稿をある程度の金額に代えられるのは何かというと、ポルノグラフィの書き手になることなのである。

実は友人がポルノグラフィ作家で、高収入を得ているのを知っていたからだ。彼は専攻が現代思想であり、著書、訳書も出しているのだが、在野にあり、当然のことながら生活をまかなう収入をもたらすわけではない。それでペンネームでポルノグラフィを書くようになったのである。彼は主としてフランス書院文庫を二十冊ほど書いていて、初版が五万部で既刊分も絶えず重版になるという売れっ子作家だった。定価は四百円以上であるから、収入のことは想像できるであろう。

このような台所事情を知っていたし、私も勉強すれば書けるのではないかと考え、キャラクター造型、ストーリー展開、場面設定等の詳細な分析を試みるために多くのフランス書院文庫を読んだ。友人はペンネームを隠していたが、文体と思考からそれを突き止めた。このようにして、自分が書く予定のいくつかのストーリーをまとめ上げ、友人を介してフランス書院編集部に紹介してもらう寸前までいった。しかしそこまでしなくてもという周囲の意見も出て、結局断念してしまったのである。

フランス書院ばかりでなく、いくつものポルノの文庫、新書のシリーズが出版されているので、友人のようにそれらの多くの書き手たちは様々な経歴を秘めているにちがいないが、ペンネームの陰に隠れたままである。だがはからずして、死によってその姿が浮上してくる。吉本隆明は『日々を味わう贅沢』（青春出版社）のなかで、その死について書いている。

「永い間音信不通だった知人が、不忍池で溺死したという友人からの知らせがあり、愕然とした。（中略）知人はペンネームで大衆向けの小説を書くようになって、活発に活動中だったと聞いた。」

この吉本隆明の知人とは矢島輝夫である。彼は『試行』の早い時期からの執筆者で、リトルマガジンを主体とする小説、評論を発表し、私は一九七三年の『受難曲』（母岩社）しか読んでいないが、それ以外にも何冊かの小説集を出版している。矢島輝夫の死に関してはそれ以前にも桶谷秀昭があるエッセイで言及し、追悼集が出されたことに触れていた。するとほどなく、ないろ文庫ふしぎ堂の目録に『追悼・矢島輝夫』が掲載されていたので、運良く入手できた。その後千葉の里艸の目録にもあり、限定二百部非売品がどうしてすぐに古書市場に現われるのか、奇異な思いにかられてしまった。

一九九九年に刊行された『追悼・矢島輝夫』は『あぽりあ』の同人である詩人の坂井信夫の編集によるもので、五十ページほどではあるが、二十人近くの人々の追悼と年譜が収録されている。追悼と年譜からたどれば、矢島輝夫は八三年頃から矢切隆之のペンネームで生活に資するために『未亡人・麗子』（フランス書院）を始めとするポルノグラフィを書き始めた、九九年に亡くなるまでに八十冊に及んでいるという。

しかしポルノグラフィの執筆は過酷な仕事であったようで、ポルノを書くこと自体が性行為の代償であり、精力を消耗し、肉体的にはインポテンツになってしまい、晩年には重い前立腺肥大症に苦しみ、バイアグラを飲みながら書き続けていたらしい。その死も謎であり、上野で友人と会った後、満開の桜の下の不忍池で溺死しているのを発見された。享年五十九。出版物からすれば、文庫や新書のポルノ小説も単なる消費される文学にすぎないが、そこにもまた知られざる作者の苦悩の物語が表出しているのだ。つくづくこの道に踏みこまなくてよかったと思う。追悼者の一人が矢島輝夫の歌を挽歌としてあげているので、それを引用しておこう。

このやうに生きてきましたといふ声のこのやうにしか生きられぬ苛酷

25　倉田良成『歩行に関する仮説的なノート』と新木正人「天使の誘惑」

2004・4

私はタイプ印刷の同人誌を経験した最後の世代に属している。実際にいくつもの同人誌にかかわってきたし、また周辺からも多くの同人誌が刊行されていた。そのような時代はおそらく一九七〇年代で終焉したと考えられる。もちろん現在でも同人誌は刊行されているが、それを取り巻く環境そのものが変わってしまったのだ。

当時の同人誌の発行部数は数百部にすぎなかったが、主として古本屋の店頭で売られていたので、同人たちと直接面識がなくても、作品を通じて同世代の新しい書き手の出現にふれることができた。彼らはそのほとんどが若く無名であったにもかかわらず、紛れもない才能を感じさせ、それらの作品には既存の文芸誌にはみられないきらめきがあり、六〇年代から七〇年代にかけての特有なアドレッサンスの息吹きにみちていた。彼らのなかから文学者として、いわゆる世に出た者もかなりいるが、圧倒的に多くの人々が沈黙してしまったと思われる。何人もの自死も聞いているが、彼らは今どうしているのだろうか。

彼らの一人の名前を前回言及した『追悼・矢島輝夫』に見出すことができた。それは本文中にあったのではなく、編者の坂井信夫の「あとがき」においてだった。しかも最後の行に。そこには次のように記されていた。「校正の労をいただいた倉田良成氏に感謝いたします」。思いがけずに倉田良成の名前を発見して、想いはたちまちあの時代へと引き戻された。倉田良成とは私が二十歳だった頃に愛読していた『歩行に関する仮説的なノート』の著者であったのだ。

当時、早稲田の古本屋は文献堂を始めとして、リトルマガジン、同人誌、自費刊行物が置かれ、さらにそれらのバックナンバーも多く備えられていた。確か『歩行に関する仮説的なノート』は谷書房で買ったように記憶している。この本はタイプ印刷の菊判大の八十ページ余の自費刊行物であり、発行住所も著者経歴も記載されておらず、ただ「後記（読者へ）」が「作者」の表明となっていた。それによれば、この本は七〇年から翌年にかけて作者のノートに書きつけられた文章に修正を加えたものであり、そのモチーフが述べられている。

「私は、一九六九年前後にその頂点をみた、おおかれすくなかれ私たちがうけとめざるを得なかったところの、一種独特の現実喪失、観念の解体の状況に、ある〈形態〉をあたえたいとおもった。そうしてそのことは、私たちの体験をひとつの時代の意味へとつなげてゆくべき回路をみいだすことの端初でもあるはずだ……。」

そして六九年以後の〈解体〉をうけとめるために、〈現実〉からかぎりなくはなれざるをえなかった〈私〉の〈部屋〉からの「一個の報告書である」とも記している。この本について多くは言及できないが、一言でいえば七〇年初頭の哲学的散文、思索ノートであり、私は埴谷雄高の『不合理ゆえに吾信ず』、吉本隆明の『固有時との対話』、ヴァレリーの『テスト氏』の七〇年版として読んだのだった。その後ずっと倉田良成の名前を忘れていたが、健在であることを知ってうれしい。きっと目にはふれずにきたが、書くことを持続しているのであろう。

倉田良成だけでなく、当時の同人誌、リトルマガジンの書き手であった新木正人の名前も、最近目に止めることができた。明らかに小熊英二の『〈民主〉と〈愛国〉』（新曜社）へのアンチテーゼと思われる『革命的な、あまりに革命的な』（作品社）において、絓秀実が主として『遠くまで行くんだ』によっていた新木正人についてふれていたからだ。絓秀実の新木正人に対する言及はひとひねりしているので、彼が引用している直截的な亀和田武の文章を紹介する。「この新木正人という当時もそしてその後もほとんどその名を知られることのなかった人物の書いたものこそ、まさにそうした美しさといかがわしさとあやしさを兼ね備えた文章であった」。この感想を亀和田は橋川文三が保田與重郎の文体から受けた「異様な」印象と対比して語っているのである。

私の手元に新木正人の作品は「天使の誘惑」（『早稲田文学』七一年二月号所収）しか残されていないが、それは現在でも「異様な」ままであり、当時においてはいかに「異様な」文章であったのかが了承される。「天使の誘惑」の本文は「南下する幻の不沈戦艦を見たことがあります」という書き出しで「不安定を食べて生きている」現在が語られていく。与謝野晶子の短歌にふれ、全学連大会のアジテーションが挿入され、石原慎太郎の『処刑の部屋』が論じられ、桶谷秀昭の引用を経て、いきなり黛ジュンの「恋のハレルヤ」と「霧のかなた」の分析になだれこんでいく。

「不安定」の極みに達した今こそあらためて新木正人が再読されなければならない、一冊の本として刊行したい。彼は現在、定時制高校の教師をしているらしいが、本誌の読者で知り合いの方がいれば、ぜひそのことを伝えてほしい。

26　正宗敦夫の出版事業

2004・5

私は『万葉集』という柄でもないし、もちろん語るべき資格も見識も持ち合わせていないのであるが、昨年浜松の典昭堂で井上通泰の『万葉集新考』を買ってしまった。それは珍らしい本であると同時に、値段が安かったことと、造本、印刷、出版者に関して興味をそそられたからだ。不揃いではあるが、十七冊で三千五百円だった。

幸いにして「巻一」は抜けていなかったので、その奥付を記すと、発行年は大正四年、三百部印刷非売品、発行所は歌文珍書保存会、発行印刷人は備前国和気郡伊里村大字穂浪三千百七番地、正宗敦夫とある。

著者の井上通泰は柳田国男の兄で、眼科医にして歌人、発行者の正宗敦夫は正宗白鳥の弟にして国文学者であり、大正時代におけるこのような出版と二人の関係の背景を知りたいものだと考えていた。

すると折よく、月の輪書林の目録で『正宗敦夫の世界』を入手し、『万葉集新考』等の正宗敦夫の出版活動の全貌をつかむことができた。『正宗敦夫の世界』は備前市在住の歌人、郷土史家の吉崎志保子による評伝といってよく、平成元年に私家版として出版されたもののようだ。写真図版等も多く収録され、正宗敦夫の明治時代の書簡を中心にして、明治十四年の出生から昭和三十三年の死までが丁寧にたどられている。彼女は「はじめに」で記している。

「兄の正宗白鳥は文学者としてあまりにも有名であるが、正宗敦夫は国文学者として、一般的には『万葉集総索引』の作者というほどのことで知られているに過ぎない。独学独行、名聞を好まぬ学者であったため、地元の備前市でさえ知らない人が多くなってしまった。」

正宗敦夫は独学者であったが、晩年には国文学者として評価され、澤潟久孝の推薦でノートルダム清心女子大学の教授に迎えられ、現職のままで七十八歳の生を終えた。ここでは国文学者としての正宗敦夫ではなく、特異な地方の出版者としての正宗敦夫をたどってみたい。おそらく明治から大正にかけて、正宗敦夫のような出版者が全国各地に存在し、日本の出版業界を背後から支えていたのではないかと考えられるからだ。

正宗敦夫は高等小学校を卒業すると、兄の白鳥と異なり、家業のよろず屋の仕事に従事し、岡山に商品の仕入れに出るようになり、岡山第三高等学校医学部眼科教授であった井上通泰と知り合い、通泰に導かれて歌学の勉強と作歌を始め、岡山の近世歌人たちの資料を収集し、また一方で松浦辰男の門下として和歌の添削を受ける。松浦辰男は明治中期の桂園派歌人で、柳田国男や田山花袋の歌作の師であったことからすれば、正宗敦夫も彼らと同様の明治の文学環境のなかに身を置き、そこから出発したことがわかる。

しかし正宗敦夫は家業に従事していたことから、事業家の側面もあり、収集した歌学関係の写本の謄写版による会員制頒布会を構想し、明治三十六年からそれを始めている。この頒布会を契機にして、出版事業に対する情熱が高まり、三十九年には中古の印刷機械を入手し、歌文珍書保存会を組織して、明治四十二年から大正九年にかけていわゆる歌文珍書保存会本十九冊を刊行する。吉崎志保子はこれらの八木立礼『詞瓊論縁接』から始まり、小国重年『長歌詞之珠衣』で終る十九冊の書名をあげているが、現在ではほとんど目にすることのできない珍籍となっていると書いている。

さて私の入手した『万葉集新考』であるが、前記の十九冊とは別枠の歌文珍書保存会本のようで、大正四年に「巻一」が出され、昭和二年に「巻二十下」で完結した三十八冊のうちの十七冊ということになる。完結までに十三年を要した美濃版半截、袋綴の和装本で和紙印刷であり、完結後に洋本八冊として、国民図書株式会社から昭和三年から四年にかけて出版されたが、これも正宗敦夫の営為による賜物と考えられる。

これらの会員制頒布出版事業の収支はどうであったのだろうか。正宗敦夫の他の仕事はほとんど失敗したようだが、出版印刷業だけは採算がとれ、生活費をまかなう利益は上がったという。歌文珍書保存会本は二百部から三百部の刊行であったが、予約会員制による出版とすべてが手仕事と家内工業ゆえに成立したのであろう。活字拾い、印刷、校正、製本は妻や息子も総動員され、文字通り家内工業の産物で、大正時代における地方の出版社の風景が目に浮かんでくる。表紙の採色も正宗敦夫が手がけていて、庭の渋柿をとり、石臼で砕いて水に沈め、そうしてとれた渋を刷毛で和紙に塗り、板に張り乾かし、さらに糊をつけて裏貼し、表紙を制作していた。手元にある『万葉集新考』の表紙を見ると、薄い茶色で、これが柿からとった渋であり、刷毛の後もあって、正宗敦夫の手作りがしのばれる。さらにこの後正宗敦夫は円本時代の日本古典全集刊行会の『日本古典全集』に与謝野寛、晶子とかかわることになるのだが、紙数が尽きてしまった。

27 正宗白鳥の読書史

2004・6

前回正宗敦夫の出版事業のことを書いたので、続けて兄の正宗白鳥についてもふれてみよう。弟の正宗敦夫の出版活動が近代出版業界の成長に寄り添っていたように、兄の正宗白鳥の読書史も近代出版業界の誕生とともにあり、明治十年代に生まれた地方の文学少年のひとつの典型を示していると思われる。

正宗白鳥は長短合わせて多くの自叙伝、文壇回顧録、回想記を残しているので、それらを参照して、その読書史を追跡してみる。小学生時代に馬琴の『八犬伝』、頼山陽の『日本外史』や江戸末期の草双紙、読本類を読み、漢籍を主とする閑谷黌《しずたにこう》へ進んでから『水滸伝』『三国志』に親しみ、雑誌『国民之友』『文学界』『少年園』、民友社の出版物を愛読し、キリスト教へ接近する。そしてキリスト教講義所に通い、アメリカ人宣教師が主宰する薇陽学院に入り、英語と『聖書』を学び、この学院の閉鎖後、文学書を乱読し、特に内村鑑三の著書に引き寄せられる。

これらの読書史は正宗白鳥が十歳から十七歳にかけてのものであり、時代は明治二十一年から二十八年ということになる。小学生時代の読書は家にあった蔵書の乱読であるが、その後の読書はすべて東京で刊行されたもので、地方の文学少年の読書がそのまま東京の出版物とリアルタイムで連動している。ちなみに徳富蘇峰の『国民之友』は明治二十年、山縣悌三郎の『少年園』は二十一年、巌本善治の『文学界』は二十六年がそれぞれ創刊年に当たり、正宗白鳥は早くからの熱心な読者であった。だが岡山という地方にあって、また出版社・取次・書店という近代出版流通システムが整備されていない時代にあって、正宗白鳥はそれらの雑誌や書物をどのようにして入手していたのだろうか。そのことが『東京の五十年』や「私の文学修業」に記されている。明治二十九年に上京して、東京専門学校に入学する。そして初めて神楽坂の盛文堂で『国民之友』を買い、記憶に残る体験であったと書いている。「田舎では雑誌でも書籍でも郵便で取寄せていたのに、それを東京の書店で直接買うようになったことは、私の若い心を躍らせた」。

この正宗白鳥の証言に明らかなように、地方の読者は直接購読の通信販売で雑誌や書物を入手していた確率が高い。若者たちにとって東京の魅力とは、書店で本が自由に買えることでもあったのだ。したがって書店で自由に本を選び、買うという行為は東京を始めとするいくつかの大都市においてだけ可能だったのであり、その行為が全国的に普及していくのは明治三十年代の全国鉄道網の整備と取次による流通システムの成長を待たなければならなかった。そうしたことから考えると、地方における雑誌や書物の販売、購読、流通をめぐる環境は明治三十年以降、激変したのではないだろうか。

正宗白鳥の様々な自叙伝、文壇回顧録、回想記はこれらの明治時代の出版史の側面を教えてくれるのだが、それだけでなく、近代文学史に記されていない事実を伝えてもいる。通常の文学史によれば、近代小説の始まりは坪内逍遙の『当世書生気質』と二葉亭四迷の『浮雲』とされているが、正宗白鳥は『文壇五十年』のなかで次のように証言している。

「明治二十年代には、紅葉は、新進批評家や知識人から非難されながら、小説界に君臨していた。

そして、二葉亭の『浮雲』や、逍遙の『書生気質』などは、最初の人気は間もなく衰えて、私が小説を読みだしたころには、絶版になって、容易に手に入らなかった。明治が三十年代となり、博文館創立十周年記念として、『太陽』が臨時増刊を出した時、これ等の旧作品が収集されたので、私などは、その時はじめて読むことを得たのである。」

正宗白鳥のいう「私が小説を読みだしたころ」はおそらく明治二十年代半ばであり、『当世書生気質』も『浮雲』も五年以上も絶版になっていたことになる。正宗白鳥は上京後、早稲田の図書館や上野図書館、貸本店のいろは屋などを利用していたにもかかわらず、これらを読んでいなかったとすると、近代小説の始まりとされるのに図書館の蔵書にも貸本屋の品揃えのなかにもみつけられなかったのかもしれない。私たちは古典、名作として当時も読み継がれたロングセラーであると考えがちだが、長期に亘る絶版状況は読者が存在していなかったことを示している。それゆえにこそ、もちろん正宗白鳥の証言が間違いでないとすれば、文学史だけでなく、出版史と読書史を構造的に相乗させせないと真実を見失う危険があることを教えてくれる。

このことはずっと気にかかっていて、いつか確かめたいと考えていた。幸いなことに静岡の太田書店の年初の目録に『太陽』の「博文館創業十周年記念臨時増刊」が千円で掲載されていたので、入手することができた。本文だけで七百ページの大冊で、小説特集号となっていて、確かに前述の二作の他に、饗庭篁村『当世商人気質』、矢野龍溪『浮城物語』、幸田露伴『大詩人』、森外『埋火』、尾崎紅葉『二人女房』が収録されている。正宗白鳥の証言は正しかった。とすれば他の作品もずっと絶版の状態にあったのだろうか。

28 小林秀雄戦前の座談会

2004・7

しばらく前に古本屋で『文藝春秋』の昭和十六年九月号を五百円で買った。特にこの号に関心があったわけではないが、高見順が『昭和文学盛衰史』（文春文庫）で同号掲載の芥川賞受賞作である多田裕計の『長江デルタ』に言及していたこと、さらに大屋幸世が『蒐書日誌』（皓星社）で購入したと記していて、それらが記憶に残っていたからだ。

この号のなかで私が興味を惹かれたのは、「現代思想に就いて」という座談会で、出席者は大串兎代夫、大熊信行、小林秀雄、三木清の四人である。だがあらためて戦前にも多く座談会が雑誌に掲載されていて、小林秀雄もこれだけでなく、かなり多くの座談会に出席し、発言していると考えられるが、それらはまとめて出版されていない。もちろん本人の意向と著作権等の問題もあるが、戦後の数次にわたる全集にも収録されず、戦前の小林秀雄の座談会発言はほとんど封印されているのではないだろうか。だが戦後の対談、座談会は何冊も刊行され、特に昭和四十一年の『小林秀雄対話集』（講談社）の末尾に同書の編者である郡司勝義による座談会、対話の〈付表〉が掲載されている。それによれば、昭和二十一年から四十年にかけて六十一回座談会、対談に出ていることになる。戦後に関してはこのようにフオローされているのだから、戦前に関しても収集や研究がなされるべきだと思われる。

しかし『文藝春秋』が考案したとされるこの座談会という日本特有の形式はまだ研究の段階に

入っていないようだ。ちなみに大熊信行と親交があり、彼の著作を何冊も出版している論創社の森下紀夫氏を通じて、大熊信行研究者に問い合わせてもらったのだが、戦前の座談会に関しては手つかずの状況であるとのことだった。それは三木清研究にあっても同様であろう。

誰でも座談会や対談を経験した者であれば、それが発言どおりに掲載されなかったり、編集者による構成の具合やその加筆訂正によって大幅に変わってしまうことを承知しているが、それでもゲラは見ているると思うし、やはり発言は当事者のものとみなすべきであろう。

「現代思想に就いて」という座談会はその年の十二月の太平洋戦争を前にしての状況下でなされている。この座談会のテーマは要約すれば、非常時における物の秩序と心の秩序のあり方の現在であり、前者による西洋的な近代化やアメリカニズムの浸透によって後者の日本的な精神、理性、意思が失われてしまったのではないかということになる。このような問題が小林秀雄によって提起されて始まるのだが、大熊信行や三木清が慎重に言葉を選んで発言しているのに比べると、小林秀雄の発言はいささか短絡的である。揚げ足取りのようで、あまりいい気はしないが、前述の対話集のなかの正宗白鳥との対談で「なにも批評家はウソをつくなんてことはない」と語っているのだから引用してもかまわないだろう。その発言のいくつかを抽出してみる。

「日本の国家を信ずる心といふものは、心の秩序です。意思ですよ。信仰でせう、さういふものは。」

「日本のインテリゲンチヤは世界一だよ。」

「軍隊と経済の組織を強固に合理化するといふことが根本問題だ。それが出来れば文化政策は九十九パーモン《ママ》トまで自ら片付く。（中略）何主義だつてい、のだ。こんな立派な国は何主義だつてい、んだ。」「だから僕は、兵隊が『天皇陛下万歳』を叫んで死ぬだらう、あれで沢山だと言ふんだ。だから日本人といふものは、どんな思想を持つたつてい、と言ふのだ。」

当時の社会状況、出版業界の置かれた位置、そのなかで生活していかなければならない批評家の事情を考慮に入れたとしても、「考えること」を仕事としてきた文学者の発言としては無残な物言いではないだろうか。さすがに小林秀雄本人もそのことを自覚していて、「僕の言ふことは乱暴かもしれんが」と述べてもいる。

しかし戦後の文学社会はこのような発言を封印して、ひたすら小林秀雄の神話化へと向かったように思える。そしてそれは『本居宣長』の刊行によって完成する。

だが日本人研究者であれば、日本特有の座談会の放言とみなすかもしれないが、外国人研究者からみれば、こうした座談会もまた見逃すことのできない研究、分析対象となる可能性も強く、海外からの視線によって小林秀雄論のモチーフとなることも考えられる。

必要があって、ハリー・ハルトゥニアンの大著 *Overcome by Modernity*（Princeton UP, 2000）を読んでいるのだが、タイトル通り昭和十七年十月号の『文学界』における座談会「近代の超克」が論議の中心になり、これにはもちろん小林秀雄も出席していて、日本の両大戦間の知識人の動向が分析されている。この座談会は冨山房百科文庫として復刻が出ているが、外国人研究者の射程はすでに未刊の様々な当時の座談会にまで及んでいるかもしれない。

29 出版と高利貸し

2004・8

このほど上梓した拙書『ヨーロッパ本と書店の物語』（平凡社新書）は一六世紀以降のヨーロッパ出版業界の戦前までの流通や販売も含めた歴史を題材としている。実際に歴史軸に沿ってヨーロッパ出版業界をたどってみると、出版社が文化装置であるという神話は二〇世紀になって成立したもので、それ以前の出版業界は奇々怪々なベンチャー企業の集合体であったことがわかる。つまり他のビジネスと異ならない金を中心とする陰謀術策の渦巻く世界であり、また出版の歴史が「作品」と「商品」をめぐる闘争の様相を呈し、このなかから近代文学が立ち上がってきたことをまざまざと示している。

拙著でも一章を割いたのだが、そのことを正面からテーマとして挑んだのがバルザックの『幻滅』であり、一九世紀前半のフランス出版業界があますところなく描かれている。この小説はバルザックが作家となる前に体験した出版者、印刷者、活字鋳造所の経営者としての三回の破産という事実を踏まえているので、記された出版業界の実態はノンフィクションとみなしていいと思われる。

それゆえに『幻滅』は世界文学史上においても例をみない出版業界暴露小説となっていて、古本屋も含んだ出版史に欠かすことのできない貴重な資料の宝庫ともいえる。しかしこの『幻滅』は既訳が三種あるのだが、無理からぬこととはいえ、訳者たちが出版流通システムに関して通じていないために、誤訳、もしくは意味不明のまま訳されてしまっている部分も多い。そのことで出版業界小説としての面白味が半減しているので、浅学菲才を省みず、拙著で出版業界シーンの肝心なところをすべて私訳した。我田引水的ではあるが、出版取引用語等を日本の出版業界の言葉に置き換えることで、日本の近代出版業界を彷彿させようと意図したのである。

私は常々どうして日本において『幻滅』に類する作品が書かれなかったのかを不思議に思っていた。多くの文学者たちがバルザックのように出版活動に身を投じ、出版者としての失敗や敗北を重ねたにもかかわらず、それを小説としてほとんど残していない。そのために日本の出版史に空白が残されてしまっている。戦前もそうであるが、特に戦後の昭和二十年代の出版史も俯瞰することが難しいし、再現も不可能に近い。数年前にこの時代に最も通じていると思われるポプラ社の田中治男からこの時代の出版史を書くと聞かされたが、挫折してしまったのであろうか。バルザックの『幻滅』にも似て、この時代こそは金をめぐる出版の攻防の物語が沸騰していたはずだ。

みすず書房の編集長であった小尾俊人が『本は生まれる。そして、それから』（幻戯書房）で、この時代の出版社のことを、「その不安定さ、金銭上の危険さについては、いつも出版屋、株屋、と並称されていた」と記し、銀行からの融資を受けるどころではなく、「出版社の運転資金のためには、どうしても、市中金利にたよらざるを得」なかったと述べている。つまりこの時代の小出版社は高利貸しの存在を抜きにして語れないということになる。現在から考えると、高利貸しに金を借りて出版活動をすればたちまち破産してしまうが、当時は日本の社会と同様に出版業界が成長過程にあったから、それが可能とされていたのであろう。その実態を知るための資料として、小尾俊人は江崎誠致の『裏通りの紳士』という小説を挙げ、次のように書いている。

「作家自身の出版体験から書かれたもので、いわゆる自転車操業、止まれば倒れる、というやつで、息づまるような日々の連続は、小説でもなければ書けないでしょう。はじめ『文学界』(昭和三十三年十一月)にのり、のちに筑摩書房で単行本になりました。」

この『裏通りの紳士』はずっと探していて、何年も入手することができずにいたが、あらためてこの部分を読み、ひょっとすると文学全集に収録されているのではないかと気づいた。すると昭和三十年代後半に刊行された集英社の『新日本文学全集』の第八巻に『江崎誠致・城山三郎集』があり、この小説も入っていた。早速「日本の古本屋」で探索すると、長崎の太郎舎に一冊だけ在庫があり、千円で入手できた。

『裏通りの紳士』は江崎誠致の小山書店時代の体験とその後の冬芽書房、及び洋紙店の経営を重ねることで書かれたと思われる。モデルは明らかにチャタレイ裁判後に経営の窮地に追いやられた小山書店であり、謎めいた高利貸し清家正夫に依存しなければ倒産してしまう出版社の実態を本当に「息づまるよう」に描いている。この清家正夫という「裏通りの紳士」は多くの小出版社に月六分で金を貸していた。筑摩書房も小山書店の紹介で最盛期には融資額七千五百万円に達し、彼は『筑摩書房の三十年』のなかで「M」という仮名で登場し、「Mからの底抜けの金融がなかったら、今日の筑摩書房はなかった」という古田晁の言葉が紹介されている。だから筑摩書房から出版されたのだ。とすれば、多くの人文系の中小出版社もこの謎めいた「裏通りの紳士」がいなかったなら、消滅していた可能性も強い。みすず書房も彼に融資を仰いだのだろうか。

30　パサージュのビジュアル本

2004・9

出版されているのかどうか、不明でありながらも、長年探し求めていた洋書をようやく入手できたので、そのことを報告しよう。

それはパサージュに関する写真や図版を収録したビジュアルな本で、ヴァルター・ベンヤミンの『パサージュ論』（今村仁司他訳、岩波書店）を読んでいて、この種の本があれば、かなり理解を助けてくれるのではないかと考えたからである。そこで洋書の新刊情報にも注意を払っていたが、みつからず、何人かのフランス文学者にも問い合わせたが、みたことがないという返事だった。やはり出版されていないのかとあきらめてしまった。

これは十年以上前の話であるが、今年になって、バルザックの『幻滅』やゾラの『ごった煮』（論創社）の翻訳をしていると、パサージュの場面がしばしば出てきて、特に『ごった煮』はショワズル・パサージュ界隈がそのまま舞台になっているのである。それだけでなく、主人公オクターヴ・ムーレが愛人のベルトと逢い引きするのもマドレーヌ・パサージュやパノラマ・パサージュなのである。

「彼はパサージュの奥でベルトと落ち合うと、彼女がいくつかの店の前で立ち止まるので、それらの商品を買ってやらねばならなかった。」

このように訳していても、パサージュをみたことも体験したこともないので、今ひとつ想像力が働かないのである。またしてもパサージュ・ビジュアル本をほしくなったのだが、『ごった煮』の校正をしている時に五反田展の目録が届き、世田谷の正進堂書店のページに何と『パサージュ・十九世紀の建築様式』（三千五百円）と『パリの隠れ場パサージュ』（三千円）が掲載されていた。

いずれも図版多数とあり、やはり出版されていたのだと思い、喜び勇んですぐに申し込んだが、探求者も多いだろうし、外れるのではないかと思ってもいた。さらにこの目録には他の店にもほしいものがあり、合わせて四店に注文を出した。ところが不思議なことに他の三店は外れたようで送られてこなかったが、正進堂書店だけは当ったとみえ、運よく二冊とも入手できた。いずれも大判の写真、図版多数のビジュアル本で、近年これほど値段も安くて、望み通りの本を手に入れたことはない。『パサージュ・十九世紀の建築様式』はドイツの建築史家によるヨーロッパのパサージュの歴史とその様式を描いたものの仏訳であり、十八世紀末にパリで初めて建築されたパサージュが商業的に成功を収めたことで、そのガラスと鉄のアーケード商店街ともいうべきパサージュが十九世紀を通じてヨーロッパ全域に拡がっていたのを教えてくれる。建築史家ならではの豊富な写真、設計図資料はパサージュがデパート建築様式の前史であることを伝えてもいる。しかしこの本は残念なことに六百ページ余に及んでいるが、すべてが白黒写真で、パサージュの華やかさはうかがえない。

その点で『パリの隠れ場パサージュ』は大きなカラー写真、絵画、図版が収録されていて、ページ数こそ二百四十ページであるが、さらに大判で、パリのパサージュの過去と現在を楽しく見せてくれる。「パサージュは外側のない家か廊下である――夢のように」というベンヤミンの『パサージュ論』の一節がエピグラフに置かれ、パリのパサージュの歴史がつづられ、一七八六年から一八九九年に至るパサージュ建築、解体史年表と、現存、及び消滅してしまったパサージュの地図も配置されている。そして何よりも有難いのは二十六のパサージュがそれぞれ独立した章立てになっていて、その姿をビジュアルに見せてくれることにある。

たとえば、バルザックの『幻滅』の主要な舞台であるガルリ・ド・ボワが最初に登場し、これがパサージュの始まりであり、十九世紀前半のパリの名所だったことがわかる。『幻滅』で出版社や書店が集まっていた場所として登場してくるが、図版をみると、確かに天井まで在庫のつまった大書店が描かれている。おそらくこの書店が『幻滅』に登場する文学青年たちのたまり場だったのではないだろうか。

ゾラの『ごった煮』におけるショワズル、マドレーヌ、パノラマといったパサージュももちろん取り上げられていて、ショワズル・パサージュは一八二七年に建築され、現在まで存続していることがわかる。十九世紀末から二十世紀初頭に写されたと思われるこのパサージュの白黒写真をみていると、ベンヤミンの『パサージュ論』の夢幻的な世界に引きこまれるようであり、『ごった煮』の登場人物たちが動き回っているような気になる。まさしくパサージュとはベンヤミンがいうように「集団の夢の家」であり、このパサージュに関するビジュアル本は思いがけない歴史散策の機会を与えてくれたことになる。念のために、二冊の著者名、原タイトル、出版社を記しておく。

J・F・Geist, *Le Passage*（Pierre Mardaga éditeur, 1989）

Patrice de Moncan, *Les Passages couverts de Paris*（Les Editions du Mécène, 1995）

31 関根康喜＝関根喜太郎＝荒川畔村

2004・10

今年の四月にぱる出版から『日本アナキズム運動人名事典』が刊行された。企画が発足し、編集委員会が結成されて以来、六年を要した仕事であり、約三千人を立項し、九百ページ近くの異色の大冊となった。初版は五百部、定価は二万三千円であるが、幸いなことにすぐに売り切れ、さらに五百部重版となった。だがぱる出版としてはこれ以上版を重ねる予定がないので、重版分が売り切れれば絶版ということになる。おそらく将来貴重な事典、文献となるであろうから、興味のある読者は早目に買っておいたほうがいいだろう。古本屋では編集委員の一人である川口秀彦氏が営む吉祥寺のりぶる・りべろが扱っていることを記しておく。

私も発売と同時に一本購入し、通読したのだが、書誌情報が充実していて、人物が多面的に紹介され、出版に関係する人々も多く、出版史の空白を埋めるいくつかの発見があったので、今月から数回そのことについて書いてみよう。

さてその前に一冊の本を枕として取り上げる。それは昭和十四年に刊行された関根康喜の『出版の研究』（成史書院）で、弓立社の宮下和夫氏から拝借して読み、その後早稲田の古書現世から二千円で入手し、別のところで二度言及したことがあるし、現在でも時々古書目録に掲載されている。この本は円本時代以後の大量生産、大量消費の出版業界批判であると同時に、昭和十年代の出版状況の見取図を示している。成史書院の住所は神田神保町一ノ十四、発行者は関根喜太郎で、この奥付の上に「発行者より」との文言が寄せられ、著者の紹介がなされている。

「著者は、出版に関係して二十数年の経験を有し、終始出版界に関りをもつている。(中略)著者は別項著述目録にあるやうな国策的事業に関係しつゝ、出版の責任ある地位にある。よつてこの書は、出版与太話では通らないのである。(中略)

かゝる折柄出版思想の統制化を目ざしつゝ、国家総力戦の一翼としての任務に過誤なからしめんとするのが、著者の抱懐する全面的な意力である。」

そして次ページに関根康喜の著書として、成史書院刊行の『屑の話』『物資の回収』『廃品回収及更生品』『紙〔資源愛護読本〕』が挙げられている。『出版の研究』での発言、著者紹介、これらの著作から想像すると、関根康喜は国家的規模で注目されるようになった、いわゆるリサイクル運動の推進者で、成史書院もまた国家と何らかのつながりのある外郭団体的性格を備えた出版社ではないかと思われた。だが関根康喜の「出版に関係して二十数年の経験」とは何か。また発行者の関根喜太郎は同一人物ではないかという疑問が残されたままであった。

ところが『日本アナキズム運動人名事典』を読んでいくと、荒川畔村という立項がなされ、生没年、生地は不明ながらも、「本名・関根喜太郎、別名・康喜」とあるではないか。つまりこの三人は同一人物だったのである。荒川畔村は大正七年に宮崎県の新しき村に参加し、その後離脱し、大正九年に日本社会主義同盟に加わる。そのかたわらで始めていた出版社を関東大震災で失うが、すぐに再起したようで、特筆すべきは大正十三年に宮澤賢治の『春と修羅』を刊行したことである。ほるぷ出版の復刻版をみると、確かに発行者は関根喜太郎となっている。『春と修羅』の発行が関根書店であるのは知っていたが、まさか『出版の研究』の著者によっていたとは思いもよらなかった。

この生前の唯一の詩集出版を筑摩書房『校本宮澤賢治全集』第十四巻の「年譜」から参照すると、宮澤賢治が東京から紙を手配し、花巻の印刷所で印刷、製本したもので、千部の自費出版であり、それが友人を介して関根書店にもちこまれ、関根書店が取次と発売元を引き受け、そして刊行されたことになる。しかし多くの献本以外はまったく売れず、「年譜」の注に「取次を依頼された関根書店もゾッキ本として勝手に流してしまった」とある。

だが『春と修羅』の出版は関根康喜に思いがけない出会いをもたらす。それは『読売新聞』で辻潤が『春と修羅』を最初に批評し、賞讃したことがきっかけとなり、辻潤と大正十四年に『虚無思想研究』（虚無思想研究社発行、新声社発売）全八冊を出版し、翌年には吉行エイスケの出資で『虚無思想』（同前）全三冊を刊行するのである。これらが関根康喜の出版史を形成し、『日本アナキズム運動人名事典』でも追跡されているのだが、戦前のその後の活動にはふれておらず、どのようにして成史書院、あるいは国家と結びついたリサイクル運動に至ったのかの経緯は不明のままになっている。戦後になってから、松尾邦之助とともに『虚無思想研究』（未見のため版元不明）を単行本で四冊刊行し、これは昭和五十年と六十一年にそれぞれ蝸牛社と土佐出版社から復刻されているという。

おそらく関根康喜は新しき村運動から始めて、出版業界に足を踏み入れながら、アナキズムへと接近し、次第に転向して、成史書院へとたどりついたのであろう。『日本アナキズム運動人名事典』の荒川畔村の項は「自殺したとも伝えられている」という言葉で結ばれている。

32　寺田鼎の翻訳

2004・11

ここ数年ゾラの「ルーゴン＝マッカール叢書」に深入りし、今年になってついに自分で翻訳することになってしまい、『ごった煮』『夢想』を終えて、現在そのクライマックスともいえる第十九巻の最大の長編『壊滅』に取りかかっている。このようにあらためてゾラの「ルーゴン＝マッカール叢書」の宇宙に毎日向き合っていると、ジョイスやプルースト以前にはゾラが世界文学に多大な影響を及ぼし、特に二〇世紀前半のアメリカプロレタリア文学にそのまま主題の設定、物語構造や社会描写が継承され、それはフォークナーを経てラテンアメリカ文学へと流れこんでいることを実感するようになった。

そのことに気づいてから、昭和初期に集中的に翻訳出版されたアメリカプロレタリア文学を少しずつ集め、読んできたのであるが、その確信を強くしたばかりでなく、当時のこれらの翻訳者たちへの関心を喚起させることになった。そうした一冊に昭和五年のマイケル・ゴールド著、寺田鼎訳の『金のない猶太人』（新潮社）があり、このニューヨークのイーストサイドを舞台にした自伝小説はとりわけ「ルーゴン＝マッカール叢書」のアメリカ版といった色彩に覆われている。しかしここではマイケル・ゴールドとこの小説にこれ以上立ち入ることを目的としていないので、彼とその文学に関して、浜野成生の『ユダヤ系アメリカ文学の出発』（研究社出版）に「貧困のどす黒いユーモアーマイケル・ゴールド」というまとまった紹介があることを挙げるにとどめ、翻訳者である寺田鼎に言及したい。

『金のない猶太人』には「読者への御挨拶（訳者序）」が巻頭四ページに置かれていて、それを読むと、寺田鼎が同時代のアメリカの『リベレーター』『マッセズ』『ニュー・マッセズ』といったリトルマガジンやプロレタリア文学の熱心な読者であることを示し、さらに自分の身の上についても次のように記していた。

「わたしはシカゴ・トリビューンの一記者の家庭に四年、米国の映画会社に十年働くようになりました。新聞と映画を通して、わたしは米国文学の空気を吸い始めました。わたしは手当り次第に、無暗矢鱈と（従つて極めて散漫に、雑駁に）米国諸作家のものに親しむようになりました。」

さらに記者からもらった『リベレーター』を毎号、「大杉栄君に送りました。ですから大杉君の第二次『労働運動』には『リベレーター』の影響は少なからず発揮されてゐます」とあった。これらの文章と『金のない猶太人』におけるイーストサイドの風景や日常生活のヴィヴィッドな訳文からして、寺田鼎は長年アメリカに住んでいた日本人で、在米のアナキズム関係者としてアメリカから大杉栄に資料等を送っていたとばかり思いこんでいた。その後出版企画で調べる必要があり、所蔵する円本時代の『世界大衆文学全集』（改造社）の不揃いを見ていると、『ゼンダ城の虜』（22）と『愛国侠盗伝・悪魔博士』（76）の翻訳者が寺田鼎であることを発見し、前者には彼の和服姿の写真が一葉大きく収録されていることを知った。しかしこの二冊を読んでも、寺田鼎のことはそれ以上わからなかった。

ところが『日本アナキズム運動人名事典』を読んでいくと、寺田鼎の項があり、「京橋区のジャパン・アドヴァタイザー社の米国人記者ローデリック・マゼソンの給仕兼通訳をつとめる」と書かれていた。文献資料に水沼辰夫『明治・大正期自立的労働運動の足跡』（JCA出版）が掲載されていたので、早速入手して一読した。この本は明治、大正時代の印刷工の労働運動史であり、著者の水沼辰夫は欧文植字工として日本における外国新聞社に勤務し、特にジャパン・アドヴァタイザー社には大正時代を通じ、六年間いて、そこで寺田鼎と知り合ったのである。水沼辰夫は彼が「それこそ卵に目鼻という言葉がぴったりするような美少年で」、「大杉栄にあこがれて私に紹介してくれと言うので、私は大杉の許へ寺田を連れていった」と書き、その後軍隊不穏文書事件に連座し、刑務所入りしたが、それからは「アメリカ文学書の反訳」をするようになったと述べている。しかし『日本アナキズム運動人名事典』がそうであるように、映画会社での十年の仕事については触れられていない。

『金のない猶太人』の「（訳者序）」の記述から、私はすっかり寺田鼎が在米日本人であると勘違いしていたが、水沼辰夫の著作によれば、当時の日本にはいくつもの外国新聞社があったようで、そこを経由して、外国文学や思想、社会運動の実態が日本へと伝えられ、さらに翻訳者が育成され、出版物における影響をも与えたように思える。寺田鼎は翻訳の謝辞として、マイケル・バクスバム、チャールス・ドレアー、ヘーク、高畠素之、西村二郎、早坂二郎（アプトン・シンクレアの翻訳者）の名前を挙げているが、これらの人物との交流と助言によって、イーストサイドを体験することもなかったが、臨場感あふれる訳文を作り上げることができたのである。この「三人の異人さん」とはどのような人物なのであろうか。

33　大宅壮一の翻訳工場と榎本桃太郎

2004・12

昭和初期の円本時代の謎はいくつもあるが、外国文学だけでなく、社会科学や思想関係の円本の訳者たちの全貌が明らかにされていない。具体的に言えば、昭和三年の平凡社の『社会思想全集』全四十巻、同二年の春秋社の『世界大思想全集』全百五十巻の訳者たちの半数以上がどのような人物であるかわからない。しかも著名な人物であっても、その翻訳は別の下訳者がいたと考えられるので、謎は深まるばかりなのである。

この二つの円本企画は大宅壮一によって編集された新潮社の『社会問題講座』（大正十五年）の成功を受けて、それらの原典を紹介するという目的で実現したと思われる。ちなみに『社会問題講座』の予約読者は五万人に及んでいる。しかし『社会思想全集』にしても『世界大思想全集』にしても、『社会問題講座』とスケールの異なる翻訳一大プロジェクトであることから、様々な分野の人々が翻訳者として総動員されたにちがいない。

『社会思想全集』に関してはその事情が『平凡社六十年史』に記されていて、大正八年に発足したリベラルな学者、思想家の団体である文化学会が企画、編集し、平凡社がおそらく製作費負担で発売したのである。文化学会は日本社会主義同盟にも参加していた島中雄三が主宰し、会員の岡悌治、山下一夫、木田開が『社会思想全集』の実務に携わったとされている。

だが『世界大思想全集』は春秋社が社史を刊行していないこともあり、企画が木村毅や柳田泉によって進められたことはわかるが、その編集の詳細は不明のままである。私も残念ながら、長年古本屋を歩き、目録も多くみてきたが、百五十冊完本揃い（全冊をみていないので、八木書店の『全集叢書総覧』の数字によっているが、正しいのであろうか）に出会っていない。数年間で百五十冊の翻訳書を刊行したのは円本時代の企画のなかでも突出していて、その多彩なラインナップは戦後の中央公論社の『世界の名著』をはるかにしのいでいる。したがって訳者たちのドラマも比類なき出版企画とともに展開されたのではないだろうか。

そうした訳者と覚しき人物が『日本アナキズム運動人名事典』に立項されている。アナキズム史と出版翻訳史を絡ませ、さらにその生涯をたどると、この事典のなかでも最も謎めいた人物として紹介されている。彼の名前は榎本桃太郎（別名・長岡淳一・和田一雄）で、明治四十年埼玉県に生まれ、昭和二十六年にインドで自殺したことになっている。

彼は浦和高校理科を中退、アナキズム運動に参加し、英独仏伊語に通じていたので、海外のアナキズム運動情報を関連雑誌に精力的に紹介した。そのかたわらでクロポトキンの『パンの略取』（黒色戦線社）を発禁覚悟で共訳し、さらに『バクーニン全集』（近代評論社）を企画し、その中心メンバーとなって三冊刊行されたという（いずれも未見）。円本時代に目を転じれば、中央公論社の『千夜一夜』の「下訳」、「春秋社や平凡社の思想全集には榎本の下訳がかなりあるらしい」と『日本アナキズム運動人名事典』は記している。

『千夜一夜』は設立間もない中央公論出版部が大宅壮一に委託したもので、リチャード・バートンの英訳を原本とした初の翻訳であり、「そのころ大宅は、若手のスタッフを何人かもっていて、どんな大冊でも、分担して短時日で完成するので、翻訳工場とよばれていた」(『中央公論社の八十年』)。このスタッフの中心人物が榎本桃太郎ではないかと思われる。かなり前に浜松の時代舎で月報付きの『千夜一夜』を入手していたので、目を通してみたが、彼の名前は見当らない。しかしこの翻訳工場は三十人ほどのスタッフがいたようで、三万部が売れていたと月報に記され、その第三号に『千夜一夜』の「総合翻訳」についての説明の文言があり、この文章は榎本桃太郎によって書かれた可能性が高い。当時の翻訳出版事情に関して、それらの大半が無名の下訳者の関与している事実を述べ、「総合翻訳」とはこの形態を集団事業として組織化したものであると書いている。つまり語学に通じ、翻訳経験豊富な人間を頭とし、一定の翻訳方針を決定して、多くの訳者を参加させて分担訳し、さらに校閲を経て、頭が全体的統一を計るシステムであり、その頭が榎本桃太郎であったと推測できる。なぜならば『千夜一夜』に大宅壮一の名前はなく、この訳業は実際に榎本桃太郎監訳と考えていいのではないだろうか。だからこそ、月報の「総合翻訳は如何に進められつゝあるか?」(「千夜一夜」編集部)は彼によって書かれたと断言していいように思う。そしてこの翻訳スタッフには『社会思想全集』や『世界大思想全集』の下訳メンバーが参加していたゆえに、わずかな年月で完成をみたのであろう。

だが榎本桃太郎の数奇な生涯はさらにこれから始まる。その後大阪毎日新聞に入り、特異で有能な海外特派員となり、戦後はインドで日本技術団団長として活躍したらしい。新聞社時代に一度だけ会ったことがある井上靖が彼をモデルにして、『夏の草』(『井上靖文庫』23所収、新潮社)を書き、その波乱に富んだ人生を描いている。

34 小林勇と鐵塔書院

しばらく前に昭和五年刊行の長谷川如是閑『歴史を捻ぢる』（鐵塔書院）を目録でみて、三千円で入手した。その後も鐵塔書院の本を何冊か注文したのだが、外れてしまったようで、手元に集まらないし、みかけることもない。すでに廃業してから、七十年が経過しているので、古書市場でも品薄になっているのだろうか。数年前に別のところで鐵塔書院について記したことがあったが、視点を変え、あらためて書いてみよう。鐵塔書院は岩波書店の実質的編集長の地位にあった小林勇が昭和四年に三木清を盟友として創業した出版社で、その命名は幸田露伴によるものだった。

小林勇は明治三十六年に岩波茂雄と同郷の信州に生まれ、商業学校を卒業後、大正九年に上京して、数え年十八歳で岩波書店に入った。当時の岩波書店は創業八年目で、夏目漱石の『こころ』（大正三年）をはじめ、百冊ほどの本を刊行し、大正六年の倉田百三『出家とその弟子』、大正七年の阿部次郎『三太郎の日記』のベストセラー化、大正六年と八年の『漱石全集』の刊行によって、その土台を固めたところだった。小林勇は店番を振り出しに、卸部に移り、十四年に出版部に入り、この才気換発な青年は岩波茂雄の半分の年齢であるのだが、その側近として岩波書店の中心人物になっていく。そして幸田露伴を始めとする多くの文学者、学者の知遇を得、「じじい殺し」とまでいわれた天性の交際の妙技で、実質的な編集長の地位を占めるに至った。また昭和二年に円本に抗して創刊された岩波文庫も小林勇が三木清と組んで、その企画を実現させたのである。

2005・1

しかし岩波文庫創刊や昭和三年の第四次『漱石全集』の十万部という岩波書店の隆盛を背景として、同年に労働争議が起き、店員たちは労働条件の改正と専横的な小林勇の即時解職を要求した。この事件に関して、小林勇は自らのことを語らず「岩波書店が創業以来十七年、近代的な企業を営む出版社になるべきを怠っていた結果であると考えるのが正しいであろう」（『惜櫟荘主人』）と書いている。

そしてこの事件をきっかけにして、小林勇は岩波書店を退職し、鐵塔書院を立ち上げるのである。おそらく岩波書店に対するあきたらなさ、白樺派的関心から社会主義的目覚めも作用したであろうし、同郷の岩波茂雄の出版者としての成功も間近に目撃していたし、第二の岩波書店の創業を夢見たのではないだろうか。岩波茂雄が東大の同級生たちをブレインにしていたように、自分にも大家たちが応援してくれるのではないか。それにおあつらえむきの盟友としての三木清がいる。岩波書店でできなかった出版をやるのだ。地方出身者で、正規の学歴を持たない優秀な青年が考えた出版という立身出世の物語。同時代の大正から昭和にかけて、小林勇のような青年が数多くいたにちがいない。

しかし小林勇は筑摩書房の『小林勇文集』全十一巻にまとめられるほど、出版人として他に例を見ない多くの文章を残しているのだが、鐵塔書院に関する全貌を明らかにしておらず、岡書院の岡茂雄の『本屋風情』（中公文庫）や小山久二郎の『もうひとつの時代——小山書店私史』のような鐵塔書院史を書くことを断念していたかのようで、まとまった記録は『一本の道』に収録された「鐵塔書院のころ」という一章しかない。

だがこの一章も鐵塔書院史といったものではなく、断片的であり、その全体像は浮かんでこない。三木清たちの新しい雑誌『新興科学の旗の下に』（新興科学社）の発売元になり、同じく三木の『社会科学の予備概念』と寺田寅彦の『萬華鏡』から始まり、プロレタリア科学研究所のメンバーとも親しくなり、その発売元も引き受けたことから、長谷川如是閑の『歴史を捻じる』も出版されたようである。昭和五年にはエスペランチストの伊東三郎による『プロレタリアエスペラント講座』全六巻、その後『鐵塔』という雑誌、『鐵塔科学叢書』などを出版し、昭和四年から九年にかけ、百八十冊を出版したと小林勇は記しているが、その全出版目録は残されておらず、不明のままになっている。

「鐵塔書院のころ」には経営内情に関する記述が見え隠れし、「無一文で印刷所に仕事を依頼し、紙を仕入れ、製本して貰った」とか、「家の中が返品で狭くなった」とか記されている。そしてくどいほどに何度も経営は苦しかったが、行きづまることはなかったと書いてもいる。しかしその筆致から想像すると、明らかに行きづまっていたと思われ、昭和九年に鐵塔書院を整理し、岩波書店へと戻るのである。小林勇は小泉信三、幸田露伴、寺田寅彦のはからいで、岩波茂雄に乞われて戻ったと書いているが、この四人によって救済されたと考えられる。そのために小林勇は詳細な鐵塔書院史を書くことを断念したのであろう。だがこの小林勇の鐵塔書院の失敗は出版社の経営の問題を熟考させることになり、昭和十六年に始まる岩波書店の買切制導入は小林勇によって推進されたと思われる。

35　日本評論社、美作太郎、石堂清倫

名古屋の鶴舞公園前の古本屋で、均一台に円本時代の『現代経済学全集』（日本評論社）が十冊近く並んでいるのをみつけ、内容見本代わりに、その第一巻土方成美著『経済学総論』だけを買った。これは昭和三年九月刊の第一回配本分であった。

日本評論社は円本時代に『明治文化全集』を刊行したことで知られているが、同時に『現代法学全集』『現代政治学全集』『現代産業叢書』等の社会科学書の円本も出版している。日本評論社は大正八年に茅原茂によって創立されたが、彼は大正デモクラシー論者として著名な茅原華山の弟であり、『東京評論』を主宰していて、兄の『日本評論』と合併し、社名も日本評論社となった。茅原華山は大正二年に『第三帝国』、五年に『洪水以後』を創刊し、後者が発売禁止処分を受けると、『日本評論』に改題したのである。そして大正十四年に茅原茂が亡くなり、鈴木利貞がその経営を引き継ぐことになった。したがって『明治文化全集』は茅原兄弟の関係筋からの企画で、その他の社会科学書の円本は大正十五年に『社会経済大系』を刊行した鈴木利貞の方針によっていると考えられる。ただ例によって非常に残念であるのだが、日本評論社も社史、及び多彩な全出版目録が出されていないために、詳細は不明のままであり、大正期における出版物の全貌も埋もれてしまっている。だが同様に日本評論社の出版部長を務めた二人が回想録で、日本評論社時代に章を割いているので、それらを参照して、この『現代経済学全集』等の円本の実態を探ってみよう。これらの二

2005・2

書は美作太郎著『戦前戦中を歩む』（日本評論社）と石堂清倫著『わが異端の昭和史』（平凡社ライブラリー）である。

　茅原茂から日本評論社を引き継いだ鈴木利貞は野心家であり、岩波書店や改造社や有斐閣に比肩したいという望みを持っていた。彼の努力は東大アカデミズムのとりこみに注がれ、その第一歩が『社会経済大系』の刊行であり、『現代法学全集』『現代経済学全集』と続いていった。昭和三年の『現代法学全集』は美作太郎の証言によれば、「宣伝してみると、予約購読者が十万を軽く越えた」のである。「法律の社会化」「法科大学の開放」というキャッチフレーズで宣伝されたとはいえ、「全く驚くべきことであった」。そしてこの成功によって、日本評論社は「出版界で『中原の鹿』を逐う資格を獲得し」、その余勢を駆って、『現代経済学全集』（全三十一巻）を刊行するのだが、円本時代につきものの企画の競合があり、それは改造社の『経済学全集』（全六十六巻）だった。日本評論社と改造社はすさまじい広告競争を展開することになったが、イデオロギーの問題まで宣伝で強調されたのである。

　すなわち改造社『経済学全集』は河上肇、櫛田民蔵、猪俣津南雄などの労農派の学者たち、日本評論社『現代経済学全集』は土方成美、本位田祥男、河合栄治郎らの東大経済学部の教授、他の講壇経済学者たちが執筆陣の中心で、前者がマルクス経済学、後者が右派経済学であり、当時の経済アカデミズムの陰険な対立を公然と露出してしまった。美作太郎は『戦前戦中を歩む』の中で「二つの『経済学全集』」という章を立てているが、その後の経過を記していない。だがこの『現代経済学全集』は大失敗に終わったようだ。美作太郎と入れ代わりのように昭和八年に日本評論社に入った石堂清倫が『わが異端の昭和史』で「改造社との円本経済全集の競争で、破産状態におちいっていた」と記しているからだ。石堂の筆致は美作と異なり、辛辣で、それでいて嫌味でなく、当時の日本評論社の実態を報告していると思われる。「保守反動」で、「どことなく薄汚れて暗い感じ」であり、社長は「陰険で狡猾」だった。だが石堂清倫は哲学書はともかく、経済書の部門は岩波書店を追いこせるのではないかと考え、それを三年半で実行し、「これでその後の日本評論社の方向が確立したようでもある」とまで書いている。石堂清倫のことについて、美作太郎は「『かなわないな』という劣等感めいたひけ目を覚えた」と述べているし、戦後の大月書店の『マルクス・エンゲルス全集』『レーニン全集』『スターリン全集』のプロデューサーにして翻訳者であり、多くの左翼系の出版社に関わってきたことを考えると、石堂の言葉に誇張はなく、円本時代後危機にあえいでいた日本評論社を石堂清倫が立て直したことを意味しているのであろう。

「私の入社時の評論社はやっと仕事を続けているところで、（中略）社員にとっては毎月の給料支払が危ぶまれるほどの哀れな状態であった。支払日にゾッキ屋の河野成光館主がやってきて、在庫部の一部を引取ると、その月の給料が出るのであった。この本は古本屋や特価本店で安売されるから、在庫品はますますうれなくなり、文字通りの悪循環である（後略）。」

だが石堂清倫はその仕事ぶりにもかかわらず、社長による当局への動静の内報のために退社し、満鉄調査部へ向かうのである。

36　折口信夫と『世界聖典全集』

2005・3

平成十六年に、古書を介在させて日本近代思想史を再構成しようとするスリリングな試みが、安藤礼二によって続けて提出された。それらは折口信夫の『死者の書』や「国文学の発生」を始めとする『古代研究』を新しく読みなおす行為であり、『初稿・死者の書』（国書刊行会）、『神々の闘争　折口信夫論』（講談社）の二冊の編・著として結実した。前書に収録された「光の曼陀羅」と、後書はそのまま安藤礼二がいっているように「書物論」として構成され、折口信夫の思想形成が明治末期から大正にかけて刊行された書物、及び出版ムーブメントとともにあり、「折口とは、なによりもまず、さまざまな書物の提供してくれるあらゆる情報に興味を抱き、そのすべてを飽くことなく貪欲に吸収した驚くべき『読み手』であった」ことを実証し、これまでほとんど言及されなかった一群の書物を浮かび上がらせている。

まず安藤礼二は折口信夫が日本の古代人の原像を発見し、柳田国男がその民俗学の形成にあたって大きな影響を受けたとされる台湾「蕃族」（台湾山人、いわゆる「高砂族」）の資料を提示する。この資料は大正時代に台湾総督府が刊行した『台湾蕃族調査報告書』と『蕃族慣習調査報告書』（いずれも全八巻）であり、多様な台湾「蕃族」の世界が報告されているようだ。後者は昨年十月の名古屋のデパート展目録で千種区の脇田書房が三冊出品していたが、二万円から二万八千円だったので、残念ながら見送ってしまい、未見であるが、いつかぜひ読んでみたい。これらは安藤礼二も所持していないようで、大学の図書館にこもって一週間かけて読んだと記している。

さらに安藤礼二は折口信夫がエルンスト・マッハの『感覚の分析』、フランス社会学のマルセル・モースやデュルケムの著作を読んでいたのではないかと指摘し、折口信夫の思考は同時代のドイツ現象学、ロシアフォルマリスムとも共時性があり、またイスラーム神学にも通底するという分析に及ぶのである。こうした過程で多くの書物、著作が言及されるのだが、私がずっと気にかかっていた大正時代の出版物にもかなりページが割かれている。それは大正九年から十二年にかけて刊行された世界聖典全集刊行会（後に世界文庫刊行会）の『世界聖典全集』前・後輯各十五巻である。一冊三円八十銭の予約出版で、この出版社は学習院大学出身の松宮春一郎を代表とし、他に『世界国民読本』全十二巻、『興亡史論』全二十四巻を同じく大正時代に刊行しているが、この出版社の詳しい資料は残されておらず、『世界童話大系』などを刊行した近代社と並んで、大正期の謎の出版社となっている。

安藤礼二はこの『世界聖典全集』と折口信夫の関係に注目し、後輯の第十五巻『世界聖典外纂』に折口信夫が「琉球の宗教」を書き、それが『古代研究』につながり、第十、十一巻のエジプトの『死者之書』（田中達訳）が『死者の書・初稿』の重要な起源であり、単行本『死者の書』の装丁も『死者之書』の図版を使用しているという事実を明らかにする。この図版は安藤編の『初稿・死者の書』の装丁にも使われている。そして安藤礼二は『世界聖典全集』と折口信夫の関係を仲介した人物として、『死者の書』を書かしめた新仏教家藤無染を登場させる。富岡多恵子の『釋迢空ノート』（岩波書店）による藤無染の発見を受けて、彼が折口信夫の最初の恋の相手にして共同生活者であり、釋迢空という戒名も彼によってつけられたことを確認する。さらに藤無染が「新仏教家」であったこと、それは仏陀とキリストの生涯が同一であると確信する立場を示し、明治三十八年に『二聖の福音』（新公論社）を出版し、また彼は明治三十三年から大正四年にかけて刊行された雑誌『新仏教』を中心とする新仏教運動にかかわっていた。藤無染の思考は明らかに神智学の影響を受けたもので、仏教とキリスト教を神智学を介在させて読み替えていく方法であった。安藤礼二は記していないが、日本において神智学は明治二十年代にブラヴァツキーとともにその創始者であるオルコットが来日して、仏教徒を対象に講演し、大きな影響を与え、ブラヴァツキーの著書『霊智学解説』も明治三十九年に博文館から刊行されている。この本はオルコットの来日講演を加えて、同タイトルで昭和五十八年に心交社から復刻版が出された。

おそらくこのような神智学の導入を背景にして、新仏教運動が出現し、『新仏教』が創刊され、それらのメンバーが『世界聖典全集』へと流れこんでいったのではないだろうか。藤無染を通じて折口信夫もその流れに加わったのだ。安藤礼二は書いている。

「現在ならばいざ知らず、明治の末期に、学究的な仏教徒の内面に、このような思考が孕まれていたとは実に驚くべきことであろう。まだ十代の折口が、無染の知識とその広大なビジョンに心底震感させられたのがよくわかる気がする。」

だがこのビジョンは一方で妄想の「日ユ同祖論」も生み出したのである。

37　高度成長期の作家　梶山季之

2005・4

二〇世紀末に不惑の年を迎えたあたりで、年齢的なこともあり、自分の仕事の計画を立てたのだが、思いがけずに出版状況論や出版史の領域に入りこみ、それらのことを書き続け、すでに十年近く経ち、一部だけで当初の目論見に取りかかれないまま時が過ぎてしまった。

私の本来の仕事は戦後社会論にあると考え、特に私たちの世代にとって最も長く、そして変動の時代であった高度成長期を描き、その成熟と喪失の謎を浮き彫りにする試みに挑むつもりでいた。その方法論として、三つほどの柱があり、ひとつは高度成長期下の社会派ミステリの作家たち、つまり松本清張、水上勉、黒岩重吾、梶山季之などを、それぞれ「人間喜劇」や「ルーゴン＝マッカール叢書」でフランス一九世紀を描いたバルザックやゾラに見立て、彼らの作品の分析を通じて高度成長期が何であったかを問おうとするものであった。

そのために彼らの作品を収集し、かなり読みこんできたのではあるが、梶山季之の二つのシリーズは収集を始めて十年以上経つのに不揃いのままになっている。それらは昭和四十七年に刊行を開始した集英社の『梶山季之自選作品集』（全十六巻）と桃源社の『梶山季之傑作集成』（全三十巻）である。ここでは前者について記してみたい。

『梶山季之自選作品集』は少しづつ古本屋の店頭で集めて十一冊になったが、その作品を再読すると、梶山季之こそ突出して高度成長期と併走した作家であることが実感される。例えば『黒の試走車』や『夢の超特急』はモータリゼーションと新幹線の時代の背景を生々しく描き出し、戦後的欲望の新しいイメージが高度成長期特有の色彩を伴って表出している。そして小説作法からすれば、この二冊も広範な取材をベースにして成立したものであるから、梶山季之は現在のノンフィクションライターの先駆者であると考えられ、彼の作品はその後のノンフィクションの成立に影響を与え、また現在の社会経済的事件の根幹をすでに提出していたと思われる。

高度成長期を時代背景にしていないが、それを『悪人志願』にみることができる。この小説は昭和四十年頃『週刊現代』に連載されたと記憶しているが、明らかに西武王国の創始者である堤康次郎をモデルとしている。猪瀬直樹の『ミカドの肖像』(小学館)が西武の事件を予見していたとされているが、そのベースはすでに『悪人志願』に掲出されていて、『ミカドの肖像』は『悪人志願』にヒントを得ているのではないだろうか。しかし『ミカドの肖像』には膨大な参考文献や、人名索引がついているが、『悪人志願』も梶山季之の名前も見当らない。

『悪人志願』において「自選作品集」ゆえの「著者あとがき」が書かれ、当時における小説とノンフィクションの相違が語られ、その概念は現在とは異なっているし、ここに梶山季之という高度成長期下の作家の特質があったとみるべきであろう。梶山は述べている。読者はこの小説の主人公の行為を「すべて嘘っパチである、架空の小説である、と考えるでしょう」が、「違うのです」。「私は、ルポルタージュから小説の世界に入って来た」のであり、「ルポルタージュと云う形式では、真実を語れないと悟って、小説と云うオブラートで包み、読者に真実を伝えようとして、小説家になった」とまで記している。

この『悪人志願』の主人公番匠銀之助は「数人の政財界人を、モデルに使用している」と梶山季之は断りを入れているが、紛れもなく「悪人」堤康次郎を描くことを目的として書かれている。小説はまず番匠銀之助が還暦を祝って自らの歩んできた生涯を追憶した昭和三十七年の自叙伝『浮沈六十年』に言及し、その虚偽の著述に対して事実を明らかにするという形式で進んでいく。そして大正時代に地方から上京して大学に入学した銀之助が映画館の弁士になったことを始まりとし、三等郵便局を営む未亡人家庭に入りこみ、周辺の女性たちを犯し、犯罪に巻きこみ、悪銭による資本を蓄積する。それを株式投機の資金とし、また保険金詐欺も企て、関東大震災での手形操作によって、軽井沢や箱根の土地の買占めに向かうのである。その買占め手段も詐欺同様であり、その手口を梶山季之は詳細に説明し、さらにまた仮空の株主操作により財産の保全を計り、税金も払わない黒幕的経営法も暴露している。

モデルである堤康次郎はやはり昭和三十七年に『苦闘三十年』（三康文化研究所）を刊行し、これは未見であるのだが、日経新聞社の『私の履歴書1』（昭和三十二年）の「堤康次郎」を読むと、『悪人志願』の物語祖型のようで、株式投機、三等郵便局、土地の買占めが語られている。そして船（浪越洋船）にも投資したが、その二隻が行方不明になり、乗員たちも一人も助からなかったという失敗が、驚くべきことに『悪人志願』では保険業界で「幽霊丸事件」（浪川洋船）と呼ばれた保険金詐欺であったとされている。『悪人志願』の番匠銀之助はここまで描かれれば、悪の輝きを帯びてもよさそうなのであるが、梶山季之の筆致はそれを許していない。梶山は高度成長期の正義派の作家だったのだ。

38　桜井均『奈落の作者』

2005・5

昨年のことだが、拙著『出版社と書店はいかにして消えていくか』（ぱる出版）における桜井書店の記述に関して、桜井均の遺族から厳重な抗議が寄せられてきた。桜井均が春画の通信販売で資本蓄積し、それを元手に昭和十五年に文芸出版の桜井書店を創業し、一流出版社になろうとしたが、赤本屋あがりだと告げ口する者もあり、それを苦にして昭和三十五年に廃業したと書いたことに対する抗議だった。

拙著ではその出典を記していなかったので、春画の通信販売は鈴木徹造の『出版人物事典』（出版ニュース社）、赤本屋あがり云々は山本夏彦の『私の岩波物語』（文芸春秋）からの引用であることを記し、その部分のコピーを同封して返信を送り、私の捏造ではない旨を伝えた。

すると遺族の方から返事が届き、両者の記述は事実無根と歪曲であり、特に山本夏彦は桜井均と親しく、本当のことを知っていたにもかかわらず、桜井の死後、事実を歪め、故人を貶める発言をするようになったと書かれていた。さらに山口卓三の「桜井書店のさくらゐ本」（季刊『銀花』第五十二号所収）という桜井均の晩年のインタビューを含んだ桜井書店とその出版物に関する記事も同封されていて、それを読んでみると、確かに山本夏彦の描く桜井書店とイメージが異なるのである。近代出版史は圧倒的に資料が不足しているために、論証抜きの一方的見解や思いこみが独り立ちし、事実のように流布してしまう危険性を自戒の念として受け止めた。

そこで未読のままでいた桜井均の唯一の著書『奈落の作者』（文治堂書店）を八王子のまつおか書店で入手し、早速読んでみた。するとこの著作から浮かんでくる桜井均の実像は文学や出版を愛し、著者たちとも誠実につき合い、困難ななかにあって戦争をくぐり抜け、企業整備令による百九十五社の出版統合にも個人経営のまま存続し、さらに戦後も三島由紀夫の『岬にての物語』を始めとする多くの文芸書を出し続けた真摯な出版者の姿であった。そして彼が出版社を廃業したのは見るべきものは見てしまった思いによる断念であると推察され、『奈落の作者』に示された品格のある文章は知られざる近代出版史、文学史の証言となっている。桜井均は明治三十四年に茨城県に生まれ、高等小学校を出ると、日本橋の赤本屋である春江堂に入り、二十歳でその出版責任者となった。春江堂については全国出版物卸商業協同組合の『三十年の歩み』に一ページのまとまった紹介がある。

関東大震災直後に独立し、『関東大震災実記』などを出版した。これは震災後の最初の出版であり、その好調な売れ行きをみて、講談社の『大正大震災大火災』が企画されたのではないだろうか。それからは紆余曲折があったようで、普選法の成立を当てこんだ『註釈附普通選挙法』や雑誌『娯楽雑誌』や『小学生の新聞』で失敗したが、その後山洞書院、大同出版社として新聞広告による実用書の通信販売を成功させた。これは桜井均自身の証言ではなく、山本夏彦が書いていることだと断っておくが、書画や掛軸の通信販売も行なっていたという。そして桜井書店の創業となる。この桜井均の出版者としての経験は山本夏彦の工作社という出版社の成立に大きな影響を与え、実用書の工作社のコンセプト、初期の通信販売となって継承されたと思われる。

これらの事情も興味深いが、何よりも大正時代に硯友社系の作家たちが春江堂に代表される赤本屋系の出版社に依拠して生計をたて、文学史にその名を残すことなく、不幸な生涯を終えたことを述べている「奈落の作者」と「呼潮へんろ塚」は貴重なローアングルからみた文学史の証言であろう。そして桜井均は北島春石とその周辺人物を紹介する。紅葉の死後、北島春石は柳川春葉の弟子となり、二流の小説家ではあるが、多くの小説を書き、柳川の『生さぬ仲』は彼の代作であったという。印税制度はまだ成立しておらず、原稿は買切であり、書かなければ生活ができず、胸を病んでいたことから四十一歳で没してる。北島ばかりでなく、その弟子の倉田啓明も言及される。「奈落の作者」である倉田啓明（潔）は三田系の卓越した才能を秘めた同性愛の作家で、これまた北島の代作を努め、長田幹彦や谷崎潤一郎の偽作によって出版社や新聞社から原稿料を詐取する事件を起こし、文壇から葬り去られる。他にもこの著作にしか登場しないと思われる文学者の名前が列挙されている。

「二流では北島春石あたりを筆頭に、市村俗弘、渡辺黙禅、田村西男、南海夢楽の別名で時代ものを書いていた安岡夢郷、それに宮崎一雨、森下雨村、小山集川、大橋青波、篠原嶺計、小島孤舟などと、二流、三流いくらでもいる。」

残念ながら森下雨村を除いて誰も知らないし、その著書も目にしていない。桜井均によれば、赤本系の出版社から北島春石も倉田啓明もかなり著書を刊行しているようだが、現在これらの文学者たちの赤本系出版社の刊行物はどのような古書状況にあるのだろうか。

39　山本夏彦の前歴

2005・6

先月号で桜井書店についてふれ、山本夏彦の描く桜井均のイメージが実像と異なっていることを記したが、それを差し引いても、山本夏彦が昭和戦前の文学史、出版史、翻訳史の貴重な証人であることは動かせない事実であろう。実際に二年前に彼が鬼籍に入って以後、私たちはその代わりの人物を見出せないでいるし、また彼ほどリアルな語り手は二度と出現しないと思われる。

例えば、出版史に限っても、円本時代とその波紋、冨山房の模範家庭文庫（平田禿木訳『ロビンソン漂流記』を最近入手した）、叢文閣のファーブル『昆虫記』のゾッキ本化、武林無想庵とゾラ全集、昭和十年代のジイド全盛時代等々は山本夏彦が語ってくれなければ、知らずにいただろう。

だが山本夏彦は様々なことを語りながらも、自己韜晦し、自らについて詳しく述べず、フランスから帰国し、出版業界を転々としたようであるが、新聞広告で二流の雑誌社、出版社の試験を受けて就職し、辞めることを繰り返したと何度も書いているだけで、具体的に出版社名を明らかにしていなかった。個人的事柄に関して、『無想庵物語』（文芸春秋）で「起居を共にした」無想庵に託し、自らの青春時代を語り始める。それは明治生まれの山本露葉、武林無想庵、辻潤などの文学者の物語であると同時に、はからずも彼らの息子、娘である大正生まれの山本夏彦、武林イヴォンヌ、辻まことにわたる二代のドラマとなる。そしてまこととイヴォンヌの物語は山本夏彦も登場する西木正明の小説『夢幻の山脈』（中央公論新社）として変奏され、イヴォンヌの母である宮田文子とその再婚者の宮田耕三は軍司貞則の『「日本株式会社」を育てた男』（集英社文庫）で新たな照明を当てられ、山本夏彦の周辺の物語のさらなる広がりを提示する。

しかし『無想庵物語』にも昭和十年代に出版業界にいたと記されているのだが、出版社名は挙げられていなかった。その後『私の岩波物語』（文芸春秋）が出され、これは山本夏彦による独自な日本近代出版史であり、しかも出版社だけでなく、取次、広告、用紙、印刷、製本、原稿料にまで及び、それらは「私が直接間接に経験したこと」で、「室内の編集営業を通し見聞した事ども」だと書いているが、山本夏彦が『室内』（当初『木工界』）を刊行する工作社を創業するのは昭和二十五年であるから、そのまま信じることはできない。これらの出版業界に対する視点は編集、営業、製作についての総合的経験を持たなければ得られるものでないからだ。『私の岩波物語』には断片的で唐突な挿入めいた部分が多くあり、軽く言及されているだけだが、ようやく山本夏彦が戦前長く勤務していた出版社名が明らかにされる。昭和十六年に「それまで転々としていた二十五歳の私は求龍堂石原龍一の責任者として迎えられた」。

鈴木徹造の『出版人物事典』によれば、求龍堂は梅原龍三郎、安井曽太郎、中川一政等の専属画商であった石原龍一が絵画関係の美術書を出版するために、大正十二年に創業、昭和十九年に文芸春秋社に統合され、同二十四年に再出発したとされているが、山本夏彦は昭和十六年創業と書いている。しかし社史『求龍堂の六十年』によれば、最初の出版物は大正十二年刊行なので、前者が正しい。そして戦後を迎え、山本のほうも昭和二十年に後に理工学社を創業する中川乃信と真砂書店を起こし、今和次郎の住宅図案集などを出版し、中川が独立するにあたって紙型を山本にゆずったことで、工作社が始まる。したがって山本夏彦の出版業界についての見識はその多くが昭和十年代に培われたものであり、それをベースにして、山本夏彦の出版者としての戦後がスタートしたのであろう。

このような山本夏彦の経歴はまとめて語られていないこと、また説明を省略して記述していることから、意味不明の部分を生じさせている。ところが遺著となった『一寸さきはヤミがいい』（新潮社）において、本人の意志ではなかったと思われるが、山本夏彦の年譜が初めて公開され、意味不明の部分がようやく明らかになった。昭和十五年に経済情報社に勤め、埴谷雄高と同僚であった。埴谷雄高側の研究によれば、埴谷はその年の冬内紛を起こし、同僚たちと一斉に経済情報社を退職する（白川正芳「解題」『埴谷雄高全集』2所収）。山本夏彦もまた一斉に辞めた同僚の一人であり、それから求龍堂へ入ったのではないだろうか。埴谷たちはそのまま新経済情報社に移り、『新経済』を創刊している。それにしても何という奇妙な時代であることだろうか。山本夏彦と埴谷雄高が机を並べて仕事をしていた時代があったとは。紛れもなく、当時の出版業界とは山本夏彦のような知的ボヘミアン、埴谷雄高のような転向者にとってアジールであったのだ。山本夏彦は『私の岩波物語』でエスペランチスト中垣虎児郎に言及している。「中垣と私は中垣が改造社の校正係を経て、経済情報社にいた時知りあった」。これが山本夏彦の書き方であり、おそらく山本は自分なりに経済情報社にいたことを告白しているのであろう。

40

池本喜三夫と『佛蘭西農村物語』

2005・7

七、八年前になるだろうか、今はなき豊橋の講文堂書店で、四六判の七百ページほどの『佛蘭西農村物語』という昭和戦前に出版された本を千五百円で買った。

裸本で保存状態は悪かったが、題材がめずらしいものであり、マルク・ブロックの『フランス農村史の基本性格』（河野健二他訳、創文社）の参考資料となると考え、購入したのである。ところが持ち歩いて読むと崩れてしまいそうなので、積ん読状態のままになり、時が過ぎてしまった。ところが最近になって、ゾラの『大地』の翻訳に着手することになり、フランスの農村が舞台であることの小説を訳しているうちに、かつて購入した『佛蘭西農村物語』を思い出し、読んでみた。すると同書はフランス中部のツール県の東方の町モントリシャール近郊のプイユ村、及び村よりも小規模のシエーヌ・ゴーチエ部落での滞在記、報告書だったが、日本人の著作として、これ以上詳細なフランス農村記録は現在に至るまで書かれていないのではないだろうか。またそのモチーフは「フランスの村落を知るといふよりも見るといふよりも、しんみり味はひたい」という著者の言葉に尽きるであろう。さらにこの本の特色は著者自らが写した多くの写真の収録にあり、二十世紀初頭のフランスの農村の姿をビジュアルに伝え、それほどタイムラグのない『大地』の世界を彷彿させるのである。

さて、話はここから始まる。本書の著者は池本喜三夫、出版社は刀江書院で、昭和十年に刊行されている。本文中にある著者の写真にはナンシー大学農学部の学生時代のものとの説明がなされ、「はしがき」によれば、片山敏彦と滞仏中親交し、装幀も片山によると記されている。これらのことを含めても、池本が農学者であることはわかるが、どのような人物であるかは不明であった。しかし池本喜三夫は意外な著作に姿を現わし、農学者ではないその実像をさらすのである。先月号で山本夏彦の『無想庵物語』（文芸春秋）にふれたが、そのなかに無想庵をめぐる主要人物の一人として描かれ、「索引」の立項には「農政学の秀才。パリ留学中」とあり、この物語の重要な場面を形成する人物であることから、場面索引が四本立てられている。

池本喜三夫はパリに留学して、武林無想庵の妻である文子と愛人関係になる。文子は池本を金持ちの息子と思っていたが、池本は北海道の若山という財産家の娘と婚約中で、その家から仕送りを受けている留学生にすぎなかった。池本は文子との愛人生活で散財し、生活に窮し、無想庵が所有していた北海道の土地に目をつけ、無想庵から実印と白紙委任状を入手し、一時帰国して、当時の金で時価三万円の土地を自分のものにしてしまうのである。文子のもう一人の愛人が無想庵にいう。「池本氏はあなたから三万円まきあげ、若山家の五百万円を手に入れたところをみるとすばらしい腕前ですな」と。もっとも山本夏彦は「池本には池本の言い分があろう」と記しているが。つまり想像もできないが、『仏蘭西農村物語』の背景にはこのような物語も潜んでいたことになる。

そしてまた同書にはもうひとつ、出版史の謎が秘められている。刀江書院は尾高豊作によって大正八年に創業された学術出版社で、昭和九年には日本児童社会学会の創設により月刊『児童』を創刊している。ただ同書の巻末には柳田国男の『日本農民史』を始めとする多くの農業学術書が掲載され、この時代にはその方面に力を注いでいたのかもしれない。しかし驚きなのはその奥付にある発行者名が尾高豊作ではなく、関根喜太郎となっていることだ。本連載31で関根喜太郎と関根康喜が同一人物で、宮澤賢治の『春と修羅』の刊行者であったことに言及したが、彼は刀江書院にも関係していたのである。創業者の尾高豊作はこの時期に実業界に進出し、多くの会社に関与したので、出版社を関根にまかせていたとも考えられる。

『日本アナキズム運動人名事典』の編集委員である大澤正道から恵送された「関根康喜の思い出」(『虚無思想研究』第19号所収)を参照すると、関根康喜は戦前に多くの出版社の看板も上げていて、尺土社、悲しき玩具社、関根書店、虚無思想研究社、新声社書店、入門書書店、成史書院などがあるという。大澤文は新発見された関根の書簡六十六通をベースにして書かれているのだが、そのほとんどが勤め先の便箋や原稿用紙に記され、「昭和三年から十三年頃までは刀江書院のものが圧倒的に多いからおそらくその辺りまで刀江書院にいたのだろう」と大澤正道は推定している。これだけ多くの出版社に連鎖して関係することを可能にした昭和出版業界の事情を考えると、またしても出版史の謎は深まるばかりなのである。

最後になってしまったが、無想庵は『大地』も訳し、昭和十五年に鄰友社から『地』上中下本として刊行していて、その後入手したことを付記しておこう。

41　ダヴィッド社版、安東次男訳『悲しみよ　こんにちは』

2005・8

『サライ』（二〇〇五・三・三号）の田辺聖子インタビューを読んでいて、デビュー当時の意気ごみを示す、次のような言葉に出会った。「大阪弁でもってフランソワーズ・サガンをやってやる」。

私は田辺聖子のよき読者とはいえないが、この言葉に刺激され、昭和三十九年の芥川賞受賞作『感傷旅行《センチメンタル・ジャーニィ》』（文芸春秋新社）をあらためて再読してみた。するとラジオドラマの脚本家の男女二人を主人公としたこの小説が昭和三十年代の大阪の文化風俗を描き、物悲しい男女関係を通じて、そのニュアンスのなかにフランソワーズ・サガンの物語世界の投影があるように思われた。

サガンが亡くなって、もうすぐ二年になるが、田辺聖子のこの発言は作家、読者としての心情のこもった追悼の言葉だと考えられる。おそらく女性外国文学者で、戦後の日本においてサガンのように広範な読者を獲得し、また女流作家に対して影響を与えた人物はいないのではないだろうか。

三十年以上前のことだが、サガンの原書ペーパーバックが安くまとまって売られているのを古本屋でみつけ、一週間に一冊ずつ読んだことがあった。女性の心理描写が驚くほど生々しく、特に中年女性の心の揺らめきが見事に描かれ、サガンの早熟ぶりを評して「小さな悪魔」とフランソワ・モーリャックがいったのも納得できる印象を受けた。

サガンのデビュー作はいうまでもなく『悲しみよ　こんにちは』であり、ある資料によれば、新潮文庫版はこれまでに三百六十万部売れているという。このタイトルがポール・エリュアールの詩からとられた『悲しみよ　こんにちは』は、朝吹登水子訳の新潮文庫しかないと思われがちだが、実はそれより早く、ダヴィッド社の安東次男訳が刊行されていて、田辺聖子も安東訳で読んだと考えられる。いわばこちらが『悲しみよ　こんにちは』の元版であり、サガンの日本への浸透と影響の始まりを形成したのである。

ダヴィッド社と新潮文庫の刊行時期を比較すると、新潮文庫版は『新潮社九十年図書目録』には昭和三十年六月刊行とあり、ダヴィッド社版は昭和二十九年で、訳者の「あとがき」の日付は十一月になっているので、その年末に出版されたのだろう。つまりダヴィッド社版が半年以上も早く刊行されていたのである。手元にあるダヴィッド社版の奥付には「一九五五年一月二十五日第十六刷発行」と記されている。わずか刊行二ヵ月足らずで、十六刷もしていることから外国小説としては異例の売れ行きであったと推測できる。大阪文学学校で学んだり、同人雑誌に小説を発表していた田辺聖子も、その環境から想像するにダヴィッド社の安東次男訳でサガンの世界に触発され、最初に引用した発言へと至ったのではないだろうか。とすれば、ダヴィッド社の安東訳はサガンと田辺文学の架け橋になったことになる。

安東訳は朝吹登水子訳よりも詩的で、イメージが凝縮された文体であり、硬質といえるが、当時のフランス現代小説の訳文として最高の水準にあったように思える。両者の冒頭の数行を比較するだけで、それは歴然とする。

「倦怠と優しさがつきまとう、この見おぼえのない感情の上に、悲しみという重くて美しい名を書きいれることをわたしはためらう。」（安東訳）

「ものうさと甘さとがつきまとって離れないこの見知らぬ感情に、悲しみという重々しい、りっぱな名をつけようか、私は迷う。」（朝吹訳）

もちろん好みの問題もあるが、サガンの広範な読者の獲得は後者の新潮文庫、朝吹訳によって推進され、安東訳はこれから述べる事情によって絶版になり、忘れ去られてしまったのである。

その前にダヴィッド社に言及すると、この出版社は翻訳史に異彩を放ち、『悲しみよ　こんにちは』ばかりでなく、名著をいち早く出版していながらも、刊行が時機尚早であったためか、評価されずに終わってしまったようである。昭和二十七年のサリンジャーの『危険な年齢』（橋本福夫訳）は『ライ麦畑でつかまえて』であり、白水社の野崎孝訳の出現より、十年以上先駆けていたことになる。その他にもロバート・キャパの『ちょっとピンぼけ』（川添浩史他訳）やジョルジュ・バタイユの『エロチシズム』（室淳介訳）もダヴィッド社が先行して出版している。その出版事情は明らかではないが、優れた編集者と当時の特異な翻訳出版状況が絡んでいると思われる。

双方の『悲しみよ　こんにちは』のコピーライト表示をみると、新潮文庫版はフランス著作権事務所、ダヴィッド社版はレオン・プロウという人物を介して翻訳権を取っていることがわかる。いずれも一九五四年に出版されたジュラール社版を原本としているので、明らかに翻訳権が二重売りされたことになる。このレオン・プロウがどのような人物であるのかまったく不明だが、おそらく翻訳権の二重売りをめぐって、新潮社、フランス著作権事務所とダヴィッド社、レオン・プロウとの話し合いがもたれ、前者に理があり、後者の『悲しみよ　こんにちは』は絶版に追いやられたのではないだろうか。

42　出版社としての鎌倉文庫

意図して集めてきたわけではないが、均一台などで買っているうちに、鎌倉文庫の出版物がちょうど十冊たまってしまった。書名を記すと、永井荷風『濹東綺譚』（「現代文学選」シリーズ二十八巻発行）、本多秋五『「戦争と平和」論』、『国木田独歩全集』六冊（全十巻予定で七冊発行）、『ゴンクウルの日記』二冊（全九巻予定で三冊発行）で、それぞれ昭和二十一年から二十四年にかけて出版され、いずれも発行人は岡澤一夫となっている。

鎌倉文庫に関して、戦後文学史にその名を残す文芸誌『人間』の刊行は知っていたが、鹿児島達雄の「貸本屋鎌倉文庫始末記」（『本とその周辺』所収、文化出版局）があり、タイトル通り貸本屋のイメージが強く、また『高見順日記』（勁草書房）や『大佛次郎敗戦日記』（草思社）にも貸本屋として出てくるので、このように多くの文芸書を刊行している出版社としての側面に注意を払っていなかった。さらに古書目録で『ヨーロッパ』という雑誌の十三冊揃を見つけ、外れてしまったが、これも鎌倉文庫刊行であった。だからここでは貸本屋だけでなく、出版社としての鎌倉文庫を追跡してみよう。

その前に鎌倉文庫の成立を簡単に記すと、鎌倉に住む作家たちが戦時下にあって原稿料収入が乏しくなり、自分たちの蔵書を供出して、貸本屋を始めることになった。それが鎌倉文庫で、昭和二十年五月一日に鎌倉の八幡通りに開店したのである。メンバーは久米正雄、川端康成、高見順、中

2005・9

山義秀が中心で、彼らは夫婦揃って店を手伝い、敗戦をはさんでも店は売上を伸ばし、十月には東京の白木屋にも支店を出したりした。だが昭和二十一年に入ると、戦後出版業界の復興もあり、執筆活動が忙しくなり、貸本屋の面倒を見られなくなった。そのために作家たちは店の事務をまかせていた人物に本ごとゆずり、貸本屋経営から身を引いた。それは七月で、彼らは一年三ヵ月貸本屋に揃って携わったことになる。

これが貸本屋鎌倉文庫の経緯であるが、出版社鎌倉文庫に関しては『人間』の編集長であった木村徳三の『文芸編集者の戦中戦後』（TBSブリタニカ）の中に、「『人間』時代」という章があり、鎌倉文庫が内側から描かれている。出版社鎌倉文庫の始まりはやはり貸本屋が発端で、終戦直後貸本屋の前を通りかかった大同製紙会社の社長が中で働いている作家たちを見て、こちらには紙と資本があるので、それらを提供して作家たちとの共同事業を申しこんできた。そして出版社鎌倉文庫が設立され、社長に久米正雄、役員に川端、高見、中山がなり、大同製紙から営業経理担当として岡澤一夫が送りこまれ、そのことで彼が発行人となったのであろう。『人間』の創刊と「現代文学選」が出版の柱となり、十二月に出された『人間』創刊号は二万五千部、二号は五万部、三号は七万部ですぐに完売であったという。

昭和二十一年を迎えて、鎌倉文庫は順調に発展したようで、木村徳三と同様に改造社出身である大森直道や若槻繁も入社し、多様な出版物が刊行され始める。木村徳三が一ヵ所だけ鎌倉文庫の出版物について総合的に言及している部分があるので、それを引用する。

「五月に女性向けの雑誌『婦人文庫』が創刊されて若槻君が編集長になり、十月には一般社会人向けの雑誌『社会』が出た。またフランス文学翻訳家の小松清氏の斡旋で、ヨーロッパ文学の紹介雑誌『ヨーロッパ』が発刊された。「現代文学選」や「大衆文学選」「青春の書」「国木田独歩全集」「ゴンクールの日記《ママ》」の刊行など、出版部の動きも活発だった。」

小松清の名前が出てくるが、それは木村徳三が『人間』にマルロオの『希望』の翻訳を依頼したことがきっかけであったと思われる。小松清と『ヨーロッパ』の関係も興味深いが、「小松清伝」ともいえる林俊の『アンドレ・マルロオと「日本」』（中央公論社）にもそれについての言及はなされていない。

それはともかく、これらの出版ラインナップは創業一年ほどの出版社にしては多種多彩で、財政的にも恵まれ、しかも昭和二十二年には茅場町の交差点の角に木造二階建ての新社屋を設けている。しかし昭和二十四年に入り、戦後の出版バブルがはじけると、鎌倉文庫も雑誌、書籍とも売れ行き不振となり、経営状態が急速に悪化していく。社長の久米正雄には菊池寛の文芸春秋社に対する対抗意識があり、そのために雑誌『文芸往来』を創刊したことや製紙会社が資本を引き上げたことも相乗し、危機を迎えてしまう。それまでも鎌倉文庫に対して、「紙屋と文士が寄り合ってどうなるものか」と言われていたらしいが、「急速に伸びた新興出版社が陥りがちな放漫経営の結果」であった。

鎌倉文庫は貸本屋として一年三ヵ月、出版社として四年の短い年月を終えた。目黒書店に売られた『人間』もまたそれを追うかのように、昭和二十六年廃刊に追いこまれた。

しかし出版物の寿命は長く、このように現在でも古書として多く流通している。

43　南天堂書房と宮内壽松『寒紅譚』

千葉県船橋市の渋谷商店（たくま書房）から古書目録を送られるようになって、かなりの年月が経ち、最新版はすでに五〇号を迎えている。創刊号から目を通しているかどうかは記憶していないのだが、これだけ長きにわたって定期的に手元に届いた古書目録は他になく、多くを買っているわけでもないのに、送り続けてくれていることに感謝したい。そこで今回はこの古書目録で入手した本について書いてみよう。

宮内壽松『寒紅譚』という本が掲載され、それだけでは注文しないであろうが、出版社が南天堂書房で、大正十二年発行と記されていたので、申し込むと本が送られてきた。値段は二千五百円だった。四六判上製箱入り、二百七十頁余で、十二本の舞台脚本が収録され、現代劇も含んでいるが、大半は江戸を背景とする時代劇である。ちなみに表題の「寒紅譚」は唐人老一官を主人公とする一幕物で、徳川の姫名によって紅を作らせるために捕えられ、その百日の期限が迫っている。しかし彼の作る唐紅は一人を美しく見せるものではなく、千人万人が美しくなったのを見ることにあり、そのために作り出せない。奥女中の呉葉と恋に落ち、江戸から逃げることもできず、唐紅の製法を一書にまとめ、旗本の老沼に託し、老一官と呉葉は琴と胡弓を弾きながら、毒薬を飲んで心中する。老沼は武士を捨て、紅花を老一官に代わって作り、後世に伝えようとして終わる。宮内壽松の「自序」によれば、この「寒紅譚」は日本橋柳や化粧品店の店史の一部であるという。

2005・10

しかし著者の宮内壽松に関しては平凡社の『演劇百科大事典』にも掲載されていないし、どのような人物なのか不明である。わずかに「自序」にその遍歴が語られ、いくつもの劇団を組織し、それらは美術座、金星座、独立劇場、太陽座であり、関係者として景山哲雄、奥川夢郎、羽太博士、鈴木善太郎、有島武郎の名前が挙げられている。また「此書を恩師中桐確太郎先生に捧ぐ」と献辞が掲げられ、中桐確太郎は早大教授なので、宮内が早稲田出身であると推測できる。さらに出版に際して、「南天堂書店々主の非常なる声援と期待」を受けているので、宮内は南天堂の松岡虎王麿とも親しかったのではないだろうか。

奥付を確認すると、発行年が大正十二年六月で、発行者は松岡虎王麿、発行は南天堂書房、住所は東京本郷東片町一〇五とある。それは大正九年に完成した三階建ての南天堂の住所で、一階が書店、二階がレストランという多くの文学者が集うトポスであった。南天堂と松岡虎王麿については寺島珠雄の『南天堂』（皓星社）が刊行されたことで、これまで明らかでなかった様々な事実を知らされたが、大正十二年から始められたと思われる出版活動に関しては全貌がまだよくつかめず、その原因として南天堂の出版物の入手困難さが上げられる。資料収集に通じているはずの寺島珠雄ですら、南天堂の出版物は大正十二年の内藤鳴雪と佐藤紅緑共著の『新らしき俳句と其作法』という一冊しか入手していないようだ。その証拠として、寺島珠雄は南天堂の出版物をこの本の巻末自社広告から、「近代名著文庫」などをそのまま引用している。「近代名著文庫」以外には生田長江『ブルジョアは幸福であるか』、北野博美『自由恋愛』、ゲオルク・カイゼル著、渡平民訳『表現派戯曲集』を挙げ、渡平民は宮島資夫の周辺人物との説明もある。この本は『寒紅譚』の巻末にも広告が入っている。ちなみに付け加えれば、北野博美は『山中共古ノート』(青燈社)を著した広瀬千香の前夫であり、彼もまた南天堂に出入りしていたのだろうか。

南天堂の出版物に関して別の証言も引いてみよう。紅野敏郎の『大正期の文芸叢書』(雄松堂出版)の一節である。

「大正期の多くの『文芸叢書』のうちできわめて収集困難なものの一つ、それは松岡虎王麿を発行者とする『近代名著文庫』と断言してよい。(中略)この『近代名著文庫』は、その一括のリストすら困難なのである。」

そして紅野敏郎は「入手」ではなく、「確認」ずみの十八冊をリストアップしている。したがって「近代名著文庫」の企画者、編集者が誰なのかもはっきりせず、南天堂の出版物は入手困難にして、謎のままであり、流通、販売がどのようになっていたかも判明していない。

寺島珠雄の『南天堂』に戻ると、「人名索引」が十五ページ立てられ、千人近くの人物が収録されているが、残念なことに宮内壽松の名前はなく、「自序」で挙げていた彼の友人である奥川夢郎だけが登場している。寺島は奥川が『東京日日新聞』の記者で、劇団道化座も主宰していたと記し、月の輪書林の古書目録9『特集古河三樹松散歩』掲載の松岡虎王麿から奥川に宛てた葉書を引用し、南天堂以後の松岡の職業に及ぶのである。しかしないものねだりではあるが、宮内壽松と『寒紅譚』が登場しないのは、ひょっとすると、この本が稀覯本であるからなのだろうか。

44　ヴィゼテリー社のゾラとドストエフスキーの英訳

2005・11

もう一冊、渋谷商店で購入した本について記したい。それは、Emile Zola, *His Excellency*, London, Chatto & Windus, 1897. で、ゾラの「ルーゴン＝マッカール叢書」の第六巻『ウージェーヌ・ルーゴン閣下』の英訳だった。ところが訳者名が記されておらず、アーネスト・A・ヴィゼテリー（Vizetelly）の序文から推察すると、題材が政治批判と暴露も含んでいるために、発禁に備えて訳者名をあえて出していないのであろう。アーネストは自分が訳者ではなく、監修の立場で多くの削除をしたと述べ、逃げを打っているが、叢書のほとんどがアーネストによって英訳されていることから考えれば、訳者はアーネストではないだろうか。

渋谷商店の目録の面白さは雑本の中からこのような洋書が見つかることにある。入手したのは四年ほど前で、確か三千五百円だったと思う。さすがに一世紀以上前の本で、保存状態はよくなかったが、巻末の出版目録をみると三十二ページに及び、田山花袋が『東京の三十年』（岩波文庫）の中で、柳田国男と一緒に巻末広告をみて洋書を丸善に発注していたというエピソードを彷彿とさせるのである。しかも彼らを含めて、ゾラはこのアーネスト・A・ヴィゼテリーの英訳で読まれ、日本の近代文学に多くの影響を与えたと思われる。

実は今「ルーゴン＝マッカール叢書」の第十二巻『生きる歓び』を翻訳中なのだが、これは大正三年に中島孤島訳、坪内逍遙閲『生の悦び』（早稲田大学出版部）として叢書中で最も早く翻訳されている。訳者も「序」で「ゾラの大叢書の最初の紹介者の一人たる光栄を荷ひ得たることを悦ぶ」と書いているが、これは同じく訳者が記しているように、フランス語からの翻訳ではなく、アーネスト・A・ヴィゼテリーの英訳を重訳したものである。『パスカル博士』を訳していた時もアーネストの英訳を参照しながら進めたのであるが、今回は英訳が入手できないため、神田の中野書店の目録により、二千円で買い求めたこの重訳を参考にしている。するとあらためて、英訳の意訳や誤訳、削除がよくわかり、当時のゾラの英訳の困難さが伝わってくる。それにもかかわらず、中島孤島はゾラの物語のニュアンスを日本語としてよく表現していると思う。

さて、ここで問題にしたいのはヴィゼテリーのことである。ヴィゼテリーは英国の出版者、翻訳者、ジャーナリストからなる一族で、父親のヘンリーは版画家として出発し、雑誌を創刊し、普仏戦争時には新聞特派員としてパリ、ベルリンに派遣された。息子にエドワードとアーネストがいて、ヘンリーは兄のジェイムズとヴィゼテリー社を立ち上げたと考えられ、フランスとロシア文学の翻訳出版を行ない、アーネストがゾラの翻訳を担当した。しかし『大地』の出版によって二度に及ぶ発禁処分、裁判の渦中に巻きこまれ、廃業したと伝えられている。このヴィゼテリー社に関しては資料の欠如から、謎のような出版社のままであり、Chatto & Windusとの関係もよくわからない。ヴィゼテリー一族のまとまった言及が『リーダーズ・プラス』（研究社）でなされているので、興味のある読者は参照してほしい。さらにドレフュス事件に際してロンドンに亡命したゾラを世話したのもこの一族であり、アメリカへのゾラの伝播もアーネストの翻訳とヴィゼテリー社の流通ルートを経由して、いち早く実現したのではないだろうか。

それは日本も同様だと考えられるし、ヴィゼテリー社は日本の近代文学に対してロシア文学の英訳を提供することで、大いなる衝撃を与えたのだ。すなわち内田魯庵によって明治二十五年に翻訳されたドストエフスキーの『罪と罰』はヴィゼテリー社版だったのである。内田魯庵は『罪と罰』の「例言」に記している。

「余は魯文を解さざるを以て千八百八十六年板の英訳本（ヴヰゼッテリィ社印行）より之を重訳す。疑はしき処は惣て友人長谷川辰之助氏に就て之を正しぬ。本書が幸に英訳本の誤謬を免れし処多かるは一に是れ氏の力に関わるもの也」（『内田魯庵全集』12所収、ゆまに書房）。

内田の「『罪と罰』を読める最初の感銘」（同3所収）によれば、明治二十二年尾崎紅葉を訪ねると、昨夜嵯峨の屋おむろがきて、『罪と罰』という「恐ろしい程面白い」小説の話をしていったと紅葉から聞かされた。それからすぐに丸善に入ったと聞き、早速買いにいくと、入荷部数は五冊で、もはや一冊しか残っていなかった。坪内逍遙と森田思軒が各一冊づつ買い、他の二冊は誰が買ったのか不明であった。このようにしてドストエフスキーはヴィゼテリー社、丸善、内田魯庵という流れを経て、日本へと伝播し、独特な定着を示すに至るのである。したがってヴィゼテリー社が日本文学に与えた影響は無視できないと思われるし、その出版目録が入手できれば、日本の翻訳史を再考させることになろう。

最初に戻ると、一部のフランス文学者や近代文学研究者たちが、戸川秋骨の『大蔵大臣』を『ウージェーヌ・ルーゴン閣下』の翻訳だとしているが、これはまったく異なる作品であり、拙訳が刊行されれば、それははっきりするだろう。

45　マックス・ミューラーと日本

2005・12

先月号で洋書にふれたので、続けてもう一冊洋書に言及してみよう。

私には悪い癖があり、事典や辞典、語学書が安い値段で売られていたり、均一台にあったりすると、必要でない分野のものまで買ってしまい、もはやスペースも限界に達している。だが考えてみれば、『林業百科事典』（丸善）とか『猟犬猟銃射撃事典』（誠文堂新光社）といった事典が役立つ時もあるかは疑問であり、そろそろ止めるべきだと思ったりもする。辞典、語学書も同様で、ギリシャ語、ラテン語、サンスクリット語、ハンガリー語、フィンランド語も年齢的なことを考えると、挑戦するのは難しいだろう。

しかしそれとは別に著者に焦点をあてた場合、思いがけない出版のドラマが出現してくる。均一台で売られていた Max Müller, *A Sanskrit Grammar*, 1983. はイギリスと日本の宗教書出版の関係を示唆する書物であり、そのドラマを語ってみたい。その前にこの洋書について補足すると、初版が一八七〇年にイギリスで出版されていて、これはインドのニューデリーにある Asian Educational Service が復刻したもので、復刻事情、出版社についての何の記述もないために、どのような理由でインドで復刻されたのか、まったくわからない。ただ初版復刻が一九七七年と記されているので、八三年版は重版であることだけがわかる。

著者のマックス・ミューラーは一八二三年にドイツで生まれ、ベルリンとパリで学び、四七年にイギリスに渡り、五〇年よりオックスフォード大学教授となり、ヨーロッパにおけるインド学、言語学、宗教学などの権威であり、創始者の一人でもあった。彼の妻はラスキンの娘で、二人は協力してカントの『純粋理性批判』の英訳を刊行百年記念に出版している。またエリザベス・マレーによる『オックスフォード英語大辞典(OED)』の編纂物語である『ことばへの情熱』(三省堂)の中で、ミューラーの大学理事の立場でのOEDへのかなり深い関与が描かれている。だが彼の出版関係で特筆すべきは『東方聖書』(*The Sacred Books of the East*)全五〇巻の企画編集、翻訳であろう。『東方聖書』は東洋諸宗教の経典の完本にして読みやすい英訳を目的とし、東洋文化研究、宗教学の発展に一時代を画したのであるが、ミューラーはその完結を見ずに、一九〇〇年に没している。この『東方聖書』については『世界名著辞典』(平凡社)にまとまった紹介があり、そこにはオックスフォード大学とインド政府による出版助成金を得ての刊行だと記されている。マックス・ミューラーの訳書として未見ではあるが、博文館の「帝国百科全書」に『言語学』(金澤庄三郎・後藤朝太郎訳)、『比較宗教学』(南条文雄訳)が収録され、明治四十年に相次いで出版されたようだ。

これは偶然だが、片づける必要があり、七〇年代の書評紙を整理していると、七六年十月二十五日号の『日本読書新聞』に『東方聖書』の広告が掲載されているのを見つけた。発行はAES社(ニューデリー)、発売は東方界(東京、神田神保町/大阪・北・兎我野)とあり、定価は十四万円だった。AES社とは間違いなくサンスクリット文法書の復刻版元で、同様に『東方聖書』も復刻していたことになる。そのインド復刻版の総輸入元が東方界だと考えられ、私が均一台で買ったサンスクリット文法書もこのルートで日本に入荷したのであろう。あるいはまたインド復刻版がイギリスへ向かったとも推測される。そしてなぜインドで復刻が可能であり、許されたかはインド政府からの出版助成金が絡んでいて、その権利をＡＥＳ社が継承したゆえに復刻することができたのではないだろうか。

マックス・ミューラーは来日していないが、その研究、出版、著作、翻訳活動を通じて、日本の近代文化に対し、大いなる参与をもたらした外国人の一人だと思われる。『東方聖書』は本連載36の『世界聖典全集』の模範となった。さらにその後に続々と刊行された宗教書もミューラーの出版に関する理念をベースにしていた。彼の翻訳、語学書も明治時代から日本に入ってきていたようで、田村晃祐の『近代日本の仏教者たち』（ＮＨＫライブラリー）を読むと、当時の東京帝大のカント哲学の講義は「『純粋理性批判』のマックス・ミューラー訳を使用していた」とか、東本願寺の育英教校の英語教員である舟橋進が「『サンスクリット文典』という翻訳を行っていて、これが唯一の日本語のサンスクリット語の文典だった」などの記述に出会う。後書も紛れもなくミューラーの本であり、カントもサンスクリット語も彼を経由して日本に導入されたと考えられる。

さらにマックス・ミューラーは日本の図書館界にも無縁でなく、もし関東大震災の被害を受けず、現在までその蔵書が日本に存続していれば、宗教研究史が変わっていたであろう。それはマックス・ミューラー文庫で、彼の死後の明治三十五年に日本へと運ばれていたのだ。

46　マックス・ミューラーと南条文雄

2006・1

内田魯庵は関東大震災による主として文献の滅亡を報告した「永遠に償はれない文化的損失」（『蠹魚之自伝』所収、春秋社）で、「内容の実質は優に世界の大図書館と伍」す帝大図書館の滅亡に言及し、七十万冊以上が失われたと書き、特に目録が完成したばかりのマックス・ミューラー文庫の焼失を嘆いている。

「マクス・ミューラー文庫に至っては一代の耆宿の一生の精苦を集中する所、博士の専門の梵本以外にヒンヅー教、バラモン教、回々教、ユダヤ教、拝火教その他アジア各国の異教及び原始教の教典を網羅していた。（中略）此の如く各宗教に渡りての原典註疏の大蒐集はマクス・ミューラーの如き比較宗教学の大権威の一生の精苦に頼らなければ決して望まれないので、此の文庫の焼失は啻に日本一国のみならず世界の共感する大損失であった。」

イギリスから日本に運ばれたことで、皮肉にもマックス・ミューラー文庫は消滅する運命をたどってしまったのだ。それならば、どうしてこの文庫が運ばれたかのドラマも記さなければならない。それはマックス・ミューラーと日本人留学生たちとの出会いの物語でもある。明治維新を受けて、京都の東西本願寺は欧化に熱心であり、それはキリスト教に対する脅威を覚えていたからで、明治四年に岩倉使節団に法主代理として島地黙雷・赤松連城などの僧侶を随行させて以来、外国留学生を送り出していた。明治九年の留学生は南条文雄と笠原研寿で、南条文雄は『懐旧録』（平凡社東洋文庫）を残している。法主が二人にサンスクリット語を修得させたいという意向で、六月横浜からイギリスへ向かったのである。そしてオックスフォード大学のマックス・ミューラーを訪ね、サンスクリット語研究が始まるが、先述した『サンスクリット文典』の和訳しか持っておらず、そのために「私はオックスフォード滞在中専心にその原本を読みあげた」と南条文雄は『懐旧録』に記している。

ミューラーは南条たちのために『無量寿経』、日本から届いた『阿弥陀経』や『金剛経』などのサンスクリット語を講読し、それらの英訳は『東方聖書』に収録されることになる。『懐旧録』の一章に「帰朝に臨んでーマ先生の追憶」があり、南条は自分の生涯すべてをミューラーに負っていると述べ、「すでに五十年の古えにおいて啓発の労を惜しまれなかった恩師、前世紀における東方研究の歎賞すべき一個の偉大なる指針」と書いている。

南条文雄は明治十七年、九年にわたる留学を終え、アメリカ経由で帰国し、東京大谷教校教授となり、十八年に東京帝大サンスクリット語講師に就任した。『南条文雄著作選集』（うしお書店）を見ていないので、断言はできないが、この時期から南条の旺盛な活動が始まっていたと考えられる。これもまた偶然であるが、最近均一台から南条文雄の『忘己録』を求めることができた。明治四十年の刊行で、仏教者としての啓蒙的な講話を収録している。この本の内容からすると、南条の活動はアカデミズムだけでなかったようだ。発売所は井冽堂で、発行者は山中孝之助である。巻末に「井冽堂発売書目」が七ページ収録され、ポール・ケーラス著、鈴木大拙訳『阿弥陀仏』も掲載されている。この原著の版元であるアメリカのオープン・コート出版社とポール・ケーラスと鈴木大拙の関係にもふれたいのだが、話がずれてしまうので、『阿弥陀仏』はこれまで高嶋米峰の丙午出版社版だけだとされていたことを記すにとどめたい。

さて本願寺は南条文雄たちに続いて、明治二十三年高楠順次郎をマックス・ミューラーのもとへと送り出す。その紹介の労はもちろん南条文雄がとったのである。高楠順次郎は『懐旧録』の「序」で書いている。

「二十一年予は博士の蹟を追うて牛津《オックスフォード》におもむかんとし博士を浅草の寓居に訪い彼の地への介紹を請う。これを最初の対面とす。予は博士の書状をたずさえ牛津に向かい、恩師マックス・ミューラー翁に謁す。（中略）在津多年日夜翁の書斎に出入し、講益尋究の自由をえたるものまた博士の余沢によらずんばあらず。」

そして高楠順次郎は南条文雄が主として大乗仏教教典を研究したのに対し、広くサンスクリット文学、インド学、言語学、比較宗教学を収め、明治三十年に帰国し、南条の計らいで東京帝大講師となり、サンスクリット語を講義し、三十二年に教授、三十三年に東京外国語学校を兼務することになる。この年の十月にマックス・ミューラーが鬼籍に入る。鷹谷俊之の『高楠順三郎先生伝』（武蔵野女子大発行、大空社復刻）が日本のマックス・ミューラー文庫成立の経緯について次のように記している。「先生の恩師マ翁が七十七歳をもってオックスフォードで長逝したので、一つは未亡人の生活を案じ、一つにはその蒐集になる一大ライブラリーを東京帝国大学図書館に収蔵するために奔走大いに尽され、遂に岩崎久弥男爵を説いてその目的を果たされたのである」。おそらく南条文雄との連携によっていたのであろうと推測できる。

47　高楠順次郎の出版事業

2006・2

明治四十五年から南条文雄と高楠順次郎は『大日本仏教全書』（仏書刊行会）の出版を始める。そして大正時代に入ると、日本の仏教、宗教書出版が活発になり、それにはかならず二人が参画していた。それらの出版にあたって、彼らの念頭には『東方聖書』があり、それが模範となっていたし、実際に『東方聖書』はすでに完結を見ていたからだ。それらの企画を列挙してみる。

大正二年『真宗全書』蔵経書院
〃　三年『日本大蔵経』其編纂会
〃　〃『仏教大辞彙』冨山房
〃　六年『仏教大観』丙午出版社
〃　七年『仏教大系』其完成会
〃　九年『世界聖典全集』其刊行会
〃　〃『仏教大辞典』大倉書店

これらの中でも高楠順次郎は発行者の松宮春一郎の要請を受け、『世界聖典全集』にとりわけ力を注ぎ、『ウパニシャット全書』全九巻を刊行した。これは百二十六種のウパニシャッドを翻訳したもので、インドでもこの試みはなされていなかった。

さらに高楠順次郎は『大正新修大蔵経』の出版を構想し、仲摩照久の新光社から出版することになっていた。後に新光社の経営者になった小川菊松の『商戦三十年』によれば、当時の新光社は

『仏教教典叢書』等を刊行し、順調に発展していたが、この高楠順次郎の「空前の大出版」を発表した直後に関東大震災にあい、大打撃をこうむった。そして『大正新修大蔵経』初巻の紙型が焼失したという。しかし別の資料では『仏教教典叢書』は甲子社刊行となっていて、甲子社の筒井春香は高楠の周辺人物であり、甲子社が編集、新光社が発売を担当していたのかもしれない。

関東大震災によって『大正新修大蔵経』の民間出版は断念せざるをえず、高楠順次郎は自らの手での刊行を決意する。鷹谷俊之『高楠順次郎先生伝』は次のように述べている。「先生は新蒔直し、捲土重来の意気で再起をはかり、渡辺海旭、小野玄妙等と周密な計画を樹てて、対校、編纂、活字選定、排列組版、出版、発送等、すべてを一手に掌握し、事務の系統を整え、自邸の一偶に所要の建築を附設し、別に弟子を選んで、(中略) 百巻を完成するまでに結集した従業者は僧俗合せて実に二百四十名に及んだ」。

このようにして大正十三年五月に第一巻が出され、昭和七年三月に第八十五巻を刊行して一応の完結を見たが、さらに図録、目録も追加され、昭和九年十一月に全百巻によって最終的に完成したのである。高楠順次郎はこの出版を五十八歳で始めたが、昭和七年には黒々とした頭髪が真白になり、門下生も「ながく続いた人は四年・五年の間この大業に参加し、形にそう影の如くに先生により添うた」ことによって、この大事業は成立したのだ。さらに高楠は昭和十年から『国訳南伝大蔵経』の刊行を始め、十六年に全七十巻を完結させた。その他にも『支那仏家人名辞書』『巴利語仏教辞典』の出版、清の乾隆帝が収集した『四庫全書』の復刻を企画していた。

高楠順次郎のこの驚くべき出版事業への取り組みはマックス・ミューラーの『東方聖書』に範

を求め、また大いなる時代の要請と学者としての強い義務感に突き動かされていたと考えられるが、それらばかりでなく、青年の頃の出版体験も相乗しているのではないだろうか。高楠は旧姓沢井洵で、明治十八年に開校したばかりの西本願寺の普通教校に入学する。そして翌年に仏教界を一新させる目的で、まずは禁酒を誓うことから始めようとして、学生を中心に反省会という団体が結成され、その発起人に沢井洵がかつぎ出される。この反省会は二十年八月に機関誌である『反省会雑誌』を刊行する。杉森久英の『大谷光瑞』（中央公論社）に沢井洵が登場し、その持主兼印刷人が小林洵名義であり、「小林洵はのちの高楠順次郎」で、本名で論説を発表し、『反省会雑誌』の「中心人物は高楠順次郎で、創刊以来二年間、毎号の社説は彼が担当した」と書いている。また『反省会雑誌』は明治三十二年から『中央公論』と改題されるのだが、これもいくつかの候補名の中から、ロンドンにいる高楠が推したことで選ばれたのだという。したがって高楠順次郎は近代出版界の創始者の一人でもあり、出版事業へ熱意は創始者として意気の高さを示しているように思われる。

だがその出版事業は経済的に悲惨な結果をもたらしたようだ。『高楠順次郎先生伝』は記している。「このため先生は約三十万円の負債を残され、その後、長い間、債鬼に責められ、苦労の多い晩年であった」。『大正新修大蔵経』八十五巻の完成後の昭和七年に、其刊行会が大蔵出版株式会社に改組され、その顧問になったことは経済的理由から、新たなる流通・販売を構築する必要に迫られたのではないだろうか。しかし彼の息子の高楠正男はすでに大雄閣という出版社を起こし、東洋文化、仏教に関する書物を発行し、南条文雄の『懐旧録』も大雄閣が出版している。弟子の渡辺楳雄は『国訳一切経』（大東出版社）を刊行し始めている。出版の連鎖はまだまだ続いていくのだ。

48 海賊版出版社 KEIMEISHA

2006・3

洋書続きであるが、もう一冊「洋書もどき」について書いてみる。

すでに二十年以上前になるので、値段とどこの古本屋の目録で買ったのかを忘れてしまったが、Pierre Angelique, *A tale of satisfied desire* という本がある。四六判並製の百ページ余の英語の小説で、巻末に英語の目次がついている。しかしその本文と目次以外に何の記載もなく、ただ表紙の下に TOKYOKEIMEISHA とあるだけだ。つまり英語の小説ではあるが、東京の出版社から刊行されていることになり、それゆえに「洋書もどき」と最初に記したのである。

まず著者名のピエール・アンジェリックから入ると、私はこの名前を中学生の時に知った。確か一九六五年頃だと思うが、浪速書房から百円の海外ポルノ小説シリーズが刊行され、その中に清水正二郎訳のピエール・アンジェリック『欲望の充足』があり、それを買った。初めて買ったポルノ小説だった。このシリーズはその前にも書店の棚で見かけていた同じく浪速書房の「世界秘密文学選書」の廉価版であると考えられる。期待して買ったのだが、『欲望の充足』は退屈で、やはり清水正二郎訳はつまらないと思い、それ以後読むことを止めてしまった。船上生活者の夫婦のところに妻の姉が入りこんできて、三角関係になるという物語で、後にテネシー・ウィリアムズの『欲望という名の電車』のポルノ版ではないかと気づいた。いつ浪速書房が消えてしまったのかわからないが、六〇年代の町の小さな書店にはよく「世界秘密文学選書」が並んでいた。数年前に信州にいった時、松本の古本屋で「世界秘密文学選書」がかなり揃っているのをみた。『欲望の充足』もあり、二千円の値段がつけられていた。

『欲望の充足』を読んでから五、六年後に、二見書房の『ジョルジュ・バタイユ著作集』が刊行され始め、バタイユがピエール・アンジェリックやロード・オーシュといった匿名で、『マダム・エドワルダ』『死者』『眼球譚』などの高度なポルノグラフィを少部数限定の私家版で出版していることを教えられた。しかしバタイユの小説と『欲望の充足』はまったく共通性がなく、著者名は同じでも内容は異なり、別の作品であったのだ。つまりどのような経緯があったのかはわからないが、『欲望の充足』という翻訳そのものがでっち上げられた可能性も強いと考えるに至った。

それから十年ほどして古書目録で前述の「洋書もどき」(『欲望の充足』とはこのタイトルの邦訳であろう)を発見したのである。一読してすぐにこれがバタイユの処女作で一九二八年に刊行された『眼球譚』(『初稿眼球譚』生田耕作訳、奢灞都館)の英訳だとわかった。だがその英訳出版事情とKEIMEISHAについては何もわからないままだったが、二〇〇一年にジョン・ディ・セイント・ジョアの「ある出版社のエロティックな旅」というサブタイトルがついた『オリンピア・プレス物語』(青木日出夫訳、河出書房新社)が出版され、様々な事実が明らかになった。

戦前にオベリスク・プレスを設立し、ヘンリー・ミラーやロレンス・ダレルを刊行した父のジャック・カハンの出版理念を引き継いだモーリス・ジロディアスが、検閲制度の厳しい時代の一九五三年にパリで英語のポルノグラフィを出版するオリンピア・プレスを立ち上げた。ジョアは次のように書いている。

「一九五三年夏の、オリンピア・プレスの最初の出版物は、奇妙でありながら強い印象を与えるものであった。全二巻のミラーの『プレクサス』、（中略）初めて英語に翻訳された、マルキ・ド・サドの『閨房哲学』、アポリネールの『若きドン・ファンの回想録』、（中略）、その独特で甘美なペンネーム「ピエール・アンジェリック」をそのまま使用した、ジョルジュ・バタイユの『眼球譚』（英語では「満たされた欲望の物語」と訳された）などがあった。」

英訳はリトルマガジン『マーリン』によっていた「パリのアメリカ人」たちが中心となり、バタイユは作家であるオーストリアン・ウェインハウスが担当した。だがオリンピア・プレスの栄光もポルノ解禁の時代の流れと各国での海賊版の出版によって六〇年代後半に没落をたどることになる。KEIMEISHAも日本における海賊版出版社だったのであろう。訳者の青木日出夫も「訳者あとがき」でそのことに言及し、高価な「啓明社の出版物がすべてオリンピア・プレスの海賊版である」と記している。浪速書房の「世界秘密文学選書」もオリンピア・プレスの出版物から成立したと考えられる。

さてこれは私の推測であるが、啓明社とは英語の辞典、教科書の出版社の関係者が設立したのではないだろうか。欧字の印刷がスムースにできるからだ。辞書、教科書の営業は一般書籍と異なり、大いなる利権であり、各社の営業マンは採用を担う現場の教師たちに手厚いみやげを欠かせない。だから定価表示も必要としない。察するにそうした販促材として啓明社本は流布したように思われてならない。

49　オリンピア・プレスと「人間の文学」「ロマン文庫」

2006・4

前月号でオリンピア・プレスの出版物がそのまま啓明社という海賊出版社の誕生と、浪速書房の「世界秘密文学選書」の企画の成立を促したことを記したが、それらだけでなく、オリンピア・プレスは日本の翻訳出版に大いなる影響を与えている。

サド、ベケット、ジュネ、ナボコフなどの翻訳もオリンピア・プレスの存在と無縁ではないだろうし、また「世界秘密文学選書」のような超訳と換骨奪胎ではないシリーズも生まれたのである。ジョン・ディ・セイント・ジョアの『オリンピア・プレス物語』の巻末に「オリンピア・プレス（パリ）の刊行書リスト（1953―1965）」が収録され、二百点弱の原文タイトルと翻訳のあるものは出版社、邦訳名が記され、五十点ほどが日本で翻訳刊行された事実を教えてくれる。そしてシリーズとしての刊行が河出書房の「人間の文学」と富士見書房のロマン文庫であり、とりあえず前者が著名な作者の文学的ポルノグラフィ、後者が無名のペンネーム作家の「好色本（dirty books）」と分類できるだろう。

「人間の文学」は一九六五年に刊行を開始した全三十巻のシリーズで、『オリンピア・プレス物語』の中において、それぞれ一章ずつ言及されている『赤毛の男』、『ロリータ』、『O嬢の物語』、『裸のランチ』など十点が含まれ、明らかに企画そのものがオリンピア・プレスに由来しているのである。『オリンピア・プレス物語』の訳者の青木日出夫は「人間の文学」の企画のためのリーダーとして河出書房に入社したと「あとがき」の部分で語っている。彼によれば、「人間の文学」は「性」に関して「最先端をゆく海外文学を紹介する企画」で、中田耕治や植草甚一も選者だったという。彼らはまた『愛の家のスパイ』や『ピンク・トウ』の訳者でもあった。「人間の文学」についての個人的記憶をたどると、七〇年前後にゾッキ本としてどこの古本屋でも売られていたので、少しずつ集めた時期もあり、とても懐しい。これは六八年に河出書房が倒産寸前になり、会社更正法を受けた余波で在庫が古書市場に流失したのであろうが、そのような時期をはさんで刊行をされたために後半の巻が揃えられず、現在に至るまで全巻を見出していない。だが「人間の文学」でしか読めない作品もあり、ドリュ・ラ・ロシェルの『ゆらめく炎』（菅野昭正他訳）はルイ・マルの映画『鬼火』の原作で、そのニヒリズムは映画同様忘れ難い印象を残している。

ロマン文庫は七〇年代後半に角川書店の子会社である富士見書房によって創刊されている。黒地に金子國義の絵をあしらった表紙カバーは後に変わってしまったが、当時としてはとても斬新だった。おそらく角川文庫商法の一環として企画されたのだろうが、角川の名前を付すことができず、ダミーとして富士見書房が利用されたと考えられる。それにしても「ナウでファッショナヴルでエロチックな新しい文庫の誕生」というコピーは時代を彷彿させて微笑ましい。このロマン文庫は二百点ほど刊行され、九〇年代に廃刊になってしまったようである。点数も廃刊理由も未確認だが、角川書店の株式上場計画が絡んでいるのではないだろうか。

ロマン文庫のラインナップはパリのオリンピア・プレスに加えて、アメリカのオリンピアＵＳＡ、他社のブランドン・プレスやグリーンリーフ・クラシックスなどの出版物の翻訳を中心としている。

パリのオリンピア・プレスの「好色本」は五〇年代にパリに集まってきたアメリカ人を中心とする作家、詩人、翻訳者たちによって英語で書かれたのである。アメリカにおいても同様で、様々な著者たちがオリンピアUSAに集まり、多くの「好色本」が出版されたようだ。残念ながら『オリンピア・プレス物語』にはオリンピアUSAの刊行書リストは掲載されていない。ジョアはパリ時代に比べてアメリカの作品は質的に劣っていると書いていて、ロマン文庫もそう思われがちだが、そうとばかりは言い切れないと思う。

それほど多く読んではいないが、二冊ばかり取り上げてみる。いずれもオリンピアUSA版ではないが、著者たちはそこから巣立ったと推測され、『トコ博士の性実験』（小鷹信光訳）のマルコ・ヴァッシーは「速い筆で上質のポルノ小説を書いた」と『オリンピア・プレス物語』で書かれている。『トコ博士の性実験』は「謝辞」がジョン・ファウルズに捧げられているようにファウルズの最高傑作『魔術師』（小笠原豊樹訳、河出書房新社）のポルノグラフィ版として読むことができるし、両書を読むと当時の欧米の文化的ゆらぎが表出している。

セバスチャン・グレイの『白い獣』（野間幽明訳）はポルノグラフィの領域を踏み外してしまった奇作であり、ナチズムの性的悪夢と恐るべきどんでん返しのドラマが繰り拡げられている。グレイがどのような作家なのかまったく不明だが、ただ者ではない。ロマン文庫はまだ古本屋で拾えるはずであり、この『白い獣』だけでもロマン文庫は記憶されなければならない。

50　パトリア書店と丸元淑生

浜松の時代舎にパトリア書店（書肆パトリア）の出版物が三冊あった。土門拳の『筑豊のこどもたち』と永田登三の『ヒロシマ・1960』の二冊の写真集、それに島尾敏雄の『島の果て』だった。写真集の前者が五千円、後者が千円であったので、とりあえず後者だけを買い、その後すぐに前者を買いに行ったのであるが、売り切れてしまい、予約しておけばよかったと悔んだ次第だ。『島の果て』は一万円であるが、まだ在庫している。

しかし二冊の写真集をみたことで、新しい発見というか、長年の疑問がようやく氷解したこともあり、それらを書いてみよう。一九六〇年に刊行された土門拳の『筑豊のこどもたち』は戦後出版史においても著名な写真集として知られ、最も詳細であると思われる「日本写真年表」（『日本写真全集』12所収、集英社）によれば、「エネルギー革命により追い詰められた炭鉱地帯の悲惨な生活を記録し、ザラ紙にして一部百円で十万部以上売る」と記され、書影も掲載されている。この写真集は七七年に築地書館から新装再刊、さらに八五年の『土門拳全集』（小学館）にも収録され、現在でも容易にみることができる。だがパトリア書店版はこの二冊と異なり、ザラ紙印刷で粒子も粗く、それゆえにこそ敗戦の影を落とす日本の戦後社会を生々しく写し出している。『ヒロシマ・1960』も同様であり、あの時代にカメラや写真が持っていた力と意味、撮る者と撮られる者との関係性をまざまざと伝えてくれる。土門拳は書いている。

2006・5

「この写真集だけは美しいグラビア用紙でではなく、ザラ紙で作りたかった。丸めて手にもてる、そんな親しみを、見る人々に伝えたかった。昔ふうにいうならば、いわば、《尻っぱしょりの》写真集にすることが一番ふさわしいように思えたのだ。」

ちなみに付け加えれば、判型は週刊誌と同じB5サイズの百ページ弱で、これは実物を手にするまで知らないでいた事実だった。『筑豊のこどもたち』はベストセラーとなったばかりでなく、社会的反響を呼んだようで、続編の『るみえちゃんはお父さんが死んだ』（研光社）も刊行され、未見ではあるが、映画にもなっている。それだけでなく、つい最近恵贈を受けた貸本マンガ史研究会編・著『貸本マンガRETURNS』（ポプラ社）のなかで、佐藤まさあきの『黒い傷痕の男』（三洋社）の全十巻は『筑豊のこどもたち』にショックを受けて生み出された作品だとの言及がある。『黒い傷痕の男』は小学生の時に貸本屋で一度読んだだけなので、この事実を確認するためにぜひもう一度読んでみたい。どこかで復刻してくれないだろうか。

この写真集の版元であるパトリア書店は住所が千代田区富士見町、発行者が丸元淑生となっている。私が丸元淑生の名前を知ったのは七〇年代の後半で作家としてだった。明らかにヘミングウェイを意識した文体と物語で、ラスベガスを舞台にしてコールガールと同棲する日本人ギャンブラーを描いた『鳥はうたって残る』（文芸春秋）、これもまたプルーストを彷彿させる文体で、秋月の乱に絡んだ家族の歴史と戦争をはさんだ時代を生きる少年を描いた『秋月へ』（中央公論社）はそれぞれ直木賞、芥川賞の候補となっていた。しばらくは創作に専念していたようだったが、八〇年代になって丸元淑生は料理研究家として姿を現わし、『いま、家庭料理をとりもどすには』（中公文庫）、

『丸元淑生のシステム料理学』（文春文庫）を始めとする多くの現代栄養学に基づく料理学の本を次々と刊行し、現在ではその分野で一家をなしている。

確かに丸元淑生の略歴には「出版社経営」という一項があり、それはパトリア書店のことを意味していることになる。パトリア書店は五〇年代に創業された出版社で、最初に挙げた本の他にも翻訳書などを刊行しているが、その出版活動の全貌はわかっていない。だが土門拳と丸元淑生によって刊行された百円写真集のインパクトは長きにわたって影響を及ぼし続けたと思われる。同時期に筑豊にいて土門拳の写真にやはりショックを受けた三留理男は、八一年に飢えるアフリカの子供たちをテーマとする『アコロ』（集英社）、八二年に戦火レバノンの子供たちに焦点をあてた『サラーム』（毎日新聞社）をいずれも雑誌廉価版で刊行している。これらに加えて、八一年創刊の『フォーカス』もまた百円写真集の記憶をベースとして成立したのではないだろうか。

だがこの百円写真集は流通、販売に大いなる弱点があり、そのことによってベストセラーになりながら、出版社を倒産に追いやったと考えられる。つまり前述したように週刊誌サイズの束も背文字もない本であるから、書店の書棚に入らず、当然のことながら雑誌コーナーでの面見せ販売しかできない。ブームが去れば、在庫のすべてが雑誌と同様に一勢に返品される。小林一博の『遺稿出版半世紀1957―1970』（遺稿集刊行委員会）に「パトリアは、これで大成功しながら、やがて倒産、丸元は一時、オーストラリアに逃避」とあるが、おそらくそのような流通、販売事情が絡んでいたと思われる。

51　写真集『アッジェのパリ』

2006・6

浜松の時代舎で続けてもう一冊写真集を買った。それは『アッジェのパリ』という大判の写真集で、一九七九年に朝日新聞社から刊行されたものだ。定価は五千八百円で、当時としてはかなり高い値段であったと推測される。ちなみに古書価は五千円だった。

写真集を古本屋で手にすると、かならず蘇ってくる光景がある。それは初めて写真集というものを意識した場面で、高校生だった六〇年代末のデパートの特価本催事売場の記憶だ。そこには森山大道の『にっぽん劇場写真帖』（室町書房）が平積みで売られていて、その写真に異様な迫力と驚きを覚えた。値段は忘れてしまったが、写真集ゆえかそれなりに高く、買うことを断念してしまった。しばらくして森山大道の写真が「ブレボケ写真」と呼ばれていることを知った。そういえば、このデパートは五、六年前に倒産し、ずっとシャッターが降りたままで老朽化し、それこそ「ブレボケ写真」のような佇まいをさらしている。「ブレボケ写真」の記憶はまだ続く。七〇年代前半の大学生の時にある場所で中平卓馬に偶然出会い、写真をかなり撮られたのだ。私の「ブレボケ写真」は存在するのだろうか。ちなみに中平卓馬は森山大道によって写真の基礎を伝授されたのである。

少しばかり脇道にそれてしまったので、アッジェ（以下書名のこともあり、統一できないために、アジェと二重表記にする）に早急に戻る。アッジェの写真に関心を持ったのはここ数年続けているゾラの「ルーゴン＝マッカール叢書」の翻訳資料としてで、これもまた偶然ではあるが、デザイナーの林佳恵氏がアッジェの写真を拙訳のカヴァー装丁に採用したという事情も含まれている。考えてみれば、これほど写真と小説がマッチしている関係は多いと思われず、翻訳に際しても手元に置き、絶えず参照し、想像力を刺激させる写真として活用してきた。

それは一九九二年にフランスで出版された *Atget Paris* (présentation et texte par Laure Beaumont-Maillet), Hazan. で、四六変型判、八百ページ弱の厚みが六センチに及ぶ大冊であり、千枚近くの写真が収録されている。翌年にリブロポートからまったく同じ体裁、装丁もページ数もそのままで『アッジェ巴黎』として邦訳刊行されたが、リブロポートが廃業してしまったため、貴重な写真集の在庫は古本市場にあるだけになってしまった。二七六ページにセーヌ河岸の古本屋の写真も掲載されている。アッジェは一八五七年に生まれ、幼くして孤児になり、長じて旅回りの役者の生活を送ったが、一八九〇年頃から独学で写真を始め、没する一九二七年まで都市の生活を題材とする「個性的なパリ」や記念建築物を中心とする「古いパリ」など六つのシリーズに取り組んだ。これらの作品テーマのクロニクルと分類が今橋映子の『〈パリ写真〉の世紀』(白水社)の「十九世紀生理学の影―始まりとしてのアジェ」に記されている。

写真家の大島洋はパリのコレージュ・ド・フランスの筋向かいにあるコンパニー書店の地下美術書売場で、この本を買った。二冊目だった。彼は「この気に入りの写真集」を手にしてパリを歩きたいと思った。それが九八年に『アジェのパリ』(みすず書房)として結実する。そしてこの写真集の魅力について言及している。

「パリのホテルの一室で、こうして改めて見ていると、写真集の読者をいつしかアジェのようにパリの街路に誘いこみ徘徊させてしまうように、巧みに仕組まれて編集されているようにさえ思われてくるのだった」。だが *Atget Paris* は制作コストを抑え、大量の作品をつめこんだためか、用紙もよくなく、写真が小さく、不鮮明であるという欠点がある。ところが朝日新聞社版の『アッジェのパリ』は写真が大きく、ダブルトーン印刷も鮮明で、さらなる迫力、美しい細部を示して失われたパリの風景を出現させている。『アッジェのパリ』はパリの歴史図書館収蔵のオリジナル・ネガから、マグナム写真家集団の現像師であったピエール・ガスマンが新たに焼き付けた写真のプリント百三十枚を原板として編集し、それを実現させたのである。次のようなガスマンの言葉がこの写真集の魅力を簡略に伝えている。

「これらのネガに映し込まれた細部のなんと美しく、豊かなことだろう。それは、消えゆく時代に対する、アッジェの愛惜を示して余りあるものだ（後略）。」

そしてこの写真集を繰り返し眺めていると、木村伊兵衛にもたらしたアッジェの大きな影響がよくわかる。しかしこの本のコピーライト表示には Le Paris d'Atget という表記と、編集、出版は朝日新聞出版局、印刷は日本という英文表示があるだけで、原書、原出版社の存在は記されていない。とすれば、この写真集は日本だけのオリジナル出版物なのであろうか。

この写真集の存在は大島洋の『アジェのパリ』、東京都写真美術館『ウジェーヌ・アジェ回顧』（淡交社）、百ページを越える国内外の最も豊富な写真文献を網羅した今橋映子の『〈パリ写真〉の世紀』などでも文献としてリストアップもなく、言及されていない。何か事情でも潜んでいるのだろうか。

52　小栗虫太郎『黒死館殺人事件』と松山俊太郎

2006・7

浜松の時代舎で買った写真集のことを二度記したが、その他にも時代舎で求めた本で書くべきことがあるので、この機会を利用し、さらに何回か続けてみたい。

小栗虫太郎の『黒死館殺人事件』を知ったのは中学生時代で、早川ミステリの目録を読んでいて、浜尾四郎の『殺人鬼』、夢野久作の『ドグラ・マグラ』の三冊だけが日本人の作品として収録されていることに気づいた。だが当時すでにこれらは絶版であり、入手できなかった。実際に読んだのはかなり後で、『黒死館殺人事件』も昭和四十四年に桃源社版が刊行されてからだった。

一読してミステリとしての評価はさておき、ペダントリーの迷宮と称されるこの作品における夥しい書物の出現と言及に驚くしかなかった。しかし埴谷雄高の大橋図書館の蔵書についての記述を平行して読んでいたので、大正から昭和初期にかけて、欧米の精神病理学、悪魔学、犯罪学、オカルティスムの書物等がかなり日本へと流入し、また翻訳され、それらが『死霊』と同じく『黒死館殺人事件』のペダントリーの背景になっているように思われた。それでなければ、黒死館の降矢木家は天正遣欧使の一人、千々石《ちぢわ》清左衛門と、カテリナ・ディ・メディチの隠し子というビアンカ・カペルロとの間に生まれた不義の子を始祖とし、その十三代目の医学博士降矢木算哲が留学中にフランス人テレーズと結婚し、彼女のためにケルト・ルネサンス式の城館を神奈川県高座郡に建築したことを物語の前史とするような発想は出てこないであろう。しかも算哲はマンチェスターで「リチャード・バートン輩と交わり」とあるから、この人物は『千夜一夜物語』の英訳者と見なしていいだろう。

作品だけでなく、澁澤龍彦の「解説」も興味深く、次のような記憶に残る文章があった。

「私の親しい友人で、博学な梵文学専攻の松山俊太郎は、つねづね『黒死館』のなかに出てくる固有名詞の註解と書目解題《ビブリオグラフィー》を作成してみたい、そうして完全な『黒死館』のエディション・クリティック（批評版）を刊行したら楽しかろう、と洩らしている（後略）。」

このように書かれた松山俊太郎は昭和五十一年から刊行された「小栗虫太郎傑作選」（現代教養文庫、全五巻）を編集し、実際に『黒死館殺人事件』の「解題」を試み、三十ページに及ぶ「校異」を提出している。それは『新青年』の昭和九年四月号から十二月号の連載と、昭和十年の新潮社初版本の比較校定による「補正」でもある。この作業によって、小栗虫太郎の知識が「苦しまぎれの捏造」と「錯誤の産物」と推定されるのだが、松山俊太郎はそれ以上に虫太郎の「ファウスト的気魄と、古今無比の発想力・連想力・構想力」をたたえている。松山の「校異」は千枚に達し、それを数十分の一に切り詰めたもので、「批判的決定版」の「たたき台」としたいと述べているが、社会思想社の倒産もあり、「小栗虫太郎傑作選」も散失してしまうだろうし、実現は難しいだろう。

松山俊太郎の編集、解題だけでなく、この「傑作選」はそれぞれの「解説」等もすばらしく、様々なことを教えられた。『白蛾』の長田順行のきわめて刺激的な「小栗虫太郎と暗号」もまた澁澤の先の引用解説文と木田元の勧めによっていると記されている。また島田太郎の「黒死館の門前に佇んで」は、小栗虫太郎が資料として読んだと推測できるキリシタン関係書十四冊を挙げ、浜田青陵『天正遣欧使節記』にビアンカとその写真が収録され、これが虫太郎の空想をかき立てたのではないかと書いている。さらに書影入りで『紅殻駱駝の秘密』の種本を紹介し、それがヴィリヨンの『日本聖人鮮血遺書』であり、両者の引用比較を行ない、その事実を検証している。この「解説」を読んでしばらくしてから、時代舎で『日本聖人鮮血遺書』を見つけたのだ。値段は四千円だった。姉崎正治、山本信次郎監修で、大正十五年に日本カトリック刊行会から発行され、「カトリック叢書」第一編となっている。

これは徳川初代のキリシタン迫害史、殉教史であり、三木露風は「鮮血遺書考」(『書物展望』昭和十一年七月号)で、「『鮮血遺書』の発行されたのは、明治二十年であつた。同書はあまり流布されておらない。稀覯の書と謂ふべきである」と記し、加古儀一の編によると書いている。しかし大正十五年版の扉には「訂正増補第六版」、その裏に大阪司教認可、一九一一、つまり明治四十三年という奥付めいた記載をみると、この本がそれなりに版を重ねていたことがわかる。本当に出版史の判断の難しさを示してくれる。それからこれは目録でみただけなのだが、松崎実の『切支丹鮮血遺書』(改造社、大正十五年)も同じ本なのであろうか。

最後に私の推理をひとつ提出してみる。『黒死館殺人事件』の冒頭で、降矢木家の紋章をめぐって、「美々しい装幀」で「もう稀覯本になっている」寺門義道の『紋章学秘録』が持ち出されるが、これは昭和二年に明治書院から出版された大冊にして豪華本である沼田頼輔の『日本紋章学』をもじっていると思われる。

53　浅見淵『昭和文壇側面史』と尾崎一雄『あの日この日』

2006・8

数年前に浜松の時代舎で、三巻本の『浅見淵著作集』(講談社)と彼の戦前の随筆集である『市井集』(砂子屋書房)を買った。前者は六千円、後者は二千円だった。砂子屋書房の本は近代文学館複刻の太宰治『晩年』と倉田百三『法の娘』があるので、わずかではあるが、これで三冊になった。浅見淵の第二巻所収の『昭和文壇側面史』『続・昭和文壇側面史』は昭和戦前期が大正に端を発する同人雑誌時代であり、まだ文芸書の小出版社の活動が文学の動向と併走していたことを伝えている。そして出版も文学もまだ小さな世界の営みであった事実を教えてくれる。『昭和文壇側面史』の仲町貞子に触れた章で「砂子屋書房の創業」という部分が挿入され、簡略にそのいきさつが述べられている。砂子屋書房は昭和十年に窪田空穂門下の歌人である山崎剛平によって創業され、早稲田の同級生だった浅見淵が「出版プラン」責任者として参加し、「まだ作品集を持たぬ新作家たちの第一創作集を出すこと」にし、まず外村繁『鵜の物語』、仲町貞子『梅の花』、尾崎一雄『暢気眼鏡』、それに和田伝『平野の人々』、太宰治『晩年』が加わり、昭和十八年まで続く砂子屋書房が始まったのだ。和田伝によれば、砂子屋書房を抜きにして「昭和十年代の文学は語れない」。実際に近代文学研究者たちによって『砂子屋書房本』が編まれているが、図書館の禁帯出資料であるために残念ながら未見である。

しかしこの出版プランも「当時にあっては経済的に失敗」で、『晩年』も初版五百部の半分も売れず、廃業寸前だったが、五冊目に出した『暢気眼鏡』が第五回芥川賞を受賞し、「砂子屋書房は息を吹き返すに至った」というのが浅見淵の証言である。だがその後浅見淵と交代で砂子屋書房の顧問になった尾崎一雄の『あの日この日』(講談社)、山崎剛平の『若き日の作家―砂子屋書房記』(砂子屋書房―国文社の編集長だった田村雅之が一九八〇年代に山崎剛平から社名を継承して始めた出版社)などの回想記が刊行され、砂子屋書房の内実がさらに明らかになった。そして初版部数なども複数の証言を確かめないと間違えてしまうことを示唆してくれた。

尾崎一雄は『あの日この日』で、浅見淵の『昭和文壇側面史』の「砂子屋書房の創業」のほぼ全文を引用し、『晩年』の初版部数が五百部ではなく、千部であったと思うと訂正を入れている。他の本がすべて五百部であったために浅見淵が混同したのではないかとの推測がなされ、初版の翌年の十二年には再版しているので、「浅見が言ふほど売行が悪かったわけではない」とも書いている。山崎剛平の『若き日の作家―砂子屋書房記』にも東京堂から注文がきて、千部再版し、再配本したとの記述がある。したがって浅見の証言は記憶違いだと思われ、『晩年』は新人の処女作品集としてそれなりに売れたと考えていいだろう。

しかも砂子屋書房の他の本と異なり、贅沢な菊判のフランス装で、定価も高く二円であるから、健闘した部数だと思われる。尾崎一雄は『晩年』の装幀についても触れている。

「著者の希望により、武蔵野書院から昭和四・五年に出た『スワン家の方へ』(プルースト。淀野隆三・佐藤正彰共訳)の装幀をまねて、菊判のフランス装にした。本文はラフ紙でアン・カット、表紙には局紙を使って、なかなか洒落た本である。」

確かに複刻版もそのとおりで、昭和十一年にこのような新人の作品集を手にした読者の感激が伝わってくるような気がする。『スワン家の方へ』も未見であるので、いつかぜひ手にしたいと思う。尾崎一雄の『あの日この日』の一部は古本エッセーといっていいほどで、愛書家であるゆえか、赤塚書房と砂子屋書房に関するエピソードも記している。私の推測では竹村書房もこの二社と同時代に創業しているのではないだろうか。赤塚書房に関しては山崎剛平の前著に「印刷屋の片手間出版」でつぶれたと書かれているが、その全貌がよくわかっていない。本誌の一月号で松本八郎氏が赤塚書房の「新文学叢書」を紹介し、この出版社の古書価の高さと発行人の赤塚三郎の人物像が不明であることを書いていたが、やはり謎のような出版社といえよう。

その赤塚書房は砂子屋書房の著者と重複、もしくは近傍にあったようだ。出版物として最も優れているのは昭和十二年の檀一雄の『花筐』で、尾崎一雄は「赤塚でこんな本をよく出したものだ」と書いている。『花筐』は冬樹社版を持っているか、これもまた手にしていない。ところが発行後半年足らずで、赤塚書房はゾッキに出そうとした。それは『花筐』だけでなく、浅見淵の『日醒時計』、逸見広の『悪童』も同様であり、尾崎は山崎にその事情を話し、砂子屋書房に「これら三点の残本を引取ってゾッキ化を食い留めた」のである。つまり当時は窮地に陥った他社の出版物を引き受け、自社の本と同様に流通させることが可能だった事実を物語っている。そのことに対する檀一雄の礼状を尾崎は引用している。出版も文学も小さな世界の営みであり、その中での相互扶助の精神を彷彿させてくれる。

54　聚英閣と聚芳閣

2006・9

前月号での浅見淵の『昭和文壇側面史』『続・昭和文壇側面史』についての言及は砂子屋書房だけに終始してしまったが、両書の魅力は当時の文学青年たちの生態、風俗もさることながら、砂子屋書房以外にも大正から昭和戦前にかけての様々な小出版社に筆が及んでいるところにある。

牛込横寺町の聚英閣、本郷の南天堂、新宿の聚芳閣、同人雑誌『馬車』の発行所であり、わずかな原稿料も出していた大阪の波屋書店、同じく『文芸都市』の発行を引き受けてくれた新宿紀伊国屋、永井龍男の兄が経営し、上下二巻の三回忌を兼ねた『梶井基次郎全集』を上梓した六峰書房、編集長時代に取次集金と返品の体験をした『早稲田文学』、古本屋にして出版社でもあった早稲田の大観堂、文芸出版屋として売り出し中だった竹村書房、火野葦平の芥川賞作品『糞尿譚』を刊行した小山書店、小出版社ではないが、二代目主人の放蕩によって銀行管理状態になった春陽堂などが語られている。

これらの出版社のなかでかなりページを割いて紹介されている聚英閣と聚芳閣について触れてみたい。この両社は一字違いであるので、何らかの関係があるように思われるし、私も両社の刊行物を入手し、特に聚英閣に関しては気になっていたからだ。

聚英閣の本は三冊持っているが、一冊は勝峯晋風編の『其角全集』で菊判箱入り、千ページをこえる大冊であり、刊行は大正十五年、発行者は後藤誠雄となっている。奥付裏面に「聚英閣俳句書籍」が掲載され、『芭蕉全集』『蕪村全集』の他に荻原井泉水の著書などを刊行していることがわかる。これらに比べても『其角全集』は六円と圧倒的に高く、当時とすれば、豪華本に属するだろう。後の二冊は翻訳書のエレン・ケイ『恋愛と結婚』（原田實訳・大正十三年）とエルツバッヘル『無政府主義論』（若山健二訳・大正十年）であり、前者は大正九年の天佑社の新版、後者は「新人会叢書第四編」にして、誰が記したのかわからないが、「発売禁止」と奥付に赤インクで記されている。さらに巻末広告に既刊の「新人会叢書」であるヘッカア『ロシア社会学』、ベルンシュタイン『修正派社会主義論』、プルードン『財産とは何ぞや』、「新人会学術講演集」として『民衆文化の基調』『新社会への諸思想』が掲載され、東大の新人会との関係を推測できる。発行者はやはりいずれも後藤誠雄である。

この聚英閣について、浅見淵はそこですでに早期性痴呆の徴候が表われていた島田清次郎と出会ったエピソードを記しているのだが、訪問の理由は英文科の友人がアルバイトをしていたからで、後にフローベールの翻訳者となる神部孝とともに出かけたのである。そして抜かりなく聚英閣のことを記している。

「この聚英閣は、広津和郎氏の名著のほまれ高い処女評論集『作者の感想』や、宇野浩二の処女作集『蔵の中』なども出していたが、主人は海軍主計中佐あがりの禿げ頭のズブのしろうとであった。従って、出版も出たとこ勝負で、あまりもうかっていなかったようだ。」

これが後藤誠雄と思われるが、出版物はとても「ズブのしろうと」の企画とは考えられず、優れた編集者が存在したのであろう。それでなければ、国文学、近代文学、社会科学といった多岐にわたる企画はたてられなかっただろう。

次に聚芳閣であるが、浅見淵は大正十五年に大学を出て、この文芸書専門の出版社に勤めた。しかし三、四ヵ月しか辛抱できずに退社し、辞めるとまもなく倉庫在庫の横流しのためにつぶれてしまったと書いている。経営者は遊郭の息子だった。「足立欣一という、まだ三十代の若い、風采の立派な人のいい人物が経営者だったが、新宿遊郭の大店の長男で、出版書肆になっているところは、かつてはその大店の寮であったということだった」。

ここには浅見よりも数ヵ月前に井伏鱒二が勤め、足立欣一の秘書を務めていた。足立欣一は邦枝完二の戯曲集を出し、彼の勧めで自らの戯曲集も刊行し、徳田秋声が客員のような立場にあったため、徳田の短編集、その愛人の山田順子の自伝小説『流れるままに』も出版している。さらに十一谷義三郎も客員であると同時に企画編集者で、自らの作品集『青草』、小泉八雲の『東西文学論』等を出し、南葵文庫主任の高木文の『玉潤牧渓瀟湘八景絵の由来と伝統』の難解な英訳に従事していたという。

私が持っている聚芳閣の本はヒュネカアの『エゴイスト』（芥川潤訳）の一冊だけだが、これは田中王堂と土田杏村編集による「海外芸術評論叢書」の第九篇にあたり、大正十五年に発行者足立欽一として刊行されている。ヒュネカアはアメリカの二十世紀初頭の文学運動、リトルマガジン活動のバックボーンのような人物であり、この時代においてアクチュアルな翻訳出版だと思われる。

浅見淵は井伏鱒二と聚芳閣の話をした時、井伏が足立の健在ぶりを伝えたこと、「顧みてみると、聚芳閣は割りにいい本を出している」という自らの言葉で、「新宿の聚芳閣」の章を閉じている。

55　足立欽一と山田順子

2006・10

前月号で聚英閣と聚芳閣について書いたが、その後両社に関する記述を続けざまに読んだので、もう少し言及してみる。

平野謙は「広津和郎との出会い」(『大正の文学』所収、有斐閣選書)で、古本屋から『作者の感想』を入手し、広津に熱中、愛読し始めたと記し、その巻末広告の書名を列挙し、「いまでは聚英閣などという出版社のことはほとんど歴史の波に埋没して」いるが、「純文学専門のなかなかいい本屋」で、「誰かこういう大正期の純文学の出版社について調べて」もらいたいと述べている。これは昭和四十七年の発言であるが、その後聚英閣についての調べはなされたのであろうか。

聚英閣は平野謙の言及だけだが、聚芳閣についてはいくつもの証言があり、経営者の足立欽一が徳田秋声の『仮装人物』にモデルとして登場し、その後の消息も追跡されている。それも秋声の愛人である山田順子を抜きにして語ることできず、近藤富枝の『田端文士村』(中公文庫)には山田順子の写真が掲載され、『流れるままに』の「原稿を出版したいばかりに聚芳閣社長と関係した順子」と書かれている。

実際に『仮装人物』の最初の場面で、作家である庸三のところに「文学病患者」の葉子が原稿を持って訪ねてくる。庸三が葉子の原稿を出入りの一色に話すと、即座に引き受けてくれた。その場面を徳田秋声は次のように書いている。

「持越しの長篇が、(中略)ある大新聞の経済記者などの手によって、文章を修正され、一、二の出版書肆にまわされた果てに、庸三のところへ出入りしている、若い劇作家であり、出版屋であった一色によって本になった(後略)。」

これが山田順子の『流れるままに』の出版経緯であり、野口富士男の『徳田秋声伝』(筑摩書房)で引用されている井伏鱒二の書簡によれば、原題『水は流るる』を足立欽一が改題したのだという。

さて徳田秋声と山田順子の関係を描いた『仮装人物』の年代は関東大震災をはさんだ大正末期から昭和初年にかけてで、その背景にあるのは秋声の妻の死と円本によるまとまった収入だった。それゆえに妻と暮らす「茶の間の人」から「自分の金を懐ろにし自分の時間をもつことが出来た」のである。硯友社時代から三十年以上経ち、「新興芸術、プロレタリヤ文学――そういった新らしい芸術運動」が起き、そこに山田順子は「文学少女型」の「派手派手しい、若い女性」として登場し、多くの男たちと関係を結ぶことになる。モデル人物たちをこれも時代舎で買った吉田精一編『近代名作モデル事典』(至文堂)や前述の『徳田秋声伝』などを参照し、列挙してみる。

稲村庸三―徳田秋声　　梢葉子―山田順子　　山路草葉―竹久夢二　　一色―足立欽一

三須藤子―三津木貞子(作家、翻訳家の三津木春影の未亡人)

園田―井本威夫(後にM・ゲイン『ニッポン日記』の訳者)

清川―勝本清一郎　　雪枝―藤間静枝　　山村―田村松魚

この他にも作家たちが登場しているが、誰であるのか推定できない。ただ最後になって出てくる「新進のプロレタリア作家の夫人」とは佐多稲子のことであろう。

『仮装人物』後の足立欽一と山田順子の消息はどうなったのだろうか。それが青江舜二郎の『竹久夢二』（中公文庫）に思いもかけずに描かれている。同書に「足立欽一」という一項があり、青山は「山師足立欽一」と記し、父の代からの鉱山師で、秋田に鉱山を持ち、全国鉱山師協会の常任理事を務め、「山ッ気」がある「愉快な人物」と書いている。浅見淵は足立が新宿遊郭の大店の長男で、聚芳閣の建物はその寮であったと説明しているが、どちらも間違いではなく、鉱山と遊郭と出版屋の三つを兼ねていたのではないだろうか。そのように考えると、三者の共通するいかがわしさに苦笑せざるを得ない。そしてこれは引用をはばかるが、足立は山田順子の「床振り」を披露し、彼女の『仮装人物』のヒロインたるゆえんを垣間見させている。

青江が足立と知り合ったのは戦後であり、小山内薫の自由劇場を再建する計画のために招かれたのが始まりで、当時足立は鎌倉アカデミアの理事も務め、そのことで青江も講師になり、この学校の経営にともに苦労したようである。前川清治の『三枝博音と鎌倉アカデミア』（中公新書）に熱心な演劇科教授としての青江舜二郎が描かれているが、残念ながら足立欽一の名前はない。山田順子も同時期に鎌倉に住み、鎌倉アカデミアに足立を訪ね、困らせていたとも青江は書いている。

明治二十年代前後に誕生した日本の近代文学はおそらく山田順子のような多くの「文学少女」「文学病患者」を出現させ、彼女たちを作品の中へと召喚させ、展開されていったのだ。それに葉子は一人ではない。有島武郎の『或る女』、大岡昇平の『花影』、吉行淳之介の『技巧的生活』のヒロインも葉子だった。

56　武侠社と柳沼澤介

2006・11

昭和七年に上映された小津安二郎のサイレント映画『青春の夢いまいずこ』を見ていると、田中絹代が語る場面で、「猟奇的で面白いわ」という字幕が出てきた。「猟奇」という言葉に触発され、あらためて昭和初期が「エロ・グロ・ナンセンス」の時代であったのを想起し、私が勝手に「エロ・グロ・ナンセンス」三大本と名づけている大判のビジュアル書のことを書いてみようと思った。

それらは以下の三冊で、いずれもB5判の箱入り上製本である。

1『現代猟奇尖端図鑑』新潮社、昭和六年

2『世界の刑罰・性犯・変態の研究』若宮出版社、昭和五十二年複刻（元版は柳沼澤介編『DIE BILDER ÜBER DIE STRAFE UND UBNORMER=GESCHLECHTS=TRIEB（刑罰及変態性欲写真集）』犯罪科学研究同好会、昭和五年）

3伊藤隆文編『BILD DES VERBRECHENS IN FLAGRANTI（犯罪場面写真集）』犯罪科学研究同好会、昭和五年

1は古書目録でもよくみかけるし、この種の代表的出版物であり、古書価も高くついているが、新潮社の社史等には何の言及もなく、刊行事情はよくわからない。佐藤義亮編集と奥付にはあるが、持ちこみ企画のように思われる。

2は複刻当時、どこの古書店にもあったように記憶しているにもかかわらず、現在ではほとんど

姿を消してしまい、見かけなくなってしまっている。

3は時代舎で数年前に入手し、古書価は八千円だった。箱には何の記載もなく、背と表紙にドイツ語が記され、本を開くと中扉に「犯罪現場写真」という表記が現われる。おそらく本書の大半の写真はドイツ語の法医学の書物から流用したものだと推定でき、付け足しのように日本人の現場写真が十葉余掲載されていて、無残な写真のオンパレードで、三冊のうちで最も「グロ」であるといっていいだろう。

2と3は同じ犯罪科学研究同好会を発行所としているが、住所は芝区南佐久間町「武侠社」内とあるから、実際には同時期に雑誌『犯罪科学』や円本の『近代犯罪科学全集』を発行していた武侠社の出版物だと考えられる。端本で所持している後者の一冊の尾佐竹猛解題『刑罰珍書集(2)』の奥付に編集兼発行者として2と同様柳沼澤介の名前が記されているのもその証明になろう。犯罪科学研究同好会とは猟奇ビジュアル本販売のために作られた武侠社のダミーなのである。この中にはさまれた「月報」の「編集便り」に3の予告が出て、真偽は定かではないが、古書業界の反応が書かれているので、それを引用してみよう。

「本書は如何なる探偵小説、犯罪実話も到底及ばないほどの興味があるもので、各写真には一々詳細なる説明を付した。(中略)利にさとい古本屋が発刊後の市価の昂騰を見込んで多数の註文を申込んで来るのには何時も乍ら閉口している有様である。」

実際に発行の翌月に発売禁止になったようで、それ以後の流通と販売は古本屋が担ったのではないだろうか。さてこの武侠社の柳沼澤介に触れておく必要があるだろう。柳沼は福島県生まれで十六歳で上京して興文社に入社、その後明治四十四年に押川春浪、小杉放庵などと武侠社を創立し、ナショナリズムとつながる少年文学を樹立した雑誌『武侠世界』を創刊する。その後どのような事情があったのかわからないが、昭和初期の「エロ・グロ・ナンセンス」と円本時代を迎えて、雑誌『犯罪科学』や円本の『近代犯罪科学全集』『性科学全集』を刊行することになる。城市郎の『発禁本』(『別冊太陽』)所収の「昭和艶本合戦珍書関係者系譜」に周辺人物として柳沼澤介の名前があるので、どこかで梅原北明人脈と交差し、これらの出版企画となって結実したと考えられる。

先の月報でその一巻の『演劇と犯罪』の著者である飯塚友一郎は昔の柳沼澤介と武侠社について、ヒロイズムが看板であったのに、「今日はエロとグロの本元になっている」と述べ、世相流行に触れ、「エロチックとグロテスク、これが、今日のジャーナリストの合言葉である」とも書いている。したがって小津安二郎の『青春の夢いまいずこ』の「猟奇的で面白いわ」という科白は当時の社会の流行語であったのかもしれない。そのような時代を背景にして前述の三冊は企画刊行され、2と3は主として通信販売により、読者の手元に届けられたのであろう。それは装丁からもうかがわれるが、2の「凡例」に「研究同好会の会員のみ頒ち、一般には公表しない」と書かれているからだ。おそらく『近代犯罪科学全集』の予約購読者がそのコアを形成したと思われる。

武侠社は円本時代の終焉とともに消滅したようだが、柳沼澤介は小杉放庵との関係もあり、国木田独歩が創刊した『婦人画報』を発刊する東京社の経営再建を昭和六年に引き受け、見事に立て直し、昭和八年には『スタイルブック』を創刊し、いわゆるファッション誌にも進出することになった。この東京社こそ婦人画報社の前身であり、柳沼は昭和三十年代までその経営者であった。

57 ポオ『タル博士とフエザア教授の治療法』、南宋書院、涌島義博

2006・12

三年ほど前に時代舎で、南宋書院のアラン・ポオ著、龍膽寺旻訳の「奢瀟都南柯叢書第二篇」である『タル博士とフエザア教授の治療法』を三千円で買った。表題作の他に「群れの人」や「アッシヤア家の崩壊」といった著名な作品が収録されているのに、このあまり著名でない短編をタイトルにつけたことに興味をそそられたからだ。この一八五一年に発表された作品は東京創元社版の『ポオ全集』第二巻に「タール博士とフェザー教授の療法」（佐伯彰一）という定訳もあるので、現在でも読めるのであるが、大正時代の龍膽寺旻訳も原作のムードとニュアンスをよく伝えている。なぜこの精神病院を舞台にした医者と狂人、監視者と幽閉者の転倒のドラマが気になったかというと、レーザーディスクでようやくみることができたフランス映画『まぼろしの市街戦』の原作、もしくは大いなるヒントを与えた作品ではないかと思えたからだ。一九六七年の映画で、監督はフィリップ・ド・ブロカ、ここでは映画の内容に立ち入らないが、日本公開時には不遇であり、「まぼろしの名作」となってしまっているらしい。私の推理ではポオのフランスにおける翻訳者はボードレールであるので、ボードレールの仏訳がこの『まぼろしの市街戦』の構成に寄与していると考えられる。すなわち百年後の『タール博士とフェザー教授の療法』の映画化なのではないだろうか。

さて本のほうに戻ると、昭和二年九月の刊行で、南宋書院の住所は九段中坂下、発行人は涌島義博となっていて、奥付にホフマン著、石川道雄訳『黄金寶壺』、近刊予告としてJ・V・L訳、ス

ティブンスン他四人集『その夜の宿』が掲載されている。おそらく前者が「奢灞都南柯叢書第一篇」であろう。

「緝綴の辞」として日夏耿之介が「書癡必誦奢都南柯叢書」なる序文を記しているので、実際的な編集はともかく、監修は日夏耿之介と考えられ、「凡例」に「この中の二三は嘗て雑誌『奢灞都』に掲載したるもの」とあり、南宋書院は大正十三年から昭和二年までに十三冊刊行された同人誌『奢灞都』（当初『東邦藝術』を改題）が母体となって成立したように思われる。河出書房新社の『日夏耿之介全集』第八巻の年譜には『奢灞都』の執筆者、寄稿者として石川道雄、龍膽寺旻の名前も挙がっているからである。あるいはまた本誌の八月号で松本八郎が書いていた昭和四年の平井功の雑誌『游牧記』とも連鎖を推測できる。残念ながら、この雑誌に挟みこまれた近刊予定の「古逸叢書」の書目をみていないのだが、「南柯叢書」をベースにした企画と考えられる。同じく全集の第八巻所収の「三人の少年詩人」という随筆に「平井功（最上純之介、ジャン・ベラスコ・ロペス）とあるので『その夜の宿』の訳者J・V・Lとは平井功ではないだろうか。これは未刊に終わったようだ。また日夏は同文で、「彼の友人稲田稔が南宋書院を起して」とも書いている。すると南宋書院は稲田稔なる人物によって創立され、涌島義博に引き継がれたとも考えられる。

昭和四年に南宋書院は林芙美子の処女詩集『蒼馬を見たり』を自費出版で刊行し、その書影と新宿中村屋での出版記念会の写真が『林芙美子』（『日本文学アルバム』22、筑摩書房）に収録されているが、写真の中に涌島も姿をみせているのかもしれない。幸いなことに涌島の名前は『日本近代文学大事典』にどのような事情があってのことなのか立項されている。それによれば、明治三十一年鳥取市生まれで、東亜同文書院を中退後、長与善郎との関係もあり、『白樺』に寄稿、関与し、南宋書院を経営するが、思わしくなく帰郷し、山陰自由大学の創立、農民運動、水平運動に参加。戦後は日本海新聞編集長、鳥取医療生協専務理事、日ソ協会支部長。妻の古代は大正十年に『朝日新聞』の懸賞小説に当選した北浦みお子とあった。だが『近代日本社会運動史人物大事典』（日外アソシエーツ）には立項されておらず、ちぐはぐな印象を覚えた。

ところがその後、内堀弘の『石神井書林日録』（晶文社）を読んでいると、「ここのところ南宋書院に入り浸りである」という一文に代表される南宋書院に関する記述にぶつかった。その記述によれば、涌島は『白樺』の編集に携わってから、足助素一の叢文閣に入り、彼の支援を得て、妻の田中古代子と小さな印刷所を始め、大正末年に南宋書院を起こす。しかし昭和七年に経営に行きづまり、夫婦で故郷の鳥取に引き揚げたという。さらに妻の古代子は大正時代に鳥取での最初の女性新聞記者で、尾崎翠と同人誌活動をして小説を書き、帰郷後の昭和十年頃に自殺したとも内堀は記している。

私にインタビューするために内堀氏がわざわざ浜松までやってきたのは確か二〇世紀最期の年で、時代舎の田村氏と三人で会った。その後一度も会っていないが、今度出会う機会があったら、ぜひその後の南宋書院を巡る追跡の蓄積を聞かせてもらいたいと思う。彼との再見を期待しよう。

58　叢文閣、足助素一、プーシキン『オネーギン』

2007・1

先月号で南宋書院の湧島義博が足助素一の叢文閣出身であり、足助の支援を得て印刷所を始めたことを記したので、叢文閣の本にも触れてみよう。

足助素一と叢文閣については昭和六年に夫人である足助たつによって私家版『足助素一集』が編まれ、足助の年譜、同年の「叢文閣出版図書目録」も収録され、足助と叢文閣の特異な軌跡をたどることができる。足助は明治十一年岡山生まれで、同志社中学を経て札幌農学校に学び、四十一年に小樽で貸本屋の独立社を経営する。この独立社の四十三年の「蔵書目録」も『足助素一集』に収録されているが、その貸本蔵書は法律、経済、文学を中心とする六百冊ほどで十一頁に及び、当時の読書社会を彷彿させる書目リストを形成し、貴重な資料と言えるだろう。そのかたわらで札幌農学校の先輩である有島武郎の社会思想研究会に参加し、上京して大正二年に叢文閣を創業する。そして『有島武郎著作集』や彼の個人雑誌『泉』を刊行し、叢文閣は近代文学史にその名を残している。

この『足助素一集』は湖北社から複刻もされているが、出版目録は昭和六年の在庫に限られ、しかも大半がマルクシズムの翻訳物なので、その出版物の全貌を伝えていない。時代舎で求めた叢文閣版、プーシュキン原作、米川正夫訳『エヴゲーニー・オネーギン』は大正十年の刊行であり、古書価は裸本であるためか千円だった。同書の刊行事情について、訳者の米川正夫がその自伝『鈍・

根・才』（河出書房新社）のなかで書いている。彼の語るところによれば、同書は北欧文学の翻訳家である宮原晃一郎の紹介で叢文閣から出版した。当時叢文閣は新潮社から譲り受けた『有島武郎著作集』で新進出版社として注目を浴びていた。宮原は新聞記者時代に札幌にいたこともあり、足助と有島の双方を知っていたことで、米川訳の『オネーギン』を足助に推薦し、出版に至り、この初訳の詩にして小説の「翻訳にはまったく苦心惨憺であった」が、「一般的にはわりに評判がよかった」と米川は記している。おそらく売れ行きもよかったのであろう。

だが足助の要望に応じて、メラジコーフスキーの戯曲『パーヴェル一世』を出し、大返品となったところ、新潮社の『近代劇大系』にこの作品を収録したいと米川が二年も経たないうちに申し入れたことで、足助は返品分の印税を払い戻せと応酬し、「売り言葉に買い言葉、ついに足助と絶交してしまった」。この一件で有島武郎から慰められたエピソードを米川は挟みこみ、「足助は有名な癇癪持ちであった」と書き、叢文閣に関する言及を終えている。米川正夫の『鈍・根・才』は叢文閣だけでなく、近代翻訳出版史が何気なく語られ、興味深い記述が散見している。例えば、近代社のことは米川しか述べていないのではないだろうか。少し長いが、引用してみる。

「前に述べた新潮社の『近代劇大系』のプランを売りこんだ吉沢という男が、その成功に刺戟され、近代社という独立の出版社をはじめ、『古典劇大系』を出すことにした。（中略）

近代社は引きつづき、『世界童話大系』（中略）、『世界短編大系』（中略）など出して、徐々に基礎を固めて行ったが、昭和に入って起こった円本ブームに乗じて、『世界戯曲全集』を出しはじめた。ところが、あまりに厖大な広告をしたのに、予約が思った半分も集まらず、ついに倒産してしまった。」

このように『鈍・根・才』はロシア文学の翻訳家がみた近代出版史としても読めるのである。

さて『オネーギン』に戻ると、どのような経緯があったのかはわからないが、昭和二年、つまり創刊年の岩波文庫に収録され、昭和三十七年に池田健太郎による散文訳に改版されるまで、三十年以上読まれ続けたことになる。そして昨年この池田健太郎訳『オネーギン』がさらに改版され、同じ訳者による「偉大なる書痴・鳴海完造」という文章が新たに付け加えられた。「世に知られることなく畢《おわ》ったプーシキン研究者」鳴海完造の個人史も叢文閣の『オネーギン』と併走しているように思われてならない。池田健太郎が鳴海完造と知り合ったのはその晩年で、『オネーギン』を始めとするプーシキンの初版本を所蔵していると聞かされたからだ。鳴海のロシア語蔵書は四千冊に及び、それは主として昭和二年から十一年にかけてのソヴエト滞在時に収集されたのである。死の床での口述日記に『オネーギン』の初版本との出会いが述べられている。レニングラードの古本街の飾り窓に『オネーギン』の初版本を発見し、それを震える手に握り締める。

『おお、プーシュキン、それはなんとあなたの初版本ではないか！　全八章を七分冊にして、一八二五—三二年に出版されたのを合本にしたものだ！」

池田は鳴海の蔵書の行方を語っていないが、一緒にその目録作製の仕事に従事した中村喜和の次のような呟きを引用している。「つまらぬ論文を書くよりは、これだけの蔵書を蒐集するほうがはるかに後世有益ではないか」。

59　フーコーの英訳『言葉と物』

2007・2

私がよく通っている古本屋は自宅から近いこともあって、浜松の時代舎と磐田の武蔵野書店で、ここ数年仕事が忙しいために他の古本屋に出かけられず、目録購求以外はほとんどこの二店で古本を買ってきたことになる。時代舎で求めた本については、昨年来ずっと書いてきたので、今度はしばらく武蔵野書店で入手した本にふれてみたいと思う。片づける必要があるほどたまってしまったからだ。

客としての勝手な意見であるが、この二店は地方における古本屋の衰退に抗して、店主独自の判断で自らの道を行き、時代に対する特色を出し、本当によく健闘し、そのことで私のような者の数少ない現代のオアシスを提供してくれている。感謝の念を禁じ得ない。時代舎は時代と逆向するように在庫のヴォリームを増し、全国の古書ファンの憩いの場になっているが、武蔵野書店は古本分野を削減させ、古物、古道具、古着物に力を入れ、こちらが安くて魅力的な物が多いこともあり、確実に客層を増やし、古本を含めた古物類の小宇宙のような趣きを呈している。私ですら小物を時々買っているほどだ。このような古物類を扱い出してから、店主は古物類とともに大量に仕入れたと思われる古本の回転を重視し、気前よく均一台に放出してくれることになり、私はそれらを大量に買ってしまうはめになったのである。この均一台に放出された本の光景はかつてと異なり、それこそ地方における様々な蔵書の行方を物語っているようにも思われる。昔はそれなりの古書価がつけられ、棚に収められ、古本屋の風景の一部となったであろうが、現在では均一台で売られることになってしまったのだ。それらは雑本を凌駕するほどで、ありとあらゆる分野に及んでいる。例えば、現代思想の洋書から吉本隆明の『試行』のバックナンバーまであり、これらは明らかに異なる人の蔵書と考えられ、一時代前の地方の古本屋の均一台の光景とは隔絶するような現象を目の当たりにすることになってしまった。それらの古本はとても興味深く、前の所有者に対して想像をたくましくするとともに、やるせない感慨にそそられるのである。これらの本について、少しずつ書いていきたいと思う。その都度断わらないが、均一台の本は百円、それ以外の本は別に古書価を示すことにする。

二年ほど前に大量の洋書が均一台に放出された。英語のペーパーバックが中心で、小説類が大半であったが、その中にMichel Foucault, *The Order of Things*, Vintage Books, 1994. が含まれていた。これはミシェル・フーコーの『言葉と物』(渡辺一民他訳、新潮社)の英訳である。一九六六年にフランスのガリマール書店から刊行され、多大な反響を巻き起こしたこの思想書の英訳がどのような経緯を伴って、地方の古本屋の均一台に出現したのか、本当に不思議な思いに駆られるのだ。その経緯をたどることはできないが、英訳出版に至る事情は判明している。本書のコピーライト表示にはランダムハウスが七〇年に翻訳権を取得し、七一年にパンセオン・ブックスから出版され、それがヴィンテージに収録され、ペーパーバックとして流通するようになったのである。この複雑な組み合わせの事情はアメリカ出版業界の六〇年代以後の変遷が絡んでいる。そのことに関して、パンセオン・ブックスの代表者であったアンドレ・シフレンの『理想なき出版』(勝貴子訳、柏書房）が伝えているので、簡略に記しておこう。パンセオン・ブックスは、ユダヤ系ロシア人で第一次大戦後にフランスに渡り、出版と翻訳に携り、フランスがドイツに占領されたことでアメリカに亡命したジャック・シフレンが、同じくドイツの出版人であったクルト・ヴォルクとニューヨークで四二年に創立した出版社である。ジャックはアンドレの父で、ガリマール書店の「プレイヤード叢書」の企画者として知られ、パンセオンからも多くの翻訳書を刊行し、パステルナークの『ドクトル・ジバコ』のベストセラー化によって定評ある出版社の地位を獲得した。だがそのことでクノップに続いてランダムハウスに買収され、ランダムハウス、クノップ、パンセオンの「最高の書籍を集めたヴィンテージ」のペーパーバックが誕生することになった。

六二年にアンドレ・シフレンは父の死去を受け、パンセオンに入社し、それまでアメリカで翻訳されていなかったミシェル・フーコーの『狂気の歴史』をパリの書店でみつけ、それをきっかけにしてフーコーの全作品を刊行するのである。だが当時のアメリカはマッカーシーの時代が終っていたにもかかわらず、知的孤立が続いていて、「最初の数年間はほんのわずかな読者しか得られなかった」という。英訳の『言葉と物』のよく知られた「第一章」の書き出しを試訳し、その邦訳と異なるニュアンスを示してみよう。

「画家はキャンバスから少し離れたところに立っている。まさにモデルを見つめている。最後の仕上げをしようかと思案しているのかもしれないが、いまだ描き始めていないという可能性もある。絵筆を持つ腕は左側にあるパレットの方に曲がっている。キャンバスと絵具の間で、しばし静止している。……」

60 ガラン訳『千夜一夜物語』と「バベルの図書館」

2007・3

武蔵野書店の均一台には英語のペーパーバックだけでなく、フランス語、ドイツ語の古本まで出てくるようになった。本当にかつての地方の古本屋ではみられなかった光景であり、和書ばかりか洋書までが一勢に処分されているのであろう。先日はロシア語まで加わり、読めもしないのに挿絵入りのゴーゴリの『検察官』を買った。一九七八年版のハードカバーであり、三六〇〇円と鉛筆で記されているので、当時としても安い本ではなかったはずだ。店の中ではロシア語の『プーシキン全集』全十巻が四千八百円で売られていた。

フランス語の本にGalland, *Les Mille et Une Nuits*, Librairie Garnier Frères の第二、三巻があった。これはアントワーヌ・ガラン訳の『千夜一夜物語』の一九二一年版だった。裏表紙をみると、「ガルニエ古典叢書」の翻訳書シリーズに収録されている三巻本のうちの二冊だとわかる。『千夜一夜物語』のことを考えると、ふたつの記憶が蘇ってくる。ひとつは若かりし頃、いつも古本屋散策をともにした友人が、五、六年前に東洋文庫版『アラビアン・ナイト』全十八巻をようやく読破したと語ったこと。ふたつめは谷崎潤一郎の『蓼喰う虫』のなかで、主人公が「オブシーン・ブック」（春本）として洋書の『アラビアン・ナイト』に読みふけっているシーンである。

さらに子供の頃、初めて『千夜一夜物語』を読んだり、その後何種類かの訳書を買い求めたりした思い出が浮かび上がってきたので、入手した『千夜一夜物語』の様々な訳について言及してみよう。

先に挙げたアントワーヌ・ガランの仏訳によって、『千夜一夜物語』はヨーロッパに広まったのである。ガランは一六四六年生まれで、一七一五年に没しているが、当時のヨーロッパのオリエンタリスト特有のアラビア語、ペルシア語、トルコ語の三つの言語に精通し、フランス大使の秘書を務め、コンスタンティノーブルに赴任し、古銭、古写本、古遺物を収集し、帰国後に『千夜一夜物語』の仏訳を一七〇四年から一三年にかけて全十二巻で刊行することになる。その一方でルイ十四世の秘書、及び通訳だったエルブロ・ド・モランヴィルに協力し、「東洋全書」という叢書の刊行に携わり、晩年にはコレージュ・ロワイヤルのアラビア語教授に就任している。

ガランの世界に先がけての仏訳はフランス古典時代における画期的な文学的事件であり、オリエンタリズムの流行を促した。そしてガラン訳は一七一一年に英訳され、*Arabian Nights Entertaiments* として英国で刊行され、これが「アラビアン・ナイト」と呼ばれるきっかけになった。さらにドイツ、イタリア、オランダ、デンマーク、ロシアの各国で翻訳され、それぞれが重訳され、一八世紀を通じて世界中に伝播していった。

しかしアラビア語原典訳の東洋文庫版『アラビアン・ナイト』に記された訳者の前島信次の詳細な解説や後年の研究によれば、ガラン訳は原典が不明、「アリ・ババと四十人の盗賊」などはロマン派のキリスト教修道士からの聞き書きだったり、後に『千一日物語』のなかに入る別の物語が収録されているようだ。さらに『千夜一夜物語』の起源はインド、ペルシア、アラブにあり、とりわけ物語祖型はインドのものが多いという。したがって『千夜一夜物語』はインドに端を発し、ペルシアを経てアラブ世界に伝わり、語学的にはサンスクリット語からペルシア語、アラビア語に至り、それは一〇世紀頃に成立し、一三世紀から一四世紀にかけて現在の内容になったのではないかと推測されている。もう少し具体的に述べれば、インドの物語がペルシア語に訳され、『千物語』となり、それにアラビアの宗教と風俗が加味、脚色され、様々な古代伝説、聖書、タルムードの題材が盛りこまれ、イスラム世界の民間伝承物語が開花したのである。その豊饒な物語を不完全ではあっても、ガランがフランスに紹介したことで、『千夜一夜物語』の物語祖型は世界中に伝播し、近代文学の多くの分野を活性化させたのではないだろうか。

だが日本において、ガラン版の翻訳は一度も刊行されていなかった。それが実現したのは仏訳刊行後、三百年近く経った一九九九年であり、ボルヘスの編纂による「バベルの図書館」の一冊、『千夜一夜物語（ガラン版）』として、ようやく実現した。ボルヘスは「序文」で「東洋」と「千一夜」のふたつの言葉には魔術的な力がこもっていると述べ、次のように書いている。

「一見したところ『千一夜』は、ひたすら幻想を紡ぎだすばかりのようだが、その迷路を探検したあとでは、他の例と同様に、それがただの無責任な混沌とわけのちがう、思いっきり解き放たれた想像力の乱舞である……」と。この『千夜一夜物語（ガラン版）』には原書の第三巻にある「盲人ババ・アブダラの物語」と「アラジンの奇跡のランプ」の二編が収録されていて、しばらくぶりで再読し、後者の舞台がまさに「東洋」、それも中国であることにあらためて気づき、驚かされた。

61 『千一夜物語』のレーン訳とマルドリュス訳

2007・4

一九世紀に入り、『千夜一夜物語』の英訳は原典からのものが刊行されるようになる。そのなかで注目すべきはエドワード・ウィリアム・レーンの *The Thousand and One Nights* で、一八三九年から四一年にかけて挿絵入り三巻本として出版された。これは完全な訳ではなく、詩の大部分は省略してあったが、訳者の長いカイロ滞在に基づく詳細な補注は高い評価を得たようで、その部分は甥のスタンリー・レーン・プールによって、一八八三年に一巻本にまとめられている。

なぜこのレーンの英訳に言及したかというと、日夏耿之介訳『壹阡壹夜譚』と森田草平訳『千一夜物語』（これも武蔵野書店で入手）はこの英訳から重訳されているからだ。前者は近代社の『世界童話大系』のうちの三巻、後者は国民文庫刊行会の「世界名作大観」の四巻を占め、いずれも大正末期から昭和初期にかけての出版である。これらを円本と呼んでいいのかためらうのだが、所謂円本時代に刊行された。このレーンの英訳のことを芥川龍之介は「『一千一夜話』に就いて」（岩波書店版『芥川龍之介全集』第七巻所収）で、「レーンの訳本—日本へは最も広く流布している。殊にボーン（Bohn）叢書の二巻ものは、本郷や神田の古本屋でよく見受けられる」と記し、省略、編集のまずさ、誤訳の多さを指摘し、あまり好意的に評していない。だが大正時代にレーンの英訳がかなり日本に入っていたことを教えてくれる。

『世界童話大系』の日夏耿之介訳には甥のプールによる「原本之小引」（一八八二年）が掲載され、

レーンの英訳が半世紀にわたって版を重ねていることがわかり、また「国訳者之凡例」によって、原書はプールが訳者の註解原本を編集したチャトウ・アンド・ウインダス社の一九一二年版だと判明する。それにウィリアム・ハーベイの挿絵が加えられているらしい。しかし「世界名作大観」の森田草平訳は「凡例」に「エドワード・ヰリヤム・レーンの英吉利訳から重訳」とあるだけで、どの出版社の何年度版であるかはわからない。ただ「凡例」の最後で、挿絵は芥川龍之介の好意によって、バートンの『千夜一夜物語』から複写したもので、芥川はかつての支那漫遊の際に上海の古い書肆で偶然これを発見したと書かれているのが興味深い。これ以上両書に触れられないが、双方の冒頭の訳文を比較のために挙げておこう。

「おん情深《なさけぶか》き大君《おほきみ》、宇宙《うちう》の創造者《つくりて》、御柱《みはしら》なき諸天《しよてん》をかゝげ、皇土《くわうど》を床《とこ》とひろげらるるわが御神《おんかみ》にひたに御栄《みさかえ》あれかし。」（日夏訳）

「柱なくして天《てん》を高め、寝床《ねどこ》のように地《ち》を拡《ひろ》げた、恩沢洽《おんたくあまね》き王にして、宇宙《うちう》の創造者《さうざう》たる神《かみ》に誉《ほま》れあれ。」（森田訳）

さらに英訳は一八八〇年版になって、ジョン・ペインの最初の完訳である十三巻本、リチャード・バートンの十巻本が続くが、バートン版については次回に言及する予定なので、ここでは一八九八年から一九〇四年にかけて出版されたフランス最初の完訳であるマルドリュスの *Le Livre des Mille Nuits et Une Nuit* に触れてみよう。これが戦後になって完結した岩波書店の『千一夜物語』（豊島与志雄・渡辺一夫・佐藤正彰・岡部正孝訳）、筑摩書房の「古典文学全集」の四巻本『千一夜物語』（佐藤正彰訳）の原書であり、岩波書店版は十六巻本、筑摩書房版は八巻本を底本とし、原典は一八三五年にカイロで出版されたブーラク版によっている。

訳者のマルドリュスは文学辞典や人名辞典にも掲載されていないが、特筆すべき人物のように思われるので、岩波文庫の第一巻の佐藤正彰による「解題」の一節である「マルドリュス博士」を要約紹介してみる。マルドリュスは一八六八年にカイロに生まれた。代々コーカサス地方の名家であったが、祖父の代にこの地がロシアに併合されたので、エジプトに亡命した。彼は少年時をカイロで過ごし、イエズス会教徒の学院に入り、ホメロスなどの古典に傾倒し、フランス語とラテン語で首席を占め、それからパリの医科大学に学んで博士号を取得し、イスラム世界を巡遊して各地の言語に通じ、「すべてアラビアのことはアラビア人として考え、フランスのことはフランス人として考える」と言われたという。

どのような経緯があってか不明だが、彼はフランスの文学者たちと交際し、『千一夜物語』全巻はマラルメに捧げられ、各巻はそれぞれヴァレリー、A・フランス、ジッド、メーテルランク、レニエ、P・ルイスなどの著名な文学者に捧げられている。ガランの仏訳と同様にマルドリュスによる翻訳も驚くべき反響を呼び、二〇世紀初めにフランスで一種の千一夜ブームが起きたようだ。それは文学のみならず、演劇美術にも及んだ。

その熱狂ぶりをジッドが「マルドリュス博士の『千夜一夜』について」（筑摩書房『世界文学大系』73所収）で披露しているので引用しておく。

「ああ、巧妙なマルドリュス。ああ、マルドリュス万歳。ああ、ありがとう。ここでは、人は欣喜雀躍、悦びに耐えず、あらゆる官能を通じて陶酔します。」

62　バートン版の『千夜一夜物語』と大場正史

2007・5

さて、ここでようやくバートン版の『千夜一夜物語』*The Book of the Thousand Nights and a Night* に触れることができる。河出書房のバートン版・大場正史訳『千夜一夜物語』全八巻を入手したのは一九七〇年頃で、当時は河出書房が六八年に倒産したためか、どこの古本屋にもこの『千夜一夜物語』がゾッキ本で出ていたので、それを買って少しずつ読んだ。第二巻に三島由紀夫（日夏訳の愛読者だった）の「天と地を魔法の壺に納め、人間の夢のかぎりを綴る」という推薦文があった。

このバートン版はそれまで排除されていたエロス的側面を露出させたためにポルノグラフィに接近した。ボルヘスはバートンの意図のひとつを「十三世紀回教徒の伝承物語の翻訳刊行で十九世紀の英国紳士を楽しませること」（『千夜一夜物語（バートン版）』国書刊行会）だと指摘している。リチャード・フランシス・バートン卿は外交官、探検家、東洋学者にして、三十五ヵ国語をマスターし、七十冊以上の著作を有し、一八八五年から八八年にかけて、完訳『千夜一夜物語』本巻十巻、補遺六巻を刊行し、再版は全十七巻となった。

その事情を先に挙げた芥川龍之介の「『一千一夜物語』に就いて」がよく伝えている。バートンは出版業者に頼まず、自分で出版することを決意し、バートン倶楽部を発行所とし、全十巻十ポンド、限定千部で、八百部の予約があり、それは最終的に二千部に及んだという。限定千部であるから、どのように対応したのかわからないが、当時の出版事情から考えれば、千部を送金確実な読者に売ったと判断すべきだろう。芥川はその古書価が三十ポンドになっていること、アメリカでの海賊版の出版のことも書いている。こうした事情を踏まえると、昭和三年に書かれた谷崎潤一郎の『蓼喰う虫』における「大人の読む『アラビアン・ナイト』」のことがよくわかる。主人公の要に頼まれ、従弟の高夏が上海から買ってきたのである。それには裸体の女群が遊んでいるハレムの銅版の挿絵などがあり、「リチャード・バアトンが始めて逐字的に英語に移して、バアトン倶楽部から会員組織で出した限定版」全十七巻だった。高夏はどのように入手したかを語る。

「何しろそいつを手に入れるにゃあケリー・ウォルシュ（ナンキン・ロードにあった洋書店―引用者註）へ何度掛け合いに行ったか知れんぜ。ようようイギリスから取り寄せたというんで出かけて行くと、（中略）二百ドルが鐚《びた》一文も負からない、この本は目下ロンドンでだって二部とはない。（中略）やっと一割引かしたんだが、金はその代りキャッシュで即座に払えと云うんだ。」

だが同時代に様々なルートでこのバートン版は日本に入っていたようで、中央公論社が『千夜一夜（完訳アラビアンナイト）』と題し、昭和四年から全十二巻で翻訳出版する。この翻訳事情についてはかつて本連載33の「大宅壮一の翻訳工場と榎本桃太郎」で触れたが、内容には言及していない。その「序文」にはバートン版を骨子とした最初の完訳本であり、「本社が能ふ限りの犠牲的廉価をもつて、これを大衆の前に解放し得たのは、世界に誇り得ることだ」と記されている。この出版は書籍部門と円本に参入した中央公論社の営業的戦略であったと思われる。

そして戦後になって、大場正史訳が角川文庫版で二十一巻、次いで河出書房版が登場することになる。大場正史は一九一四年佐賀県生まれで、正則英語学校を経て諸外国語を学んだと著訳書に紹介されているが、文学事典等に掲載されていないので、どのような人物であるのかよくわからない。私たちの世代の印象だと、バートン版＝大場正史という印象だけが強いのだが、もはや忘れ去られてしまった著者、翻訳者であるといっていいかもしれない。

しかしいくつかの人名事典を当たってみると、『近代日本社会運動史人物大事典』に大場正史が立項されていた。生没年は不明で、同一人物なのか確認できないが、昭和十二年アナキズム思想に基づく言動で起訴猶予になっているようだ。その事実から考えれば、彼はアナキストを中心にする中央公論社版翻訳スタッフの一人だった可能性もある。そうした前史があるゆえに本邦初の完訳を仕上げることができたのではないだろうか。それでも大場正史訳で気になることもある。ボルヘスによれば、バートンの注は気紛れで過剰にして百科全書的で、とんでもない分野にまで及んでいるらしい。谷崎もいくつも試訳している。それは芥川も指摘し、「脚註が亦頗る細密なるものである。而も其の註が尋常一様のものでなく、バアトン一流のものである」と述べ、黒人のペニスに対する註を挙げている。だが大場正史訳には見当たらず、それは原註の半分しか訳されていないからであろう。ないものねだりではあるが、残念だ。

なお大場正史訳の第七巻の巻末に、不完全で間違いもあるが、初めての『千夜一夜物語』書誌目録が六ページにわたって掲載され、日本における翻訳史を知らしめている。

63　大佛次郎『赤穂浪士』と昭和初期社会状況

2007・6

中野書店の古書目録を見ていたら、大佛次郎の『赤穂浪士』の改造社初版の上中下揃があり、二万一千円だった。以前に私も武蔵野書店で改造社の三巻本を買ったことを思い出し、積んだ山から取り出してみると、これらも初版で、確か古書価は二千円だった。四六判上製箱入り、装幀と挿絵は岩田専太郎、軽いコットン紙で全千六百ページ。総ルビつきでゆったり活字が組まれ、時代小説を読むことがそれなりに優雅で、しかも多くの読者に向かって開かれているという印象を与える。刊行されたのは昭和三年から四年、定価は各冊一円五十銭となっていた。私もその当時の読者になったつもりで、数十年ぶりに『赤穂浪士』を再読してみた。

私にとって大佛次郎は時代小説家というよりノンフィクション作家であり、かつては『詩人』や『地霊』、『パリ燃ゆ』や『ドレフュス事件』のほうに関心を覚え、近年は『天皇の世紀』も入手し、いずれ読まなければと思っていたからだ。とりわけ愛読していたのはロシアのナロードニキを継承した社会革命党戦闘団のカリャーエフを扱った『詩人』、その二重スパイであったアゼーフに焦点を当てた『地霊』だった。大佛次郎もこの二作に愛着があったようで、かならずといっていいほど文学全集などにこれらを収録している。前書は主人公を同じくするカミュの戯曲の『正義の人びと』（『カミュ全集』5所収、新潮社）より十六年も先駆け、大佛次郎の現代史への注視と文学者としての想像力の融合を示していよう。

したがって中里介山の『大菩薩峠』が、大逆事件を反映させ、忠臣蔵資料の決定版である福本日南の『元禄快挙録』（岩波文庫）が日露戦争以後のナショナリズムの昂揚に影響を与えたように、『赤穂浪士』も昭和初期の社会状況とオーバーラップしていると考えられる。しかしそれに触れる前に、『大佛次郎時代小説自選集』（読売新聞社）の第一巻『照る日曇る日』と三巻『赤穂浪士』下の「あとがき」にこれまで知らなかったことが記されているので、まずそれらを書いておこう。

大佛次郎が新聞小説を書くようになったのは幽水内海景普という近松、西鶴、秋成などの上方文学の研究家の勧めによってであり、内海は「大阪朝日新聞」の文庫（図書館）にいて、学芸部の顧問、渡辺霞亭の元同僚で、本田美禅、前田曙山、行友李風などの老年の作家に夕刊に時代小説を書かせていたことから、若い大佛次郎に白羽の矢を立てたのであろう。講談から大衆文学への転換期を担った内海の名前は他に見当たらない。その『照る日曇る日』に続き、昭和二年五月から三年十一月にかけて「東京日々新聞」に連載したのが『赤穂浪士』だったが、講談に慣れていた読者には不評で、新聞の営業部からは早く止めろという声が上がり、仇討が終わると連載打ち切りになり、残りの一部を『改造』に書き、また書き足して単行本にまとめたらしい。

高木健夫の大佛次郎自身も登場する『新聞小説史』（国書刊行会）昭和篇が木村毅の証言として伝えるところによれば、近松秋江、佐々木信綱、堺利彦が熱心な読者であったようで、彼らは『赤穂浪士』にこめられた現代の社会状況批判を鋭敏に察知したのだと思われる。

この元禄時代の忠臣蔵は従来の芝居や講談から離陸し、近代人のドラマとして構築されたからだ。大佛次郎の『赤穂浪士』は四つの流れによって成立する。主君の仇を討ち、「亡びようとしている素朴な『精神の武士道』」を実行し、時代そのものに異議申し立てしようとする大石内蔵助を始めとする赤穂浪士たち、時代の華奢な花でしかない形式と化した新しい武士道の先達である柳沢美濃守と吉良上野介、及び彼らを取り巻く新たに台頭してきた町人階級、彼らの狭間で米沢藩江戸家老としてリアルポリテックスを尽くそうとする千坂兵部たち、それぞれの三者たちを距離をおいて見つめる、明らかに『大菩薩峠』の机龍之助の系譜に位置する堀田隼人と大胆な大名荒らしの盗賊である蜘蛛の陣十郎、これらの四つの流れが千六百ページを貫き、昭和初期の時代状況を穿っているのではないだろうか。関東大震災に続いて昭和金融恐慌、軍部の陰謀が高まり、中国出兵に加えて張作霖爆殺事件、左翼勢力を弾圧する三・一五事件と治安維持法の改悪、世界大恐慌を受けての農村の崩壊、労働争議、失業者の増加。その一方で普通選挙が実施され、新聞はマスメディアになり、出版業界は円本時代を迎え、ラジオや映画といった新たなメディアが出現し、エロ・グロ・ナンセンス時代でもあった。このような状況を前にして『赤穂浪士』は書かれたのであり、読み方によっては様々な時代の木霊を聞くことができるであろう。今回再読して気づいたのは大佛次郎がメディアに包囲された大衆社会の行方を危惧していたことで、それは赤穂浪士に熱狂する群衆をみて、蜘蛛の陣十郎が考えこんでしまう場面に表出している。

「いつの時代になっても、自分の意見はなくして勢いの強い側の多勢の人間が考えるとおりに考え、ただわいわい騒ぐだけの人間の数は、自分だけの考えを守る者にくらべて比較にならないほど多いのである。」

この述懐はさらに後でもう一度繰り返されるのである。

64　春江堂版『侠客木曽富五郎』

武蔵野書店の均一台に『探偵実話侠客木曽富五郎』があった。四六判三百ページで口絵は半ば切れ、表と裏表紙がはがれ、かろうじて背表紙が残っている状態だった。著者は無名氏、発行所は春江堂書店、発行人は湯浅条策で、定価四十銭と奥付に記され、大正三年三月譲受印刷、発行、著作権所有とあった。欄外に明治二十八年印刷、発行と表示されていることから、明治二十八年の刊行書を春江堂書店が著作権を取得し、大正三年に再刊したものだと推定できる。

本連載38で桜井書店の桜井均に言及した時、その出身である春江堂書店に触れたが、湯浅条策は神奈川県生まれで、露天商を経て、明治三十六年に日本橋区若松町で取次と出版の春江堂書店を本格的に始め、家庭小説や暦類から絵本の出版、月遅れ雑誌の取次と手を拡げ、後に薬研堀に社屋を建てるまでになった。だがこの本の発行所住所はまだ若松町である。春江堂書店は江戸時代の地本草紙問屋仲間の流れをくみ、いわゆる赤本屋として一時代を画したといわれている。したがって明治二十年代に成立した出版社・取次・書店という近代出版流通システムに重きを置かず、春江堂書店は露天商、荒物屋、駄菓子屋などと定価の一掛か二掛で取引し、販路を開拓したと考えられる。そのための商品がザラ紙の講談本、家庭小説、絵本、月遅れ雑誌だった。『侠客木曽富五郎』もそうした一冊であり、巻末広告には北島春石や小山集川の家庭小説、渡辺黙禅の毒婦小説が掲載され、近代文学とは異なる小説の領域を垣間見させている。

2007・7

本書にはまず狂花園主人識という「序」があり、これは春江堂書店版に新たに寄せられたと思われ、狂花園主人が誰であるかわからないが、文章のリズム、「現代の思潮だとか、写実だとか、銘うつて、生若い男女の歯の浮く様な恋愛小説」に比して、「一読溜飲の下る痛快な物語」という「露骨な感想」から考えると、反近代文学的理念の持主が書いていると思われる。

実際にこの『侠客木曽富五郎』も内容は意図して反近代的な色彩が強く、当時の読者がそのような物語を求め、歓迎したからこそ長年にわたって読み継がれたと想像するしかない。それはおそらく同時代の芝居、講談と地続きであり、ここで提出されている概念が「侠客」だと考えると、戦後の股旅映画、任侠映画にまでつながっていたことになる。

主人公の木曽富五郎は上州生まれの博奕打ちで、喧嘩と賭博で追われ、旅人として三河の貸元のところに世話になっていたが、出入りで敵の親分を殺してしまい、凶状旅に出る。そして宿泊した宿屋で、彼の「侠気《おとこぎ》」ゆえにお初という二十歳前後の女中から一目惚れされ、彼女の手配で追跡してくる警察から逃れる。それから富五郎の各地での逃避行と、彼を探し求めるお初の苦難の旅とだまされて苦海に身を沈める悲劇が平行して進んでいき、最後に富五郎は警察に捕えられ、お初はようやく警視庁で彼に面会することになる。富五郎は後事を彼女に託し、三十六歳で絞罪に処せられる。この物語は明治十五年から二十年にかけてのものである。何よりもこの物語の特色は近世の侠客の理念に対して、巡査、官吏、郡長、三百代言といった近代を象徴する職業の人々が管理網を張り巡らし、東京に始まった規則社会が地方にも配置されていく時代状況を語っていることではないだろうか。それに富五郎は秩父事件の自由党員の残党たちと合流し、ダイナマイトによるテロルの誘いを受けたりもしているのだ。

『侠客木曽富五郎』は「序」にあるように『都新聞』に明治二十七年から翌年にかけて無署名で連載されたが、中島河太郎の『日本推理小説史』（東京創元社）や伊藤秀雄の『明治の探偵小説』（晶文社）によれば、旧幕臣で警視庁の刑事だった高谷為之が『都新聞』に入り、在職中に関係した事件の筆録を社員の清水柳塘、羽山菊酔が交互に潤色して掲載に及んだ。清水の潤色は記録報道的、羽山は小説的であり、高谷は前者を好んだが、読者は後者を喜んだという。

この『都新聞』の「探偵実話」の連載は翻案探偵小説で読者を激増させた黒岩涙香の退社の後で、窮余の策として始まったが、最初は三面記事を引き伸ばしたり、せいぜい四・五回続きだったらしい。だが中島は次のように指摘している。

「ところが第二十話のピストル強盗清水定吉の話が長篇に発展して、大評判になった。好評を得たものに『三週間の探偵』『二凶漢の探偵』『極悪探偵中川吉之助』『国事探偵』『侠客木曽富太郎』などがあり、日清戦争後には高谷は堂々たる探偵実話作家になっていた。」

ただ伊藤秀雄が『明治の探偵小説』で述べているのだが、高谷は片意地で世間的売名が大嫌いなために単行本になっても無署名を通したようである。そこに旧幕臣としての意地が物語と同様にこめられているからなのだろうか。高谷は長谷川伸の『相楽総三とその同志』（中公文庫）でも言及されている。なお『侠客木曽富太郎』の潤色は小説的であるので、羽山菊酔かと思っていたが、清水柳塘であることも『明治の探偵小説』に記され、さらに示唆に富む労作「明治探偵小説年表」も収録されている。

65　六〇年安保と『生田夫妻追悼記念文集』

2007・8

地方の古本屋の均一台にはその土地の有力者、著名人の所謂饅頭本がしばしば放出されているが、資料として残るようなものはほとんどない。だが近年になって、そのなかにも貴重な本が混じり始めている。

武蔵野書店の均一台にあった『生田夫妻追悼記念文集』（刊行会）は戦後史におけるそのような一冊と思われる。一九六七年九月に刊行された本書はA五判五百ページに及び、島成郎とともに「あとがき」に名を連ね、自分の法律事務所を刊行所とした小長井良浩はこの追悼文集を後に「六〇年安保闘争の第一級資料」と記し、またちょうど刊行二十年後に「センチメンタル・ジャーニー」というサブタイトルを付した『六〇年安保』（文芸春秋）を著した西部邁は、本書から二度引用しているだけだが、明らかに効き目になっていて、バックボーンはこの本に求められるような気がする。

『生田夫妻追悼記念文集』を読んで初めて知ったのだが、生田浩二は静岡市生まれの静岡高校出身で、静岡の寺に葬られたこともあり、おそらく県内に親族もいて、本書もそうしたところにも配られ、二〇世紀が終わって彼の記憶も親族の歴史から忘れられ、処分されて均一台に出ることになったのであろう。刊行から四十年も経っているのだから、無理もないことだ。六〇年安保は半世紀前のことであり、もはや遠い出来事でしかない。

しかしこの追悼文集を読む機会を得たのであるから、生田浩二の短かった生涯をたどり、戦後における地方の秀才特有の軌跡を追ってみよう。一九三三年生まれで、戦後国民学校を経て中学を首席卒業し、四九年高校入学。弁論部に入り、マルクス主義に傾倒し、自治委員長を務める。五一年日本共産党入党、五二年東大入学、「俺は学生運動をやるために大学に入った」。党活動に専念。五六年経済学部に進学し、自治会常任委員長、砂川闘争で現地行動隊長。五八年共産主義者同盟（ブント）結成、後に中央委員、事務局長になる。五九年大学院経済研究科入学、理論経済学専攻。安保闘争で国会に突入、ブント機関紙「戦旗」第一号発刊。六〇年羽田事件で逮捕。ブント政治局員、事務局長としてブント解体まで実質的に組織、財政を掌握して活動。六・一五事件、樺美智子死亡。六二年博士課程遊学、計量経済学に取り組む。六四年ペンシルバニア大学に留学。六五年一般均衡理論の地域経済版を構想。六六年博士論文を執筆中にアパートの火災により、恭子夫人とともに睡眠中窒息死。

このような生田浩二の生涯に多くの人々が追悼を寄せている。「生田君の短い一生は、そっくりそのまま、一九五五年以来の日本学生運動の再建の歴史であり、スターリニズムからの脱却と新たな革命理論の模索の歴史であった」（榊原信弌）、あるいは自分と同様に「敗戦と、その後に続く米軍占領下の社会的混乱のなかでもの心つき、この混乱から日本資本主義が立ちなおりつつあったとき、権力に対する闘いに参加した」（島成郎）といった記述を読むと、敗戦と占領下の状況のなかで、多くの優秀な少年たちが、それこそ「全世界の獲得のために」（事実上のブント結成宣言ともいえる文書のタイトル）学生運動に向かった必然性を彷彿させる。だがこれ以上、そのことに言及しない。

ここでのテーマはあくまで本であるからだ。彼らの日本共産党からの離脱、ブント結成、安保闘争に至る経緯の背後にある読書体験は何であったのか。陶山健一によれば、その驚くほどのスピードで進められた思想的転換は「主に古本屋で買漁ったマルクス・レーニン・トロッキーの戦前版の本によって」だった。陶山は書いている。

「私が改造社版のマル・エン全集を格安で手に入れたのは、(中略) それも生田が、『今にマル・エンはうんと高くなるぞ』とおどかしたからだ。われわれをつかまえて『買占めろ』とアジっていた。そして事実、トロッキー関係の古書はうなぎ上りに上がりはじめ、それと比例するかのごとく、いわゆる『トロッキズム』は全国に浸透していった。」

大月書店の『マル・エン全集』の刊行は五九年であるから、当時はまだ戦前版が読まれていたことになる。今はなき古本屋の店主から、戦後はずっと左翼文献が地方の古本屋のドル箱だったと以前に聞かされていたが、このエピソードはその事実を裏づけている。とすれば、学生運動の時代が終わった時、古本屋もひとつの役割を終えたということなのだろうか。

だがそのような読書、安保闘争の敗北の後で、生田も含めて、香山健一、青木昌彦、西部邁などのブントの幹部たちが近代経済学を専攻し、アメリカ留学をめざしたのはどのような断念と希望ゆえなのだろうか。江藤淳が自分も含めてロックフェラー財団の招きで渡米した日本の文学者たちについて一考すべきだとどこかで書いていたが、彼らのことも同様に思われる。

一九八六年に『唐牛健太郎追想集』(同刊行会)、二〇〇二年に『ブント書記長島成郎を読む』(情況出版)が刊行されたが、この二冊も確実に『生田夫妻追悼記念文集』を範にしている。

66　片山廣子『翡翠』

ゆめもなく寝ざめ寂しきあかつきを魔よしのび来て我に物いへ

2007・9

武蔵野書店の均一台に紅玉堂書店などの多くの歌集が放出された時期があり、そのなかにひっそりと片山廣子の『翡翠』が混じっていた。新書判大の深い緑の箱入りで、「心の華叢書」の一冊となっていて、ヨネ・ノグチと佐佐木信綱の序文のある百五十ページほどの本だった。この三百首を収めた歌集は大正五年に刊行され、発行所は竹柏会出版部、発売所は東京堂で、印刷所は民友社と奥付に記されている。竹柏会出版部は明治三十一年に佐佐木信綱主宰によって創刊された短歌雑誌『心の花』の発行所であり、また民友社が印刷所も兼ねていたことを教えてくれる。

近年は片山廣子についての関心が高まっているようで、今世紀に入って、丁寧な解題と略年譜を収録した「随想＋小説集」である片山廣子／松村みね子『燈火節』（月曜社）、「宗瑛を探して」というサブタイトルを付した片山廣子の娘である總子を探求した川村湊の『物語の娘』（講談社）が出版されている。前者の随筆部分は同じタイトルで昭和二十八年に暮しの手帖社から刊行され、書影の掲載もあり、第三回日本エッセイスト・クラブ賞を受賞しているとのことだが、実物は未見である。

片山廣子は明治十一年東京に生まれ、父は外交官で、ミッション系の東洋英和女学校を終え、佐佐木信綱の門下に入る。そして大蔵省勤務の夫と結婚し、長男達吉、長女總子をなし、大正九年に夫を失うが、大正から昭和にかけて随筆、小説、童話を書き、大正二年からは松村みね子を筆名として翻訳を始め、鈴木大拙夫人のビアトリスの導きによって、アイルランド文学に親しむことになる。「燈火節」とはキャンドルマスの訳語で、アイルランドの春の祝日である。したがって彼女はキリスト教に基づく西洋的世界観と明治を背景とする日本的感性を身につけた歌人、文学者、翻訳者であったといえよう。しかし彼女はそれだけにとどまるのではなく、出版史や文学史にも特異な影を落としている。まず書いておかなければならないのは、結婚して移った駒込千駄木町の家は以前に森鷗外が暮らし、後に夏目漱石が住むことになるという奇妙な「文学的因縁」である。今は明治村に移築保存されているあの家に彼女も住んでいたのだ。

そして彼女は大正十三年に軽井沢で、刊行時に『翡翠』を書評した芥川龍之介や堀辰雄と知り合い、芥川の晩年の「越し人」と目され、また堀辰雄は片山母娘をモデルにして『聖家族』などを書いている。『堀辰雄』（新潮日本文学アルバム）に片山廣子の写真と彼女宛の手紙が収録されているが、江藤淳は『昭和の文人』（新潮社）のなかでこの手紙を長く引用し、『聖家族』を論じることになる。「死があたかも一つの季節を開いたかのようだった」と始まる『聖家族』は明らかに芥川龍之介の葬儀のメタファーである。九鬼＝芥川、河野＝堀、細木母娘＝片山母娘とモデル設定され、九鬼という死者を媒介にして、河野は細木母娘と結びつく。細木夫人は「犯し難い偶像」として描かれ、彼女が住むホテルの部屋は「非常に神聖な、美しい、そして何か非現実なもののように思われた」。九鬼が細木夫人に心を寄せたように河野も娘の絹子を愛することになる。その発端に古本屋のエピソードが挿入されている。絹子は友達に誘われ、初めて本郷の古本屋に入った。するとそこにラファエロの画集があり、九鬼という蔵書印が押され、彼女はそれを非常にほしいと思った。

それはずっと前に河野が九鬼にもらった本だったが、生活に窮し、死の数日前に売ってしまった画集だったのである。大きなラファエロの画集のなかに「聖家族」の絵があり、河野には聖母が細木夫人、幼児が絹子のように思われた。彼のもとに細木夫人から手紙と為替が届き、画集を買い戻すようにと書かれていた。河野は死者の蔵書であった画集を携え、細木家を訪れ、その後の物語へと展開していく。

さらに片山廣子は出版史においても貴重な役割を果たしている。第一書房を起こすことになる長谷川巳之吉は彼女が寄稿していた『劇と評論』や『新家庭』を刊行する玄文社にいて、彼女とは旧知だった。彼の出版社創業の話を聞き、「当時の金で一五六〇円」(『林達夫他編著『第一書房長谷川巳之吉』日本エディタースクール出版部)を用立てたのである。片山廣子の存在によって第一書房は始まったといっていい。

彼女の松林みね子としての訳業も第一書房と密接に絡み、『近代劇全集』第二十五巻の「愛蘭土篇」に凝縮していると思われる。イエーツ、シング、ダンセニイの十一編を収録したこの一巻は、それまで『近代劇大系』(同刊行会)の「英国、愛蘭篇」や『世界文学全集』(新潮社)の『英国戯曲集』『近代戯曲集』に散発的に発表されたアイルランド文学の集大成であり、現代に至るまでこの内容とすばらしい訳業を越えるアイルランド文学集は刊行されていない。彼女の読書はジョイスの『ユリシーズ』にまで及んでいたようで、彼女のジョイス訳の可能性を考えるだけでも楽しい。

67　第一書房『近代劇全集』のパトロン

2007・10

先月号で第一書房の『近代劇全集』に触れたが、これも一度は取り上げなければならないと考えていたので、続けてみたい。幸いにして全四十三巻と別冊の『舞台写真帖』の揃いを所蔵しているからだ。『第一書房長谷川巳之吉』収録の「第一書房刊行図書目録」には「計四五冊」とあるが、別冊と『舞台写真帖』を別々に数えたことから生じた間違いだと思われる。この別冊の世界各国の百八十ページに及ぶモノクロの端正な「舞台写真」を眺めていると、あらためてこの当時が演劇の時代であったと納得させられる。

かつてドイツの近代出版史を調べていた時、いくつかの有力な出版社が戯曲書や演劇雑誌を中心にして創業されたことを知ったが、日本の演劇出版も『近代劇全集』を含めて、今では信じられないほど多くのものが刊行されていた。大正十四年から昭和初期にかけての円本時代の主だったものを挙げてみる。

『近代劇大系』（其刊行会）　『古典劇大系』（近代社）　『日本戯曲名作大系』（聚芳閣）
『現代戯曲全集』（国民図書株式会社）　『世界戯曲全集』（近代社）
『日本戯曲大全』（東方出版株式会社）　『日本戯曲全集』（春陽堂）

これらのなかでも最大のシリーズが『近代劇全集』であり、昭和二年から六年にかけて刊行され、作者は百三十人、作品数は二百余に及んでいる。その構成を記すと、第一―四巻北欧篇、第五―十三巻独逸篇、第十四―二十四巻仏蘭西篇、第二十五―二十六巻愛蘭土篇、第二十七―三十四巻露西亞篇、第三十五―三十六巻南欧篇、第三十七巻亞米利加篇、第三十八巻中欧篇、第三十九―四十巻英吉利篇となっていて、それぞれの巻数が世界的な演劇の時代を物語り、劇曲については不案内であるが、この『近代劇全集』でしか読めない作者、作品も多いのではないだろうか。すでにユージン・オニールの『楡の木蔭の欲望』やブレヒトの『夜打つ太鼓』も収録され、新しい演劇も視野に収めていることになる。

大正十二年に長谷川巳之吉が第一書房を創業する際に資金を用立てたのは片山廣子であったが、彼女に続いて音楽評論家の大田黒元雄が長谷川のスポンサーになり、自分の本を出版する条件でまず六千円を融資した。第一書房はこの二人だけでなく、他の後援者もいて、資金難を乗り越えてきたようだ。そして円本時代の只中にある昭和二年に一大企画『近代劇全集』を立ち上げた。先行する各社の円本の成功に刺激され、演劇青年の夢として企画されたのである。『第一書房長谷川巳之吉』に新聞全面広告に掲載した長谷川の刊行趣旨の文章が引用されている。円本の流行は喜ぶべき現象ではあるが、翻訳はひどく、原著に対する冒瀆、日本文学の前途の一大事だと述べ、次のように続けている。「私は遂に黙視することは能はず、時恰もイプセン誕生百年祭を好機として、茲に理想的大出版の第一期『近代劇全集』の刊行を企て、以て模範的完訳本を我が同胞に分かちたいと思ひます」。

確かに『近代劇全集』は他の円本と異なり、第一書房の豪華版スタイルを踏襲し、背皮と表紙に金泥を打ち、外箱がカバーとして使えるように工夫されていた。ところが円本時代によくあったケースだが、近代社が『世界戯曲全集』をぶつけ、広告合戦になり、予約締切り日も重なってしまった。『近代劇全集』は主としてヨーロッパの近現代の戯曲を中心とし、『世界戯曲全集』は古典から現代までという内容であり、おそらく後者は先に挙げた『古典劇大系』と『近代劇大系』の焼き直しと思われる。

立ち上がりから困難に見舞われた『近代劇全集』は初回予約者が三万五千人であったが、最後に六千人になり、その間にも印刷工場の全焼などの不慮の事故も起き、最終的に大田黒元雄が注ぎこんだ金は十二万円に及んだという。現在の金額に換算すれば、何十億ということになるだろうか。長谷川巳之吉は別冊所収の「近代劇全集総目録」における「近代劇全集完了の御挨拶」で、全集の完結は大田黒元雄氏の寛大な後援によってであり、「若し大田黒氏の後援がなかつたならば、第一書房も遂ひには『世界戯曲全集』の近代社の如く凡ては債権者の蹂躙に依つて見るかげもなくなり、或は近代劇全集は終りを全うしなかつたかもしれない」と記している。おそらく曲がりなりにも近代出版社が成長を遂げたのは、大田黒ほどではないにしても本を愛する大なり小なりのスポンサーが存在したからであろう。だが彼らの名前は出版史にほとんど記されていない。

片山廣子から始めたので、彼女で終わることにしよう。昭和二十九年に歌集『野に住みて』を第二書房から刊行するが、この出版社は第一書房の編集者であった伊藤祷一によって起こされ、息子の伊藤文学に引き継がれ、あのゲイ雑誌『薔薇族』を発行するに至る。出版の奇妙な連鎖を垣間見る思いがする。

68 「土佐乞食のいろざんげ」と『日本残酷物語』

2007・11

武蔵野書店で三点ほどポルノグラフィを続けて買ったことがあった。二点は判型や装丁がおもしろく、他の一点は内容に引かれたからだ。

一点は私製の箱入りで、『四畳半襖の下張他』と背文字が記され、そのなかに文庫本が四冊入っていた。表紙に「秘文庫」とあり、岩波文庫の装丁そっくりの文庫本で、1『悲恋龍田暦』・2『待合の女』・3『猷始譚』・4『四畳半襖の下張』となっていた。奥付には「五百部限定非売品会員頒布」と記され、住所表示はなく、「秘文庫刊行会」と書かれていた。

それぞれ三十ページから六十ページほどで、1は小姓と契って破滅する大奥中老の龍田の話、2は相対会の『相対』にある『田原安江』のリライトだと考えられる。『田原安江』は黙陽というペンネームで発表され、他にも『赤い帽子の女』『暗色の女の群』を掲載し、前者は芥川龍之介説もあるが、その文体に芥川の痕跡は認められない。それに第一次大戦直後のベルリンが舞台で、渡独していない芥川に書ける作品ではない。なぜ『待合の女』の原型である『田原安江』にこだわったかというと、かつて別のところで黙陽が仏文学者の辰野隆ではないかと書いたからだ。この作品と『暗色の女の群』は関東大震災後の東京における結婚紹介所や待合に出入りする私娼たち、つまり素人的高等淫売との交情の記録で、赤線とは異なる都会の私娼窟の実態を報告し、リライトされて薄められた『待合の女』と異なり、当時のアンダーグラウンドを描く力作でもあり、作者の力量を感じさせたのである。これらの三作に共通しているのは語り手の「私」が第一次大戦後にパリに留学し、ベルリンにも出かけ、その時すでに妻帯者で、フランス語とフランス事情に通じているということだ。『相対』の投稿者は主宰者の小倉清三郎、ミチヨ夫妻を除いて、いずれもがペンネームなので、現在に至るまで投稿者の実名は判明していない。だが『待合の女』にみられるようにポルノグラフィの祖型として様々に変奏されたと思われる。

3は犬や狐や猿との獣婚の三編、4は金阜山人著とあり、説明の必要はないだろう。

この手のシリーズに関しては便利なもので、『発禁本Ⅱ　地下本の世界』(「別冊太陽」)に四冊とも書影入りで詳細されている。昭和二十五年頃の刊行で、岩波文庫の装丁から、「秘本の古典名作文庫を狙ったかとも考えられる」との記述があるが、いくら何でも考えすぎであろう。

二点目は菊判和とじの孔版印刷の『花ごろも』で、「釋迦物語」を始めとする古典から現代物までの七編が収録され、その体裁、活字の組み方からいって、かなり正当的なポルノグラフィのように思われるが、奥付に何の記載もなく、『発禁本』シリーズにも掲載されていないので、手がかりがつかめないが、おそらく戦前の出版物だと思われる。古書価は秘文庫四冊が千五百円、『花ごろも』は八百円だった。

さて三点目は均一台にあったもので、青木信光編による大正・昭和地下発禁文庫『好いおんな』である。昭和五十七年発行で、このシリーズはかつてよく古本屋でみかけたが、この頃はあまり目にしなくなっている。収録作品は「夜這奇譚」「破爪異聞」「土佐乞食のいろざんげ」の三作で、最後の作品を読みたかったからだ。青木信光は秘密出版されたと述べているが、新組みであるので真疑のほどはわからない。この話を最初に読んだのは三十年以上も前で、昭和三十四年に平凡社から刊行された『日本残酷物語』第一部においてだった。谷川健一たちが編集し、監修に宮本常一や山本周五郎が名を連ね、後の民俗学的なテーマの原型を示し、当時話題になった企画であり、高度成長期の影で忘れられていく民衆の底辺の記録をとどめようと意図されていた。そして乞食の記録にも章が割かれ、「土佐檮原の乞食」という一節があった。その説明が前もって書かれていた。

「ながらく、ばくろう渡世をしたあげく両の目をつぶした乞食の話がある。この老乞食は高知県高岡郡檮原《ゆすはら》在のある橋の下をすみかとして暮らしていた。たまたまゆきあわせた宮本常一氏にむかって、一夜、彼は次のように語った。もう二〇年以上も前の話である。」

これは馬喰生活の果てに盲目になった老乞食の女懺悔であり、戦前の民衆の男女関係の実態を赤裸々に語っている。話体による乞食の女遍歴は本当に生々しく、ポルノグラフィをはるかにしのぎ、リアルに迫ってくる。近年になって、これが宮本常一の聞書ではなく、創作であることが明らかになっているが、『日本残酷物語』以前にもそれこそ「地下本」として刊行されていたのだろうか。

そのことを確かめるために「土佐檮原の乞食」と「土佐乞食のいろざんげ」を照らし合わせて読んでみた。すると両者はまったく同じであり、後者は前者の省略リライトで、改行を多くしただけであることがわかった。つまり原本は『日本残酷物語』ということになる。それ以前に「地下本」は存在していないと思われる。

69 『週刊アサヒ芸能』と梶山季之『生贄』

2007・12

本連載も69回目を迎えたので、武蔵野書店で買った本のことは一度休み、この数字にまつわる話をしたいと思う。

近年になって、高橋呉郎『週刊誌風雲録』（文春新書）、岡留安則『「噂の真相」25年戦記』（集英社新書）、赤木洋一『平凡パンチ１９６４』『アンアン「１９７０」』（平凡社新書）、佐々木崇夫『三流週刊誌編集部』（パジリコ）などの雑誌に関する回想録がかなり刊行されている。確かに戦後の時代のムードを読みこむことにかけては有効だが、雑誌に限られているために出版業界の全体には及んでおらず、出版史の資料として活用できるかどうかは、時間を置かないとわからないように思う。それでも単行本に及ぶ記述があったりするので、つい読んでしまう。それを『三流週刊誌編集部』のなかに見出したこともあり、報告してみよう。

著者の佐々木崇夫は昭和四十二年に徳間書店（当時はアサヒ芸能出版）に入社し、『週刊アサヒ芸能』に配属され、十余年を「誇り得る歳月」として過ごした。したがって当然のごとく、「三流週刊誌」とあるのは佐々木が「あとがき」で記しているように、「矜持の裏返しであり、照れ」からきている。『週刊アサヒ芸能』は昭和四十年代に五十万部を突破していたから、彼はこの特異な「軟派週刊誌の雄」の全盛とともに生きたのであり、その記述から時代の躍動が伝わってくる。様々な事件が沸騰していた時代だったのだ。

さらにサブタイトルに「アサヒ芸能と徳間康快の思い出」とあるように、本書は佐々木がみた徳間康快論を形成している。第2章は「徳間康快との出会い」、第18章は「徳間康快との訣別」で、佐々木の徳間に対する傾倒ぶりを示している。そして徳間が『週刊アサヒ芸能』を勇気とエネルギーを持って育て、経営の柱にしたにもかかわらず、「週刊誌屋」や「出版屋」から変身し、自尊心を満足させる甘美な名士の世界に入り、著名人への階段を登り始め、『週刊アサヒ芸能』が徳間にとって両刃の剣になってしまったと批判を放つ。しかしこの佐々木の徳間に対する入れこみ方も「愛情の裏返し」のように思われるほどだ。

そうした徳間康快の変節を佐々木は『生贄』事件からすでに始まっていたのではないかと考え、次のように書いている。「昭和四二年、作家の故・梶山季之氏が『週刊アサヒ芸能』に連載し単行本化した小説『生贄』が、そのモデルとされる女性から告訴されるや、徳間康快は電光石火の早業で矛を収めてしまう」。

これはデビ夫人からの告訴で、徳間は回収、絶版としたのである。佐々木は竹中労の「あえて二流を標榜し、アサ芸を批判精神の横溢した庶民ジャーナリズムに育て上げると謳い上げていたあの徳間はどこへいったのかねえ」という言葉を付け加えている。だがさすがに徳間書店らしく、昭和五十九年に刊行された社史『徳間書店の30年』で、この事件に一ページを割き、堂々と梶山の小説の意図を掲載し、もみ消してはいない。

『生贄』は東南アジアの新興国アルネシアと日本との賠償問題を巡る事実を暴露し、巨大な権力者であるエルランガ大統領とその生贄となり、大統領夫人になり上がった笹倉佐保子を主人公にしている。明らかにアルネシアはインドネシア、エルランガがスカルノだとわかるし、梶山の総資料ともいうべき梶山美那江編著『積乱雲』（季節社）に寄せられた徳間書店の荒井修の言によれば、梶山がデビ夫人に興味を持っていることを知り、書き下ろしを依頼したが、連載になったとされている。したがってデビ夫人がモデルなのは明らかである。それだけでなく、アルネシアに食いこもうとする森下商店はまさに木下商店で、その背後には満州人脈が絡み、八幡製鉄と思われる企業が控え、さらに岸・佐藤兄弟を彷彿させる荒一介首相と党幹事長江藤三策まで登場し、荒の愛人は元宝塚で映画スターの磯鳥千鳥にも言及がある。彼女は誰がモデルなのか。

そうした中で佐和子は整形手術を受け、乳房も大きくし、セックステクニックを磨き、英会話を修得し、異常なまでの好色漢に描かれているエルランガ大統領を陥落させるのである。整形手術はいじっていないのが唇だけで、上下の前歯も外せるように入れ歯になっていた。彼女の望みは有名人になることとなのだ。

この伊丹一三によって装丁されている『生贄』を読んだのは昭和四十二年に刊行された直後だったと思う。なぜならすぐに回収・絶版になったからだ。友人が持っていたのを借りて読んだ。その後出版業界に入ってから、徳間書店の営業マンが再版すれば売れるのだがと言ったのを聞き、均一台に転がっていたのを入手したのである。そして再読し、最初に読んだ時にわからなかった言葉を思い出した。それはエルランガ大統領が好む性行為のことである。「多分、シックス・ナインと言われるものであろう」と記され、この言葉はもう一箇所出てきてもいた。まだ中学を出たばかりだったので、当時の知識ではわかるはずもなかった。

70　近代文学社編『現代日本文学辞典』

2008・1

武蔵野書店の均一台には多くの辞典類も放出されたので、辞典好きの悪い癖ゆえに買わざるを得なかった。それらを挙げてみる。近代文学社編『現代日本文学辞典』（河出書房）、呉茂一他編『西洋文学辞典』（小石川書店）、堀口大学他監修『現代詩辞典』（飯塚書店）、木下半治編『現代ナショナリズム辞典』（酣燈社）、山本健吉他編『現代俳句事典』（河出書房）、久保田正文他編『近代短歌辞典』（新興出版社）であり、いずれも昭和二十年代に刊行され、戦後のこの時期に多くの新しい辞典が出版されたことを教えてくれる。

ここでは最初に挙げた『現代日本文学辞典』に言及してみたい。なぜならば、近代文学社編とあるのはこの一冊だけであり、またこの辞典は雑誌『近代文学』の歴史と不可分になっているからだ。それはリトルマガジンがたどった資金繰りと流通の問題と密接に絡み、企画されたという事情を秘めている。

『近代文学』は本多秋五、平野謙、山室静、埴谷雄高、荒正人、佐々木基一、小田切秀雄の七人によって昭和二十一年に創刊され、三十九年八月の一八五号で終刊しているが、その間に発売所が次々に変わっている。それをまず記しておく。

一―三号　協同書房　四号　雁《かりがね》書林　五号　近代文学社　六―一九号　八雲書店

二〇―一一五号　河出書房　一一六号　近代文学社

一一七—一二〇号　東洋時論社（東洋経済新聞社の子会社）　一二一—一八五号　小学館

この間の事情を主として本多秋五の『物語戦後文学史』（新潮社）、埴谷雄高の『影絵の時代』（河出書房新社）、「『近代文学』創刊まで」（『鞭と独楽』所収、未来社）、青山光一他『「近代文学」創刊のころ』（深夜叢書社）などを参考にして追跡してみよう。

創刊に至るまでの基礎資本は本多秋五の関係者である事業家の深田盛次という「『近代文学』の隠れた恩人」（埴谷雄高）が出した一万円でまかない、その後、何人もの寄付者が続いた。創刊号は荒と埴谷がリュックに入れて書店回りをし、一ヵ月後に集金にいくと、百冊から三百冊が売れ切れていた。つまり創刊号一万部の発行所は埴谷の友人の経営する協同書房だったが、都内の一部は直販であったことがわかる。編集と財政は近代文学社の独立採算になっていたが、インフレによって三号で経営困難に追いやられ、高見順の紹介で鎌倉文庫の出版部長だった秋山龍三が雁書林を起こし、四号の発売所を引き受ける。だがスポンサーが降りてしまい、後が続かず、五号は近代文学社に戻り、久保田正文の紹介で『太宰治全集』を刊行中の八雲書店に移り、一九号まで出し、次に杉森久英の導きで河出書房から九年間にわたって発行することになる。以下東洋時論社と小学館については省略する。

埴谷雄高は発売所を引き受けてくれた各出版社について、「あまり酬いられざる応援者」と呼び、『近代文学』はこれらの「死屍累々」「犠牲的応援者達」に支えられてきたと述べている。確かに協同書房、雁書林も立ちいかず、八雲書店も苦境に陥り、河出書房も倒産してしまうのである。特に河出書房が赤字を抱えながら、最後まで『近代文学』の面倒をみたことを、「あれは戦後出版界の奇跡ではなかったろうか」とまで埴谷は書いている。

それでも河出書房には『近代文学』を切れという声がしばしば上がっていたのだが、社長の河出孝雄だけが出し続けることを主張した。その理由として、『現代日本文学辞典』の存在が挙げられるのである。埴谷は『影絵の時代』で記している。「それは十九年の長期にわたる『近代文学』の全歴史においても、まことに珍らしい僅かただ一つの例であって、『経営』の面において『報いる』ことのあったその稀有の事態とは、いまは歴史的な書物となってすでに殆んど活用されていないところの近代文学社編『現代日本文学辞典』の発行にほかならない」。

この辞典に埴谷はまったく関与していなかったが、荒正人の発案で、その製作過程は画期的であり、この辞典がきっかけになり、『近代文学』同人たちが辞典の編集に駆り出されるようになったようで、先に挙げた『近代短歌辞典』もそのひとつではないだろうか。その最大の特色は四百項目に及ぶこの辞典の原稿が実質的にわずか一ヵ月で揃ったことだった。カードシステムによって荒正人たち十人が四十項目ずつ受け持ったのである。それから四ヵ月後の昭和二十四年七月に発売になり、よく売れ、たちまち八版を重ね、その後百項目を増やして戦後文学にも及ぶ「増補改訂版」も刊行されることになる。

この辞典の迅速な完成と好調な売れ行きは河出孝雄を心底から驚愕させ、『近代文学』同人に対する見方を一変させ、「さらに将来報いられるかもしれないことを漠と信じる頑強な支持者になった」と埴谷は推測している。辞典にまつわるひとつのエピソードを記してみた。

71　光画荘と北野邦雄

2008・2

ずっと手元に置いていたのだが、手がかりがつかめない本があり、いつも気になっていた。それは箱入のゲーテのドイツ語の本で、箱の表には『FAUST』と『独文ファウスト』の二重表記がなされ、同じく箱の背には『FAUST 独文』光画荘版と記され、本体は上製四六判、五百ページに及び、用紙は艶のあるアート紙を使用しているので、それなりの厚みと重みのある本に仕上がっていた。さらに特徴的なのは本文のドイツ語の組みで、赤と黒の欧文活字が絶妙なコントラストをなし、印刷所の高度な技術を示しているかのようだ。ドイツ語はわからないが、邦訳を参考にすると、赤の部分が話者、黒の部分がセリフをほぼ形成していると思われる。付け加えれば、何の変哲もない機械箱でありながらも、箱に記された活字とレイアウトもシンプルで力強く、印刷、造本、箱と三拍子揃った本造りの意欲を感じさせてくれる。

奥付を見ると、昭和十六年十月発行、定価八円五十銭、編纂兼発行者は北野邦雄、印刷者は福田吾市郎、印刷所は恒陽社、発行所は京橋区木挽町の光画荘、配給元は日本出版配給株式会社とあった。発行日からすれば、太平洋戦争が始まる寸前に刊行されたことになる。それに定価の八円五十銭はかなり高額であり、ドイツ語の豪華本的値段だったのではないだろうか。おそらく底本とした本国版の定価も反映していよう。それでも日配の表記があるから、取次、書店を経由し、流通販売されたとわかる。もちろんこのようなドイツ語本の発行は前年の日独同盟の成立が大いに作用したと思われるが、あの時代によくぞ刊行したと言っていい。

しかし特異なドイツ語本であることに加えて、編纂兼発行者の北野邦雄も、発行所の光画荘も出版史には記載が見あたらず、わからないままにかなり時が過ぎてしまった。だが最近になって、ブックデザイナーの大貫伸樹の『装丁探索』(平凡社)を読む機会があり、装丁から『独文ファウスト』を探索できるのではないかと思いつき、五、六冊装丁関係の本に目を通してみた。するとピエ・ブックスの『大正・昭和のブックデザイン』の中に、平井房人装丁による北野邦雄の『百万人の写真術』が紹介されていて、その出版社が光画荘であることを発見した。「日本の古本屋」を通じ、早速入手すると、同書は昭和十五年初版、同三十二年の何と「二六五版」で、発行者は北野ではなく、吉岡謙吉となっていた。『百万人の写真術』の著者の「序」には初版以来四十万部以上を刊行し、この本が戦前から当時にかけての写真入門書の最大のベストセラーであると記されている。

その「序」の部分や所収の広告などを参照すると、北野が絶版も含めて三十冊ほどの啓蒙的写真書を刊行している著者、光画荘が「写真新書」といったシリーズ、及び『月刊カメラ』『写真工業』『カメラの友』などの雑誌を発行している出版社だとわかった。

写真書、及び光画荘という出版社名からして、北野邦雄は画期的な写真雑誌『光画』の関係者のように思われた。この雑誌は野島康三、中山岩太、木村伊兵衛が同人となり、昭和七年の創刊で、最初は聚楽社、後に光画社から刊行され、翌年までに十八冊を発行している。だが『光画』の主要なメンバーの中に北野の名前は見当らなかったので、写真に関する出版史として最も詳細な「日本写真年表」(『日本写真全集』12所収、小学館)の昭和時代を仔細に点検してみた。すると昭和十四年に「『光画月刊』（光画荘）創刊」とあり、さらに次のような光画荘関係の写真雑誌史が抽出できた。

昭和十六年／『写真日本』が『小型カメラ』『アマチュアカメラ』『光画月刊』を統一して創刊された。

昭和二十二年／『光画月刊』（光画荘）が編集長北野邦雄で復刊された。

昭和二十七年／『写真工業』（光画荘）が編集長山田久雄で創刊された。

昭和三十年／『カメラの友』（光画荘）が編集長山田久緒で創刊された。『月刊カメラ』（光画荘）が『光画月刊』を改称して編集長大和良平で創刊された。

しかし昭和三十三年から三十六年にかけて、『カメラの友』と『月刊カメラ』が休刊になり、『写真工業』の発行所が写真工業出版社に移っていることから考えると、どのような事情なのかわからないが、この時代に光画荘は倒産、もしくは廃業へと追いやられてしまったのではないだろうか。なぜならば、これ以後、「日本写真年表」から光画荘という出版社は消えてしまっているからだ。三十冊ほどの写真書を著わしているにもかかわらず、北野邦雄の名前も同様である。

年代から推定するに北野邦雄は『光画』の影響を受けた写真関係者で、『光画』を継承しようとして光画荘を立ち上げ、戦後に『光画月刊』を創刊したのではないだろうか。そしてまた『百万人の写真術』の記述からすると、ドイツ語に通じていたようであり、ドイツ文学専攻で、その関係から写真書と異なる『独文ファウスト』が出版されたとも考えられるのである。同書と北野邦雄と光画荘についてはここまでしか追跡できなかった。ぜひ読者のご教示を乞いたいと思う。

72　綜合社と森一祐

ハイム・G・ギノット著、森一祐訳『親と子の心理学』（小学館）という本がある。サブタイトルに「躾を考えなおす12章」が付され、著者が専攻する心理療法の原則を子育てにあてはめて説いた本で、具体的な事例と挿絵と話体による読みやすい翻訳ゆえか、ロングセラーになっていて、手元にある同書の奥付を見ると、昭和四十八年第一刷、五十八年第十九刷と記されている。この本はテーマと出版社からして何の変哲もない実用書的な一冊で、それこそ古本屋よりブックオフのほうが見つけやすい本であるかもしれない。しかし訳者の森一祐に焦点を当ててみると、彼が戦後の翻訳出版史を語る際に欠かせない人物で、私たちもその恩恵をこうむっていることがわかる。この『親と子の心理学』の訳者紹介に「前・株式会社綜合社代表取締役」とあるが、これは彼が第十九刷の出る二ヵ月ほど前の五十八年一月に五十一歳で亡くなっているからだ。

そして森一祐の三回忌にあたり、故人を偲ぶ『回想の森一祐』が追悼録編集委員会によって編まれ、昭和六十年に綜合社から非売品扱いで刊行された。私は世田谷の文紀堂書店でこの本を入手している。五十人余に及ぶ寄稿による「森一祐の思い出」に加えて、「編集者森一祐」「略年譜」「刊行図書目録」が収録され、「小型ながら瀟洒な、いかにも故人好みの冊子」（発刊の辞）でありながらも、貴重な出版資料といえよう。まず最初に綜合社について説明しておくと、『回想の森一祐』所収の「刊行図書目録」を見れば、集英社のほとんどの翻訳の全集、及び単行本を手がけていることがわかる。その主だったシリーズを挙げてみる。

2008・3

昭和四十二年／『ヴェルヌ全集』
〃　四十三年／『世界文学全集・デュエット版』
〃　四十四年／『シムノン選集』
〃　四十七年／『世界文学全集・愛蔵版』
〃　五十一年／『世界の文学』
〃　五十二年／『世界文学全集・ベラージュ』
〃　五十八年／『ラテンアメリカの文学』

これらの巻数は省略したが、合計すると三百冊近くに及び、昭和四十年に先駆けて刊行された『世界文学全集』を加えると、集英社は二十年間に五種類の世界文学全集を出版していて、もちろん内容の重複もあるにしても、筑摩書房や河出書房に匹敵するほどの外国文学の新しい紹介と新訳に貢献していたことになる。これらの企画編集に携わったのが森一祐と綜合社であって、それぞれの奥付には「編集株式会社綜合社」というクレジットが入っている。寄稿者の安引宏が森のことを「フィクサー型編集者のトップ・ランナー集団のひとり」とよんでいるが、大型企画を次々と実現させた手腕を評してのことだろう。その他にも文芸誌『すばる』の創刊、小学館インターナショナルの仕事、『カセット版小学生の英語』も担当していたようだ。

「略年譜」によれば、森一祐は昭和六年ピョンヤンに生まれ、福岡高校、東大仏文科を経て、三十八年に小学館、集英社の編集、製作を主とするサン・パブリシティを創立し、四十二年にそこから分離し、綜合社を設立して刊行中の『ヴェルヌ全集』を引き継ぎ、『世界文学全集・デュエット版』の編集を始めるとある。それから亡くなるまでに、先に挙げた世界文学全集類を始めとするシリーズ、さらにこれも「刊行図書目録」の中に「単行本」として掲載されているが、百五十冊以上の翻訳書も手がけている。これらのヴォリュームを考えると、昭和四十年代から五十年代にかけて、森が翻訳書における最も多産な「フィクサー型編集者」であったことがわかる。

そしてまたいくつかの回想から推測すれば、森は仏文科の同窓生の丸元淑生が創立したパトリア書店で翻訳書を出したり、やはり丸元の関係で『週刊女性』のアンカーを務めていた。この事実を知ると、出版社を立ち上げる力量が充分あったにもかかわらず、綜合社という編集プロダクションに専念した森の心情がわかるような気がする。本連載50で丸元のパトリア書店にふれたことがあったが、森はパトリア書店の倒産と丸元の窮状を目の当たりにして、出版業界の黒子に徹し、流通と営業に関知しない編集プロダクションをあえて選択したように思われる。

しかし『回想の森一祐』で残念なのは先述した昭和四十年版の『世界文学全集』についての言及がないことである。私たちの世代にとって、新しい世界文学を教えられたのはこの画期的な全集で、ヘルマン・ブロッホ、ギュンター・グラス、ブランショ、ボルヘスなどの作品を知ったのだ。しかもこの全集は当時どこの古本屋でもゾッキ本として売られ、時期尚早の企画だったと考えられる。昭和五十一年版の『世界の文学』はこの新編集版だとわかる。『世界文学全集』における森の関与は明らかではないが、おそらくサン・パブリシティ時代の企画で、綜合社がその新編集版を『世界の文学』として引き継いだのではないだろうか。綜合社の前史と位置づけられるサン・パブリシティの仕事も知りたいと思う。

73　フォークナー「日本の若い人々へ」

2008・4

別に一冊を上梓するつもりであるが、戦前の日米問題について調べていて、佐伯彰一の『日米関係のなかの文学』（文芸春秋、昭和五十九年）を読んでいると、フォークナーに関する一章に出会った。佐伯はそこでフォークナーが書いた真珠湾攻撃、日米戦争開始の衝撃を直接のテーマにした二作の短編「ふたりの兵隊」「不滅なるべし」（「二人の兵隊さん」「天壌無窮」として『フォークナー全集』24所収、冨山房）、及びフォークナーが一九五五年に来日し、一夏滞在した時のエピソードや佐伯が受けた印象などに言及しているのだが、ここでは後者に触れてみたい。

佐伯によれば、直接会ってみたフォークナーは南部訛りのゆったりとした話しぶりから、小説家というよりも謹厳実直な田舎の村長という感じで、人見知りが激しいらしく、昼食会の席で始めから顔が赤らみ、近づいて握手をすると、口元から酒気が匂ってきたという。そうしたフォークナーについて、「根深い内気さ、羞恥心と同時に、古風な義理固さ、生真面目さの目立つ人柄」であったと付記している。ちなみに後年のフォークナー研究によって、彼が重度のアルコール中毒だったことも証明されている。

それらのことはともかく、来日の際にフォークナーが「日本の若い人々へ」と題するメッセージを発し、アメリカの南部人であるわれわれは敗戦後の日本人の苦境が本当によくわかる。かつて百年ほど前に南部人もまた同じような苦難を味わったからだと述べ、それに続く言葉を佐伯は引用している。再引用してみる。

「われわれの土地、われわれの家庭が征服者による侵入を蒙り、彼らは、われわれが敗れた後も、そのまま居すわった。敗れた数々の戦闘によって、荒廃せしめられたばかりでなく、われわれの敗北と降伏以後の十年間、征服者は、わずかに残されたものすら、略奪せずにはおかなかった。」

南北戦争と日米戦争を同一視する「このアメリカの大作家によるせっかくの真摯なメッセージ」は当時の日本でまったく反響をよばず、黙殺されてしまったようだ。しかし第二の敗戦とグローバリゼーションの只中にある現在の日本において、このフォークナーの言葉はリアルに迫ってくるように思われる。そして生涯の大部分をミシシッピー州オックスフォードで過ごし、その南部の町を舞台とした「ヨクナパートファ・サガ」を書き継ぎ、現代社会における人間の苦悩と不安と希望を描き出した作家の発言だと考えれば、フォークナーの小説群も敗戦を受けた戦後文学と見なすべきなのかもしれない。そのようなモチベーションを秘め、勝者としてではなく、敗者のアメリカ人として来日したゆえに、フォークナーの日本での発言がなされたのではないだろうか。

もう三十年以上前のことだが、フォークナーにはまってしまい、半年ほどずっとフォークナーの世界に耽溺していたことがあった。暗い過去を孕んだ南部の町と人間が内的独白や意識の流れといった手法によって浮かび上がり、フォークナーによって自家薬籠中の物のようにジョイスやプルーストの手法も物語に溶けこみ、アメリカ文学の土壌にヨーロッパ文学が絶妙に力強く移植されたことを教えてくれた。また『響きと怒り』『死の床に横たわりて』『サンクチュアリ』『八月の光』『アブサロム、アブサロム！』といった傑作群が一九二〇年代から三〇年代にかけて、フォークナーが三十代の時に奔流のように書かれてしまったこと、さらにこれらの複雑にして精緻を極めた作品がアルコールの力を借りて構築されたことに信じられない思いを抱いたりもした。このような経験があるので、今でもフォークナーが二十世紀最大の作家だという考えは変わっていない。それにフォークナーのもたらした影響は多大なものであり、ラテンアメリカ文学の成立もフォークナーを抜きにしては語れないだろう。ガルシア・マルケスの「マコンド」も「ヨクナパトーファ」の照り返しを受けているし、それは中上健次の「路地」も同様であろう。

少しばかりフォークナー文学に入りこんでしまったが、最初の彼の発言に戻らなければならない。この「日本の若い人々へ」はどこに収録されているか、それが本題であるからだ。実はフォークナーを読みふけっていた時期に当時もかなり絶版状態であったフォークナー関連書を古本屋で集めたのだが、一冊だけどうしても見つからなかった。今から思うと隔世の感があるが、店頭で出会うか、古書目録で見つけるかのどちらかしか入手することができない時代もあったのだ。それは研究社の『*FAULKNER AT NAGANO*』(Ed.by R.A.Jelliffe)で、やはりその頃入手した速川浩の『フォークナー研究』(研究社)の裏カバーの広告によれば、長野におけるセミナーと講演をまとめた本のようで、おそらく先のメッセージもここに収録されていると思われた。そこである大学図書館の架蔵書を取り寄せてみると、来日時のフォークナーの口絵写真とともに、確かに「To the youth of Japan」が収録されていたのである。「日本の古本屋」で探書してみると、下井草書房に一冊だけあり、そのセミナーの生写真付きだったから、何と十五万円の値段がついていた。戦後の外国文学関連書としては異例の高額で、当時買っておけばよかったと悔むばかりだ。

74　追悼　草森紳一①

2008・5

草森紳一が死んだ。心不全で、享年七十歳だったという。私は高校生の頃から草森のファンであった。彼の存在を知ったのは確か『話の特集』で、処女作『マンガ考』（こだまプレス）は出ていたと思うが、地方の書店では見つからず、単行本で読んだのは一九七〇年代になってのことだった。それは七〇年代当初に『マンガ・エロチシズム考』（誠文堂新光社）、『ナンセンスの練習』（晶文社）、『悪食病誌底のない船』（昭文社出版部）と立て続けに刊行されたからだ。なぜ草森に魅力を覚えたかというと、彼は自ら「雑文家」を名乗り、誰も論じないようなありとあらゆるジャンルを対象とし、駆け抜けていくような書き手であり、その疾走がもたらす風はとてもさわやかだった。それに当時において、おそらくビートルズの「ペーパーバック・ライター」も念頭にあったと思われるが、「雑文家」を自称するのは勇気がいることだったにちがいない。大手出版社の編集者には受け入れられず、それゆえにこそ地図や実用書系の出版社から初期著作が刊行されたのであろう。あらためてこの三冊の「あとがき」や「後記」を読んでも、自著を「雑文」「雑文群」と規定している。しかし文学者でも評論家でも学者でもなく、「雑文家」であるという決意表明は魯迅に託して書かれた次のような文章にこめられていよう。『悪食病誌底のない舟』の「後記」の一節である。

「魯迅にとって、ジャンルに縛られない雑文のスタイルこそが、もっとも時代を迎え撃つことのできるものであったにちがいない。時代の足音の暗い轟きをまともに感じ、まともに浴びて四方八方抗争的に生きた魯迅の『感応の神経』を容れる器は、雑文体であったのである。」

しかもさらにその雑文は意表を突くテーマばかりが並んでいて、同書の目次を眺めれば歴然だが、それらを示す紙幅がないので、『マンガ・エロチシズム考』に「岡田史子『墓地へゆく道』」なる一章があることを指摘するにとどめよう。

これらの著作を序走として、草森は『江戸のデザイン』（駸々堂）のような大著から、『オフィス・ゲーム』（講談社文庫）のような小さな本まで、多くの著書を刊行していくのだが、私の最も印象に残っているのは七〇年代末に番町書房から刊行された『ナチスプロパガンダ絶対の宣伝』全四巻である。アメリカによるグローバリゼーションの波に包囲されている今こそ、この大作を再読すべきように思われる。

さて時代は二十年以上飛んでしまうのだが、二一世紀に入って草森は続けて大著を刊行する。それらは『食客風雲録』の「日本篇」と「中国篇」、『荷風の永代橋』（いずれも青土社）で、彼の健在ぶりを知らしめた力作であった。それに加えて、まさに本だけとの生活を描いた『随筆本が崩れる』（文春新書）の刊行に先駆け、『en-taxi』第9号（二〇〇五年三月）で「草森紳一　雑文宇宙の発見者」という特集が組まれた。巻末には「吹かれ視る人」なるキャプションがつく草森の三ページに及ぶ写真が掲載されていた。彼はこの二十年来、永代橋のたもとに住んでいて、周辺の散歩に出かける姿を大倉舜一が撮ったもので、白髪白髭、黒の上下に赤いマフラーを身にまとい、『随筆本が崩れる』所収の七一年の若々しさと八一年の壮年ぶりを示した写真に比べ、「雑文家」も老年に至ったことを知らしめてくれる。それもそのはずで、十代の読者だった私が五十代後半になるのだから。

　また坪内祐三による「草森紳一氏への33の質問」は好企画で、草森のこれまでの人生のエッセンスがつまっているように思われる。ふたつだけ紹介してみよう。「三十歳の時に何をしていましたか」の問いに、「がんじがらめの物書き。この前後、からだを壊すほど書きまくった。枚数でいえば、私のピーク。ふとんの中で書いていたが、以後、喫茶店に変る。今は、家の座り机」。「では四十歳の時には」に対して、「ふらふら飛びまわる物書き。神戸・北海道にいることが多かった」と答えている。しかし予想外ではあっただろうが、七十歳の時には死んでいたことになる。

　それと気がかりなのは草森の死によって、晩年の最も大作が単行本とならず、そのまま残されてしまったことである。それは『文学界』二〇〇〇年二月号から始まった『薔薇香処』で、「副島種臣の中国漫遊」というサブタイトルからわかるように明治初期の書家、漢詩人、政治家を兼ねた副島を主人公とする三千枚以上に及ぶとんでもない大作なのだ。最初は「特集・中国四千年文明との対決」の一編として掲載されたのだが、「次号完結」が延々と続き、何と四十回の連載になってしまった代物である。草森が「雑文」の果てに到達した中国文学専攻の真髄を物語っているようにも思えた。『薔薇香処』が刊行されたら、ずっと前に古本屋で購入した『副島種臣書』（二玄社）と合わせ、本連載で論じるつもりでいた。『副島種臣書』は彼の書を集めた大冊で、特異な書家としての副島をうかがわせている。それが書けなかった代わりに、このような草森への追悼文を草してみた。

75 追悼　草森紳一②

2008・6

草森紳一の追悼をもう一回続けたい。

『en-taxi』の草森特集号に彼は「ベーコンの永代橋」という一文を寄せている。このタイトルは四年ぶりに出した新刊の『荷風の永代橋』にちなみ、夢に出てきた荷風のことから始まり、永代橋で出会った脳溢血の後遺症のために顔が歪んでいる老人に移り、イギリスの画家フランシス・ベーコンの描く人物の心の叫びとしての顔の歪みが連想されていく。そして一九六四年に行きつけの洋書店で大部のベーコンの画集を見つけ、大叫するほどの震感を覚えたことを語り、ベーコンを発条として、「なにを『勝手に』書くべきか」を考え、草森以外には結びつけられない二十数人のとりあげたい名前の列挙があり、次のような文章が挿入される。

「私の雑文の方法は、テーマを前にして頭に浮かんだものなら、なんでも深いところでつながりありとして、それらをつないでいくことである。そのためにもテーマの設定は欠かせない。私はその無視と脱線をよく言われるが、そんなことはない。私にとってテーマは大切な引金である。」

そしていきなり山本一蔵の名前が出される。彼は大正二年に鉄道自殺を遂げた社会主義者で、友人たちによって編まれた『飼山遺稿』（湖北社複刻）があるが、彼が永代橋を渡っていたこと、及び彼の手紙の中に見られる「叫び」からベーコンを連想することで、草森は山本に注目している。その次には西村みゆきの名前が挙げられ、「彼女の名を知っているものは、山本一蔵同様、いかほどの人がいるだろうか」との呟きの後に、彼女の短編集『眠れないの眠らないの』（荒地出版社）が俎上にのぼる。まったく偶然だが、少し前に私もこの本を入手したばかりだった。草森と同様に奥付の「著者略歴を見ると、そこには、一九三一年東京に生る。都立神代高校卒業後、文芸春秋社に勤務。その後『銀座百点』編集部を経て文筆生活に入る」とあった。

この紹介の後に、草森は西村についての記憶をたどっていく。彼が大学生の頃、西村は中央公論社の女流文学賞を「針のない時計」で受賞したが、その作品はフォークナーの盗作だと騒がれ、授賞が取り消しになり、スキャンダルへと発展した。本の裏表紙の写真から「美人」であることとスキャンダルの関連も指摘する。ここで書誌的なことに触れると、私の手元にある本は箱入で、箱の裏に彼女の写真が刷りこまれているので、同じ六〇年の刊行だが、別版かもしれない。さらに彼女はテレビの脚本を書いていた関係で、武智鉄二と結婚し、六ヵ月で離婚したとも述べらている。これらの事実をふまえ、フォークナーの影響を受けた西村の作品は独特の変容、歪みへの肉体的感覚があり、それが「叫び」となって表出し、ベーコンへとつながっていくという言及に至るのである。だが草森は忘れずに当時の出版事情とその後の西村の消息も伝えている。

「荒地出版社による単行本化は、編集者と会社の、時の潮へ棹さす英断だと、一面でいえる。多少の商売の色気があったとしても、それは自然のうちだろう。売れたかどうか知らないが、この出版にもかかわらず、彼女の作家としての生命力は、まもなくスキャンダルでさえ忘れられるというかたちで断たれる。」

しかしこれらも「ベーコンの永代橋」の始まりにすぎず、「以下次号」が続き、阿部定事件もその「書」、荷風の刺青と死、自らの突然の吐血、『江木鰐水日記』における頼山陽の吐血と死へと展開されていき、第13号「其ノ五」まで追いかけたが、後は雑誌を買いそびれたこともあり、読み終えていない。いつまで連載されたのだろうか。

このような草森紳一の「雑文の方法」をぎこちなく紹介してみたが、それは草森がとめどもなく無限に古本を購入所蔵し、読むことによって初めて成立する方法なのだ。その舞台裏をあかしたのが『随筆本が崩れる』である。永代橋の「本の群れに完全占拠されたマンション」には冷蔵庫やテレビはもちろんのこと、タンスも机も椅子もない。それもすべて本を厚遇するためなのだ。もはや生活とは無縁になり、趣味の読書人ですらもなく、過去の歴史にかかわる『ナチスプロパガンダ絶対の宣伝』のような「資料もの」の仕事をするようになって以来、その資料入手のために「たえず破産寸前に追いこまれ」、「収入の七割がたは、本代に消える。異常に過ぎる。いっこうに古本屋の借金は、減らない」という状態が続いていたのだ。本を読まない人にとって、本はゴミに思えるだろうが、「このゴミなしに生きられない私は、その支配もままならぬ、なさけなきゴミの大王である」とまで、草森は語るほど、その本の量はすさまじく、同書所収の積み上げた本の写真がそれを如実に物語っている。まさに、「雑文家」が「雑書」とともに生きている風景のように思えてくる。このような草森の古本に殉じた人生への頌辞として、彼の全著作を揃える決意をした次第だ。それが年少の読者だった私の彼に対する何よりの供養となろう。心不全で亡くなったと伝えられているが、それこそ古本に囲まれ、「ゴミの大王」のような死を迎えられたであろうか。

76 大道書房と子母澤寛

2008・7

本連載73で取り上げた佐伯彰一の『日米関係のなかの文学』と同様に、これも戦前の日米問題について調べるために読んだ小説に久生十蘭の『紀ノ上一族』（薔薇十字社）があった。この小説は明治末期にアメリカに渡った和歌山の紀ノ上村の一族が排日の動きに巻きこまれ、いわば何代も続く人種戦の標的となり、アメリカ人によって最後の一人まで惨殺されてしまうという特異な物語で、まさに太平洋戦争下の昭和十七年に『新青年』などに発表されている。残念ながら佐伯の本に『紀ノ上一族』に関する言及はないが、薔薇十字社版の解題によれば、昭和十八年に大道書房から同タイトルで出版されているとのことだ。大道書房が久生十蘭まで刊行しているのは意外でもあり、ここでは大道書房に触れてみたい。

大道書房の本は一冊しか所有していない。それは佐藤春夫の『支那雑記』で、A5判並製の本であるが、堀口九萬一の題字と著者による装幀意匠に加えて、ゆったりとした活字の組によって、瀟洒な造本に仕上がっている。内容も「支那雑記の序として」の「からもの因縁」に、「自分の支那雑記は自分の文学生涯のたもとぐさかも知れない。それならば自分は支那といふ文学の着物を着て生活をしてゐることになるのか知ら」（傍点引用者）とあるように、愛着のこもった支那文学を中心とする好エッセイ集の印象を与えてくれる。とりわけ「漢詩漫読妄解」において、李白の「長干行」を論じる一節は読みどころで、漢文を掲げて、自らの読み下しを示し、さらにそれらにエズラ・パウンドの李白の翻訳を含む『キャセイ』（未邦訳）から英文「長干行」を抽出し、中日英の比較対照に及んでいる。長詩であるために引用できないが、とても興味深い論考といえよう。

『支那雑記』は昭和十六年十月発行で、私の手元にあるのは十七年一月三版となっていて、好評で版を重ねたように思われる。大道書房の発行者は戸田城外と記載されていた。新興宗教の例にもれず、戦前に創価学会が出版活動を行なっていたことも事実であり、戸田城外は戸田城聖の別名ではないかと思った。その後長谷川伸の『佐幕派史談』（中公文庫）を読み、その村上元三の「解説」に「はじめにこれを出版したのは、大道書房という書店で、奥附の発行人は戸田城外となっている。のちの創価学会前会長戸田城聖氏のことで、著者と交友関係にあった」と記されているのを目にした。つまり時代は少し飛躍してしまうが、大道書房は潮出版社の前身とも位置づけられるのかもしれないのだ。

それからしばらく後になって、尾崎秀樹の『子母澤寛―人と文学』（中央公論社）において、大道書房に関する子母澤寛の証言に出会った。野中兼山を描いた『大道』は昭和十五年に大道書房から出版され、その事情を子母澤は次のように語っていた。

「（前略）それを出版してくれた本屋が、その作品にほれこんで、社名を大道書房とした思い出があります。大道書房は、例の創価学会の二代目の会長、戸田城聖が、まだ城外をなのっていたころ経営していた出版社でね。（中略）そんなことで一部の人には私が創価学会と深い関係があるように見られていますが、実はこの大道書房という本屋さんとのつながりですよ。」

二人がどのようにして知り合い、出版者と著者の関係になったのかは不明だが、大道書房と子母澤の関係はあまりにも深かったようで、中央公論社の『子母澤寛全集』第十巻所収の「年譜」を見ると、昭和十五年に『大道』『はればれ街道』『お小夜手鞠』『飛騨の兄弟』『意地っ張地蔵』の五冊、十六年に『弥太郎星』などの十一冊、十七年に『勝安房守（勝海舟）』など三冊を大道書房から刊行していて、専属著者といった印象を受けるほどだ。さらに「年譜」をたどっていくと、昭和二十年十一月に大道書房は日正書房と社名を改正し、『男の肚』（上・下）、二十年に『勝海舟』（一、二）を出版している。ちなみに尾崎秀樹の『子母澤寛―人と文学』はこの全集の「月報」である聞書「鴎沼閑話」がベースになっていて、全集の詳細な「年譜」も尾崎が担当している。そして尾崎は同書の巻末において、子母澤の祖父が彰義隊の生き残りで、北海道石狩郡の厚田村に移り住み、子母澤も少年期をそこで過ごしたこと、昭和四十九年に彼の文学碑が建立されたこと、また戸田城聖もこの厚田村で育ち、二人は同じ村に一、二年間住んでいたことなどに言及し、「その間交渉があったかどうかについてはたしかめようがない」としながらも、その事実が子母澤寛と戸田城外の大道書房に関係しているのではないかという推測を述べている。確かめた限りで言えば、大道書房は昭和十五年頃に創業され、子母澤寛の時代小説を中心にして、久生十蘭、佐藤春夫の著作、さらに尾崎によれば、下村悦夫や陣出達郎などの作品も相次いで出版していたようだ。しかし編集者の存在も含めて、その全容は判明していない。

77　池田得太郎『開拓者依田勉三』と「家畜小屋」

2008・8

この本はよく均一台で見かけることがあるし、現に私もそこで入手している。それは池田得太郎の書下し長編小説『開拓者依田勉三』で、昭和四十七年に潮出版社から刊行されている。帯文に「十勝平野『開拓の父』の半生を描いた傑作」とあるが、ここでは依田勉三について、同書に加え、『静岡大百科事典』（静岡新聞社）の飯塚伝太郎の記述を参照し要約してみる。ちなみにかつて飯塚は『本道集』の関係者であったと思われる。

依田勉三は嘉永六年に伊豆の豪農の家に生まれ、横浜で英語を学び、慶応義塾に入る。そしてアメリカ農務局長ホレス・ケプロンの北海道視察報告書にある「その財産は無限の宝庫にして、（中略）それ自他のためにこの地を開拓し、その土地を守る者あらばこれ国家の宝なり」を読み、北海道開拓に身を捧げる決意をし、明治十五年に移民会社の晩成社を創立して同志と渡道し、土地払い下げ請願、入植開拓の準備を進めた。翌年晩成社一行十三戸二十七人とともに帯広に入植する。帯広の地名はアイヌがそこをオベリベリ（湧水が流れる口）と呼んでいたことから、依田が命名したのである。しかし開拓の現実は非情で、マラリア、イナゴの襲来、同志の離反、子供の死、妻との別離などの苦難に見舞われながらも、それらを克服して亜麻の製糸工場を設立し、さらに七重畜産を創立し、牛肉、水産物、カニの缶詰を初めて手掛け、彼の開拓の功績によって、帯広に銅像が立てられているという。

池田得太郎の『開拓者依田勉三』はまさに「開拓者」とあるように、この開拓初期の苦難の時代までしか描いていないので、評伝小説として前編だけで終わっているのは明らかであり、中途半端な作品の印象は否定できない。もう少し突っこんで言うならば、池田が依田を描くというモチーフ、及び出版編集の意図がよく伝わらず、何か孤立をした一冊のような気がする。前回大道書房が潮出版社のルーツではないか、また子母澤寛と戸田城外が北海道の同じ厚田村の出身で、それが機縁となって大道書房が創業されたのではないかと記したが、戸田ばかりでなく、創価学会の初代会長牧口常三郎も少年時代に渡道し、北海道師範学校を出て、教師を務めていたこともあり、二人とも北海道と因縁が深い。したがって二人のどちらかが依田勉三と交流していたのではないだろうか。それゆえに依田勉三の評伝が企画され、どのような経緯があったのかはわからないが、適任でない編集者を通じて、こちらもあまりふさわしくない池田得太郎に書下しの依頼がなされたように思われる。だから中途半端で孤立した一冊の印象を与えるのだろう。

さてここでようやく池田得太郎に触れることができる。最初に池田の名前を知ったのは『開拓者依田勉三』より刊行年は後になるが、昭和五十一年の『現代名作集㈣』（四六判『日本文学全集』66、筑摩書房）においてであり、そこに彼の中編小説「家畜小屋」が収録されていたからだ。この巻は文学全集特有の昭和戦後期の名作アンソロジーの試みで、池田の「家畜小屋」は昭和三十三年の中央公論新人賞佳作入選作として発表され、選者の三島由紀夫の強い推奨を受けた不気味な迫力を備えた、まったく特異な作品ゆえに選ばれたのであろう。

「家畜小屋」は粘液的にしてグロテスクな文体によって始まり、進んでいく。屠殺場に長らく勤めている五郎は数年前まで五本の指に入るほどの屠殺技術の持ち主だったが、最近になって明らかに腕が落ち、「豚殺し」から家畜の排泄物を清掃する「糞さらい」に左遷され、屈辱を覚える。給料も減り、妻からの罵りを受け、お前は豚より劣ると応じた。すると妻は豚になってやると宣言し、その日から豚のように食べ、排泄する生活を始め、豚小屋に入れられると、ずっと飼われていた牡の豚と夫婦になり、愛撫を交わし、交接するまでに至ってしまう。嫉妬にかられた五郎は斧で牡豚を切りつける。「あたしのオットを（中略）殺すような真似を」するのは「畜生にも劣る人間だ」と妻は豚になってから初めて言葉を発する。五郎は自分も豚になってしまいたくなるが、踏みとどまり、かつて妻であった牝豚を売るために豪雨の中を歩き出す。タイトルからしてパゾリーニの『豚小屋』を彷彿させるこの作品のグロテスクリアリズムは、このような説明だけで伝えられず、読んでもらうしかないが、「解説」で奥野健男は「この『家畜小屋』一篇は昭和三十年代の文学を代表する異色の傑作」と評し、池田について、次のように述べている。

「作者の池田得太郎についていては殆んど何も知らない。（中略）昭和十一年東京日本橋生れ、日大工学部中退、日立製作所研究室勤務とあり、文学をかじりはじめて一年余の経験しか持っていないと語っている。ついで『鶏の脚』『女神像』を発表、昭和三十四年二月中央公論社から『家畜小屋』が刊行されたが、その後、作品を発表せず、今日は杳として行方もわからない。」

もう一冊『ノアの箱舟殺人事件』（光文社）を同時期に刊行しているが、その後の消息は不明であり、中央公論社版『家畜小屋』も未見のままで、「鶏の脚」や「女神像」を読めないでいる。

78　戦後文学と商店街

2008・9

これは私見であるが、戦後文学史において、「内向の世代」以後に顕著なのは物語の舞台が郊外へ移行したことで、その時代に高度成長期の終焉を迎え、一方で郊外が誕生しつつあったことを反映してもいる。そして三十年ほど経た現在、郊外の消費社会化が何をもたらしたかを私たちは日本全国に見出すことになる。それは言うまでもなく、商店街の恐るべき衰退である。

かつて「商店街の慰安」(『文庫、新書の海を泳ぐ』所収、編書房)という一文を書き、島尾敏雄の『死の棘』(新潮文庫)の中で江戸川区小岩町の商店街が慰安の場所として描かれていることに注目し、島尾だけでなく、戦後から高度成長期にかけての文学のトポス、もしくは主要な背景が商店街であったのではないかと推論を述べた。それに高度成長期とは何よりも商店街の繁栄の時代でもあり、全国各地に日本のパサージュとでも称すべき多くのアーケード商店街が建築されていたのだ。今やアーケードは老朽化し、多くの店舗がシャッターを降ろしたままの商店街ばかりになってしまったが、それでもまだ生活の場として人々が集い、活力のある商店街が残っていることを、『東京人』三月号の好企画「商店街の歩き方」掲載の様々な写真が教えてくれる。

そのような商店街の風景と最も密接な関係にあったのは「第三の新人」の文学で、島尾敏雄を例に挙げたが、とりわけ吉行淳之介の作品に強く投影されているように思われる。『原色の街』の単行本を古本屋で入手し、再読してその感を強くしたので、記してみたい。『原色の街』は昭和三十一年に新潮社から刊行されていて、私が買い求めたのは昭和三十四年の四刷で、箱の有無は不明だが、当時の新潮社の文芸書の風格を感じさせてくれる。この作品の初出は昭和二十七年の『世代』一月号で、翌年芥川賞候補作になったが、全面的な加筆訂正を経て、刊行までに五年を要したことになる。「驟雨」や「娼婦の部屋」に先行する吉行の「娼婦もの」の原型的作品と考えていいだろう。再読してみると、『原色の街』が表面的には娼婦とその街をテーマにしているのだが、かなり難解な観念小説、及び「昭和二十X年」と時代表記があるように、紛れもない戦後文学として提出されているとわかる。だがここはそれらを論じる場ではないので、商店街のことだけに限定して触れてみる。

冒頭で隅田川を渡る市街電車が描かれ、続いてその終点に近い「ありふれた場末の町」が出現する。

「商家の女房風の女が、エプロン姿で買物籠を片手に漬物屋の店さきに立止まり、樽に入つている白菜を指さきでひつぱつて、漬かり加減をしらべている。漬物屋の隣りの本屋では、肥満して腹のつき出た主人が店頭の雑誌にせわしなくハタキをかけていたが、その汗をふと止めて呆んやり空を見上げている。（中略）本屋の隣りは大衆酒場で、自転車が四、五台、それぞれ勝手な方向をむいて置かれてある。その酒場の横に、小路が口をひらいている。」

この「小路」こそが娼婦がいる「原色の街」で、大通りの漬物屋、本屋、大衆酒場といった商店街と異なる「どぎつい色あくどい色が氾濫」する街として姿を現わす。この街の男女関係はきわめて明晰で、男は金を払って欲望を充たし、女は定まった金額で躯を売るという目的に支配されている。単純に図式化して言えば、「商店街」は社会的約束事や虚飾を伴う世間、「原色の街」は世間と対照的な「一種の解放感」のある場所のように設定され、主人公の元木英夫はこのふたつの街を往還し、前者で大学教授の娘瑠璃子と見合いをし、後者で娼婦のあけみの客となる。元木は瑠璃子と銀座の商店街をぶらつき、女の純情を主題にした映画を観たり、明るい街の洋館のホテルに入って関係を持つ。するとある彼女は結婚に向けての媚を示すようになり、元木にしてみれば、二人の女の「それぞれ棲んでいる場所が入れ違っているように思える」結果をもたらす。あけみとは精神の会話を交わすことができたのに、瑠璃子とは肉体関係があるだけだからだ。一方であけみは薪炭商の客に誘われ、迷路の街から夏の夜の遊園地に出かけ、求婚される。しかし元木が瑠璃子と結婚するイメージを持てなかったように、あけみもその男と家庭を持つという思いになれない。

吉行は最初に「生まれながらに生活というものがオーダーメイドの洋服のようにしつくり身についている人々が無数に存在している」、「この街の底から、一種の解放感のようなものを嗅ぎ出そうとする少数の人々も存在しているのだ」と注釈を挿入している。先の文章が「商店街」と瑠璃子、後の文章が「原色の街」、及び元木とあけみを意味していよう。新造貨物船のレセプションというハレの場で三人は一堂に会するのだが、あけみは「少数の人々」であるはずの元木が瑠璃子に向けた目の色を誤解し、身の置き所を失った気になり、彼に正面からぶつかり、心中するかのように二人で海に落ちてしまう。救出に当った水夫は二人が兄妹のように似ていると言う。瑠璃子は元木から去り、あけみは再びあの街に戻るしかない。今になってこの作品を「商店街」と「原色の街」が共存していた時代の観念小説として読むことができる。

79　吉行淳之介と冨山房『世界童謡集』

2008・10

もう一編、吉行淳之介のことを書きたい。昭和四十六年に講談社から全八巻の『吉行淳之介全集』が刊行され、繰り返し読みふけっていた時期があった。その後の五十八年にやはり講談社から別巻を含んで全二十巻からなる完全版に近い『吉行淳之介全集』も出版されているが、私にとって吉行淳之介は全八巻、小説でいえば、『原色の街』から『暗室』に至る過程が輝いていた時代であったように思える。それ以後は消費社会の訪れによって、「商店街」と「原色の街」の境界がなくなり、対照性自体が無効になったことで、吉行文学のリアリティが失われてしまったからではないだろうか。その典型的作品が『夕暮まで』であったような気がしてならない。

それは短編も同様で、第四巻の『短編小説集』は吉行文学の多彩な名作を集成し、万華鏡のような魅力を放っている。私はその中でも「童謡」という短編が好きであった。少年期の高熱を発する病気を題材としたこの心理小説は回復後における内的独白「もう、高く跳ぶことはできないだろう」に象徴されるように、成長の代わりに失った定かならぬものをそれとなく暗示させ、深い余韻を残す一編だった。そしてふたつの童謡が引用されていることから、この短編がそれらに触発されて書かれ、また「寝台の舟」に始まる一連の作品も同様であると了承できた。吉行自身も第八巻所収の『私の文学放浪』の中で、女優の「M・M」と恋に落ち、昂揚する心理状態にあって、古ぼけた『世界童謡集』と出会ったと語り、次のように書いていた。

「その書物は、M・Mの書棚に並んでいた。昭和十三年発行、定価八十銭というオクツケの文字があり、彼女はそれを古本屋で買ってきたという。そして、その書物も、普段のときの私ならば見逃していただろう。たとえ手にとって開いてみてもその中から語りかけてくるものは無かったに違いない。この書物に並んでいる文字、あるいは中身の童謡の文句に触発されて、私は幾つかの短編を書いた。」

下世話なことを言えば、恋と古本が手を携えて、吉行文学に多大な影響を及ぼしたことになる。吉行はその恩恵を忘れずに訳者が西条八十と水谷まさるであり、「遅ればせながら、感謝の意を表します」とまで述べている。そして別のところで、発行所は冨山房であり、真赤な皮を使って造本し直したとも語っている。全集を読んでいた頃、『世界童謡集』はそのうち古本屋で見つかるだろうと思っていたが、児童書ゆえか目にすることがなかった。その代わりにほるぷ出版が複刻した新潮社の『西条八十童謡全集』(『名著複刻日本児童文学館』)を入手し、そこに「寝台の舟」が収録されていて、あらためて作者がR・L・スティーヴンスンで、「寝台《ねだい》の舟《ふね》」と読むのだと知った。イメージあふれる童謡の第一連の四行だけを引用してみる。

ぼくの寝台《ねだい》は小ちゃなボート
ばあやが船出のお手伝い
水夫の服を着せかけて
まっ暗闇《くらやみ》へおし流す

この童謡が男娼との不毛にして優しい関係を描く「寝台の舟」へと転化したのである。吉行は

「幾つかの短編」としか書いていないが、実際に第四巻の短編を調べてみると、童謡が引用されている作品はその他にも八編に及んでいた。それらも本を入手し、確かめてみようと思っているうちに二十年ほど時が過ぎ、実現したのは『世界童謡集』が「冨山房百科文庫」として複刻されてからだった。巻末の吉田新一の「解説」によれば、同書は冨山房の「模範家庭文庫」の一冊であり、新書判複刻の挿画からも原本の美しさがしのばれる。「寝台の舟」以外の出典を示す。上段が吉行の短編で、斜線下が作者、もしくは出典と童謡である。

「鳥獣虫魚」／オキーフ「獣、鳥、魚、虫」
「海沿いの土地」／マザーグース「上衣の焼け穴」
「童謡」／スティーヴンソン「蒲団の国」、マザーグース「おばあさんと物売り」
「香水瓶」／ヘリック「悪魔」
「錆びた海」／マザーグース「世界中の海が」
「不意の出来事」／ポープ「ふいのできごと」
「双生」／ノベル「蝋燭の灯」
「白い半靴」／マザーグース「おりこうさん」「ジャック・スプラットの豚」、フランス童謡「ＡＢＣ」

これらの短編の他にも『世界童謡集』は吉行文学に有形無形の影響を与えていると推測できるし、吉行もかなり愛着があるようで、昭和五十年には『童謡』（出帆社）という短編集を刊行している。近代文学、もしくは戦後文学においても、古本との出合いがこのような広範な波紋をもたらした例はないと思われる。

80　佐々木千世『ようこそ！　ヤポンカ』と開高健『夏の闇』

2008・11

昭和三十七年に婦人画報社から刊行された佐々木千世の『ようこそ！　ヤポンカ《にっぽんむすめ》』を最近になって入手したので、この本と著者について書いてみよう。入手先は大阪の彦書房で、古書価は二千円だった。数年前に隣りの市の図書館の閉架書庫にあるのを見つけ、すでに読んでいたのだが、その本はカバーもなく、かなり疲れた裸本であった。ところが送られてきた本は五十年ほど前の本と思えないほど美本で、カバーの見返しには「効き目」と称すべき開高健の「すいせんのことば」も掲載されていた。『ようこそ！　ヤポンカ』は明らかに前年に出版され、ベストセラーになった小田実の『何でも見てやろう』（河出書房）の「一日一ドル」海外放浪記の女性版と見なしていいし、実際に出版社も話題になって売れることを当てこんで、出版を引き受けたのであろう。しかし残念なことにその目論見は外れ、初版のままで終わってしまったようだ。

その理由はロシア語を学んだ女性によるあまりにも早い昭和三十六年のソ連を中心とする東欧の旅だったこと、そのような女性の海外放浪をもてはやすメディアも少なかったことなどにつきるだろう。そうした意味において、「彼女のスラヴからヨーロッパとアジアをめぐる処女航海日誌」（開高健）は当時の貴重な記録といっていいかもしれない。彼女が写した十数枚の白黒写真が口絵として収録され、彼女がチェコスロバキアで三人の男たちと一緒に並んでいる一枚もある。チェコ人、インド人の男たちにはさまれた彼女、長い髪、半袖セーターにスカート姿、ネックレスをつけ、ハンドバッグを手にして、彼女は微笑んでいる。「神秘的東洋娘」の彼女は若く、その笑顔は美しいというよりも知性を感じさせるものだ。

おそらくこの本は菊谷匡祐が『開高健のいる風景』（集英社）で言及することがなかったならば、忘れられた一冊のままであったろう。菊谷は昭和三十二年に開高健と出会い、彼の死に至るまで親交があり、菊谷自身の言葉によれば、若くして「開高の鑑賞家」になることを決めたという。そして私もそう思うが、菊谷は『夏の闇』（新潮社）が開高健の最高傑作にして、日本の戦後文学を代表する作品だと書いている。さらに『夏の闇』における女性モデルについて、開高に「あの女性、いったい誰です？」と訊ね、次のようなやりとりを交わしたことを記している。

「『まさか、佐々木千世《ささきちよ》じゃないでしょうね』

すると開高さんは顔色を変えて、言った。

『どないして君が知っとるんや』

『あの作品を読めば、独立排除的に明々白々じゃないですか。開高さんは彼女が諸外国を放浪して旅行記を一冊書いたと書いているし、彼女とおぼしき女性の旅行記の袖《そで》に開高さんはすいせんのことばを書いているわけでしょ。ぴったりと付合する』」。

このような自分の質問に開高は狼狽し、沈黙してしまったと菊谷は述べ、開高の「すいせんのことば」があったので、『ようこそ！　ヤポンカ』を購入していたこと、口絵写真の彼女が学内で時々見かけた露文科の学生で、「色の白いほっそりした人」だったことも付け加えている。

ここで少しばかり『夏の闇』の内容に触れておくべきだろう。昭和四十六年に発表されたこの作品は異国において十年ぶりに出会った男女の孤独な愛と性を極限までに描いている。作品の中に明示されていないが、「私」が住んでいるパリに女を迎えるところから始まり、再会した二人は情事の日々を送り、それは女の住むベルリンに移っても続く。女はそこの大学の東方研究室の客員待遇で、秋に博士論文を提出する予定であった。「私」の回想、情事や食事の間に交通わされる会話から、二人が日本にいる頃に愛人関係になり、「春に私と知りあって早くも秋に女は不幸になってい た」とわかる。そのために女は日本を捨て、いくつもの国を渡り歩き、言葉も知らないでたどり着いたドイツで奨学金を得て学生に戻り、六年をすごし、ようやく再会の時に至ったのだ。もちろん小説であるゆえに、すべてが事実ではないと思われるが、詳述された女の履歴からして、佐々木千世がモデルであることは疑いようがない。開高の年譜をたどってみても、昭和四十三年にパリに向かい、東西ドイツを訪れているので、おそらくこの年が『夏の闇』の舞台背景ではないだろうか。

その後開高が彼女について語り出したことも菊谷は書いている。『夏の闇』で女が自ら言うように「孤哀子《クーアイツ》」であり、家庭的に恵まれず、人にもあまり言えない過去を持ち、あるロシア文学者の愛人ではなかったかという推測、及び帰国当日の事故死を開高から聞いたと。しかし彼の死後、佐々木千世が四十四年に帰国し、翌五年に交通事故で即死していたとわかる。開高の話と年が異なり、『夏の闇』は彼女の死後に書かれたことになる。彼女のことと開高の関係は謎が増すばかりで、彼は『夏の闇』を彼女へのレクイエムとして書いたのだろうか。開高にとって、佐々木千世こそは紛れもない謎めいた「宿命の女《ファム・ファタル》」であったように思える。

81　野々上慶一と『宮沢賢治全集』

2008・12

昭和十五年から刊行された十字屋書店版の『宮沢賢治全集』全六巻のうち、所持しているのは第一巻だけだが、この版で宮沢を愛読したという読者もかなりいるようで、矢川澄子がそのことをどこかで書いていた記憶がある。私が入手した第一巻は裸本とはいえ、高村光太郎の装丁による四六変型版のどっしりとした造本の感触をそこなわず、読者に愛着を覚えさせたと想像できる。巻頭にはあの有名な畑に佇む宮沢賢治の写真と独特の書体の原稿が収録され、『春と修羅』とその語註を合わせて五百五十ページに及んでいる。この十字屋書店版も最初の全集である文圃堂版を継承し、刊行されているので、それらにまつわるエピソードを書いてみよう。

高見順は『昭和文学盛衰史』（文春文庫）の中で、宮沢は昭和八年九月に無名の詩人として寂しく死んだと述べ、草野心平の礼讃と顕彰の努力がなかったならば、そのまま消えてしまったかもしれないと書き、文圃堂版の全集に言及している。

「そうした草野心平の努力によって間もなく、宮沢賢治全集三巻が文圃堂から出版された。文圃堂というのは、その頃の『文学界』の発行所で、パトロン的発行者の野々上慶一が、あまり売れそうにないその全集を犠牲的に出版した（中略）。全集の出たときの草野心平の喜び方と言ったら無かった。」

しかし当然のことながら売れなかったようで、高見が『文学界』の未払い原稿料を請求すると、

「宮沢賢治の本で、カンベンしてくれないか。えらく返ってきた」という野々上の言葉を引用している。文圃堂に関しては小沢書店から野々上慶一による『文圃堂《ぶんぽどう》こぼれ話』や『高級な友情』、文芸春秋からは『さまざまな追想』が刊行され、ほぼその全貌が明らかになっているが、ここでは主として『宮沢賢治全集』のことをたどってみたい。『文圃堂こぼれ話』によれば、野々上は大学を中退し、昭和六年に本郷帝大前に売場面積三坪余の新刊と古本を兼ねた文圃堂書店を開店させた。資金は父親から出て、親戚が岩波書店の関係者であったことから、岩波茂雄が保証人になり、新刊の取次は栗田であった。ところが不景気のどん底で、本が売れず、岩波文庫が一冊しか売れない日もあり、「そこで出版でもやって一発当ててやろう、と山ッ気を起し」、昭和八年の二十二歳の時から出版を始めてしまった。そして「駆け出しの出版屋」として草野心平と知り合い、「その熱気に当てられた格好で、無名の賢治の、それも全集を出版することになった」のである。売れ行きは童話の巻が千部、詩の巻が八百部だったようだ。前者は二百部増刷したが、これが高見の引用している返品の原因になったと思われる。この『宮沢賢治全集』はそれだけで終わらない。文圃堂書店は大内という遠縁の夜間中学を中退した少年を雇っていたが、成長してたくましい若者となり、本屋仲間の若い連中と女遊びを覚え、金詰まりの状態になってしまった。

「そこで（中略）金に困った大内は、店で使用した本の紙型を二つ三つと持ち出して、金の工面に当てはじめた。そしてそのなかに、『宮沢賢治全集』（三冊）の紙型があったのである。金を都合して貰った先は、神田神保町の十字屋書店だった。

十字屋の主人は、古書店として著名な一誠堂書店の初代酒井宇吉氏の舎弟で、酒井嘉吉といい、一誠堂の並びに店を構え、登山関係の本なども手がける当時としてはまあ新しい方の傾向の古本屋だった。」

ここでさりげなく語られているが、当時の古本屋が紙型を担保にして金を融通する機能も有していた事実を教えてくれる。しかしここから宮沢賢治と全集をめぐる別の物語が始まる。十字屋書店の酒井嘉吉が奇妙な縁で宮沢を知り、その作品を読んで感激し、すっかりそのファンになってしまったのである。そこで酒井は野々上に申し出る。自分は賢治に取り憑かれてしまった、賢治の作品は三冊だけでは収まらず、少なくても五、六冊分はあると思う。この出版をぜひ自分で手がけてみたいと。それは『文学界』と単行本の出版に行き詰まり、多くの借金を抱えていた野々上にとって、即答は避けたにしても、悪い話ではなかったようだ。「そして間もなく、嘉吉さんの申し出を承諾することにしたのだった。十字屋書店版の『宮沢賢治全集』が出るようになったのは、あらまし以上のような経緯《いきさつ》からであった」。

そしてさらに野々上は宮沢賢治の全集にまつわる後日譚を付け加えている。十字屋書店版の編集に携わったのが石塚友二で、何とか採算が取れるほどの売れ行きを示したが、発行者の酒井嘉吉は肺病であっけなく亡くなってしまったこと、さらにその後の全集を引き継いだのが筑摩書房の古田晁で、『校本宮沢賢治全集』が集大成であること、また十字屋書店版のきっかけになった大内が文圃堂の廃業に伴い、広島に帰郷して古本屋を開いたが、原爆で若死してしまったことなどで、これらの記述は文圃堂版から始まる野々上自身の宮沢賢治の出版についての愛着と思い入れの表現に他ならないのであろう。

82　浅田孝『環境開発論』

2009・1

三十代の頃に建築書、及び関連書を継続して読んだ時期があり、今でも書棚に残り、それらの中でも鹿島出版会の「SD選書」が最も多くて十数冊並び、四六判の黒い箱の背が理工書的な雰囲気を放っている。この選書は当時百六十冊以上刊行され、品切の本もあったので、古本屋で探したことを思い出す。現在も刊行されているのだろうか。

それらをあらためて読む機会が訪れると思っていなかったが、たまたまふたつのことが重なり、選書の一冊を再読することになった。まずは二〇〇五年に美術評論家の椹木野衣の『戦争と万博』（美術出版社）を読んだのがきっかけだった。椹木は第一章「『爆心地』の建築――浅田孝と〈環境〉の起源」において、大阪万博の会場の原型となるプランを誰が作成したのかという問いから始めている。そして磯崎新の証言を引き、それが丹下健三の片腕であった浅田孝だったことを確認する。また浅田彰がその甥であることも。さらに浅田孝が建築家の枠を越えた人物で、建築と都市計画を文明史的視点で捉え、「環境」という言葉をキイワードとし一九五九年には建築と都市計画のための環境開発センターを設立し、それまで使われていなかった「環境」なる言葉を起源的に用いたことを明らかにする。

これらのことを読み進めているうちに、浅田孝の著作が「SD選書」にあったのではないかと思い、探してみると六九年刊行の『環境開発論』が見つかった。とりあえず、その奥付に記された浅田孝の経歴と槇木による紹介を要約してみる。彼は一九二一年松山市に生まれ、四三年に東大工学部建築学科卒業後、呉で海軍技術科士官・設営隊長となる。原爆投下直後の広島へ救助活動に赴き、原爆による都市の廃墟を目の当たりにし、自らも被爆する。戦後大学院特別研究生として母校に戻り、五八年まで東大丹下研究室主任研究員、その間南極基地施設のシステム設計・製作整理、前橋、伊勢崎、広島等の復興都市計画に携わり、六〇年には世界デザイン会議の組織・事務局長を務め、その他にもこどもの国計画・設計、高速自動車道の道路標識、住宅表示等のシステム設計、横浜の「みなとみらい21地区」を含む横浜六大事業などの多数にわたり、九〇年に没している。

『戦争と万博』を読み、浅田孝を再認識する一方で、私はその年に老朽化した自宅の改修計画を進めていて、その設計を旧知の綜合設計事務所に依頼したところだった。会長の山梨清松氏が丹下研究室出身で、磯崎新や黒川紀章の兄弟子であることを知っていたので、この機会に浅田孝について尋ねてみた。すると山梨氏は丹下研究室の古い名簿を持ってきて、それを私に見せてくれた。そこには丹下を筆頭にして、浅田が続き、その後に山梨氏を始めとする錚々たるメンバーが並び、藤森照信の名前もあった。時間がなくて詳しい話は聞けなかったが、山梨氏によれば、浅田は丹下の分身として研究室の中心人物で、葬儀の喪主挨拶は浅田彰が務めたという。綜合設計事務所も、建築、都市設計の他に「環境設計」を柱にしているので、磯崎新や黒川紀章と同様に浅田孝の影響があるのは明らかだった。とすれば、私の家の改修計画も浅田の唱える「環境」と無縁でないのである。この二年に及ぶプロジェクトは拙著『民家を改修する』（論創社）に記録された。興味を抱かれた読者はぜひ参照してほしい。

さて浅田の唯一の著作ともいうべき『環境開発論』は「序」に置かれた次のような文章から始まっている。

「地域社会を変革する手段について、われわれ人類は、一つ二つは歴史を体験してきた。そのひとつは、旧い力が内から腐敗し、全く別の例が新しく生まれ、崩壊と生成とが処を異にして入れかわる。いまひとつは新しい力が旧い力を圧倒し去って、その破壊の上に新しい建設を成しとげ、町を再生する。」

この冒頭の一文にこめられているのは敗戦の焼け跡、原爆による都市の廃墟、高度成長期における都市の大変貌を経て、どのようにして「新しい建設を成しとげ、町を再生する」かという同書を貫くメッセージの要約に他ならないだろう。それはやはり彼の発想に基づくとされる生命の代謝活動を建築や都市計画に当てはめたメタボリズムの表明であり、翌年に迫っている万博のテーマ「人類の進歩と調和」への応答であったかもしれない。実際に六〇年代から浅田は人口、車、公害といった都市環境の混乱、郊外の乱脈なスプロール開発、三十年後に控えている老齢人口の急増と若年労働力の急減を踏まえ、ゴミ問題、地球温暖化、バリア・フリー、エコロジー、リサイクルなどもその「環境」論の中に先駆的に取りこんでいた。

しかし浅田「環境」論ではなく「開発」論は槌木野衣が指摘するように、あまりにも合理的にして機能的で、日本列島を測量と開発可能な「土地」として捉え、「人が生きる風土というディテールを捨象してしまっている」印象を与える。それゆえに浅田の『環境開発論』は七二年の田中角栄の『日本列島改造論』（日刊工業新聞社）に引き継がれたのではないかという推論も成立するのである。

83　巨木と文学

2009・2

自宅の庭に巨木があり、子供の頃からずっとその風景に馴染んでいるせいか、近年になって巨木にさらに愛着を覚えるようになった。自宅の巨木はクスノキ科に属するタブで、『日本国語大辞典』で引いてみると、椨という漢字が示されていた。このタブの巨木は円周三メートル、高さは十五メートルほどで、私の祖母が少女であった時から太かったと聞いている。それらのことを考えると、樹齢は数百年を越えているように思われる。私の知らないはるかな昔から、この木はわが家族の歴史とともに成長し、巨木となったのであろう。雨が降ってもその下にいると濡れないし、夏には熱い太陽を遮り、影を作り出し、涼しい風をもたらしてくれる。この木は私よりもずっと生き長らえていくだろう。そのように考えると、何かほのぼのとした気になる。

私ばかりでなく、巨木を愛する人たちもかなりいて、作家たちも巨木をめぐる小説やエッセイを書いたりしている。作家の藤枝静男の趣味は巨木見学だったと聞いたことがあるし、幸田文もまさに同様で、『木』（新潮社）という巨木エッセイとよんでいいような一冊を刊行している。その中に水を多く含む「ひめしゃら」という木のことが記され、木を伐ると切口から水がはねとぶ様子、「切口をのぞいてみれば、水は玉に並んで落ちようとしていた。いま伐られる木の、このいとなみ」に感銘を受ける場面がある。そうなのだ、意外に思われるかもしれないが、季節によって水性というか、水を多く含んだ木も存在する。夏を迎えると、私もタブの巨木の伸びすぎた太い枝を伐る。すると水が吹き出し、切口は濡れてしまう。樹液というよりも水をかぶったような状態になるのだ。タブの木も「ひめしゃら」と同じく水性なのだろうか。

その巨木に関する決定版とでもいうべき八木下弘の写真集『日本の巨木』（中央公論社）はすばらしい一冊で、見飽きることがない。この本は古本屋で二千円だったが、昭和五十四年に出版された二万二千円の高価な大冊で、全国各地の百三十余に及ぶ巨木の大判の写真を収録している。八木下は二十年間にわたって、全国に点在する古樹・巨木・銘木を求めてさまよい、これらを撮影してきたのだ。スギ、ヒノキ、クス、ケヤキ、マツなどの巨木の写真は何百年、何千年もの時間に耐えてきた独自の存在感と迫力で、日本列島の歴史の証人のようにその姿を見せつけている。少ないが、タブの写真もある。また八木下は全国各地の巨木を「恋人たち」とまでよび、この本に寄せられた「たとえ、その樹が枯れても、あなたの本に掲載された樹は、永久に残るね」という幸田文の言葉を「あとがき」に引用しているが、そのかたわらで枯死したり、人為的に伐られたりして姿を消していく巨木に思いをはせ、「深い悲しみにおそわれる」と記してもいる。『日本の巨木』の刊行からすでに三十年が過ぎている。その間におそらく多くの巨木が失われたであろうし、この中に収録されている巨木のいくつかも例外ではないと思われる。

実際に私が見たのは十指にも充たないが、二年ほど前に訪れ、その姿を確認した巨木、しかも小説の中にも現われる巨木なので、それにふれてみよう。『日本の巨木』では「阿豆佐和気神社の大クス」とのキャプションがあるが、これは熱海市来宮の来宮神社境内の大クスで、樹齢推定二千年に及ぶとされ、根元周囲は十六メートル近く、私もこれほど太い巨木を見たことがない。この来宮神社を舞台にした小説が大岡昇平の「来宮心中」で、同じタイトルの集英社文庫に収録されている。「来宮心中」は戦後の世相を背景にして、行き詰まった小さな農機具製造工場主とシベリア帰りの夫を持つ人妻の心中行を描いた大岡の屈指の短編といえよう。見かけは日本的な心中行の体裁をとっているが、「参考に恋愛小説など読んで見たが、どの小説にも恋人が好き合う理由については一行も書いてなかった」といった文章からわかるように、フランス心理小説のエキスが流れこんでいるのだ。

二人は出奔して京都に向かうつもりだったが、熱海で途中下車し、来宮の宿屋に泊まることにする。これが心中に至る始まりで、二人は風呂を浴び、夕食の時間まで散歩に出た。

「来宮神社は宿から線路際の道まで降り、その道がガードで線路をくぐり海の方へ向って行く、その曲角にある。『来宮』とは『木の宮』の意であろう。太い楠の大木が境内にひしめくように立って、ひんやりとした静けさがあたりを領している。」

神社と巨木にこめられた悠久性と男女の移ろいゆく愛のはかなさが対比されているかのようで、二人は三日後の心中行の際に再びここを訪れ、自分たちの変わりようがその静けさの中に浮かび上がり、神社と巨木が効果的な舞台背景となっている。またこれは偶然かもしれないが、集英社文庫版『来宮心中』にはこれも傑作の「逆杉」が収録され、こちらは栃木県の塩原町にある八幡神社境内の二本の杉の大木「逆杉《さかさすぎ》」が物語の象徴のように描かれている。これも『日本の巨木』にあり、「逆杉」の実像を目の当たりに見せ、この小説の解読を手助けしてくれる。巨木は物語伝説の装置でもあるのだ。

84　昭和五年の自費出版の背景

2009・3

公共図書館で古本交換市が開かれるようになって、すでに十年以上が経っている。これは図書館の期限を過ぎた雑誌や廃棄本、市民が不用になった本の無料交換市で、いつどこで始まったのかわからないが、横並び意識の強い公共図書館のことであるから、現在では全国どこでも開催されている図書館の年間行事だと思われる。不用本は供給、需要ともに文庫本が圧倒的で、取り立ててめずらしい本はないのだが、かなりの量が集まるので、必然的にその地域の読書傾向が浮かび上がり、興味深い本の光景を見せてくれる。それでもひとつだけ特色を挙げるとすれば、その地域ならではのあまり見かけない地方史関係書、饅頭本、自費出版物が混じっていることだろう。

そのような一冊として、昭和五年に刊行された大石懿星なる著者の『一万里の旅』があり、明らかに自費出版物と思われるので、奥付表記などから、それらの事情を探ってみたい。箱や扉に著者の肩書である静岡県社会教育主事補が付され、著者も含めた様々な関係者の写真や揮毫も掲載され、仰々しい自費出版の体裁を備えている。著者の大石は文部、海軍省の推挙を受け、練習艦隊八雲に乗り、昭和三年四月に横須賀を発ち、六ヵ月八箇国を歴訪する海外視察の途についた。それは台湾、米領フィリピン、オランダ領東インド、英領海峡植民地、オーストラリア、ニュージーランド、ハワイ、南洋諸島をめぐる旅程であり、著者は各地での見聞を事細かに記述し、その記録は三百七十ページ余に及んでいる。私にはこの分野における知識が欠けているので、この『一万里の旅』が単なる自費出版物でしかないのか、それとも自費出版物にしても当時のアジア植民地や太平洋各国の貴重な見聞録であるのか、判断を下すことはできないが、欧米旅行記と異なり、類書は少ないように思われる。なおこの本は昭和十一年に「著者より寄贈」という旧所持者の書きこみが見返しにあった。

さて著者と内容についてはこれで打ち切り、出版事情に移りたい。奥付を見ると、発兌元が東京市日本橋区大伝馬町の浅見文林堂、本県売捌所として静岡市呉服町の谷島屋書店の名前が記載され、発行者は三上時太郎となっている。この奥付からすれば、発行所が浅見文林堂、静岡県の取次と販売を兼ねる書店が静岡の谷島屋書店ということになる。だが発行者の三上時太郎の名前を考えると、額面通りに受け取めることはできない。

昭和四十七年に刊行された『谷島屋百年史』の中において、三上時太郎は明治四十五年に入店し、大正十三年に谷島屋静岡店を開設し、支店長となっている。したがって発行所は東京の浅見文林堂とあるが、実際には谷島屋静岡店が『一万里の旅』の出版、取次、販売を兼ねていたのであろう。そして自費出版物の『一万里の旅』の箔をつけるために全国発売所として、浅見文林堂の名前が利用されたと考えられる。

谷島屋書店は浜松において明治五年に創業し、地方の老舗書店がそうであるように教科書の翻刻出版、雑誌や書籍の地方取次を兼ねて成長し、昭和戦前に至って静岡県の最大の書店グループを形成した。大正七年にはタブロイド版の月刊誌『谷島屋タイムス』の創刊、昭和五年には県下の教科書取次として五盟書院を設立し、その過程で読者や関係者の希望を叶えるために自費出版も引き受けるようになり、その一例が『一万里の旅』だったのではないだろうか。

それでは発兌元の浅見文林堂とは何なのか。文林堂は浅見文吉によって明治三十一年に創業された取次で、書籍から始めて雑誌に及び、清水文吉が『本は流れる』(日本エディタースクール出版部)の中で示しているチャートによれば、明治四十年代には東京堂、北隆館、東海堂、良明堂、上田屋、至誠堂と並んで、「七取次時代」を形成している。しかしその時代も長くは続かず、主としてマス雑誌の扱い部数の争奪競争に敗れたりして、大正四年頃に文林堂が雑誌取次群から脱落し、同九年頃に良明堂が消滅し、十四年には至誠堂の破綻に伴い、上田屋と統合して大東館が創立され、「四取次時代」を迎え、昭和期に入って寡占化することになる。文林堂は消えてしまった取次として良明堂や上田屋と同様に社史を残していないので、詳細はわからないが、関東大震災後に教科書や学習参考書の出版や流通に主力を置くようになったとされている。さらに補足すれば、四大取次も文林堂も昭和十六年には国策取次会社の日配に吸収されてしまうが、戦後に発足する教科書、学習参考書、辞書を主とする取次の日教販は文林堂の系譜を継承していると思われる。

このような文林堂の雑誌や書籍の取次から、昭和に入っての教科書や学習参考書の出版や流通への移行を考えると、昭和五年における谷島屋の教科書取次の五盟書院の設立は文林堂の動向とほぼ一致している。同時代に文林堂との関係で、老舗書店によって地方に多くの教科書取次が設立され、地元の教育界との結びつきもあり、東京の浅見文林堂を発売所とする自費出版物の刊行と流通、販売が試みられるようになったのではないだろうか。

85　藤井誠治郎『回顧五十年』と興文社

2009・4

取次人の残した記録は近代出版史の貴重な証言に他ならないのだが、その数は出版者や編集者の回想などに比べてわずかしかなく、それゆえにどうしても出版史に欠落が生じてしまっている。特に残念なのは戦前の取次のキイパーソンともいうべき東京堂の大野孫平の著作がないことで、彼が記録を残していれば、かなりの出版史の空白が埋まったであろうと思わざるを得ない。取次は流通と金融機関を兼ねる役割を果たしていて、それらを通じて、出版社と書店の双方を見れる立場にあり、出版史の目撃者として絶好の位置にいたからだ。それは栗田書店の栗田確也の『私の人生』（栗田書店、昭和四十三年）を読めば、歴然である。

このほど藤井誠治郎の遺稿をまとめた『回顧五十年』（同刊行会、昭和三十七年）も読んで、その感をさらに強くした。藤井は明治二十三年千葉県に生まれ、十六歳で上京し、日本橋の至誠堂に入店する。先輩店員に後の誠文堂新光社の小川菊松がいた。大正十三年に至誠堂が破産し、取次の大盛堂の支配人を経て、大東館の設立に加わり、代表者の一人になり、昭和十六年には日配の役員に就任している。これが藤井の戦前の歩みである。そして同書の大半も至誠堂と大東館時代の回想にあてられ、箱車を引いて出版社へ取物にいき、また書店に配達する仕事を通じて接し、見聞した出版社と書店のことを書き記している。取次人ならではの視点と情報力で、大正から昭和戦前期の東京の出版社と書店の明細な地形図が描かれていて、知らなかった様々な事実を教えてくれる。

その例を挙げると、山口昌男の『「敗者」の精神史』（岩波書店）の中で、ずっと気になっている人物があった。山口は太田雅夫の『大正デモクラシー研究』（新泉社）を援用し、興文社の社主について、次のように書いていた。

「興文社の社主は鹿島光太郎という人物で、彼は神田の地主であり、興文社（書店）は日本橋区馬喰町二丁目にあった。この興文社の鹿島光太郎は麻布区東鳥居坂町に別宅を持っていた（後略）。」

山口は押川春浪の『武侠世界』の発売所が興文社で、その二箇所の「別宅」に編集部を置いたことから、「鹿島はよほど裕福であったと見える」とも述べている。興文社は円本時代の『日本名著全集』、及びアルスの『日本児童文庫』と競合した『小学生全集』で名をはせた出版社である。しかしそれらの奥付を見ても、発行者は石川寅吉となっていて、鹿島光太郎の名前は出てこないし、出版史にも姿を見せていない。興文社といえば石川寅吉で、江戸時代に創業し、明治に入って小学校や中等教科書を刊行して基盤を固め、前述の円本時代に及んだとされている。

藤井誠治郎はこの馬喰町の興文社に「中等教科書を始め漢文書、参考書、予約物等多くの出版があって毎日取物に行った」。そして彼の口から興文社の歴史と起きた大事件が語られ、いともたやすく鹿島に出会うことになる。鹿島長次郎とあるが、前後の記述から判断して、光太郎と同一人物、もしくはその兄ではないだろうか。

「（前略）市内屈指の老書肆で、初代店主石川治兵衛氏は、錦絵と地本類の版元であったが、明治時代に入り三代目治兵衛氏は錦絵にあらずと方針を一変し、小学校教科書の発行に当り、業績をあげたが、惜しくも夭折しその後は、すず未亡人の経営となった。この人は馬喰町界隈切って評判の美人で、後に同社の支配人鹿島長次郎氏と再婚し益々事業の発展を続けることになったが、（中略）悲愴な大事件に見舞われて、全市民と業界人を（中略）驚かした。」

これは出版業界でもかつてなかった事件で、興文社はピストル強盗殺人で有名な清水定吉に襲われ、出版社が「惨劇の修羅場」と化したのである。時に明治十九年二月のことだった。清水は女主人の経営と裕福さに目をつけ、夜中に忍びこみ、ピストルを突きつけ、「金を出せ」と迫った。そこで彼女は「ここに金はない」と気丈に対応し、支配人の鹿島のところへ導き、金庫にある金を渡すように言った。しかし鹿島がすべてを出すことを渋ったため、清水は全部を寄こせと叫び、いきなりピストルを撃った。弾丸は鹿島の太股に当たり、女主人も悲鳴を発し、折り重なって倒れた。清水は金を奪って逃亡した。だが銃声によって巡査が駆けつけ、巡査も撃たれて死に至る重傷を負ったが、清水は逮捕され、興文社が最後の犯行になった。清水定吉は講談本や浪花節の題材、映画ともなり、当時の大事件であったという。

この事件がきっかけとなって、回復した鹿島は未亡人と結ばれたが、石川家の養子に入ることはできなかったので、店を株式会社と改組して代表者につき、中等教科書出版に進出し、多大な業績を上げたようだ。彼は東京書籍の役員も務めたが、大正十五年に亡くなり、六代目社長として鹿島の甥にあたる石川寅吉が就任し、円本時代に参加したのだと思われる。しかし石川も太平洋戦争下に故人となり、後継者も不在で、戦後も復興せず、創業二百余年にわたる興文社も消滅してしまったのである。

ちなみに『武侠世界』の編集長は本連載56の柳沼澤介で、後に武侠社を興すことになる。

86　至誠堂「大正名著文庫」と幸田露伴『洗心録』

2009・5

藤井誠治郎の『回顧五十年』は興文社のことだけでなく、幸田露伴の『洗心録』についても教えてくれた。藤井が入店した時代の至誠堂は出版、取次、書店を兼ねていて、当時の出版業界の三者の未分化状態がわかるのだが、彼の証言によれば、「版元の残本まで引き受ける何でも屋」であった。つまり至誠堂は見切本やゾッキ本も扱っていたことになる。

かつて至誠堂の出版物を取り上げたことがあったが、藤井の著作に出会うまで、うかつなことに未見であり、その存在を知らないでいた。大正時代に入って至誠堂の出版は大町桂月の作品や村上浪六の小説などが好調で、ベストセラーも出たりして、その勢いに乗じ、当時の代表的作家に依頼し、「大正名著文庫」を刊行したのである。『全集叢書総覧』で確めると、三十一冊出ている。だがどのような事情なのかわからないが、紅野敏郎の『大正期の文藝叢書』（雄松堂出版）には掲載されていないし、何の言及もない。藤井は「大正名著文庫」について、次のように書いている。

「大正名著文庫第一巻は和田垣博士の『兎糞録』二巻は大町桂月の『人の運』三巻は杉村楚人冠の『へちまの皮』以下、村上浪六、幸田露伴、竹越三叉、加藤咄堂、前田慧雲、大内青巒、森外、長谷川如是閑、夏目漱石と続々出版、いずれも多大の好評を博し数十版を重ねた。漱石の『金剛草』は印税が初版一割五分、再版二割、三版から三割で売れる程痛い科金であったが、何分馬鹿に評判が良いので重ねて原稿を依頼に行ったが、外に約束もあると敬遠され、その後は岩波書店から出るようになった。」

『金剛草』の出版は大正四年で、翌年に漱石は亡くなっているから、「その後は岩波書店」云々は全集のことだと思われるので、「数十版」も含めて多少割引いて読むべきだが、これらの記述は取次人ならではの体験と見聞であろう。

幸田露伴の『洗心録』は大正三年の出版で、「恐らく当時の露伴物ではこれが一番売れたと思っている」と述べられ、その執筆事情について、大森海岸の別荘を借り、気の利いた女中と料理も手配し、完成したもので、同じ文庫の『悦楽』も同様だったという。あらためて塩谷賛の『幸田露伴』（中央公論社）を読むと、確かにこの随筆集として「露伴の名著」は「裕福な書店だった至誠堂」から出たとあるが、これはこうした執筆条件を示唆しているのだろう。そして塩谷は『洗心録』の装幀についても記している。

「この名著文庫は四六判で形はどれも同じだが、装幀はおのおの別になっている。函はなくカバーでそれに色刷で絵が載り、表紙には同じ絵が凸版にしてある。装幀は河村清雄で、その実物はいま幸田家の壁にかかっている。文字は露伴の自筆である。」

私も『洗心録』を持っている。それは至誠堂版ではなく、昭和三年初版、七年二十版の趣味の教育普及会版だが、この装幀の説明を読むと、後者も前者とまったく同じであるとわかる。私の本はカバーこそ欠けているものの、表紙の絵は凸版で題字も明らかに露伴の自筆である。ページ数も六百三十余に及び、四六判ながらどっしりした上製本は大正時代の「文庫」というイメージを裏切っている。おそらく「何でも屋」にして「裕福な書店だった至誠堂」は他の大手出版社や文芸出版社に吾するために、相当無理をして印税をはずみ、執筆条件も万全に手配し、装幀造本も見栄えよくすることとで、著者たちを確保したのではないだろうか。完本で「大正名著文庫」を全巻揃えてみれば、それらの事情が歴然とするような気がする。しかし『大正の文芸叢書』にも掲載がないのであるから、収集は困難なのかもしれない。

そして藤井の『回顧五十年』を読んで、至誠堂の「大正名著文庫」収録の『洗心録』が趣味の教育普及会から刊行された理由も想像がつく。至誠堂は大正時代に五大取次の一画を占めていたが、関東大震災の被害を大きく受けたこともあり、百万円の負債を抱え、大正十四年に破綻する。それを受けて取次の大東館が設立されることになる。だから至誠堂の取次部門は大東館へ移行し、書店部門も前経営者の息子の加藤謙吉へとわたり、残る出版部門は負債の担保として、紙型も含め大東館の管理下に置かれたはずである。

大東館は設立後に円本時代に遭遇し、たちまち成長して四大取次に数えられるまでになる。そこで特価本の趣味の教育普及会と組んで「大正名著文庫」の複刻出版を始めたのではないだろうか。奥付の大東社印刷は大東館の関連会社であろうし、発行者の明治図書出版協会の前原久夫はその関係者だろう。発売者の神谷泰治は出版、取次の大京堂書店を経営した後、趣味の教育普及会を立ち上げている。しかし『大東館十年』などを調べてみたが、何の記載もなく、はっきりしたことはつかめなかった。なお明治図書出版協会は現在の明治図書とまったく関係がない。本当に近代出版史は深くて暗い森で、彷徨い続けるしかないと実感する次第だ。

87　幸田露伴と東亞堂「日本文芸叢書」

幸田露伴の古本は『洗心録』の他にもう一冊持っていて、それは明治四十五年に東亞堂書房から刊行された『努力論』である。菊判箱入の典雅な装丁と造本で、明治の文芸書の雰囲気を味わせてくれる。また最近になって、大正十年刊行の幸田露伴校訂『新訂太平記』を入手したばかりだった。こちらは袖珍版箱入で、発行所は金星堂内日本文芸叢書刊行会とあった。聞いたことのない叢書にして初見でもあり、内容や校訂者の名前よりも、それに興味を引かれ、購入したのである。

ところが塩谷賛の『幸田露伴』を二十年ぶりに再読し、『努力論』に一章が割かれ、しかも「日本文芸叢書」と関連していることに気づかされた。この両者を結びつけるのは東亞堂という出版社で、そもそもこの「日本文芸叢書」は東亞堂の刊行物であった事実が記されていたのである。そこであらためて『努力論』を取り出し、巻末広告を確かめてみると、「文学博士幸田露伴先生校訂解題『日本文芸叢書』」と見開き二ページの既刊目録があった。「誰れが読みても面白き日本文学の傑作全集」との惹句が付され、『椿説弓張月』から『雨月物語聴耳猿疳癖談』に至る五十巻が掲載されていた。つまりこの時点ですでに大部の叢書を形成していたことになる。実物は未見であるが、「立五寸、横三寸」の判型から判断すると、『新訂太平記』より一回り小さい袖珍本だと思われる。

そして塩谷の『幸田露伴』には出版社名として東亞堂が頻出し、明治四十年に『はるさめ集』が出て以来、「この東亞堂は露伴に従来とは違う著書をいくつか出させる。主人の名は伊東芳次郎と

2009・6

いう」記述に始まり、大正十年まで続いている。管見の限りでは東亞堂についてのまとまった言及は塩谷の本にしかないので、露伴の日記に基づく彼の記述をたどり、東亞堂を追跡してみた。すると明治四十四年二月の項に「日本文芸叢書」に関する記述があった。少し長くなるが、唯一の解題と考え、引用しておく。

「二月一日、三国志演義の解題を東亞堂の使に渡すとある。それは露伴の校訂解題で東亞堂から出すことになった日本文芸叢書の一冊で最初の一冊になるものである。二百巻の予定だったがその巻数には及ばないでずっと少い数で終った。印刷の原稿にする活字本が手に入らないときには筆写し又校正する人幾人を集めることは露伴のほうでおおかたやった。博文館の帝国文庫や冨山房の文芸叢書（名著文庫の誤記であろう――引用者注）が世に迎えられていたが、わが国の文芸類を廉価で自由に入手することはまだできなかった。世人に利益を供給して成功する可能性が十分にあった企画なのである。」

この記述から判断すると、「日本文芸叢書」の企画、校訂解題、編集校正も露伴とその弟子たちによってすべてが担われたのであろう。しかし当然のことながら、売れ行きがよくなかったことと東亞堂の何らかの失敗が重なり、九月に入って弟子たちが解雇になり、月間刊行点数は三冊以下と決められたようだ。そこで露伴は彼らの生活を救うために聚精堂の仕事を引き受けている。これは余談だが、聚精堂は柳田国男の『遠野物語』や『石神問答』の版元であり、露伴は柳田から後者を献本され、読んでもいる。いつまで「日本文芸叢書」が刊行されたのか不明であるが、すでにこの段階で早くも中絶が決まったのだろう。塩谷も書いている。

「叢書は今後ともまだしばらくは続くが、所詮中止に終ることはこの時に定まったと言ってよい。編むものと刊するものとのあいだがしっくり行かなくなれば事業に有終の美を見ることは難いのである。」

その一方で、東亞堂は『努力論』や『立志立功』などを刊行し、大正十年に旧著『潮待ち草』を発行した。だが「露伴の書を刊行することはこれが最後で間もなくその店は閉じられる」。その後の伊東芳次郎の消息はつかめない。『努力論』の巻末広告には四十冊以上の「修養書類」が掲載されているが、それらの紙型は他の出版社に買われ、とりわけ『努力論』は忠誠堂という版元が買い、それはさらに数十版を重ねたので、紙型が傷み、小型本にして重版、改版を何度も繰り返したとされている。

そこで金星堂内日本文芸叢書刊行会版の『新訂太平記』に戻ると、これも大正十年の刊行であるし、発行者が金星堂の福岡益雄の名前になっているので、おそらく金星堂が紙型を買ったのではないだろうか。これはページ数が合計で千五百余に及び、明らかに「日本文芸叢書」の『太平記』五冊を合本したものだとわかる。塩谷は「日本文芸叢書」のその後の事情について何も記しておらず、露伴と金星堂の関係もまったくわからない。それに金星堂の社史や全出版目録も刊行されていないので、日本文芸叢書刊行会版が何冊発行されたのかも不明のままである。近代出版史における紙型の移動の問題はこの叢書に限らず複雑で、その事情を探ることはもはや不可能に近い。

その後、平成三十年に『金星堂の百年』という社史が出されたことを付記しておく。

88　国民文庫刊行会の『国訳漢文大成』

塩谷賛の『幸田露伴』はあらためて再読してみると、明治後半から大正にかけての出版社と露伴の知られざる関係が記されていて、教えられることが多い。もう少し続けてみる。露伴と出版社の関係は小林勇の『蝸牛庵訪問記』の印象が強く、また全集が出たこともあり、岩波書店との関係ばかりが出版史にとどめられがちだが、それは昭和に入ってからで、そうでない時代も長かったのである。

印税制度が普及していくのは大正時代で、明治の頃はほとんどが買切原稿であり、作家は出版権も持たないために、いくら本が売れても金は入ってこなかった。そこで出版社ばかりが儲けているのだから、時々怒ってやったらいいかがかと妻が露伴に言った時のことを塩谷は記している。

「露伴はそういう妻に向かって、『人のいい顔をしているからときどきにしろ本が出ているんだ。うるさいことを言えば本がちっとも出なくなってしまう』と答えた。この話には明治時代の文士の苦しい生活が窺えるように私は思う。当時紅露と謳われたその一方にしてこうなのである。」

このようなエピソードだけでなく、東亜堂や至誠堂の仕事を引き受けたことが金のためでもあったらしい事情、青木嵩山堂や春陽堂や学齢館との関係、実業之世界社の野依秀市との思いがけないつき合い、冨山房の「名著文庫」や国民文庫刊行会の『国訳漢文大成』の校閲や翻訳を担ったことなども描かれている。最後に挙げた国民文庫刊行会の『世界名作大観』はかつて本連載61で論じて

2009・7

いるが、『国訳漢文大成』については触れていないので、ここで取り上げてみよう。まずは塩谷の記述を引く。

「国民文庫刊行会というものができ『国訳漢文大成』の第一期二十巻を発行する計画が成った。シナに古典として遺っている経・史・子・集を訳出していこうというのである。（中略）ただこの計画は他の出版社ではちょっと手がつけられそうもない大企画で、しかも売れなそうな固いものが並んでいる。組みは五号活字の総ルビで、開かれた二頁ずつにそこに出ているいわくのあることばや字の註がある。普通の組より大ぶ割増の組み代になる。いままでこの種の出版を企てた会社はなかった。」

露伴のところには『水滸伝』と『紅楼夢』が持ちこまれたが、前者だけを引き受け、後者は名義貸しを承知した。その訳者は平岡龍城なる人物だった。残念ながらこの二冊は未見で、『国訳漢文大成』は戯曲の『長生殿・燕子箋』（文学部第十七巻）の一冊しか所持していないが、上段が訳文、下段が注釈という構成で、原文を巻末に収め、九百ページ余に及ぶ大冊である。これは大正九年に刊行を開始し、完結時は不明だが正続合わせて全八十八巻に至っている。

それこそこのシリーズにも少しばかり注釈が必要だろう。明治二十年代に博文館から『支那文学全書』が刊行され、漢籍の見直しがあり、四十年代から冨山房の『漢文大系』、早稲田大学出版部の『漢籍国字解全書』の出版が続き、注釈書としていずれも好評だったが、国訳は初めての試みであった。訳者は露伴を始めとする碩学を揃え、その中でも公田連太郎の『資治通鑑』は訳注完成までに二十年を費したという。また国民文庫刊行会の出版物で、最も版を重ね、最も成功したシリーズでもあり、私の所有の一冊も大正十二年初版、昭和十年五版発行と奥付に記されている。全八十八巻に及ぶ大部の予約出版としては異例のロングセラーであったことの証明になろう。

国民文庫刊行会の鶴田久作は博文館を経て、明治三十八年に玄黄社を創業し、さらに四十二年に同会を設立し、漢文以外にも「国訳」の外国文学を『世界名作大観』、仏典を『国訳大蔵経』として刊行し、それぞれ後に続く世界文学全集や仏典の国訳の先駆けになったのである。しかもそれらは奥付に「非売品」と記載されているように、すべて新聞広告を利用した予約出版形式で刊行されている。したがって円本時代の全集の予約出版形式も鶴田の販売戦略を範としていたことになる。その意味で彼は出版企画のみならず、流通販売にも大きな功績を残したのである。

その鶴田のめずらしい実像も塩谷の本の中に出ている。幸田文の客に気づかれない観察に基づく記述である。「鶴田久作が門を入ってくるところから（中略）玄関まで行く間にその人はひとりで笑い顔を作ってみた。（中略）鶴田は背が高くもなく顔がよくもなかった。しかしあがって来る足袋が白の深足袋で、こはぜの多いそれが皺一つなく足にきちりとはまっていた」。

文は彼の玄関前の笑い顔を父に告げ、「あの人は好きじゃない」と言った。すると露伴は娘に諭した。主人のところに出かけ、話をしている時、頬がこわばり、よき笑い顔ができない人もいる。だから「頬の皮をあらかじめ外で暖めておいたと見たらどうかな」と。この娘にしてこの父ありというエピソードではないだろうか。

89 忠誠堂版『努力論』と「現代小品叢書」

2009・8

続けて幸田露伴の『努力論』の後日譚とそれを再刊した忠誠堂について記してみたい。『努力論』は大正元年に東亞堂から刊行され、東亞堂が同十年頃に廃業するにあたって、忠誠堂に譲られたという。忠誠堂版は未見であるが、その事情と経緯を塩谷賛は次のように書いている。

「東亞堂が業を廃するにあたりその紙型を買った忠誠堂が再び刊するのに際して序を新しくしたそれによって記せば、菊判の本は版を重ねること数十回に及んで紙型が傷んで用に堪えなくなり、(中略)忠誠堂の本になるまでには前後五回の改版をしたというのである。忠誠堂は震災の以前に東亞堂から紙型を譲られたのだがそれは火に罹って全滅し、大正十五年に新たに組んだのだ」と。

このように東亞堂版はもちろんのこと、忠誠堂版も『努力論』は版を重ねたロングセラーだったが、昭和十五年に岩波文庫に入るまで、露伴の印税はほとんど入らなかったらしい。

さてこの忠誠堂であるが、均一台で買った『精神修養道歌物語』という一冊を持っている。「道歌」とは仏教や心学の精神をよんだ教訓の歌をさし、この本はその百数十首に解説を加えた一冊で、著者の鈴木魅は逓信省の幹部として、同局の「吏員傭人の為め発行する通信講話」に連載し、それをまとめたものである。題字は渋澤栄一などで、菊判箱入にして、大正三年発行、同五年三十四版とほとんど毎月のように版を重ね、東亞堂が多くの精神修養書を出していたことからうかがわれるが、大正は精神修養書の時代でもあったのだろう。露伴の『努力論』も『洗心録』も、その出版文脈で出版され、読まれたと思われる。したがってこの時代において、露伴は小説家というよりも、精神修養を説く文学者という側面が強かったのではないだろうか。塩谷もそのことにふれている。

「このあたりで露伴の文壇的地位を考えておくと、自然主義ばやりの時代が露伴の理想的傾向を捨てたのか露伴のほうで小説に飽きて自分から第一線を退いたのかは論じないとしても、露伴の本を出す本屋が二流三流となり、原稿を頼みに来る雑誌が世間にあまり名を知られないものとなったのは事実である。」

それらの雑誌は『東亜之光』『成功』『新修養』『向上』といったもので、タイトルからしてビジネス的な精神修養雑誌だと考えられる。東亜堂も忠誠堂もこれらの雑誌を刊行していた可能性が高い。

『精神修養道歌物語』の奥付を見ると、発行兼印刷者は高倉嘉夫で、発行所は忠誠堂出版部となっていることからすれば、出版社と印刷所を兼ねていたのであろう。小川菊松の『商戦三十年』（誠文堂新光社）などの中に高倉の名前が出てくるが、通信販売を主とする出版社であるらしい。それは巻末の大町桂月数氏合著『書翰講義』第五十一版、大判総クロース金文字入、特価期限中金一円五十銭などの宣伝文句からも推測できる。しかし忠誠堂は文芸書も刊行していて、最後のページに「現代小品叢書」という六冊本のシリーズが掲載されている。見たこともない叢書で、一冊も所持していないが、それらを挙げておこう。

第一編田山花袋『椿』

第二編正宗白鳥『青蛙』

第三編前田晁　　『途上』
第四編吉江孤雁　『砂丘』
第五編窪田空穂　『旅人』
第六編島村抱月　『雫』

このラインナップの下に「皆現文壇の名家大家が苦心の作中より精選されたるものにして、小品文、紀行文、小説、詩、歌、評論等著者特得の色彩と光揮を放たざるはなし読で面白く為になり且装釘最も優雅美麗しかも菊半截三百数十頁の小冊子」とある。つまりそれぞれの著者の既刊作品のアンソロジーであろう。だが六冊で終わっていることを考えると、当然のことながら、精神修養書ほど売れなかったのであろう。しかし「一組六冊御注文に限り郵税不要」と記されているように、通信販売で開拓された読者は取次や書店を経由するよりも多かったのではないだろうか。近代文学の読者がこのようなルートによって開拓されたことも注視すべきだと思われる。

紅野敏郎の『大正期の文芸叢書』を参照してみると、至誠堂の「大正名著文庫」と異なり、この「現代小品叢書」は立項されていた。紅野によれば、このシリーズは大正二年の刊行で、新潮社の「小品文集」と隆文館の「小品叢書」を範としていて、カバーつき六冊全揃いの入手は難しく、最近目にした古書目録の値段が二十八万円だったという。だが忠誠堂は大正十五年に表紙も変え、行間もつめ、異装本として再刊行しているようだ。編集者が誰なのか不明だが、一字か二字のタイトルに象徴される小品文の時代と雰囲気を味わうために、一冊でもいいから入手して読んでみたいと思う。

90　露伴校訂『狂言全集』と安田善次郎

2009・9

塩谷賛の『幸田露伴』には打ち切ってしまうには惜しい出版史のエピソードがまだあるので、さらに続けてみよう。

手元に和本仕立ての『狂言全集』が一冊あり、これは三巻本の下巻だけだが、「石神」という狂言が収録されていたので、柳田国男の『石神問答』の参考資料になるかもしれないと思い、購入しておいたものだ。この『狂言全集』下巻は明治三十六年に博文館から刊行され、校訂者は幸田露伴である。

塩谷は『幸田露伴』の中で、『狂言全集』について、安田善次郎の書庫から大蔵流の本をあらかた借り出して編んだと書いている。これを読んで、あらためて『狂言全集』を開いてみると、確かに「大蔵流本」が登場している。例を挙げてみよう。最初に収録されている「三本柱」の後に「大蔵流本」に基づく異本が活字を小さくして掲載され、全四十狂言のうちで三十狂言が同様の構成である。下巻だけで、編集方針や凡例の記載がないためにわからないが、次のように推測できる。中世南北朝の動乱の頃に発生した庶民喜劇としての狂言は近世に入って、大蔵流、鷺流、和泉流の三流が確立され、それぞれの流派の台本が生まれる。それが明治になって翻刻されるようになり、そのひとつが博文館の『狂言全集』だったが、おそらく「和泉流本」に基づいていたので、校訂者の露伴が安田の「大蔵流本」を併記する万全の編集方針を採用したのではないだろうか。もしそうだとすれば、露伴は双方の流派の全狂言を読み、テキストクリティックを行ない、編集を進めたことになる。そしてその背後には安田善次郎という愛書家も控えていたのである。

しかしこれは本当に残念なことだが、塩谷は安田善次郎とその息子を混同し、「安田善次郎は大磯天王寺の別邸で強いて面会を求めた朝日某のために刺された」と書いている。本好きの安田善次郎は二代目のほうなのだ。反町茂雄は『蒐書家・業界・業界人』（八木書店）の中で、「二代目安田善次郎氏のこと」と題する一節を設け、昭和十一年に五十八歳で逝去したと追悼している。

「我が国はその持つ最も純粋な書物好きの一人、然も全国屈指の大富豪の書物好きを突然として失ったのです。日本愛書史上の稀有の一人格は、未だその蒐書の業を完成せずして、中道であの世へ旅立たれました。悼むべく惜しむべき事であります」。反町によれば、安田の愛書生活は約四十五年に及び、江戸文学、短冊のコレクションから始め、後期は古版本、特に古活字版について日本一の蒐集で、古筆、古写経、徳川時代の書誌学者の自筆本、草稿本はどこよりも多く、安田文庫は「質量共に全国屈指の善本文庫」であったとされる。この中に露伴が借り出した大量の大蔵流本も収められていたのであろう。

これがきっかけとなったのかはわからないが、塩谷も書いているように、露伴と安田善次郎は明治四十年十月半ばから欣賞会という本の会を発足させ、それは四十四年一月まで、三年有余続いた。

「欣賞会ははじめはこの種のつける珍書会といったが、露伴に頼んでつけさせた名なのである。この名を撰んだいわれは陶淵明の移居の詩に、『奇文共に欣賞す』の文字が存するに拠ったかと思われる。会が催されたのはいつも本所横綱の安田善次郎邸で、現在安田庭園というのがある地にあたる。」

私も塩谷と同様に欣賞会のことを、三村清三郎が昭和二十四年の『露伴全集』に寄せた「欣賞会記事」という「月報」で知った。もっとも私の場合は昭和五十五年の『露伴全集付録』によってだったが。それは「本のスキな連中打よりて語らひし会」で、主として林若樹が記録した記事から、三村が露伴に関する部分を書き抜いたもので、露伴の筆になる欣賞会の「定」が挙げられている。

それを示す。

一、四五部づゝの書
一、七八個の人都合よき夜を月に一会
一、まうけは茶まで酒に至らず
一、みやげも花か団子ほどにて

会員の名前も記しておくべきだろう。前出の四人の他に、赤松磐田、内田魯庵、幸田成友、市島春城、高安月郊、饗庭篁村、水落露石（大阪の人と思われるが、この人は不明―引用者注）が列挙されている。明治後期になっての近代出版業界の隆盛と伴う洋本の氾濫の中で、あらためて近世の和本を発掘し、再評価しようとする動きが、欣賞会のように声高ではなく、典雅にひっそりと始まっていたのであろう。三村の書き抜きにあるだけでも、露伴は為永春水から始まって、釣や料理、活花の書に至るまで四十点近い和本を出品している。本来であれば、これらに言及すべきなのだが、一冊たりとも実物を見ていないし、教養と見識の格差を痛感させられるばかりで、書名すら挙げることができない。

91　露伴の甥・高木卓『歌と門と盾』

2009・10

塩谷賛の『幸田露伴』の中には露伴が序文を書いた『郷土史話』(邦光堂)の著者清水文弥、欣賞に値するという読後感を寄せた『斎藤徳元集』(古今書院)を編んだ笹野堅なども登場し、彼らのことも書いてみたいのだが、いずれ本を入手してからの課題にして、ここでは私がその著書を購入している安藤熙《ひろし》に焦点を当ててみよう。

安藤の母の幸は幸田家の出で、露伴の妹にあたり、著名なバイオリストとして東京音楽学校の教授であった。したがって彼は露伴の甥になり、東大独文科を卒業後、水戸高校教授のかたわらで、高木卓というペンネームで主として歴史小説を発表していた。塩谷の本には次のように出てくる。

「安藤の長男熙が高木卓の筆名で書いた歴史小説がこの上半期の第十一回芥川賞に推薦された。しかるに高木はそれを辞退して受けなかった。」

これは昭和十五年の出来事であるが、残念ながら露伴の意見や感想は記されていない。その芥川賞辞退作「歌と門と盾」は同年に三笠書房から出た同名の作品集に収録された。この『歌と門の盾』を裸本ではあるが、しばらく前に古本屋で見つけ、購入に及んでいる。それは高木の本というよりも、巻末の重版広告の充実ぶりに目を引かれたからだ。三十点の掲載だが、その中にはM・ミッチェルの『風と共に去りぬ』、ロレンスの『チャタレイ夫人の恋人』、ヘッセの諸作品などに加え、日本文学は横光利一の『上海』、川端康成の『浅草紅団』、石川淳の『白描』を始めとする現代作家の意欲作が並んでいた。三笠書房がこの時代に文芸書出版社であった証しでもあり、それをより詳しく検証したいと常々考えているのだが、全出版目録が刊行されていないことによって、戦前の出版物の全貌がいまだにつかみきれていない。

だからどちらかといえば、『歌と門の盾』の本文はフロックでもあったが、『日本近代文学大事典』の高木の項を開いてみると、同書の書影があり、箱入本だったとわかる。この本は五編の中短編からなる作品集だが、やはり「歌と門の盾」を紹介するべきだろう。「天平二年も押しつまった年の暮《くれ》、十三歳の少年大伴家持は弟妹と共に父大伴旅人《たびと》に伴はれて五年ぶりで九州から奈良へ帰ってきた」と始まるこの中編は大伴旅人が歌人として、「新《あらた》しき年のはじめの初春のけふ降る雪のいやしけ吉事《よごと》」という最後の歌を詠む天平宝字三年の四十二歳までを忠実にたどっている。父の死によって大伴宗家をついで一門を負い、一方で叔母の坂上郎女《いらつめ》による和歌の指導を受け、その娘の坂上大嬢《おおいらつめ》に恋心を覚える。宮中に内舎人《うどねり》として出仕するが、従来の藤原氏に対抗して橘氏が台頭してきた年で、橘氏の大招宴が開かれ、家持も招待されて和歌を詠み、旅人の血筋を引いているとほめられた。宮中は権謀術策の世界であり、家持は多くの女たちとの情愛の世界に傾斜し、それは彼の作歌技術を上達させていき、坂上大嬢と結婚する。橘氏と藤原氏の政争は続き、そのような中でも、家持は歌人としての名実を獲得しつつあった。そして二十九歳で若い知事として越中国へと赴任し、そこで五年間を過ごし、もっぱら歌道にいそしんだ。三十四歳で少納言に任じられ、五年ぶりに奈良へ戻った。橘氏と藤原氏の対立は深刻化する一方で、橘氏はついに隠退に追いこまれ、それに巻きこまれて大伴一門も没落し、再び家持は因幡国へと左遷させられる。「時代は和歌などの時代ではなく、まして長歌をながながと詠み出したりするのは現実離れも甚だしかつた」。そして漢詩集『懐風藻』が刊行され、もてはやされていたが、これに対抗して「歌の訣れ」の後で、和歌の集成たる『万葉集』を編もうと決意する。そこで次の一文をもって、「歌と門の盾」は終わる。「さあれ、千二百年前に家持が未完成のままに遺した万葉集は幸運にも現二十世紀まで伝はつて燦然と光つているのである」。おそらく高木にとっての歴史小説も家持の和歌のように位置づけられているのではないだろうか。しかし文体は端正であるが、会話がまったくないままに展開されていく小説なので、息苦しい印象を受ける。

ちなみに「第十一回芥川賞選評」(『芥川賞全集』第二巻所収、文芸春秋)を読んでみると、川端康成などの選者たちも高木の前作「遺唐船」よりも劣るという意見で、それほど押していない。どうも菊池寛の強い意向があって受賞させたようなのだ。高木の芥川賞辞退もひとえに作品に対する自己評価ゆえであり、それは「あとがき」の言にも表現されている。

「しかし『歌と門の盾』は作者としては『遺唐船』や『長岡京』よりもはるかに低く評価すべきものと思ふ。短編『獄門片影』にさへ及ばないかもしれない。芥川賞を辞退したのは何よりもそのためである。」

こうした高木の自作に対する厳しさと潔さは、紛れもなくあの露伴の血筋の継承と見るべきだろう。

92 田口卯吉と経済雑誌社

数年前に続群書類従完成会が破産したためなのか、『群書類従』の第一輯が均一台に出ていて、日本史の基礎文献の出版も成立しなくなった時代を痛感させられた。続群書類従完成会は田口卯吉の経済雑誌社の後を受け、中断した『続群書類従』を刊行するために大正十一年に太田藤四郎を発起人として設立されている。平成四年刊行の第一輯の奥付を見ると、発行者は太田善磨とあるので、太田一族が九十年近くにわたって『群書類従』の出版に携わってきたのであろう。

このことに触発され、今こそ忘れられている先駆的な出版者としての田口卯吉と経済雑誌社について書いておくべきだと思った。田口の刊行した経済雑誌社の本は『大日本人名辞書』（明治三十六年八月第五版）しか持っていないが、この辞書は十センチをこえるという尋常でない厚さで、定価十円、大判二千三百ページに及び、当時の読者にとっても迫力のある大辞典であったと実感できる。これは講談社学術文庫の五冊本で復刻されているが、その雄姿は文庫判と隔絶している。

田口卯吉は安政二年に幕臣の家に生まれ、静岡藩に復仕し、沼津兵学校を出て、静岡病院で医学修行を経て上京し、大蔵省翻訳局に入る。そして明治十一年に退職し、『東京経済雑誌』を創刊し、同三十八年に五十一歳で亡くなるまで、多彩な人生を送っている。しかしそれらの中でも特筆すべきは出版事業であり、杉村武の『近代日本大出版事業史』（出版ニュース社）の「田口鼎軒と東京経済雑誌社」に引用されている田口の言葉によれば、「日本百科辞典（エンサイクロペヂヤ・ジャポニカ）を編輯すること」が「宿望」であったという。したがって田口の出版事業はその「宿望」に

2009・11

そって展開したことになる。田口親の『田口卯吉』（吉川弘文館）所収の「略年譜」等を参照し、彼の主な出版事業を追ってみる。

明治十年『日本開化小史』
〃 十一年『自由交易日本経済論』
〃 十二年『東京経済雑誌』創刊
〃 十五年『泰西政事類典』
〃 十九年『大日本人名辞書』
〃 二十三年『日本社会事彙』
〃 二十四年『史海』創刊
〃 二十六年『群書類従』
〃 二十九年『国史大系』
〃 三十五年『続国史大系』『続群書類従』

一朝一夕にして日本百科辞典の編集は不可能なので、来たるべき総合的辞典のための参考材料とすべき目論見によって、『泰西政事類典』が泰西の法律、経済、政治の諸項の翻訳、『大日本人名辞典』は日本人の伝記の収集、『日本社会事彙』はその編集モデル、『群書類従』と『国史大系』は日本史の史籍整理として編まれ、刊行されたのである。

そのために採用されたのが予約出版形式で、これは明治十五年に経済雑誌社が初めて設けたものとされる。近代出版業界が立ち上がっていくのは博文館が創業した明治二十年代以降であり、取次や書店もまだ整備されておらず、田口と経済雑誌社は独力で、おそらく直販方式で、出版事業を始めたのではないだろうか。したがってこれらの大部の編集作業と営業販売方式を考えると、その全貌は定かでないが、優秀なスタッフが周辺に多く集められたにちがいない。だから田口は予約出版のアイデアも含めて、先駆的な出版プロデューサーでもあったのだ。

それならば、肝心の部数はどれほどだったのだろうか。田口親の『田口卯吉』に『大日本人名辞書』の部数についての言及がある。「『大日本人名辞書』の第三版の出版準備を二十八年四月に開始し、翌年二月に完成した。これまでと同様に予約を募ったが、予約者は九六七人で、第一版、二版にくらべ三倍以上の増加であった。（中略）その後、『大日本人名辞書』は明治三十三年に第四版、三十六年に第五版と着実に増訂を加えて版を重ねた」。

前述の「田中鼎軒と東京経済雑誌社」によって補足すれば、予約者は第一版二四一人、第二版二七二人、一冊本となった第四版は三五三〇人に達し、第三版に至って初めて利益を見たという。この辞典は第三版品切時には四十余円の高価をよんでいたので、三千人を越える予約者が集まったのだろう。ちなみに『群書類従』は七百人、『国史大系』は三千人だったようだ。しかし第一版、二版の予約者が三百人にも充たなかったことは「我国社会の尚ほ幼稚なる。書を読むもの至つて少なし」の状況を伝えている。それでも第四版と『国史大系』の予約者が三千人余に及んだのは、明治二十年代において、出版社・取次・書店という近代出版流通システムが成長し、書物の流通販売のネットワークが全国的に配置されたからのように思える。だから田口の出版事業は近代出版業界の成長とパラレルにあったのだが、私たちは逆に現代出版業界の衰退と危機に立ち会っているのだ。

93　洛陽堂『泰西の絵画及彫刻』と『白樺』

2009・12

意図して集めてきたわけではないが、あらためて確認してみると、洛陽堂の本が十冊以上たまってしまった。洛陽堂といえば、『白樺』、及び同人の武者小路実篤や志賀直哉たちの初期作品の出版社として、近代文学史においては著名であるが、出版史ではほとんど顧みられていない。しかし手元にある大正八年刊行のモオリス・バレス作、新城和一訳『ロオレンの少女』の巻末広告は十一ページに及び、新城の他の著作、心理学者にして教育家の高島平三郎の『精神修養逸話の泉』第十二編、多くの教育家庭修養書、農村教育及娯楽書、文芸及美術書、宗教及哲学書など多岐にわたる百五十冊ほどが掲載され、洛陽堂が大正時代における中堅以上の出版社であったことをうかがわせている。そこには津田左右吉の『文学に現はれたる我国民思想の研究』二冊もあり、初版が洛陽堂から刊行されたのだとわかる。経緯はわからないが、高島が洛陽堂の顧問だったようだ。

また大正時代の世界美術全集ともいうべき『泰西の絵画及彫刻』全八冊も刊行していて、しばらく前にそのうちの五冊を入手した。大正四年刊行の菊判箱入にしては一円三十銭と廉価で、洛陽堂編纂とあるが、やはり『白樺』同人で、ゴオガンの『ノア、ノア』などを洛陽堂から出している小泉鉄《はがね》が編集している。彼はその「序」において、「最初の試として」の「全く見ることを主とした見るための美術史に作りあげたいといふ意向から編輯」したと記し、次のように書いている。これは内容の説明にもなっている。

「（前略）先ず目論んだことは出来るだけ挿画を多くし、又なるべく普遍的にし、なほなるべく定価を廉にして多くの人達に美術上の知識と喜悦を伝ひたいといふことであつた。（中略）それを洛陽堂から出版している書籍及び雑誌白樺に用いたもの、中から材料を集むることが現在の処割合に容易く、又定価を廉にするといふ上に好都合であろうと思つた。」

その結果、ダ・ヴィンチ、ミケランジェロを始めとする一ページの挿画が百枚余収録され、同時代における「最初の試みとして」の世界美術全集のような役割を果したのではないだろうか。このシリーズに関する記述がないかとずっと探していたのだが、最近になって中西悟堂の自伝『かみなりさま』（永田書房）の中にようやく見つけることができた。中西は友人の画家の木村荘八が洛陽堂から『レオナルド』などの絵画叢書の連作を出し、知識欲に燃える当時の若者たちに強くアピールしたと述べ、それから『泰西の絵画及彫刻』も木村の著作だと思いこんでいたと言及している。

「また『泰西の絵画及彫刻』全五《ママ》巻は、エジプト、ギリシャからルネサンスのイタリーを通って近代ドイツ、フランス、イギリス、スペインの主な画家を網羅し、豊富な絵と彫刻の写真を紹介・解説したもので、簡潔で、粋で、独自なスタイルの文体は、美術愛好家を喜ばせていた（後略）」。

しかしその一方で、この『泰西の絵画及彫刻』は別種のゾッキ本も生み出したようなのである。宇野浩二が『文学の青春期』（沖積舎）の中で、それらの事情を記している。宇野は大正の初めに加藤好造という古本屋と親しくなった。その後加藤はゾッキ屋兼出版者となり、蜻蛉館という出版社名で宇野のためにその少女小説や翻訳書、雑誌などを出した。宇野も加藤に協力し、「誰にでも出来る」株式相場や米相場の本も書いた。これは加藤の出版者としての一面で、「はうばうの出版屋の残本を、ほとんどあたらしいまま、二百部でも、五百部でも、ぞつき（のこらず）に買つて、大道商人におろす商売」のゾッキ屋も兼ねていたのである。その代表的なものが洛陽堂の『夢二画集』と『泰西の絵画と《ママ》彫刻』であったという。後者に関する部分だけを引いてみる。

「また『泰西の絵画と《ママ》彫刻』は、もとより、洛陽堂発行の、『白樺』を、何百冊か、ぞつきに買つて、その写真版だけを製本したものである。しかし、これは、『白樺』の残本を、十冊分か二十冊分かを、何百冊づつぞつきに買つて、製本したものであるから、のちの言葉でいへば、限定版で、一冊二円五十銭ぐらゐであつた。」

　これは大正六年のこととされる。『白樺』は明治四十三年に創刊され、大正五年までは洛陽堂、六年以降は白樺社、十二年からは仏蘭西書院が発行所で、全百六十冊を刊行し、その持続性と影響力は同人雑誌の歴史にあって、最大最強と評価されている。しかしそのような『白樺』であってすらも、発行部数はわからないが、かなりの返品があり、販売上は苦戦していたのではないだろうか。

　大正六年に『白樺』の残本から『泰西の絵画及彫刻』が制作されたことを考慮すると、洛陽堂は赤字のために『白樺』の発行所から離れた後も、その在庫の処理に困り、ゾッキ本として加藤に引き取ってもらったのであろう。この事実は当時の流通販売の事情も考えられるが、『白樺』のバックナンバー需要がほとんどなかったことを意味している。それらのことについて、近代文学史も出版史もほとんど語っていない。

94 大江賢次『アゴ伝』

前回『白樺』と洛陽堂のことを書いたこともあり、このような巡り合わせでもないと、書く機会もないと思うので、大江賢次の自伝『アゴ伝』を取り上げてみよう。大江は武者小路実篤の書生を務めた人物で、この自伝の他にもう一冊『絶唱』（講談社ロマン・ブックス）を持っている。確か『絶唱』は日活などによって同タイトルで三度映画化された原作であると思う。

だがもはや誰も大江の小説を読まないだろうし、その自伝についても近代文学史資料として用いられないだろう。だからこそ、ここで言及してみる。『アゴ伝』は昭和三十三年に新制社という版元から刊行されているが、この出版社については有吉佐和子や真船豊などの著書を出していることしかわからない。やはりこの時代に創業され、あえなく消滅してしまった小出版社のひとつであろう。またそれも『アゴ伝』のような自伝にふさわしい出版社らしく思われてくる。

『アゴ伝』の題名は同書でも繰り返し言及されるのだが、大江の「アゴ」が非常にしゃくれていて、子供の頃から「アゴけん」と呼ばれ、成人してからも何かにつけ揶揄の対象となったことから名づけられている。そのコンプレックスに加え、明治三十八年鳥取生まれの大江は貧しい小作人の息子で、小学校を出ると十四歳から野良仕事をするという生活だった。しかし唯一の幸運は鳥取師範を出たばかりの池田亀鑑が小学校の受持となり、文学に開眼したことで、休みには買う金もないのに四里の道を米子の今井書店などに出かけた。そして「むさぼるように立読みに夢中になった。

2010・1

漱石、藤村、花袋、秋声、おお、なんという豊富！　だが……ああ、なんという店への気兼！」。五、六年前今井書店に招ばれたことがあったが、そこには大江のこのような物語がつまっていたのだ。今井書店ばかりでなく、当時の地方の書店には同じようなエピソードが無数に展開されていたにちがいない。

さて普通であれば、大江は地方の一文学少年として暮らしたであろうが、大正十四年に徒手空拳で上京し、文学に専念しようと決意する。その唯一のつては高師を経て帝大に進んでいた池田亀鑑だった。池田は大江の期待に応えて、いずれ社員との含みで、実業之日本社を勤め先として世話した。雑誌投稿の経験があるだけで、学歴もなく、地縁血縁も持たない農村青年の大江にとって、これは異例の幸運だと判断していいだろう。

この時から大江のマイナーと称すべき作家人生が始まり、農民小説を書き、武者小路実篤の書生となり、『三田文学』の水上滝太郎に接近し、作品を掲載されるようになる。その後片岡鉄兵を訪ね、左傾してプロレタリア文学をめざし、大陸を放浪し、その経験を生かした「シベリヤ」を書き、『改造』の懸賞小説一等に当選する。また片岡の検挙に伴い、大江も警察に拘置され、拷問を受けたりする。これが六、七年の出来事であるから、まさに節操がないといえるほどの転換であろう。大江も周囲から次のような声が聞こえてくるようだと書いている。「――大江のやつめ、ほら、またどこか有利な方向へ、アゴをしゃくりはじめたぞ。あのオッチョコチョイめ、こんどはどこへスッ飛ぶことやら？」という蔭口が。

だがこのような経験と人脈の錯綜ゆえに『アゴ伝』は他の自伝には見られないローアングルな記

述と観察に充ちている。そして多くの作家たちが登場しているのだが、逆に彼らの回想に大江は姿を見せていない。武者小路実篤も同様である。他の作家たちのことも紹介したいが、紙幅もあり、ここでは武者小路に限定しよう。

大江が書生になったのは武者小路が新夫人安子と再婚し、東京の小岩に転居した昭和二年だった。書生の役割は玄関番と雑用夫で、安子の配下になったも同然だったが、「偉大なヒューマニスト」が「愛欲にただれている自分の主《あるじ》」で、真杉静枝と愛人関係にあったために、激しい夫婦喧嘩といった「白樺派」の家庭の事情を目撃することになる。

また円本時代における武者小路の『現代日本文学全集』の印税がどのように使われたかも証言している。五十万枚の検印を担当したのは大江だったが、重労働で手がはれ上がってしまい、夫人から「アゴとの調和がとれた」と賞讃されたという。

「京都での公卿の生活はまずしく、明治天皇について東京へ移つてのちも質素をむねとした母へ、せめてもの孝行に、四万八千円の印税を現金にしてみせたい、と先生は希望した。そこで、私は小切手をもつて新橋の住友銀行へいくと、わけを話して全部十円札にしてもらつた。千円束を四十八、風呂敷につつんでタクシーで運んだが、それを作家の息子は母の枕頭でいちいち封をきつて、落花さながらにふるまつたのであつた。」

大江はそれほど意識していなかったかもしれないが、「偉大なヒューマニスト」の女と金をあからさまに暴露してしまったことになる。そのために遠ざけられた自伝となった可能性もあるように思われる。

95　洛陽堂河本亀之助

2010・2

話は相前後してしまうのだが、洛陽堂の経営者の河本亀之助についても語っておかなければならないだろう。近代文学史において、洛陽堂は著名な出版社であるにもかかわらず、河本亀之助は鈴木徹造の『出版人物事典』（出版ニュース社）でも立項されていないし、出版史にもほとんど姿を見せていない。それゆえに宇野浩二のような文学者の回想にたよることになる。宇野はゾッキ本屋の加藤好造を通じて、河本と面識があり、『文学の青春期』に「洛陽堂と東雲堂」と題する一章を設け、「河本はまづ出版屋の本道を通り、加藤は出版屋の裏道を通つた」として、二人の対照的な出版活動を描いている。彼の記述によって、洛陽堂の河本を追ってみる。

河本亀之助は明治末期に築地印刷所の重役であった。ところが金尾文淵堂の金尾種次郎を信用しすぎ、大きな損害をこうむったために、印刷所を辞め、出版社の洛陽堂を始めることになった。その相談相手が出版に関しては先輩の金尾本人で、彼は恩返しの意味もあり、河本のために様々な出版の知恵を授けたというが、金尾は出版が道楽だと称された人物であるから、その後の洛陽堂の行方が想像できるような気がする。

そして処女出版として、明治四十二年十二月に『夢二画集』の第一巻「春の巻」を刊行した。竹久夢二にとってもこれは最初の画集で、洛陽堂にしても夢二からの持ちこみ企画だったのだが、大きな反響を呼び、予想外の売れ行きを示した。それがきっかけとなり、河本は『白樺』の発行に踏み切ったのではないかと宇野は推測し、次のように書いている。

「河本が、かりに夢二の画集が売れすぎて、(『春の巻』以後二三年のあひだに、夢二の本が、洛陽堂から、十数冊出てゐるのを見ても、)経済的にゆたかになつて、『白樺』を発行し、白樺叢書(有島生馬の『蝙蝠の如く』、志賀直哉の『留女』、武者小路実篤の『世間知らず』、その他)を出したとすれば、夢二の本が予想外に売れたのは、大正文学にとつて、まことにめでたいことである。」

それに加えて、青江舜二郎が評伝の『竹久夢二』(中公文庫)で指摘しているように、夢二も『白樺』の影響を受け、『泰西の絵画及彫刻』にまとめられるヨーロッパ美術、ブレイクやホイットマンの詩の紹介、武者小路実篤の文章の恩恵をこうむっている。これらのことも含め、青江は洛陽堂の功績こそもっと高く評価されなければならないと述べてもいる。

しかし洛陽堂の隆盛も長くは続かなかったようだ。それは大正六年に『白樺』の発行から手を引いたことからも明らかだが、その頃かなり苦境に陥り、在庫をゾッキ本として売る事態に追いこまれている。この時代に河本は神田神保町の裏町でゾッキ本を営んでいた加藤好造と知り合い、彼を通じて在庫をゾッキ本化したのである。宇野は加藤の家で、河本とよく顔を合わせ、作家の目で河本を注視している。

「このじぶんに、河本がしばしば加藤の家にあらはれたのは、夢二画集の版や『白樺』の残本をぞつきで売る相談のためであつたらしい。そのころは、河本も、事情はちがふが、ともに、必死にちかい状態にあつたらしく、なにか相談しながらときどき笑ひあふ事があつても、その笑ひ顔が、私には、さびしさうに見えた。」

宇野は河本のその後について、何も言及していないが、河本はほどなくして亡くなったらしいのだ。おそらく洛陽堂の経営難が死期を早めたように思われる。宇野の「さびしさうに見えた」という記述はそれを暗示しているのかもしれない。そのことを確かめるつもりで、本多秋五の『「白樺」派の文学』（新潮文庫）やいくつかの『白樺』に関する論文を読んでみたが、河本の名前どころか、洛陽堂という出版社すらも登場しておらず、文学研究においても出版社は冷遇されていると考えるしかない。

出版史のほうでも多少なりとも洛陽堂と河本に触れているのは小川菊松の『出版興亡五十年』（誠文堂新光社）だけである。小川のコメントによれば、宇野の記述よりも詳しく、河本は築地の教科書印刷所の国光社の元支配人で、彼が亡くなった後、実弟の河本俊三が古本屋を営みながら、洛陽堂を継続させたと伝えている。これを読んで納得のいく思いがした。『泰西の絵画及彫刻』の奥付の印刷者の名前が河本俊三で、印刷所は洛陽堂印刷所となっていた。つまり洛陽堂は兄が出版、弟が印刷と分業して始められたのではないだろうか。しかし洛陽堂の危機と兄の死を迎え、印刷所は人手にわたり、弟は古本屋へと転業したのではないだろうか。手持ちの大正十年と十一年刊行のトルストイの『愛と知慧との言葉』（小川龍彦訳）、『我等何を為すべき乎』（加藤一夫訳）の発行者は河本俊三となっていて、印刷所はそのままであるが、印刷者も奥村紫楼と異なっている。印刷者の名義変更に洛陽堂の衰退と末期のドラマが絡んでいるように思われる。

96　上村益郎と高見澤木版社

2010・3

さて洛陽堂の河本亀之助が印刷者から出版者へと転身したように、紙屋から出版者になった人物がいて、彼はバルザックの『幻滅』（野崎歓他訳、藤原書店）に出てきそうな出版業界の「大分方々を荒しまわって来た男」（広津和郎）なのである。この人物について、やはり宇野浩二が『文学の三十年』（中央公論社）の中で、上村益郎という実名で書いている。彼も出版史には見つけられない。まず宇野の証言を聞いてみよう。

これはかなり有名なエピソードだが、大正八年に植村宗一（後の直木三十五）は人間社を興し、雑誌『人間』を発行して、大きな負債を負い、債鬼が押し寄せたが、煙草を吸いながらの無言の行で追い返したという話がある。この話を枕にして、宇野は上村益郎を登場させる。「その紙屋（の番頭）の中には、後に、（現在も）高見澤木版社の社長、上村益郎などもゐたには違ひない。何故なら、上村は直木の出版のやり方に共鳴したのであらう、直木のために、紙を、損得を超越して、融通したことがあるからである」。

高見澤木版社の社名を見て、円本時代の『日本裸体美術全集』の版元ではないかと思い、一冊だけ入手している大冊の裸本を取り出してみると、確かに奥付の発行者は上村益郎となっていた。これもテーマと判型は異なるが、『泰西の絵画及彫刻』の編集と構成を範にしているように思われ、「予約限定版非売品」にふさわしい豪華本の体裁を感じさせる。それに編纂者は上村と高見澤忠雄の連名で、造本と編集にも見識を示しているようでもある。

この上村について、宇野はさらに続け、直木を大いに助けたが、広津和郎の芸術社に対しては借金で苦しめたと書いている。だがその後で、「思い切つた人物が、ある人人に損をかけたことがあつたとしても、ある人人に得をさせ、大正の文学にそれぞれ大きな貢献をしてゐることを忘れてはならない」と上村を擁護するような発言をしている。

このことを確かめるために、広津和郎の『年月のあしあと』（講談社）を再読してみると、上村は「Uという男」として姿を見せている。広津が語る真相に耳を傾けるべきだろう。Uは直木の人間社で働いていた男で、その前は大阪の某製紙会社の社長をいきなり訪ね、容貌と弁舌のよさによって、三万円の洋紙を借り出し、麹町に紙屋を開き、製紙会社に一文も払わず、遊んで使ってしまい、その店がつぶれると直木のところに予定通り転がりこんできたのである。文士に食いこむつもりで、人間社には紙の代金をまったく請求していなかったからだ。若い頃から遊び人で、小山内薫がひいきにしていた赤坂の芸妓をさらってしまったりもした。

この弁舌巧みなUに広津もすっかり取りこまれ、Uのために芸術社という出版社を始め、『武者小路実篤全集』を刊行することになった。広津が全額を出資し、代表社員となって小切手帳も彼の名義だったが、商売はわからないので、すべてUまかせだった。この全集の表紙画は岸田劉生で、Uは岸田にもひどい被害を与えたのである。表紙の画料として破格の千円を広津は岸田に払ったのだが、Uは五百円だけを浮世絵で持っていき、それをきっかけにして、岸田の浮世絵集めを担当し、二万円近い浮世絵を集めたが、アメリカで高く売ってやるという口実で、岸田からすべてを取り上げてしまった。また代金の手形の裏書きもしていたので、岸田はそのために相当苦しめられたという。さらにUは肉筆浮世絵の偽作者グループの仲間でもあったのだ。もちろん広津も岸田と同様で、全集の刊行中に関東大震災が起きてUが逃げ出してしまい、その後で調べてみると、使いこみをして大穴を開けていたことがわかったのである。「自分には決して悪いことをしない」と感じた瞬間に、誰もがUにやられてしまうと広津は書いている。しかし宇野の記述にあるように、上村益郎＝Uは憎み切れない人物だったらしく、広津も次のように述懐している。

「とにかくそんなようにして、その男に使いこまれたために、金が一文もなくなり、予約出版なので出さないわけに行かず、無理して出して行くものであるから、雪だるまのように利子に利子が重なって借金がふえて行ったが、（中略）今から当時を振返ると、何か甚だ面白かったような気がする。」

このようなUのことだから、その後もしぶとく出版業界に食いこみ、円本時代に乗じて一発当てようとしたのが『日本裸体美術全集』だったのではないだろうか。それも『武者小路実篤全集』に端を発している。この全集の岸田の表紙画の印刷はUの実兄で、浮世絵木版の名人といわれる高見澤遠治が担当した。この事実から考えると、もう一人の編纂者の高見澤忠雄もUの兄弟であり、高見澤木版社自体が上村も含めた高見澤一族の出版社だったことになる。出版状況からすれば、裸体というテーマ、及び蒐集美術本の刊行は時期尚早だったと思われるが、どのような結末を迎えたであろうか。上村が絡んでいるだけにとても興味をそそられる。

97　宇野浩二と近松秋江

2010・4

これまで宇野浩二の『文学の青春期』や『文学の三十年』を引いてきたことからわかるように、彼は作家でありながらも、近代出版史についての貴重な証言者なのである。彼が多くの文学的回想や作家論を残してくれたので、出版史の空白を埋めることができる。それは何よりも大正時代に文学者として出発し、いくつもの小出版社の簇生に立ち合い、また著者や訳者や編集者として寄り添ってきたからだ。さらに付け加えれば、この時代にこそあまたの文学者が小出版社を立ち上げていたし、それは宇野の周辺人物たちも同様で、直木三十五は人間社、三上於菟吉は元泉社、広津和郎は芸術社を設立していた。だから宇野は自ら出版社を興さなかったが、必然的にその渦中にあったりしたことで、小出版社ウォッチャーとなったと見るべきだろう。

しかし同時に宇野浩二が昭和戦前に全集編集者として、近代文学や出版の世界に貢献したことも指摘しておかなければならない。昭和九年に『嘉村礒多全集』（白水社）、十二年に『牧野信一全集』（第一書房）、十四年に『近松秋江傑作選集』（中央公論社）をいずれも全三巻で、しかもほとんど独力で編んでいる。嘉村や牧野の全集は没後に間をおかず、両者とも死の翌年に刊行され始めていることから考えると、宇野の出版と編集に対する並々ならぬ熱意があっての実現だと想像される。

宇野の『独断的作家論』（文芸春秋新社）の中で、『嘉村礒多全集』については述べられていないが、『牧野信一全集』と『近松秋江傑作選集』には言及がある。たまたま近松の選集は第二巻だけを裸本で所持しているので、牧野の全集に触れながら、こちらも取り上げてみよう。

『牧野信一全集』は刊行してくれる出版社が見つからず、ロシア文学者の中山省三郎が第一書房と親しく、ツルゲーネフなどの訳書を出していたので、彼を通じてようやく出版が決まった。ところが宇野の計算では四六判、全三巻、四百字詰三千六百枚にまとめる予定だったが、牧野の全作品から収録すべき小説を選んでいるうちに五千枚に達し、枚数をごまかして渡した。しかしすぐに見破られ、きまりの悪い思いをしたという。

『近松秋江傑作選集』に関しては次のように書いている。

「近松秋江が、昭和十三年の一月に左眼がまつたく失明したので、昭和十四年に、『近松秋江選集《ママ》』（全三巻）を中央公論社から、刊行した時、私が、選ばれたので、全巻を監修した上に、全巻に収録した十一篇の小説の委しい解説をした、そのために、私は前から作家として尊敬していた、秋江と一そう親しくなつた（後略）。」

手元にあるその第二巻を見てみると、秋江の親友たちの徳田秋声、正宗白鳥、上司小剣と宇野の四人が監修に名を連ねているが、彼らはその計画に乗っただけで、実際には宇野が「一人で選択も監修も諸作品の解説も一切やらされる事になつた」と述べている。さらにその同年に谷崎潤一郎の現代語訳『源氏物語』が出ていたが、その訳をめぐって右翼からの強迫も生じ、愛欲文学と称すべき近松の選集も流産しかけた。だが宇野の熱意、おそらくかつて『中央公論』の編集者であった近松への嶋中雄作の深い友情によって、この「決して黒字にならない」選集が刊行されたのである。その後も宇野は両眼とも失明した近松のために、決して売れそうもない作品集『三国干渉』と『農村行』の刊行に尽力している。この二冊が近松の最後の本になった。ちなみに前者は桜井書店、後者は報国社から出版された。

宇野は選集の仕事を通じて、近松とより親しくなったと書いているが、二人の出会いは明治四十四年にさかのぼり、宇野が牛込白銀町の下宿にいた頃、近所に住んでいた近松を知ったのが始まりだった。その前年に近松は『別れたる妻に送る手紙』を発表し、作家として認められていたので、宇野の「尊敬」も三十年近いものであったのだろう。それに大正五年に近松は作品集『蘭燈情話』を刊行しているが、これは宇野が親しくしていた加藤好造の蜻蛉館書店からの出版であるから、そこで編集者を兼ねていた宇野による企画ではないかと思われる。さらに因縁は続く。大正八年に発表された宇野の出世作『蔵の中』は近松のエピソードがベースになって成立したのである。発端は広津和郎が新潮社の佐藤義亮から聞かされた近松に関する話だった。近松は大の着物好きで、季節毎に着物をあつらえるが、季節が過ぎると質屋に入れてしまい、またその季節がきても出して着ないで、新調してしまい、それも質屋に持っていく。だから質屋に着物がたまってしまい、秋の虫干の時、質屋に出かけ、蔵の二階で自分の着物を出し、その下にこれも自分の質入れした布団を敷き、それに寝そべり、悠々と昼寝をするという話だった。広津からこの話を聞き、宇野は「そして私は質屋に行こうと思い立ちました」という文章で始まる『蔵の中』を書いたのだった。それに報いる思いで、『近松秋江傑作選集』も編集されたのであろう。

98　宇野浩二、小出楢重、森谷均

2010・5

宇野浩二が続くが、もう一編、彼の作品を取り上げることから始めてみる。それは昭和八年の『枯木のある風景』で、宇野が大患後に作風を一変させた小説とされている。これは大阪出身の画家小出楢重をモデルにした小説であり、小出と宇野の共通の友人の洋画家鍋井克之から、小出の晩年の話を聞き、彼の画集や随筆集などを参考資料とし、小説に仕立てたものだ。宇野が参照したのはいずれも未見であるが、小出の『楢重随筆』（中央美術社、昭和二年）、『めでたき風景』（創元社、昭和五年）、『小出楢重画集』（春風会、昭和七年）などだったと思われる。そこで私も小出の画集（『現代日本美術全集』10所収、集英社）を手元に置き、あらためて『枯木のある風景』を読んでみた。

この小説は主として島木という風景画家から見られた古泉＝小出の晩年の姿と作品が語られていく。明らかに島木は鍋井を想定している。島木の目には「古泉の才能（芸術）や気力（精神）がますます冴えて行くように思われる反対に、その肉体が逢うたびごとに衰弱して行くように見えた」。その時古泉は大胆な構図の裸婦写生図と「芭蕉風に、写実と空想の混合酒《カクテエル》」を試みる「枯木のある風景」という風景画を描いていた。後者は花や草叢などの「雑物《ぞうもつ》」を「冬の神」の立場で枯らしてしまい、丸太が四、五本横倒しになっている絵だった。その冬枯れの風景は「鬼気人にせまる」感じだった。枯木の丸太、赤土と枯草だけの空地の野原、その上には冬の冷たい空があり、地平線はバラック建ての平家と低い丘で仕切られ、手前には高圧線の鉄塔が立ち、上と下に電線が張られ、上の電線には黒い鳥のような人間が止まっている。

画集の中にある小出の「枯木のある風景」もまったく同じ構図で、乾由明はその「作品解説」において、「不気味な死の深淵を暗示している」と述べている。実際にこの作品が小出の完成された最後の油絵となったのである。宇野の『枯木のある風景』でも、この作品を仕上げた後、古泉は死に、故人の安置された寝台の上の壁に黒いリボンで飾られた絶筆の「枯木のある風景」が掛けられている場面で終わる。古泉の花や草叢などの「雑物」を「冬の神」の立場で枯らしてしまい、「芭蕉風に、写実と空想の混合酒《カクテエル》」を試みるという告白はまさに大患後の宇野文学の心境であろうし、ここで古泉はそのまま宇野だといっていい。同時代の大阪出身である小出と宇野は同じ風景の中から出発し、同じ「不気味な死の深淵」へとたどりついていた。それならば、彼らの原風景とは何か。それは大阪の卑俗的にして独自な「温気《うんき》」を伴う商人の街の風景であり、そこで繰り広げられる芸能や見世物の世界でもあった。乾は「小出楢重の生涯と芸術」で、おそらく『楢重随筆』か『めでたき風景』を出典とするであろう小出の体験を次のように書いている。

「生家に近い千日前《せんにちまえ》には、生人形、江州音頭の女手踊り、海女の飛び込み、曲馬団、猿芝居、仁輪加《にわか》、女浄瑠璃、女相撲、手品師、ろくろ首などの小屋が常時たち並び、ひまさえあると彼は誰かに連れられてこの界隈を歩きまわった。」

このような土壌に西洋文学や美術が接木され、宇野の文学や小出の絵画が形成されたのである。だがこの問題はここで打ち切り、本と出版のことに戻らなければならない。

実は小出の第三随筆集ともいうべき『大切な雰囲気』を昭和十年に刊行して出版社を始めた男がいる。それは昭森社の森谷均である。この昭和十年版は見ていないが、森谷の死後の昭和五十年に大村達子を発行者として、同じ昭森社から刊行された新版がある。口絵に小出のアトリエでの写真、多くの挿絵入りの妻に宛てた「欧洲からの手紙」、「序」は谷崎潤一郎と石井柏亭が寄せている。谷崎は小出の挿絵で『蓼食う虫』を連載したし、同書の中で小出も、宇野から小説の挿絵の依頼があったと書いている。

さて森谷均は昭和九年に上京して、旧知の斎藤昌三の書物展望社に入った。八木福次郎の『書痴斎藤昌三と書物展望社』（平凡社）に引かれている彼の言葉によれば、手土産に小出の遺稿を持っていったのだが、出さないうちに斎藤と別れ、昭森社の処女出版になったという。同書の「新版編集の記」にも確かに森谷の昭森社の「出発にあたって」の一文が掲載されている。

「処女出版に選んだ『大切な雰囲気』の著者小出楢重氏は、私の旧知であり、氏の芸術、氏の人、氏の趣味、氏の文筆には全的に傾倒して来ました。私が出版を志して最初に念頭に来たのは実に、氏の遺稿集だったのです。」

そしてまた詩人にして画家の神原泰の「昭森社の最初の仕事として小出楢重の本を出した事は、森谷君の性格に密着して森谷君の一生を規定した」という弔辞の引用もある。この『大切な雰囲気』は普及版の他に、特装版、書痴版、書痴別版、知友版と五種類の異版を刊行し、書物展望社とも異なる限定本の出版社としての昭森社をスタートさせたといえよう。戦後になって立ち上げた『本の手帖』も『書物展望』の別版でもあったように思われる。

99　岩本和三郎と石塚友二

2010・6

昭森社の森谷均にふれる機会を得たので、双雅房の岩本和三郎のことも書いておきたい。なぜならば書物展望社に森谷が入ったのは岩本の代わりとしてであり、森谷が後にそうするように、岩本も斎藤昌三と別れ、双雅房という出版社を始めているからである。『書物展望』創刊の経緯とその後の事情について、斎藤昌三が『書物誌展望』（八木書店）で、次のように語っている。多少長くなるが、岩本和三郎との関係が述べられ、愛書家人脈が一堂に会しているので紹介してみよう。

「『愛書趣味』の休刊以来、少雨荘は何か類似の書誌を希望していたところ、偶々『東京堂月報』にいた岩本柯青が、同僚とのソリが合はぬとかの理由で退社し、これも似た書誌を出したいとのこと。其処へ庄司浅水君が未だ逢つたことのない、北海道の佐々木某といふ資本主を辣し来つて、これ亦書誌の計画中だつた。この三者が誰の紹介で知合つたものか、合体してはといふことになり、三人の異つた性格ではどうも前途が不安なので、（中略）万一の際の仲裁役にと柳田泉氏に一枚加はつて貰ふことにし、（中略）、創刊は昭和六年七月で、（中略）第一に佐々木某の立消えに、次で庄司君の引退となり、五六年して岩本君の独立による『読書感興』の発刊で、結局少雨荘の独壇場となつたのである。」

念のためにこれを補足すれば、少雨荘は斎藤、岩本柯青は和三郎、佐々木某は幸四郎であり、当時は庄司のブックドム社に書物展望社をおき、佐々木、岩本、斎藤が交互に編集人や発行人を務めていた。しかしここでは岩本和三郎に限って話を進める。岩本に関しては書誌研究懇話会編『書物関係雑誌細目集覧』（日本古書通信社）の『読書感興』の解題にある「岩本柯青は、はじめ『東京堂月報』から『書物展望』、『随筆趣味』と編集に関係（中略）。又その経営する双雅房からは、随筆類の凝った限定本を多く出版」と記されている以外のことはわからず、双雅房の本も随筆類ではなく、昭和十三年刊行の真船豊の戯曲集『裸の町』を一冊持っているだけだった。その後石塚友二を調べていて、清田昌弘の『石塚友二伝』（沖積舎）を読むと、そこに岩本和三郎が登場し、石塚友二と東京堂、書物展望社と会社をともにしているとわかった。

大正十三年に石塚は菊池寛の弟子の紹介で、取次の東京堂に勤めることになる。すると社内に木像会という句会があり、俳人長谷川零余子の主宰する『枯野』の幹部同人の計算部長から誘われ、出席した。その後『東京堂月報』の俳句欄に部長や岩本と並んで自分の句が掲載されているのを見つけた。岩本が『東京堂月報』の編集に携わり、誌面を木像会に提供していたからだ。石塚は俳句に打ちこみながら、横光利一に師事して小説も書き、文芸雑誌にもかかわり、昭和七年に東京堂を退職し、書物展望社に出入りし、その一室に住みこむようになった。前述したように『書物展望』は昭和六年七月に創刊されていた。そして岩本との新たな関係が始まる。つまり書物展望社において岩本の客分的存在になった。清田はそれを次のようにも書いている。

「程なく編集兼発行人となった岩本は当時東京堂の出版部に勤めており柯青と号して木像句会の世話人をしていたが、外部の営利事業に関係したとして社内で問題となり東京堂から身を引く破目になった。そこで一足先に東京堂を退社した友二に声をかけ、横光家に出入りしている友二の線から横光の著作の出版を手がけようと考えた。」

横光の未刊行だった『雅歌』という作品が石塚を介して書物展望社から出版された。装丁は岩本によるものだった。岩本は横光の意向を受け、随筆雑誌『文体』を創刊した。横光は宮沢賢治に感銘していたので、『文体』にその作品を掲載させ、一方で書物展望社は宮沢の全集を企画し、内容見本まで作られたという。発行所の文体社はやはり単行本となっていなかった横光の『花花』の出版権を得て、それを限定版として刊行した。

しかし『文体』の休刊、及び石塚が見本でもらった限定本を神田の古書店に売ったことが岩本に知られ、石塚は書物展望社と文体社から去ることになった。続けて斎藤と不仲になった岩本も書物展望社を離れ、昭和十一年に新たに双雅房を興し、慶応義塾普通部の出身ということもあって、久保田万太郎に私淑していたので、その句集『ゆきげがは』を出版した。その一方で『読書感興』も創刊されたと思われる。サブサイトルに「随筆と書物の雑誌」とあるので、『書物展望』と『文体』の融合をねらったのかもしれない。その後『読書感興』は八冊を刊行し、十三年に廃刊になっている。

双雅房の書物は前述したように『裸の町』を一冊しか持っていないし、またその分野に門外漢なので、得意とした限定本は見ていない。ただ『裸の町』も裸本だが、凝った装丁と造本であることは一目でわかる。そして巻末には真船の戯曲などが近刊、同書も含めて六冊も掲載され、真船との深い関係を推測させる。しかし残念ながら、昭和十五年以降の岩本和三郎と双雅房の行方はつかめていない。

100　美和書院『話をきく娘』

2010・7

斎藤昌三が書物展望社から刊行した限定本なども、私がその分野に関心がないこともあって、一冊も所有していないが、彼が編集し、他社から刊行したと思われる限定版『話をきく娘』だけは持っている。千円という安い古書価と美和書院が発行所だったので、買い求めたのである。編と校訂は紙魚少掾、装釘、題字は少雨叟、とあり、八木福次郎の『書痴斎藤昌三と書物展望社』（平凡社）の中の編著作リストにも挙げられているので、紙魚少掾は斎藤と見なしていいだろう。

『話をきく娘』は見るからにかつてのポルノグラフィの風情に包まれ、厚手のダンボール箱入で、扉の次ページに「限定五百部内第２９９号」、及び「昭和参拾年拾月刊貴重文献保存会」と記され、さらにこれはよく読みとれないのだが、斎藤の号らしき筆による署名と落款があった。解題を読み、奥付の「予約会員のみ頒布頒価八百円」に加えて「丹頂版」の記載を見ると、シリーズとして予約直接販売されたものだと推測がつく。そこで『発禁本Ⅲ』（「別冊太陽」）を覗いてみた。するとこの「丹頂版」は五冊刊行され、『話をきく娘』はその第五集で、それ以外には『春情優美人形』『魂胆色遊懐男』『寂寥のままに』『春情花の朧夜』があることがわかった。別のシリーズとして、「紅鶴版」も五冊出ているようだ。

これらは斎藤の他に岡田甫が監修者で、貴重文献保存会を名乗っていると思われるが、発行はすべて美和書院が担い、発行者は馬淵量司になっている。美和書院と馬淵量司については「真善美社と月曜書房」(『古本探究』所収、論創社)でふれているので、これ以上言及しないが、馬淵は真善美社の「アプレゲール叢書」のフランス小説を彷彿させる『不毛の墓場』の著者であることだけは記しておこう。どのようにして書物展望社と美和書院の人脈が交差し、これらのポルノ出版が企画されたのか、とても興味深いが、彼らの関係を記述した資料に出会っていない。

さて『話をきく娘』に戻るが、私の入手した本の見返しには切り貼りしたとわかる「『話をきく娘』学校、図書館、研究者用補遺」と題する紙が添付され、次のような一文があった。

「本正誤表は、誤植の訂正並びに学校関係、国文学者また図書館、研究家のための特別資料として、著者よりお送りするものですが、原文がそのまま含まれております故、社会の良俗保持のため特に御留意下され度、他見御無用に願い上げます。」

五百部限定版の予約直接販売のポルノグラフィ出版物であり、学校や図書館が買うはずもないのに、このような配慮をしなければならないほど、この時代のポルノの刊行は作者や編集者や出版者にとって、それなりの緊張感を伴うものであったのだろう。現在では信じられないまでの性的タブーが出版業界にも確固として存在していたのだ。それに当時はチャタレイ裁判がまだ継続中でもあり、実際に『チャタレイ夫人の恋人』を刊行した小山書店は猥褻文書出版で起訴され、書店からの大返品をこうむり、倒産に追いやられてもいた。

したがってこの「補遺」は『話をきく娘』の刊行後、しばらく経ってから直接購読者に送られたと考えるべきだろう。おそらくその一人だったと思われる前の所有者が「補遺」を丁寧に切り貼りすることで、出版された『話をきく娘』とは異なる別ヴァージョンの一冊に仕立て上げられているといえよう。

解題によれば、『話をきく娘』の作者は上田昭成という人物で、昭和七年の作である。語り手の植池はある地方の大会社の社員で、社長や重役の秘書のような仕事をしている。その部屋に睦子という女事務員が営業部から回されてきた。彼女は高等女学校を卒業した二十二歳の娘で、母親が不治の病に陥り、姉が看病しているために、働きに出ているらしかった。性的にまったく無知なので、もちろん植池は妻子もあるのだが、睦子に春画を見せたり、ポルノ小説を読ませたりして、性的教育を施すようになる。そのうちに睦子が植池に若い頃の性的体験談を聞くことを望んだので、彼はかつての人妻や未亡人との性的関係を赤裸々に告白する。この小説のタイトルはそれに由来し、ポルノ的場面はこのふたつのエピソードに集約されている。このようにして二人の仲は接近していくのだが、睦子の姉の縁談が決まったために、彼女は退職することになる。二人は別れの温泉行を企てるが、一線を越えずに終わる。

『話をきく娘』には二、三字から十数行に及ぶ「補遺」が切り貼りされ、数十カ所に及んでいる。二、三字や数行の箇所はその上に貼られてわからないが、五行以上の部分は全部が貼りつけられていないので、ふたつのヴァージョンを比較できる。それからわかるのは斎藤によって、元版がかなり削除、リライトされていることであり、印刷にあたって、元版とかなりの枚数の「補遺」の二種類の原稿が用意されたのだとわかる。したがって編集の手間もさることながら、読者は完本を読むために鋏と糊を用意し、切り貼りするという作業を必要としたのである。まさに当時はポルノグラフィを出版することも読むことも大変な苦労を要したことになる。

101　三宅やす子『偽れる未亡人』『未亡人論』

2010・8

前回取り上げた『話をきく娘』の中で、睦子が植池に若い頃の性的体験談を聞かせてほしいと望む場面が出てくると書いた。それは彼女が三宅やす子の小説に目を通していたからだ。「睦子は『婦人公論』の長編小説にある、三宅安子《ママ》が未亡人になった後、若い愛人との経緯を叙した所を読んで」と本文に説明されている。この長編小説は『偽れる未亡人』で、昭和六年の秋に書き始められ、翌年一月の急逝によって未完の遺作となったが、そのまま『婦人公論』に連載された作品である。タイトルも決まっていなかったので、編集者がつけたという。

三宅やす子は明治二十三年京都に生まれ、お茶の水高女を卒業し、科学者の三宅恒方と結婚したが、結婚後も夏目漱石や小宮豊隆に師事し、小説を試みた。大正九年に夫に先立たれ、以後文筆活動に励み、雑誌『ウーマン・カレント』を主宰し、自己の体験に基づく多くの小説や評論を発表している。他の作家による様々な小説にもよく登場し、女性評論家の先駆けだったと考えられるが、特筆すべきはやはり近代における「未亡人」というイメージ、しかも彼女の意図と異っているにしても、ポルノグラフィにつながるイメージを確立させたことではないだろうか。これも意図したわけではないが、最近続けて三宅の『偽れる未亡人』（新潮文庫）と『未亡人論』（文化生活研究会）を購入したばかりなのだ。前者は未完の続編を娘の三宅艶子が『墓石の言葉』として書き継ぎ、それを含めて一冊としたもので、昭和八年に刊行され、手元にある昭和十四年版は三十二版を数えている。

まずは『偽れる未亡人』を見てみよう。ヒロインの芳子は三十二歳で夫の五藤を亡くし、二人の子供たちと残された。夫は四十二歳の科学者としての生涯で、その弟子の一人に二十九歳の牧がいた。芳子と牧はちがった意味で喪失感を抱き、共通する孤独を覚えていた。そして続けて芳子の母が死ぬ。母も夫に先立たれ、未亡人として寂しい生活を送り、五十歳で生を終えた。芳子は母の遺体を前にして、二十年後の自分の姿を突きつけられたような気がして慄然とし、「私は、母が踏んだ不幸な途に、忘れても踏みこみますまい。それだけは私の生涯に、誓つてみせる」と決意する。しかし周囲の人々は彼女を「在来の未亡人型」にはめこもうとする。牧は芳子の相談相手、何でも話せる友達のようになっていたが、そのことで牧は友人たちから非難や中傷を受け初めていた。世間は「主人の亡くなったあと途方にくれて居る未亡人といふ考へ方」に固執し、彼女に決まりきった「未亡人服」を着せようとしているのだ。

そのような視線に包囲される中で、芳子と牧の関係は恋愛感情に傾斜していき、南総の避暑地で、牧は愛を告白し、芳子はそれを受け入れる。しかし芳子は言う。今は結婚できない、せめて娘が十五、六歳になって分別がつくまでは。だから結婚できるとしても五、六年先でしょうと。牧はそれまで待つと答える。時代背景は関東大震災をはさんだ大正後半であり、同時代の有島武郎と実際に小説の中で『婦人公論』の婦人記者畑野として登場している波多野秋子の心中、原阿佐緒と石原純、及び柳原白蓮と宮崎龍介の恋愛事件が語られ、芳子と牧の関係をオーバーラップさせている。そしてこの時代ならではの象徴的な言葉がそこに書きつけられている。

「多くの男女が、恋愛もなしに、結婚生活といふ幾組を送つて居ることに、不思議を感じないで、恋する二人が共に居ようとすることを、何の関係もない人達が、やかましく議論するのだらうか。」

その一方で芳子は小説を書き、雑誌の発行を始め、牧は京都の大学に招かれた。芳子は京都に牧を訪ねるが、彼の独身の助教授の威厳を保とうとする用心深さに、知らなかった一面を見たような気がした。さらに牧は彼女に相談もなく、アメリカに二年間留学することを決めていた。芳子は新聞に長編小説『激流』を連載していたが、その結果はヒロインを残して、男が遠いところへ赴任してしまい、彼女は自殺をはかるというものだった。現実と小説が偶然にしても似通っていた。ここで三宅やす子が急死したために、『偽れる未亡人』は中絶してしまったのである。娘の続編には言及しない。『偽れる未亡人』の紹介が先になってしまったが、『未亡人論』の刊行は大正十二年で、いわば『偽れる未亡人』の評論編に相当する。その中心となる長い「未亡人論」は自らの体験に基づき、「不幸にして、夫が壮年を以て世を去つた場合には、残された妻はまだ年齢が若く、子供が独立する迄にはなほ多年を要する」未亡人について、その生活、性の問題、社会との関係を考察している。さらに巻末にはこれもかなり長い「自叙伝の一節」が収録され、夫との挨拶から始まり、結婚と新婚旅行、主婦としての生活、出産と育児、子供の死、自分の大病、夫の死と葬式までが語られ、『偽れる未亡人』の内容がほとんど事実にそっているとわかる。明治四十四年に創刊された『青鞜』は大正四年に休刊している。だから三宅やす子は女性解放運動とは別に独力で「未亡人論」を展開するに至ったのである。

102 『ウーマンカレント』と文化生活研究会

2010・9

三宅やす子に関連して、もう一回続けてみる。彼女が刊行していた雑誌と『未亡人論』の版元である文化生活研究会について触れられなかったからだ。

その雑誌のことは『偽れる未亡人』の中でも描かれ、牧の弟の潔が編集を手伝ったという記述がある。

「大正十二年、大震災に先だつ六ヶ月、芳子は個人で小さな雑誌を出すことを計画した。（中略）創刊号、二号、三号、順調に、ささやかながら、確実な読者を持つて、すらすらと六号まで、雑誌の形をなす頃には、潔はもうすつかり芳子のよき片腕になり切つて居た。」

この雑誌は『ウーマンカレント』で、創刊前後の状況を伝えているが、その後にも「震災後の一年は、芳子も雑誌の経営が忙しく」とあるので、少なくても一年半は刊行されたことになる。しかし『ウーマンカレント』に関しては浜崎廣の『女性誌の源流』（出版ニュース社）の「女性誌創刊年表」に発刊所がウーマンカレント社、創刊が大正十二年六月で、昭和二年七月廃刊とあるのを見つけただけで、それ以上のことはわからなかった。三宅やす子は五年間にわたり、「未亡人」にして「雑誌の経営」に携わっていたのだ。雑誌のタイトルからして先駆的で、ずっと個人誌であったのか、取次経由で市販されていたのかも判明していないが、実物を見てみたいと思う。どこかの図書館に所蔵されているのだろうか。

さて『未亡人論』を出版した文化生活研究会についてだが、以前に「岡村千秋及び吉野作造と文化生活研究会」（『古本探究Ⅲ』所収、論創社）で、同会刊行の伊庭孝の『音楽読本』を取り上げ、言及したことがあった。だが資料不足のためにその輪郭を描くだけで終わってしまった。しかし『未亡人論』を入手し、あらためて巻末広告を見てみると、文化生活研究会がかなり本格的な出版活動を展開している事実が浮かび上がる。まずは『文化生活研究』という三百ページの講義録を毎月刊行し、すでに全十二冊を完結させていることがわかる。この講義録の主幹は森本厚吉と有島武郎、顧問は吉野作造で、どちらかといえば、森本や吉野の人脈に連なると思われるアカデミズムのメンバーが様々な家庭生活についての問題を執筆している。そして『文化生活研究』の会員募集にあたって、文化学院長の西村伊作が「芸術の生活化」と題する一文を寄せている。大正時代のひとつの理想が示され、他には収録されていないと思われるので、全文を引用してみる。

「パンのみの生活でない、動物としてだけの生活でない、我々は人類が築き上げた文化の上に立つ美しい光栄ある生を楽しまなければなりません。我々は唯一つしかないこの生涯、かけがえのない此一生を、如何に楽しく麗はしく送らうかと云ふ考へを起さずに居ることが出来ませうか。

金のある人はその金を有効に、善く用ひ、貧しい者も、その持てる丈けのものを以て、正しい文化の生活を営み得るやうに、我々の知識と教養とを用ひ、物質生活と精神生活とを芸術的に組み合はせて、我々各自の生活を貫くし、我々の郷土、人類の世界を美しい楽園とすることが、文化生活であつて、文化生活研究会は此の使命をはたさうとするものであります。」

これは講義録『文化生活研究』の内容紹介だけでなく、文化生活研究会そのものの目的を宣言していることになる。

文化生活研究会は吉野作造の「大学普及」に端を発する『国民講壇』の系統と経済学者の森本厚吉、有島武郎の文化生活運動が台頭して成立したと推測してきたが、ここで西村伊作が浮上してくる。西村は与謝野寛・晶夫妻、石井柏亭とはからい、大正十年に文化学院を開校し、それこそ引用文に見られるような「新教育」の学校を始めている。だから当初文化生活研究会は森本、有島、吉野の三人がメインであったが、講義録『文化生活研究』が企画刊行されるに及んで、文化学院長の西村も「生活普及」のために駆り出されたのではないだろうか。あるいはまた構想中であった文化学院の大学部のための教科書として採用するという考えも浮かんだのかもしれない。

巻末広告を追っていくと、吉野と森本の著作が二冊ずつ、それから有島、吉野、森本共述の『私どもの主張』が一冊、続けて西村の『装飾の遠慮』が既刊本として掲載され、近刊として西村の『如何に我が子を教育するか』『明星の家』が予告されている。このような出版広告と西村の「芸術の生活化」とある文化生活研究会の宣言から考えれば、西村がこの時期から出版社としての文化生活研究会のスポンサー、もしくは後ろ楯のような存在になったのではないだろうか。それにひょっとすると、三宅やす子の『ウーマンカレント』も文化生活研究会と関係があったのかもしれない。

これらのことを調べるつもりで、『愛と反逆―文化学院の五十年』（文化学院出版部）を読んでみたが、文化生活研究会に関する記述は一行たりとも見つからなかった。かならず出版史はどこかで途切れてしまう。めぼしい関係者として卒業生三宅艶子の学院回想記があるだけだった。

103　庄司浅水と『愛書狂』

2010・10

斎藤昌三に触れたのだから、『書物展望』を一緒に立ち上げたブックドム社の庄司浅水にも言及しておくべきだろう。

彼についていては書物研究家、愛書家、出版ニュース社から全集が刊行されていることを知っているが、その著作は数冊しか読んだことがなく、ブックドム社の本も庄司浅水編『世界印刷文化史年表』しか持っていない。昭和十一年に刊行されたこの本は印刷の発明、発達、変遷に伴う製紙・製本・出版・新聞・図書館・著名図書の売立記事を年表化した労作で、十五ページに及び索引も備わり、類書のない充実した世界印刷文化史であろう。

それに加えて、この本の特色は巻末に十三社の印刷会社、及びタイプライター、活字、印刷機械、インクなどの関連会社の広告が掲載されていることで、これらは当時の印刷業界の錚々たるメンバーだろう。崇文堂出版部、大日本印刷、印刷タイプライター、津田三省堂、民友社活字鋳造部、中馬鉄工所、諸星千代吉商店、中島機械工場、瀬本商店、凸版印刷、金陽堂、日本タイプライター、共同印刷のそれぞれ一ページ広告は印刷関連の本ではあるにしても、異例のように思われた。しかしその後、鈴木徹造の『出版人物事典』を繰っていて、偶然に庄司浅水の項に目が止まった。そこには昭和五年にブックドム社を創業、十年に東京印刷工業組合書記、十四年に共同印刷に入社し、さらに凸版印刷に転じたとあり、ようやくこれらの広告掲載に納得がいった次第だ。庄司はブックドム社を営むかたわらで、東京印刷工業組合書記に就任していることから、印刷史研究も含めて、広告に明らかなように印刷工業と深いつながりができ、後に共同印刷や凸版印刷に入社するきっかけになったのではないだろうか。

同じく巻末広告にはブックドム社の発行図書目録も掲載され、昭和十一年の時点で、十二冊刊行されているとわかる。それらの十冊は庄司の編著や訳書だが、そのうちの一冊がフローベールの『愛書狂の話』なのである。「菊半截判布紙装百頁定価九拾銭」と記されたこの本は未見だが、国立国会図書館編『明治・大正・昭和翻訳文学目録』(風間書房)で調べてみると、刊行は昭和七年で、「Book about book 叢書3篇」となっている。とすれば、改造社から『フロオベエル全集』の第四巻が刊行され、桜井成夫の訳で『愛書狂』が収録されるのは昭和十年なので、ブックドム社の『愛書狂の話』が本邦初訳だったことになる。ただし庄司訳は三田英語学校卒という記載を考えると、おそらく英語からの重訳であろう。しかし *Bibliomanie*『愛書狂』として知られるフローベールの作品をいち早く紹介したのは愛書家の庄司の面目を示しているといえよう。

この際だから『愛書狂』を桜井成夫の訳によって紹介してみる。これはバルセロナの本屋ジアコモを主人公とするコントである。彼はまず「額の蒼白い、眼のどんよりとして落ち窩んだ男」で、「ホフマンが彼の悪夢の中から抜け出させて来たやうな奇怪な人物」だったと書き出され、次のように紹介されている。

「稀書珍書の競売がある日でなければ彼の姿は滅多に街中で見られなかつた。さういふ日の彼は、もう、いつもの無情で滑稽な人間ではなかつた。彼の眼は生々として来る。(中略) その大事な本を手にして熱々と打ち眺め、まるで吝嗇家がその財宝を、父親がその娘を、王様がその王冠を愛しむが如く、この本を愛しんだ。」

このように彼は書物のことだけを考え、愛し、情熱を傾けていた。この愛情と情熱が彼の寿命を擦りへらし、生活を蝕んでいた。つまり「夜となく昼となく日ねもす自分の固定観念、即ち書物のことばかり考へてゐた」からだ。本屋でありながら大金を積まれても、入手した写本をすぐに売ろうとしない。そして売ってしまうと絶望的な思いに捉われてしまうのだ。しばらくして国内に一冊しかないというスペインで最初に印刷された本であるギリシャ語の注訳がついたラテン語の聖書が競売に出されることになった。「ああ！　どんなにこの本を手に入れたいと思つたことか！」。ところが競争相手にして商売仇のバティストとの競売合戦になり、ジアコモは敗れてしまった。

その夜になって火事が起きた。バティストの家が燃え上がっていた。ジアコモはそこに向かい、炎の只中に入りこんだ。「彼にはあの本が必要だったのだ！　あれを手に入れるかさもなくば死だ！」。彼は入手することに成功した。だがバティストの家の放火とその聖書を盗んだということで告発された。ジアコモのところにあった聖書はバティストのもので、これはスペインに一冊しかない。だからこの聖書を奪取するためにジアコモが放火した容疑だった。弁護士はその聖書の別本を示し、彼の無実を訴えた。だがジアコモは罪を認め、死刑の判決が下る。すると彼は弁護士が持っていた本を手に取り、引き裂く。これがスペインに一冊しかないとする証明となるのだ。

フローベルはこれを十四歳で書いた。新訳は生田耕作訳で、『フローベール全集』（筑摩書房）の第六巻と『愛書狂』（白水社）に収録されている。

104　晩酌のお伴の本

2010・11

かつてある西洋史学者から、藤原書店のブローデルの『地中海』の全訳が比較的短い年月で刊行されたのは、訳者の浜名優美がまったく酒を飲まない人なので、酒のために毎日の時間を無駄にせず、翻訳に専念できたからだと聞かされたことがあった。

それで連想したのであるが、長きにわたって日記をつけ、それを刊行している人たちの書いた分量は半端なものではない。ゆっくり晩酌でもしていたら、とても書ける量ではないように思われる。『断腸亭日乗』の荷風も晩酌のタイプではないし、とりわけ圧倒されるのは木佐木勝の『木佐木日記』（現代ジャーナリズム出版会）で、あの膨大な四巻は忙しい編集者生活の中で書かれているのだから、それこそ酒でも飲む習慣があれば、まったく不可能だったであろう。むしろアルコール中毒ならぬ日記中毒者とでも呼んだほうが木佐木にふさわしいのではないだろうか。山田風太郎が熱心に日記を残していたのも戦中であり、戦後になって酒が自由に飲めるような時代に入ると、とても短くなり始めている。第五巻の刊行が待ち望まれる『蒐書日誌』（皓星社）を書き続けている大屋幸世も酒を飲まない人ではあるまいか。

なぜこのようなことを書いたかというと、私はゆっくり晩酌する習慣なので、その日の出来事を日記につづるタイプではないことをまず記し、その代わりに晩酌のお伴として読んで（見て）いる本のことを書くつもりだからだ。五十代になって老眼が進行したこと、また仕事に関連する本は読みたくないこともあって、それらはビジュアルな雑誌か写真集が多い。一時は古本屋に数年分の『旅』が安く出ていたので、まとめて買い、ずっと読んでいたこともあった。また数年前までは楽しい温泉の雑誌などがかなり発行されたので、よく見ていたが、一巡してしまったためにつまらなくなり、結局のところ本に戻るしかなく、そこで多くの写真集を繰り返し見ることになった。その中でも最もすばらしかったのは弘文堂の須藤功編『写真でみる日本生活図引』(弘文堂)の全九巻で、須藤と企画した編集者と弘文堂に拍手を送りたい気持ちにさせられた。写真による生きた民俗学の達成に他ならないと思ったからだ。いけない、いけない。晩酌のお伴の本であるので、もっと軽く書かなくては。

それがきっかけで古い写真が掲載されている本に目が向くようになった。するとこれまで関心のなかった保育社のカラーブックスや社会思想社の教養文庫の昭和三十年代の本の中にも、懐しい風景を収録した楽しい本が多くあることに気づいた。それらを見かけるたびに買ってきて読んで(見て)いたのだが、やはり難点は文庫本であることで、いささか物足りない思いがつきまとっていた。そのような時に古本屋の棚で有紀書房の『川の旅』を見つけたのである。A5判の箱入で、箱には鵜飼の写真が使われ、背に「サンデー毎日編集部」とあった。石狩川から始まる二十の川の写真と紀行文の一冊で、昭和三十六年十一月の刊行だった。同年の正月から『サンデー毎日』に「川は生きている」のタイトルで連載されたものを補足し、一本にまとめたと「あとがき」に記されている。川の風景は懐しい。それは山や海よりも川を身近にして育ってきたからだろう。何気なく開いてみると、熊野川の筏流しの写真が目に入る。そして「五年前までは、一千人の筏師がこの川で働いていたが、現在仕事に出ているのは、わずか四、五十人というさびれようだ」という文章が付されている。ダム開発とトラック輸送に象徴される高度成長が熊野川にも押し寄せていた事実を告げている。それはどの川にも忍び寄っていたようにも思われた。『川の旅』は写真といい、内容といい、拾い物の一冊であった。

ところが『川の旅』はこの一冊で終わらず、まだ続きがある。巻末の広告に「旅を愛する人におくる名著」の総称で、以下の本が掲載されていた。朝日新聞社編『旅』、毎日新聞社編『日本の鉄道』、井上靖著『川』、田宮虎彦編『岬』、串田孫一編『高原』、宮本常一編『秘境』、川端康成編『湖』の七点で、『旅』と『日本の鉄道』はシリーズのようだった。これらもそのうち見つけるつもりでいたが、実用書の版元の出版物ゆえか、何年経っても古書目録でも見かけることがなかった。そこで晩酌のお伴の本がなくなった機会に「日本の古本屋」で探書し、二十冊ほど入手した。いずれも安い古書価格で千円以下だった。判型は『川の旅』と同じだと思いこんでいたが、送られてきた本は『日本の鉄道』がB4判、その他はB5変型版、枡型本で、驚いてしまった。実用書らしからぬ瀟洒で、品格のある装丁と造本なのだ。それもそのはずで、装丁者はすべて原弘だった。付け加えれば、編集者は『川の旅』も含めて、すべて江上博通との記載があった。昭和三十年代半ばに、このような装丁と造本と編集で、売れたのかどうか心配になってしまうほどだ。

だが半世紀を経て、私の晩酌のお伴になったのだ。これでしばらくは楽しめるだろう。

105　大泉書店の『旅へのいざない』『釣百科』

2010・12

実用書の有紀書房が昭和三十年代に刊行した出版物を晩酌のお伴にして、すっかり楽しませてもらったことに味をしめ、同時代の他の実用書出版社の本も気になり始めてしまった。するとよくしたもので、またしても絶好の本を見つけてしまったのである。それは昭和三十五年に大泉書店から刊行された『旅へのいざない』の前編、後編の二冊だった。週刊新潮編集部編とあり、それぞれ百五十枚近い大きな白黒写真を文章に配した四十六カ所の旅巡りで、昭和三十年代の風景の中に連れ戻されたような気になる。この二冊も箱入の枡型本で、箱にもカバーにも淡い青や草色や肌色が施され、落ち着いた装丁に仕上がっている。

「まえがき」を読むと、これらの紀行と写真は『週刊新潮』の創刊号から二年間にわたって連載された「旅へのいざない」をまとめたとある。「観光地を素通りするような案内記でなく、旅人の心になって旅の楽しさを描き出そう。日本の美しさを再確認しよう」という意図のもとに、記者とカメラマンが全国各地を約百週間かけて歩き回った記録で、さすがに文芸書の新潮社らしい達意の紀行文はその写真とともに郷愁を喚起させてくれる。おそらく高度成長を受けて、都市は急激に変貌しつつあったのだろう。『旅へのいざない』は変わっていない日本を求めての紀行のようにも思われる。都市の写真は一枚も見当らず、観光地の華やかさも極力排除され、風景はあくまで静謐で、安保条約改正が迫っている気配はどこにも感じられない。

どうして新潮社から出さなかったのかと思うのだが、当時は出版社のカラーが重要視され、旅行ガイド書に分類される『旅へのいざない』はやはり実用書出版社からということで、大泉書店の刊行となったのであろう。それに確か大泉書店は新潮社の姉妹会社であったはずだ。

その後しばらくして、均一台から佐藤垢石の『魚の釣り方』を拾った。これはまさに大泉書店の実用書で、昭和三十五年刊行の「入門百科叢書」の一冊だった。写真こそ四枚しか収録されていないが、多くの挿絵が入り、文字も二段組で、ぎっしりと魚別の釣り技術が書きこまれ、昭和三十年代までは趣味的な実用書を読むにしても、かなりのリテラシーが必要だとわかる。さらにおかしいのは昭和三十五年度の大泉書店編小冊子「潮時表」がそのままはさみこまれていたことで、当時はこのような付録までついていたことを教えてくれる。

さてこの本の巻末広告に松崎明治著、佐藤垢石補『釣百科』があった。そこには戦前に朝日新聞から出版され、その後長らく絶版になっていたが、大泉書店が出版権を獲得して刊行する「釣を志す人の道案内として、戦前戦後を通じ本書の右に出づるものなしと絶讃を博する本書」と書かれていた。この宣伝文句もさることながら、「図表図解写真多数挿入」とあったので、これに魅せられ、「日本の古本屋」を通じ千円で入手した。三六判の裸本で、この判型はおそらく釣りに持っていくためのものであろう。だがいつも予想が当たるはずもなく、今回は小さな口絵写真が十数枚収録されているだけで、晩酌のお伴になる本ではなかった。だが感慨深かったのは発行年で、入手したのは昭和二十九年の再版だったが、初版は昭和二十六年で、佐藤の「再刊の序」もその年の九月付けで、「終戦後、年と共にわが釣が復活し、戦前以上に盛んにならうとしています折柄」云々と記されていた。二十六年は私が生まれた年で、その頃から釣が盛んになっていたのかと思った。私も昭和三十年代まではよく釣に出かけたものだった。あの頃のひっそりとした風景を思い出す。川の土手はまだコンクリートに覆われず、川の流れも汚染されておらず、魚たちがあふれるほどにいた。大人も子供も川で釣をしていたが、私は自分だけの秘密の釣場所を持っていて、一人でそこにいった。そこは自分の家からかなり離れたところにある沼で、周辺は葦に覆われ、その葦を分けいっていくと、沼が現われた。今考えれば、小さな沼だったろうし、おそらく台風による洪水などが重なり、低地が沼になったのであろう。川とちがって、あまり釣れなかったけれど、葦に囲まれた沼の風景の中にいることに慰安を覚え、釣糸をたれていたのである。しかし活字を覚えるにしたがって、釣から遠去かり、沼にいくこともなくなり、いつの間にか沼も耕地整理事業で消えてしまった。最近になってその沼の周辺に住んでいた人の話を聞いた。彼の話によれば、沼の周囲の葦を利用し、その地域の人々は葦簾を編んで利用していたが、沼とともに葦も消えてしまったことで、その地域の葦簾作りの伝承が途絶えてしまったという。そうか、失われたのは沼だけではなかったのかと実感させられた。このようにして風景も生活も変わり、私たちは現在の社会へと至ったのだ。

『釣百科』と前後して、昭和二十一年刊行の太田黒克彦の『川魚の旅』(文化書院)を入手した。彼は戦前に釣文学の名著『水辺手帖』(竹村書房、アテネ書房復刻)を残しているが、これは山の湖の小さな鯉たちが下流へと下っていく旅を描いたもので、川の物語にもなっている。だが現在では周辺にもはやそのような川も沼も残されていない。

106 高野慎三『宿場行』、つげ義春、『図説日本文化地理大系』

2011・1

もう一編、晩酌のお伴の本のことを書きたい。それを一冊の別の本から始めてみよう。
まだ舗装もされておらず、曲がった道をボンネットバスがやってくる。たばこと白抜きで書かれた看板のあるところがバス停で、その向い側には木の電信柱が立ち、墓がいくつもあって、小さな墓地のようだ。バス停では中学生と小学生らしき二人がバスを待っている。彼らが立っているその横には上が茅葺きで、下がトタン屋根のさびれた感じの家があり、遠くに山と火の見櫓が見える。おそらく一九六〇年代の田舎の風景を描いたのであろうし、その中に自分もいたような既視感にかられる。

このようなノスタルジアに充ちたつげ義春の彩色画を表紙に使い、十一の街道を歩いた高野慎三の『宿場行』が「風景とくらし叢書」として出版されたのは一九八八年である。二十年間にわたって撮られた多くの宿場の白黒写真を収録し、高野自身がいうようにかつての股旅映画の原風景をそこに見出そうとしている。版元は高野が営む北冬書房であり、『夜行』や『つげ義春選集』などを刊行した出版社として、読者にも記憶されているだろう。またこれは蛇足かもしれないが、高野は劇画評論家の権藤晋でもある。

この『宿場行』が一九八〇年代後半に刊行されたのは象徴的なように思える。七〇年代に始まった戦後日本の消費社会化は八〇年代になって加速し、それこそ「風景とくらし」をドラスチックに変貌させてしまった。具体的にいえば、それはロードサイドビジネスによる全国的な郊外消費社会の成立に求められ、その出現はかつての主要幹線道路沿いの田や畑を画一的な消費社会の風景へと変えてしまった。それらの最終的な仕上げが今世紀に入っての巨大な郊外ショッピングセンターの進出であり、この三十年に及ぶ郊外消費社会化が「風景とくらし」にどのような影響をもたらしたかについてはいうを俟たない。

それゆえに高野の『宿場行』は八〇年代において、急速に失われてしまうであろう風景へのレクイエムのような気配に包まれているし、つげの絵も同様である。表紙のリードに次のような本文の一節が引かれていた。「郷原をはじめて訪ねたのは、一九六八年の夏のことである。そして、この郷原宿の存在を教えてくれたのがつげ義春であった」。

郷原宿とは善光寺街道の宿場であるから、つげの絵も郷原宿の風景にそのイメージが求められるのかもしれない。この言葉からわかるように、高野の宿場行のいくつもがつげの示唆によっていると考えていいだろう。『宿場行』の中で高野は語っていないが、つげ義春を特集した雑誌などで、つげが六五年頃から旅行を始め、それが東北地方に及んでいったきっかけに言及している。その一例を最近の「つげ義春と温泉」(『自遊人』10年3月号)にも見ることができる。

「その頃、たまたま『文化地理大系』という十数冊もある本を古本屋で安く購入し、そこに載っていた東北地方の田舎の写真に、強い感動を覚えるわけです。載っていた写真が小さいものだから、かえって想像力を駆り立てられた、みたいなことを言ってましたね。実際に見たらどうなんだろう、と。」

ここで高野がいう『文化地理大系』とは円本時代の改造社の『日本地理大系』全十七巻、もしくは誠文堂の『日本風俗地理大系』全十九巻のどちらかをさしていると思われる。いずれも大判の白黒写真を豊富に使用した昭和初期の日本の全国「風土記」に位置づけられる。私も前者は数冊、後者は全巻を持っていて、現在でも入手は難しくない円本であるが、高野の証言からわかるように、『つげ義春の温泉』（カタログハウス）などを始めとする数々の名作は、これらの円本時代の「風土記」に触発され、描かれたことになる。しかしこれらの「風土記」は戦前生まれの高野やつげはともかく、戦後生まれの私にとっては距離がありすぎるように映り、その中にスムーズに入りこめない印象を伴うので、晩酌のお伴の本にはふさわしくないのである。

そこでこれらの戦前のものに代わる戦後の「風土記」がないのかと探していたところ、ようやくそれに類似したシリーズを見つけた。それは一九六〇年に小学館から刊行された『図説日本文化地理大系』全十八巻で、全ページにそれぞれの地方の五〇年代の写真が掲載され、高度成長期以前の日本の風景がふんだんに詰まっていた。もちろん戦前の改造社と誠文堂のふたつの「大系」を範として成立した企画であろうが、それらには感じられなかった近しさを覚える。おそらく私の記憶の中に戦後の高度成長期以前の風景がインプットされていて、それが照合し合うのだろう。またとない晩酌のお伴を探し出したことになる。『図説日本文化地理大系』は最初端本で見つけ、四冊までは買い求めたが、それ以後が続かず、年末になって「日本の古本屋」を通じ、山形の羽陽書房で、全巻揃い一万円を購入した。ただ戦前の改造社や誠文堂版に比べて、揃いは圧倒的に少ないようだ。少しずつ味わって見ていけば、数ヵ月は楽しむことができるだろう。

107 ロラン・バルト、バルザック、カザノヴァ

2011・2

一年ぶりで三島に出かける機会があり、北山書店に立ち寄ってみた。ここの商店街は三島大社を控えているためか、他の地方都市の商店街ほどさびれておらず、北山書店の店主も高齢にめげずに健在で、すっかり安心した次第だ。静岡県東部の古本屋としては最大の在庫を有しているので、本当に頑張ってほしいし、熱海方面に来られる読者はぜひ訪れることを願う。

以前に地方の古本屋でも思いがけない洋書に出会うような時代を迎えていると書いたが、北山書店でもフランス語の本が十冊ほどあり、その中にロラン・バルトの著作を二冊見つけ、購入してきた。それらは*S/Z*と*Sade Fourier Loyola*で、いずれもスーユ社の「テル・ケル叢書」の初版である。これらがいつどこで買われたのかは裏表紙に貼られているシールによってわかる。数字が鮮明な後書を例にとると、上段に赤で「9/742000」、下段に一回り大きい黒で「16.00」と表記されていることから、一九七四年九月にパリのフナック書店で、定価二〇フランの本を二割引きの一六フランで求めたと推測できる。この書店はその頃から再販制に抗して値引き販売を実施し、有名になっていた。読んだ形跡はないので、おそらくその購入者が七四年に渡仏した時、構造主義ブームでもあり、記念に買い求めたのではないだろうか。そして三十数年後に北山書店に引き取られ、私が入手したことになる。

後書についてはそれだけにして、ここでは前書の内容にふれてみたい。この本はみすず書房から

七三年に沢崎浩平訳で、『S／Z』として刊行されている。原書の初版刊行が七〇年であることを考えると、比較的早い邦訳出版といえよう。したがってその購入者は邦訳を所有、もしくは知っていたと思われる。『S／Z』の「訳者あとがき」で、沢崎は急逝した恩師の安士正夫に拙訳を捧げると記し、「亡くなられたとき、先生のお机の真中に置かれてあった真新しい『S／Z』の白い表紙が今も眼に浮かぶ」と結んでいた。そのまさに同じ原書がパリで七四年に購入されたのである。

この奇妙なタイトルはバルザックの小説『サラジーヌ』の登場人物サラジーヌとザンビネッラのイニシャルを表わし、バルトの著書の内容はそれに尽きてしまうのだが、特筆すべきはこの小説が初訳としていることだ。バルトのサブタイトルに「バルザック『サラジーヌ』の構造分析」を付して、『S／Z』の巻末に収録されたことであろう。しかし邦訳版にシロデの「エンデュミオーンの眠り」が収録されているのと同様に、訳者は原書にないジョルジュ・バタイユの『青空』（天沢退二郎訳、晶文社）の「まえがき」を序文として付け加えていて、そこで『サラジーヌ』は「比較的知られていないが、頂点をなす作品」だとすでに記されてもいた。この小説はフランス人天才彫刻家サラジーヌとイタリア人の女性としか見えない美貌の去勢歌手ザンビネッラの恋を背景とし、パリ社交界に栄華を極める出自不明のランディ家がその悲劇的事件に絡んで、巨万の富を蓄えたとされる物語で、もちろん主題はサラジーヌとザンビネッラの倒錯の愛にある。そしてまた印象的であったのは、ザンビネッラの後身の老人男性が「死者の笑みのように冷酷で皮肉な笑み」を浮かべた「日本の偶像」idole japonaise のように描かれていたことだ。バルトはその分析において、それを le Bouddha と註釈し、邦訳は「仏陀」となっているが、「仏像」と解釈したほうがふさわしいように思えた。その後の七八年高山鉄男訳（『世界文学全集』21所収、集英社）の訳注では「仏像」とされていた。バルザックが一八三〇年に発表した特異な小説に早くもこれも倒錯的なジャポニズムの萌芽の兆しがあったのだ。

これ以上バルトの分析に立ち入らないが、『サラジーヌ』は一八二〇年に刊行されたカザノヴァの『回想録』にその源泉があるというバルザック研究者の指摘も訳者によって記されていた。そこで当時、どこの古本屋にも河出書房の窪田般彌訳『カザノヴァ回想録』全六冊がゾッキ本で売られていたので、このような機会でもないと買いそびれてしまうと思い、確かめるつもりで入手した。そして少しずつ読み進めていけば、似たようなストーリーに出会うのではないかと考えていたのだが、意外なことにすぐに出てきて、第一冊目の半ばにある回想録第2巻の第一章から三章がカザノヴァ版「サラジーヌ」だとわかった。カザノヴァはイタリアのアンコーナで、女優としてベルリノという十六、七歳の少年を紹介される。彼は劇場で主演女優の代役を務める去勢歌手《カストラート》と思われ、うっとりするほど美しく、天使のような美声を有していたが、カザノヴァは彼の胸の盛り上がりから、娘にちがいないと確信し、すっかり欲望を刺激させられてしまう。しかし彼には小さなペニスがあるのを見て、男だと思ったにもかかわらず、セックスに至り、彼が娘であったと再確認する。ペニスは性転換のための単なる珍しい器具だったのだ。

三章分の話を強引に圧縮してしまったが、ストーリーが異なるにしてもバルザックが『サラジーヌ』のヒントを得たのはまず間違いないだろう。だがバルザックならではの見事な変奏というべきであろう。

108　バルザック『セラフィタ』

2011・3

前回ふれたバルザックの小説で、『サラジーヌ』よりもよく言及されるにもかかわらず、東京創元社の『バルザック全集』にも収録されていないために、読むことができない作品があった。それは『セラフィタ』という小説で、気軽に読めるようになったのは、国書刊行会の『世界幻想文学大系』に新訳で収録された昭和五十一年以降のことだった。『S／Z』と同じ訳者の沢崎浩平による国書刊行会版の奥付を開いてみると、昭和六十一年第四刷と版を重ねているので、かなり待たれていた翻訳とわかる。

最初に『セラフィタ』を知ったのは澁澤龍彥の『夢の宇宙誌』（美術出版社）の「アンドロギュヌスについて」という一章においてだった。昔懐しい美術選書の一冊を確認すると、初版刊行は昭和三十九年であり、かつて友人が澁澤はこの一冊に尽きると言っていたことを思い出す。そこで澁澤は『セラフィタ』が両性具有の理想的な最高天使を意味し、例えようもない透明な美しさをたたえたこの小説は北欧の神秘思想家スウェーデンボルグの影響を受けていて、「アンドロギュヌス神話を中心テーマとした伝統的なヨーロッパ文学の、いわば最後の達成、最後の微妙な開花であった」と書いていた。その後澁澤が紹介するにあたって依拠したG・バシュラールやM・エリアーデが翻訳され、とりわけエリアーデの『悪魔と両性具有』（宮治昭訳、せりか書房）の中に、簡を得た『セラフィタ』の物語の要約があった。

「フィヨルド・ストロフィヨルドの近く、ヤルヴィスの村はずれの城館に、気まぐれで憂鬱そうな、美しい不思議な人物が住んでいた。（中略）この不思議な人物はミンナを愛し、彼女からも愛される。彼女は彼を男（セラフィトゥス）とみているが、彼はウィルフレッドという男によっても愛され、ウィルフレッドの目には彼は女（セラフィタ）と映るのである。」

またこの「不思議な人物」が生まれながらに驚くべき学識と知的能力を有しているともあった。ここまで書かれていれば、読みたくなるのが当然だが、澁澤にしてもエリアーデやバシュラールの訳書にしても、邦訳の紹介、及び有無についての記述はなかった。翻訳されていないのだろうか、そのように考えながら日々を送っていた時、古本屋の棚に背は汚れていたが、『中篇集神秘の書』という一冊があるのを発見した。よく見ると、背の上の部分に横書きで、小さく『バルザック全集』とあった。それは赤い西洋の装飾模様を散りばめた箱入りで、本体は緑の地に金色の紋章などを一面にあしらった見るからに豪華本的体裁だった。箱の赤と本体の緑と金色が強烈なコントラストをなし、装丁者の名前は記されていなかったが、箱の片隅に「有為」とあるので、おそらく富沢有為男の手になるように思われた。表紙の上段にフランス語の「人間喜劇」LA COMÉDIE HUMAINE が刻まれた『中篇集神秘の書』には『追放者』『ルイ・ランベエル』『セラフィタ』の三編が収録され、しかも扉の次には「セラフィトゥスとミンナ」を描いた挿絵も掲載されていた。

ここでは『セラフィタ』だけに触れることにするが、このような装丁と収録作品からなる重厚なA5変型判の『中篇集神秘の書』に出会ったのは私にとって僥倖だったと考えられる。当時どこまで理解したかわからないが、バルザックの「哲学的研究」に属する三編を収録したこの一冊を読むことで、『ゴリオ爺さん』や『谷間のゆり』と異なるバルザックの世界を垣間見ることになったからだ。ノルウェーを舞台とする両性具有者の物語としての『セラフィタ』、あるいは天使論としての『セラフィタ』はヨーロッパの神秘思想の集約と見なすことのできるスウェーデンボルグ神学の流れを「人間喜劇」の秘められた一幕のうちに取りこみ、作品にしたのであり、その外見に似合わないバルザックの幻視者としての奥深さを知らしめてくれた。そしてさらに「人間喜劇」の背景となっている十九世紀前半のフランス社会の奥底に揺れ動き、見え隠れしているであろうヨーロッパ神秘思想の存在についても。

紹介が遅れてしまったが、『セラフィタ』の翻訳は辰野隆と本田喜代治で、本田は訳者の言葉として、「この作品は、従来、邦訳は無論なく、他の国語でも、バルザックのものの中では一番翻訳の少いうちの一つだらうと思ふ」と述べている。『中篇集神秘の書』は昭和九年刊行の河出書房の第一次『バルザック全集』の第十三巻であり、これが本邦初訳ということになる。昭和十六年にも第二次が同巻で刊行されているが、こちらは判型も並製四六判と小さくなり、紙質も悪く、装丁も白地にモノクロで、すっかり神秘的なアウラが失われ、この版で読んだとすれば、イメージは異なっていたかもしれない。

この第一次『バルザック全集』だけでなく、昭和十年前後に外国文学者の全集がいくつも出版されている。『フロオベエル全集』（改造社）、『メリメ全集』（河出書房）、『プウシキン全集』（改造社）、『チェーホフ全集』（三学書房）などで、いずれも端本しか持っていないが、それらの出版事情もいつか調べてみたい。

109 佐藤正忠『学生易者』と高杉良『濁流』

2011・4

谷沢永一が亡くなった。東の雑本王草森紳一に続いて、谷澤も鬼籍に入ったことで、私たちは西の雑本王も失ったことになる。草森の追悼も本連載74、75で記したこともあり、谷沢に対しても雑本をめぐる一文を書くことによって、追悼に代えよう。

著者にも内容にもまったく関心がないにもかかわらず、何か記憶に残っているような気がして、しかも五十円と安い古書価であったために、しばらく前に買っておいた本がある。それは佐藤正忠の『学生易者』で、口絵写真に学生服で筮竹を立て、街頭で易者をしている著者の姿が何枚も収録されていた。一九五三年にコスモポリタン社から刊行された四六判並製の三百ページほどの本だった。同社は『キンゼイ報告』の訳書の版元として覚えがあった。

その『学生易者』を買ったことはずっと忘れていたのだが、何かのはずみで高杉良の『濁流』に出てきたのではないかと思い出し、再読してみた。『濁流』は一九九一年から翌年にかけて、『週刊朝日』に連載され、九三年に朝日新聞社より単行本として刊行され、九六年に加筆修正し、講談社文庫に収録という経緯をたどっている。この小説は九一年一月の帝京ホテルにおける産業経済社主催の「産業経済大賞」受賞式の場面に、海野総理大臣が登場するところから始まる。七百人ほどの著名な財界人、政治家、高級官僚たちを集めたパーティの主役は産業経済社の杉野良治主幹で、彼は政界と財界のパイプ役、フィクサー役を果たし、政財界でスギリョーと呼ばれていた。産業経済社は東京の平河町に本社を置き、社員は約百四十名、年間売上高約百二十億円、主たる事業は雑誌や書籍の出版で、『帝都経済』を看板雑誌にしているが、出版以外にも不動産業やM&A事業も手がけているとされる。しかし『帝都経済』は一流経済誌だと杉野が吹聴し、発売日には全国紙に広告を打ち、中吊り広告も出しているが、内容は一流経済誌の体をなしていない。発売部数も公称十万部だが、実質は一万部にも満たない。その実態と記事は次のようなものだ。

「経営者、財界人の人物評論的記事が多く、火をつけてみたり、激しい個人攻撃を加えたかと思うと、一転して当該人物を褒めちぎる。要はカネ次第なのである。

マッチポンプ紙、ブラックジャーナリズムに毛が生えた程度と酷評されるゆえんだ。」

それでも財界はこのような雑誌を舞台にして「スギリョー毒素」をばらまく杉野良治に呪縛されたままなのである。『濁流』は杉野の所謂「取り屋」的出版社経営の内幕、そのワンマンぶり、新興宗教への盲目的傾斜を主軸に、娘の治子と社員の田宮の恋愛を混じえて進んでいく。そして治子と田宮の会話の中で、政財界の「感動」をよんだ杉野の『信仰は勁し』という最近の著書が話題にのぼり、読んだと話す田宮に「辛抱強いこと」と言い、治子はかつて父の本を一冊だけ読んだだけだが、三十数年前に出された本で「低俗でひどいものだった」と話し、次のように続けている。

「『学生占師』というんです。父は大ベストセラーになったと自慢してますけど、あんな本がベストセラーになるなんて考えられないわ。一流の週刊誌が大きく採り上げたと父は言ってますが、事実なのかしら。」

この二人の会話から逸脱するかのように、高杉良はそれが『週刊SUN』だと書き、その書評のおそらく全文を転載している。『週刊ＳＵＮ』とは『週刊サンデー毎日』のことであろう。そこには『学生占師』からの引用が三箇所あり、『学生易者』と照らし合わせてみると、まったく同じ文章だとわかる。そしてその書評に出てくる引用文が、後の杉野の新興宗教への傾斜、「取り屋」的体質、独善的な思いこみを暗示する仕掛けになっている。つまり高杉良は『学生易者』も読んで『濁流』を書いているのであり、杉野良治は佐藤正忠に他ならないことになる。

それならば、佐藤正忠は誰かということになるが、佐藤は出版社経済界のオーナーで、『経済界』の主幹たる人物である。したがって『濁流』はフィクションと銘打たれているにしても、モデル小説として読むしかない設定に充ちている。実際に当初の主人公の名前は加藤忠治《カトチュー》、雑誌名は『産業経済界』であった。ところが『週刊朝日』編集部に一通の内容証明郵便が届き、そこには「当社発行の経済誌ならびに発行人の名と紛らわしく、実害著しい。この名義のまま連載を続けるならば、営業妨害、名誉棄損で訴える」と書かれていた。連載六回目が刷りあがったところだった。しかし判例からすると、モデル小説として争えば、裁判で負けるのは必然であるので、七回目から主人公名を杉野良治《スギリョー》、誌名を『帝都経済』に変更するしかなかった。連載中に主人公の名前が変わるのは前代未聞のことだった。そして「この小説は、実在の人物に関する事実を書いたものではないかとの指摘が一部でなされていますが、あくまでもフィクションであり、登場人物及び内容は架空のものです」という「おことわり」を入れざるを得なかったようだ。

『濁流』は『学生易者』も資料として書かれたのであり、このような雑本は誰も触れないと思われたので、記してみた。

110　白龍仁『純金商法殺人事件』と木村久『豊田商事の正体』　2011・5

前回ビジネス小説絡みのことを書いたのは初めてであるが、雑本に言及し、谷沢永一を追悼するつもりなので、続けてほぼ同じ分野の本にふれてみる。

現在ではほとんどありえないが、かつては小出版社から無名の著者による思いがけない作品が刊行されることがあって、それらの作品を読みながら、この作家はこれからどうなるのかという思いを抱かせたりした。そのような作家の一人に白龍仁がいて、彼は日本ブックマネジメントなる出版社から、昭和六十三年前後に確認できるかぎりでは四冊の小説を刊行している。私はそのうちの『小説霊感商人』と『純金商法殺人事件』の二冊しか読んでいないが、前者は新興宗教の誕生の内幕を教祖とブレーンの実態に即して描き、実に興味深いテーマで、白龍が真近に体験したとしか思われないリアリティと迫力を放っていた。後者はこれもまた一冊しか書かれていない豊田商事を題材とした小説で、その中心にいる謎の青年虚業家に迫っている。いずれもずっと絶版であったが、慧眼な編集者もいるもので、数年前に『小説霊感商人』は幻冬舎アウトロー文庫に収録され、もう一度読まれたはずだ。だがここでは絶版のままの『純金商法殺人事件』にふれてみたい。その前に白龍仁を紹介しておくと、同書の見返しに週刊誌記者を経てルポライター、ドキュメント作家とある。

すでに豊田商事事件も三十年以上前のことなので、それを簡単に述べておこう。豊田商事は昭和五十年代末に純金ファミリー証券を売り出した。これは客に金を買わせ、利回り十％以上と称する証券を渡すペーパー商法で、豊田商事自体に金はなく、客から集めた現金は半分以上が社員の高額な歩合給に消えてしまう詐欺商法だった。特に老人をねらった強引なセールスによって生じた被害者は三万人、集めた金は二千億円にのぼり、社会問題にもなった。豊田商事のグループの中心人物は三十二歳の永野一男で、全体の従業員は七千人、関連会社は百社にも及ぶといわれていた。そして被害者救済の動きが始まった矢先の昭和六十年六月十八日に報道陣の目前で永野会長刺殺事件が起き、グループ各社が集めた巨額の金の行方の全容は不明のままになってしまった。その刺殺も含めて二重の意味で、戦後の謎の事件のひとつに数え上げられるだろう。さらにその後豊田商事グループの残党たちが同種の事件を起こしたことでも、それらのノウハウがここで蓄積され、新しい詐欺商法の温床地だったとわかる。このような事件であったにもかかわらず、管見の限りでは小説としては『純金商法殺人事件』、ノンフィクションとしては木村久の『豊田商事の正体』（啓明書房）しか書かれていないと思う。

木村久の『豊田商事の正体』はタイミングよくというべきか、確か永野会長刺殺事件の直後に刊行されたはずだ。木村はフリーのジャーナリストで、早くから豊田商事を追いかけ、実際に永野一男にも会っていた。そしてサブタイトルに「ミステリー『過去を消しつづける男』」とあるように、彼の深い関心は謎だらけの永野一男に向けられていた。それは白龍の『純金商法殺人事件』も同様で、小説ではヒタチ商会の松尾隆一として描かれている。それだけでなく、『純金商法殺人事件』におけるヒタチ商法の説明は『豊田商事の正体』の中の記述とまったく重なり、白龍がこのノンフィクションをベースにして、小説に仕立てたと想像できる。

松尾は「語れる過去」もない「幽霊のような男」として登場し、読み書きもまともにできないのにヒタチ商会を立ち上げていくのだが、その描写にリアリティは感じられず、「たかだか二十七、八の、得体の知れない男が突然『ヒタチ商会』などと名乗ってつくりあげた会社が、男が三十一歳の時には集める金が一千二百億円になっていた」と記されているが、彼はシルエットのようにしか映っていない。松尾の存在とヒタチ商会の実態の間には千里の径庭があるように思われ、『小説霊感商人』に比べて、完成度は劣っている。それは種本と呼んでいい『豊田商事の正体』もまた永野一男の謎を充分に解明していないからだろう。木村は関西の地方紙の役員の次のような言葉で同書を閉じている。「豊田商事の問題は、松本清張の『砂の器』の小説の世界だな。それほど異常だよ」。

明らかになった永野の短い人生をたどってみる。昭和二十七年八月一日、岐阜県恵那市に生まれる。実母と生家を出て、山陰の中学を卒業し、愛知県のトヨタ関連企業の工場に勤め、数年後に先物取引の会社に入り、そこで自己流の商法を開発し、豊田商事設立へと進んだとされる。その間に戸籍を十数回も変えている。だが大金をつかんだにもかかわらず、女の影もなく、質素なマンションに住んだままだった。つまりこの種の事件の主人公にふさわしいカリスマ性やエピソードは皆無なのである。それが豊田商事事件をさらに謎めいたものにしている。永野一男、わが同時代人、三十二歳で刺殺。

前回と同様に今回も私以外には誰もふれない雑本だと思う。谷沢への手向けの雑本記になったであろうか。

111　スウェーデンボルグ『天界と地獄』と静思社

バルザックとスウェーデンボルグの関係は本連載108など『セラフィタ』や『ルイ・ランベエル』で知ったのだが、スウェーデンボルグはバルザックだけでなく、多くの文学者、哲学者、宗教人に多大の影響を及ぼしたスウェーデンの神秘主義者であることがわかってきた。現在ではW・デュセンの『霊感者スウェデンボルグ』がサンマーク文庫に収録されているように、かなりよく知られた人物になっているが、当時は未知の存在に等しく、まとまった紹介はないように思われた。これから彼の人名は二重表記とする。

ところが『セラフィタ』を読んでしばらくしてから、これもまた古本屋の棚にヂョージ・トロブリッヂ著『スエデンボルグ』を見つけたのである。サブタイトルが「その生涯、信仰、教説」で、訳者は柳瀬芳意、版元は静思社で、いずれも目にしたことがなかった。だが巻末広告を見ると、同じ訳者によると思われる二十冊ほどのスエデンボルグの著作が並び、静思社がそれだけを刊行している出版社だとわかった。表紙カバーもないその本の奥付けには昭和三十六年発行、同四十三年重版とあった。ちなみに定価は六百円で、鉛筆の書きこみから古書価は四百八十円だった。

この本にそって、スエデンボルグの生涯を追ってみる。彼は一六八八年にストックホルムに生まれ、父は聖職者だった。長じて英国へ留学し、主として数学と天文学を学び、帰国後王立鉱山局へ入り、貴族に列せられ、王に数学の講義を行なった。そして再び海外旅行に出て、各地で多くの

2011・6

科学、思索的著作、鉱物学論文集などを出版し、これらの著書によって、ヨーロッパで名声を得る。一方で解剖学の研究に向かい、生物、人間の生命の本質を探求し、科学と哲学では究められない神秘としての霊魂に到達する。生命原理は血液の中にある精神的液体に支えられ、それが霊魂につながり、霊界が存在することになる。一八四三年に霊的な光、夢、幻視を体験し、「スエデンボルグの夢」と称される日記を記す。そして天使や霊たちと交感できるようになり、事物の予知や透視能力を発揮し、見神者にして神学者の立場で、宗教的著作に専念し、大部の『天界の神義』『霊界日記』『黙示録講解』などを刊行する。それらの著作はとりわけ英国で受け入れられ、信奉者たちによって次々と英訳が出され、その翻訳や重訳を通じて後に多くの影響を広範囲に及ぼすことになるのである。

しかしこのように『スエデンボルグ』の内容を要約してみても、本書の記述は晦渋で、宗教書特有の説明不足、また翻訳のたどたどしさもあり、バルザックの小説に表出しているスエデンボルグの神秘性の魅力を感じることができなかった。その後にルイ・ランベエルが読んでいた『天界と地獄』も古本屋で見つけたのだが、『スエデンボルグ』と同様の理由で、最初だけ読んで投げ出してしまった。それからもスエデンボルグの名前は目にしたし、鈴木大拙が明治末期から大正初期にかけて『天界と地獄』を始めとする翻訳、『スエデンボルグ』なる評伝を刊行し、明治四十一年にはロンドンにおける国際スエデンボルグ大会に日本代表として出席していることも知った。またカントが『視霊者の夢』というスエデンボルグ論を著わし、文学的波紋もボルヘスにまで及んでいることもわかった。だが最初の読後感もあってか、気にはなりつつも三十年近くスエデンボルグを繙いてこなかった。

ところが最近になって、訳者と版元の異なる『天界と地獄』を入手したので、スエデンボルグに関する知識に何の進歩もないのだが、その出版について記してみたい。一冊はかつて投げ出してしまった静思社の『天界と地獄』で、旧版と異なるのはスエデンボルグの肖像画をあしらった表紙カバーが施されていることだった。奥付を見ると、昭和三十七年初版発行で、平成十一年に第十七刷とあり、また巻末広告には『天界の秘義』全二十八巻、『霊界日記』全九巻、『黙示録講解』全十二巻など九十冊近いスエデンボルグの翻訳と関連書が掲載されていた。何とその後も静思社はスエデンボルグ一筋の出版を持続してきたのだ。おそらく委託配本されることなく、読者からの注文だけで、これだけの点数を出し、版を重ねてきたのであろう。あらためて『天界と地獄』を開くと、昭和三十七年と五十二年（第七版刊行にあたって）の「訳者序」が置かれ、前者には「スエデンボルグ図書出版協会員の御援助によるもの」とあり、また後者には訳者がスエデンボルグの宗教書に接し、そこに生命の光を見出して四十年、訳を始めて二十二年を経て、もはや老境に入り、そして「価高い真珠を求めるために全財産を売り払った」という「マタイ伝」の一節が引かれてもいる。出版の歓ばしき苦労を物語っているのであろう。

もう一冊は静思社版に先駆ける昭和三十二年刊行の医師にして歌人の渡会浩訳『天界と地獄』（修道社）で、自費出版と思われる。日本におけるスエデンボルグの紹介と翻訳の系譜は鈴木大拙、渡会浩、柳瀬芳意に担われてきたことになるが、スエデンボルグと日本の戦前の新興宗教の関連はまだ解明されていない。

112　椎名其二と円本

2011・7

続けてバルザックの戦前の翻訳にふれる機会を得たこともあり、日本における初期のバルザックの翻訳者についても書いてみよう。

手元に大正十三年刊行の『ウージェニイ・グランデ』がある。これは「バルザック傑作叢書」の第一巻で、椎名其二訳となっている。巻末予告を見ると、「バルザック傑作叢書」は六冊刊行されるはずだったが、『新潮社一〇〇年図書総目録』を確認したところ、第三巻の和田伝訳『田舎医者』の二冊で中断している。それでも『ウージェニイ・グランデ』はフランス語からの本邦初訳であったことで、昭和初期の円本『世界文学全集』第十七巻に『従妹ベット』（水野亮訳）とともに収録され、バルザック文学の広範な普及に貢献したと考えられる。『ウージェニイ・グランデ』こそはバルザックの出世作であり、ドストエフスキーが最初の仕事としてロシア語に翻訳したほどの傑作とされている。モリエールの『守銭奴』をモデルとするグランド爺さんとその娘のウージェニイの金銭欲を中心として展開するフランスの地方生活がそこで描かれ、椎名の訳文は次のように始まる。「或る地方の町には、一見しただけで、この上なく憂鬱な僧庵や、荒涼たる広野、又は最も悲惨な廃墟などが唆ると等しい一種の哀愁を掻き起させる家がある」。

パリと異なるフランスの地方の描写として喚起力を伴う訳文であり、そこには椎名の実体験、及び内容は異なるが、グランド爺さんと相通じる訳者の情熱も反映しているように思われる。椎名其二は在仏四十年に及ぶ特異なフランスにおける日本人として著名で、アナキズムの洗礼を受け、フランス社会と農学、モラリスト文学の研究に勤しみ、レジスタンス運動にも関与し、戦後はパリで製本の仕事に携わっていた。その肖像は何人もの滞仏日本人によって描かれ、『小島烏水―山の風流使者伝』（大修館書店）を著わした近藤信行が椎名伝を書くと伝えられていたが、実現しなかったようだ。

だがその代わりに二〇世紀の末になって、椎名と親交のあったロマン・ロラン研究者の蜷川譲による『パリに死す　評伝・椎名其二』（藤原書店）が刊行された。蜷川は戦後の渡仏時に椎名と知り合い、古い家の物置のような地下室で製本屋をしていた椎名のところ、通称「熊洞《クマアナ》」に足繁く通うようになったのである。そして「プロローグ」に同書のモチーフが記されている。

「この晩年の彼の姿に接して、断片的ではあるがいく人かの人によって思い出が書かれた。だが、彼の全生涯についてはは空白の部分が埋まらなかった。」

しかし「評伝・椎名其二」とあるのだが、この蜷川の著作は「評伝」というよりも、半ば「交際録」の色彩が強く、「永いフランス生活で育まれた独特な思想家」としての全生涯の「空白の部分」を埋めることに成功していない。おそらく初めて作成された九ページに及ぶ労作の「年譜」のことを考えると、残念な気がする。ないものねだりではあるが、著書を残していない椎名の文章と書簡を一冊にまとめ、さらに全訳書も収集してから、評伝にとりかかってほしかったと思う。椎名の教え子の文章の引用から、ゾラの『洪水』が訳書として挙げられているが、それは国会図書館編『明治・大正・昭和翻訳文学目録』（風間書房）にも見当らず代わりに椎名訳として『野へ』（エルノス）があるだけだ。ゾラの著書名に『洪水』はないので、別の作家の作品かもしれない。
椎名は大正十一年に妻のマリーと長男を伴って帰国し、フランスに帰る昭和二年までの間に、彼の戦前のすべての翻訳がなされている。私が所持しているのは前述のバルザック二冊とファブルの『昆虫記』（叢文閣）の第二巻である。蜷川は『昆虫記』について、椎名の故郷の角館図書館の友人渡辺顯吉の寄贈からなる「瑞華文庫」の四巻を手にし、第一巻が大杉栄訳、第二巻から四巻が椎名訳を確認し、「ファーブルの『昆虫記』の翻訳は、大杉栄（虐殺）のあとをうけて第二巻から手がけたことに椎名は多大の意義を見出していた」（傍点原文）と書いている。そして叢文閣の足助素一の印税とは別に毎月百円出すから『昆虫記』の翻訳に専念しないかという提案を記した椎名の手紙の引用があるが、私の所持する本の奥付に近刊予告されている第五巻の刊行の有無は不明のままだ。

なぜこれらのことに言及したかというと、椎名の再度の渡仏やフランスでの生活を支えたのは『昆虫記』や『ウージェニイ・グランデ』の翻訳物だったように推測できるからだ。

『昆虫記』の第二巻は昭和三年で普及版六刷を重ね、五年には数十万部を売ったとされる『世界文学全集』のバルザックの巻が出ている。

このふたつは円本であり、両者は椎名にかなり多額な印税収入をもたらし、そのことによって椎名一家の様々な費用がまかなわれたのではないだろうか。

とすれば、「永いフランス生活で育まれた独特な思想家」も、短い間であったにしても、日本の出版業界の円本時代と無縁でなかったことになる。

113　椎名其二と『パリの日本料理店』

2011・8

前回、蜷川譲の『パリに死す　評伝・椎名其二』を援用したが、そこに戦後のパリで椎名に関連する人々として、森有正と芹沢光治良が登場している。バルザックの『サラジーヌ』から始まる一連の文章を、本連載107の三島の北山書店で買ったロラン・バルトの洋書から始めたが、実は洋書の中に森有正の仏訳による芹沢光治良のロベール・ラフォン社のペーパーバック版『巴里に死す』があった。その組み合わせに意外性を覚えながらも、読むことはないだろうと思い、買い求めなかった。森有正はともかく、芹沢が椎名と関係あると想像もしていなかったからだ。

しかし蜷川の著書を読むに及んで、芹沢が椎名をモデルにして、『パリの日本料理店』という小説を書いていることを知り、二重の意味で驚いてしまった。その小説が全国書房の『芹沢光治良選集』第五巻に収録されていること、いつか全国書房について書くつもりで、その巻をしばらく前に古本で購入していたことが加わったからである。

まずは全国書房について記そう。これはミネルヴァ書房の創業者杉田信夫の『私の旅路』に収録された「戦後京都の出版」に教えられたのだが、全国書房は当時の京都で大手といわれた出版社で、社長は田中秀吉という人物であり、彼は戦前大阪にあった全国ノートの関係者とされ、第一書房で所得税の本を刊行していると書かれていた。『第一書房長谷川巳之吉』（日本エディタースクール出版部）所収の「第一書房刊行図書目録」で確かめると、昭和十二年六月の刊行として、田中秀吉の

『印紙税法の起源と其の史的展開』なる一冊が挙げられていた。出版物として、志賀直哉を始めとする文芸書、やはり戦前に第一書房から刊行された岡田正三訳『プラトン全集』などに加え、特筆すべきは昭和三十四年『広辞苑』の前身『言林』の出版で、この難事業が全国書房の倒産の要因になったようだ。しかし新村猛の『「広辞苑」物語』（芸術生活社）において、出版史によくありがちなことだが、『言林』と全国書房のことはわずかしかふれられていない。杉田は田中について、その後大阪で息子と書店を経営していたが、それもいつの間にかなくなってしまったと書いている。

『芹沢光治良選集』第五巻の奥付には昭和四十年刊行、発行者田中義人、発行所の全国書房の住所は大阪市西区江戸堀とあるので、おそらく田中秀吉の息子によって、全国書房再起の出版として、『芹沢光治良選集』が企てられたのではないだろうか。しかしそこにどのような企画、出版事情があったかはわからないが、『全集叢書総覧』（八木書店）によれば、全十二巻のうち六冊で中絶してしまったようだ。

さて『パリの日本料理店』（初出『女の都』）は蜷川によって「椎名に不快感を与へた」とされる小説だが、アイダ夫人はともかく、「シイナさん」についてはほぼノンフィクションと見なしていいだろう。芹沢は一九五一年に文芸春秋の池島信平や石川達三とともにスイスのローザンヌで開かれた国際ペンクラブ大会に出席し、その帰途パリに立ち寄った時の体験を描いている。タイトルにあるようにパリの日本料理店を営むアイダ夫人とシイナさんが、戦後になってパリにやってきた希望にあふれる日本人留学生たちと対照的に配置され、ドイツ占領下でもパリにとどまった二人の悲哀が浮かび上がる展開となっている。とりわけ大阪出身のアイダ夫人の「女の一生」はあまりにも小説的すぎて、どこまでが事実なのか興味深いが、ここでは彼女に言及する紙幅はないので、残念ながらシイナさんに限定せざるを得ない。

語り手の杉新太郎は二十数年前のパリ留学中に病気になり、シイナさんに面倒を見てもらっていた。わずかな交際であったが、「古武士のような性格とああした思惑を持った人が、二十年間をどう生きたか、是非会いたい」と思い、日本を発ってきていた。死んだという噂もあったが、「よぼよぼの東洋人」にして「屍同様」に生きていることがわかり、「フランス人と結婚して、悲劇ですね」と語られる。新太郎が「能洞」に訪ねていくと、窓もない地下室で、湿気でリューマチに脚をおかされ、暗いベッドに伏せっていた。かつて美しかった夫人は太って老婦になっていた。このような描写や形容からわかるように、シイナさんは一貫してパリで年老いてしまった「お気の毒な」人物として造型されている。それゆえに誇り高き椎名が「不快感」を覚えたことは想像に難くない。

しかしそのことは脇に置き、二人の古本を通じての関係を記しておこう。シイナさんは製本屋を営んでいるが、それはソルボンヌ大学前の古本屋ヴラン書店の援助と紹介で始めたのである。新太郎も旧知の古本屋で、その主人に会ってきたばかりだった。

「新太郎のパリ大学生時代には、第一次世界大戦後のインフレのこととて、その書店でもたくさん古書を買い、主人が自動車で送ってきたこともあった（後略）。」

シイナさんは新太郎に最近の作品である白皮の豪華本六冊を見せた後、自分のためにつくった装丁本であるカンパネラの『太陽の都市』を記念に与える。このような場面によって、物哀しい『パリの日本料理店』は救われているように思える。

114　ラクロワ『出世をしない秘訣』と理論社

2011・9

前々回、椎名其二によるバルザックやファーブルの翻訳にふれたが、その後椎名の戦後の翻訳を一冊入手したので、それも書いておこう。

それは一九六〇年一月第二刷とあるジャン・ポール・ラクロワ著、椎名其二訳『出世をしない秘訣』で、理論社の「リロン・らいぶらりい」という新書シリーズの一冊として刊行されている。内容はタイトル通り、事業家、軍隊の高官、視学官、流行作家、政治家、社会の寵児に「ならぬためには」どのようにすべきかを説いたものである。そのために、「一般的にいえば、かの『立志伝中の人物』なるものの経歴を研究し、彼らの成功へとかり立てた生き方を会得し、そしてまさにその正反対をこそ為すが良い」との「秘訣」が語られ、すばらしい「落伍者」の自由な生活が賞揚される。

ラクロワのフランスモラリスト的な筆致と椎名の人生のスタンスが重なり合い、それに加えて「出世」が新しい生き方となる高度成長期への異議申し立てのニュアンスも含まれ、刊行に至ったのだろう。だが現在では「立志伝中の人物」を称揚するばかりの夥しい本、また「出世」のための自己啓発本やビジネス本の全盛となり、『出世をしない秘訣』といったタイトルと内容はもはやギャグとしてしか成立しないと思われる。それは日本ばかりか、フランスも同様ではないだろうか。その意味において、同書や著者や訳者はまさに過渡期の本と人物であることを象徴していたことになる。

蜷川譲の『パリに死す　評伝・椎名其二伝』には『出世をしない秘訣』の出版に至る詳しい事情は述べられていないが、同書は六〇年一月に発行され、「いく度も刷りを重ねる成功」とあり、また椎名の死後十年余を経て七三年に開高健編集の『面白半分』に半年にわたって、一部を省略して連載されたという。

この記述を読み、あらためて椎名の「あとがき」に目を通してみると、そこには「既にいろいろな著作をもつ友人蜷川譲君の大変な御手伝」との謝辞の他に、蜷川は「知的に文字通り正直《せいちょく》な人」で、「私の敬愛する青年」と異例なまでのオマージュが捧げられていた。

これらの椎名の言葉から察せられるのは彼に大きな影響を与えた石川三四郎やポール・ルクニュたちが有していたホモソーシャルな文化環境であり、蜷川はパリで椎名とそのように交流したゆえに、彼の評伝を書く使命感に駆られたとも考えられる。

しかしそれらはともかく、蜷川は椎名の手紙を掲載するだけで、言及を避けているが、『出世をしない秘訣』は椎名が推測するように「無承諾出版」だったと考えていい。つまり原著者や出版社から翻訳権を取得しないで刊行されたはずで、それは当然あるべきコピーライト表示が同書には掲載されていないからである。ここに戦後における小出版社の翻訳書刊行の問題の一端が示されているのではないだろうか。

『出世をしない秘訣』は理論社からの刊行であるが、椎名の「あとがき」にも謝辞のある小宮山量平によって、戦後すぐに設立された理論社は主として社会科学書の版元で、それらを始めとして多様な出版活動を営んできた。だが例によって、理論社も社史は刊行されていないこともあり、その全貌はずっと明らかでなかった。それが判明したのは近年になって小宮山の『自立的精神を求めて』がこぶし書房から出されてからで、その巻末に「理論社単行本出版目録（一九四八―一九六二）」が付されていたことによっている。この優に六百冊を超えると思われる「出版目録」は大手出版社とはまったく異なる戦後的な社会科学書の小出版社の軌跡を物語ってあまりある。そこには椎名との関係でいえば、石川三四郎の『自叙伝』も含まれ、五〇年代半ばには木下恵介、黒沢明、小津安二郎などの『日本シナリオ文学全集』、六〇年前後には山中恒、今江祥智、いぬいとみこたちの児童書も加わり始め、八〇年以後の理論社の主流となる脚本集や児童書がすでにスタートしているとわかる。

しかしそれらの児童書を除いて、大半は絶版で、戦後出版史の中に埋もれてしまっている。これらにも『出世をしない秘訣』と同様に多くの出版ドラマが秘められていたにちがいない。またそれは出版物ばかりでなく、編集者や社員も同じで、後のリブロやリブロポートを立ち上げる小川道明、現代思潮社を興すことになる石井恭二、福音館書店の営業部長に転じた菊間喜四郎も理論社に在籍していたのであり、出版業界の人材の揺籃の地に他ならなかった。

二〇一〇年に理論社は多額の負債を抱え、民事再生法を申請し、ビッグカメラの子会社に事業譲渡され、新しい理論社が発足している。だがここで社会科学書から児童書出版社へと歩んできた旧理論社は終わったと見るべきだろう。すでにずっと理論社は児童書出版社と見なされてきたと思われるので、このような一文を書いてみた。

115　バートルビーとB・トレイヴン

2011・10

前回のラクロアの『出世をしない秘訣』を読んでいると、まったく何もしないことが最も難しく知的なことなのだというオスカー・ワイルドの言葉が思い出され、数年前に翻訳されたエンリーケ・ビラ＝マスタの『バートルビーと仲間たち』（木村栄一訳、新潮社）に連想が及んだ。

このバートルビーはメルヴィルの『代書人バートルビー』からとられ、ここでバートルビー族とは「心の深いところで世界を否定している人間」、バートルビー症候群とは「ある日突然文学的な意味で金縛りにあったようになって何も書けなくなってしまう病気」をさしている。この小説は「否定《ノー》の文学、バートルビーと仲間たちの文学を跡づけよう」とする試みによって進んでいく。

その前に記しておけば、私は国書刊行会の酒本雅之訳『代書人バートルビー』（ボルヘス編「バベルの図書館」9）を読んでいるのだが、近年に及んで、この小説への言及や新訳を次々と目にするようになった。辺見庸は『たんば色の覚書』（毎日新聞社）の中で、イタリアの哲学者ジョルジュ・アガンベンを援用し、バートルビーのI would prefer not to＝「せずにすめばありがたいのですが」の抵抗を断固たる「個的な不服従」、「単独者の自己存在を賭けた拒否」とよんでいる。また新訳は『諸国物語』（ポプラ社）、雑誌『monkey business』（柴田元幸訳、ヴィレッジブックス）所収で、続けて出された。

ボルヘスは「序文」で、『代書人バートルビー』は「夢想の作品化」であり、「他の者たちまでもあっけにとられつつ彼の共犯者たらざるを得なくさせてしまう」と述べているが、エンリーケ・ビラ＝マタスも辺見庸も新しい作者や読者たちもバートルビーの共犯者たる夢想に引きずりこまれる時代を迎えつつあるのかもしれない。

『バートルビーと仲間たち』はまさにそのような小説として読むことができる。「わたし」は二十五年前に不可能な愛をテーマにした小説は書いたが、何も書けなくなり、筆を折ってバートルビーになっていた。だが長年の沈黙を破り、書くことを放棄した作家たちの秘密を書いてみようと思った。「来るべきエクリチュールは、否定的な衝動から、否《ノー》定の迷宮からしか生まれてこないだろう」と考えたからだ。そしてヴァルザー、ルルフォ、ホフマンスタール、サリンジャー、ホーソン、タブツキ、ワイルドなど著名な作家に加えて、多くの無名の文学者たちも挙げられ、バートルビー症候群にまつわるエピソードが次々と語られていく。

この小説の終わりは、書くことを永遠に放棄したトルストイの家出と死で締めくくられているのだが、その前にもう一人の作家の名前が挙げられている。

「B・トレイヴンの名前で通した人物こそ、われわれの知る限り正真正銘の〈隠れた作家〉であり、その点ではブラック、サリンジャー、ピンチョンをはるかにしのいでいる。（中略）

彼の場合例外的な要素があまりにも多いからである。まず、どこで生まれたか不明だし、本人もそのことを明かそうとしなかった。」

そしてトレイヴンの小説『シエラ・マードレの財宝』や『ジャングルの橋』を挙げ、数年前にメキシコの町外れの酒場で、「わたし」が聞いたトレイヴンの話を書きつける。ジョン・ヒューストンが前者を映画化するにあたって、謎の作家にメキシコで会いたいと思い、手紙を出し、ホテルで一週間ほど待っていると、代理人という翻訳家が現われた。彼は映画の撮影にも立ち会い、ヒューストンたちは彼がトレイヴンではないかと考えた。映画が上映されると、トレイヴンの謎に包まれた正体が大いなる関心を集め、メキシコの雑誌社がレポーターを送りこんだ。翻訳家がアカプルコに近いジャングルのそばの倉庫にいるとわかり、留守をねらって忍びこみ、トレイヴンの署名入り原稿を見つけた。

また別の調査によれば、トレイヴンはマラットの名前を持ち、一九二三年にメキシコで行方不明になったアナキストの作家であり、他にもあまりにも多くの名前を使っていた。だが結局のところ、トレイヴンが誰なのかはっきりわからなかった。彼はチェスタトンの『木曜日の男』の主人公のように「全世界を欺く」作家だったのだ。

この『シエラ・マードレの財宝』は早川書房のポケミスと同じ判型のポケットブックの一冊で、映画と同名の『黄金』として翻訳されている。訳者の山本政喜もその「解説」で、トレイヴンの謎めいた対応、ナチスによる焚書化などに言及し、十数年前に丸善で彼の小説を四冊見つけたとも書いている。そのうちの『海を歩く男』も先がけて翻訳しているようだが、『黄金』の別タイトルの翻訳『山の宝』（三教書院）と同様に入手していない。ハンフリー・ボガート主演の映画『黄金』はDVDで手軽に見れるが、トレイヴンと原作はもはや埋もれてしまい、『バートルビーと仲間たち』によっても救済されることはないだろう。

116　明治二十年代の出版流通

痛みの激しい一冊の古い本がある。背は崩れ、表紙も厚紙で補修され、原型をとどめていないので、洋装だったのか和装だったのかもわからない。ただ中身は和本仕立ての印刷となっている。高木真斎編述、大久保桜淵批評『為朝再興記』の一冊で、明治二十年に東京書肆、金鱗堂と真盛堂の合梓として四六判二百八十ページ、定価六十銭で出版されている。奥付に編輯人として東京府平民、高木伊三、出版人として東京府士族、伊東武左衛門、及び東京府平民、吉野喜之助の名前がある。高木は著者の血筋を引く者、二人の出版人は住所から判断すると、伊東が金鱗堂、吉野が真盛堂と考えられる。しかも高木の住所も伊東と同様であるから、編集は金鱗堂、流通販売は真盛堂が分担し、製作費は折半という出版形式をとっているように推測できる。

『為朝再興記』の内容は『保元物語』などに端を発する鎮西八郎為朝の軍記物語の流れを組み、保元の乱で破れ、自死したとされる為朝が琉球に渡り、その国王となり、現在の琉球藩王はその末裔だとする物語で、浄瑠璃や黄表紙や読本で語り継がれてきたテーマを変奏したものと見なせよう。同書については長山靖生の『偽史冒険世界』（筑摩書房）にその位置づけが記されている。しかしここで問題にしたいのは本の内容ではない。この種の本としてはめずらしく、巻末に四ページにわたって、「大売捌書肆」と「諸国売捌所」が明記され、当時の出版流通状況をはっきり伝えている。だからそのことを考えてみたい。

2010・11

出版社が取次や書店を兼ねていた近世流通システムから離陸し、出版社・取次・書店という近代流通システムに向かったのは明治二十年代半ばであり、それは近代出版業界の誕生と軌を一にしている。具体的に言えば、博文館が二十年に創業し、その子会社としての東京堂が立ち上がり、北国組出張所（後の北隆館）、東海堂、良明堂、上田屋の五取次が出揃った時代から、近代出版業界がスタートとしたのである。したがって私の手元にある版の『為朝再興記』が刊行された二十年はその端境期に当たっている。また近世流通システムから近代流通システムへと移行する過渡期でもあった。それではこの本の流通販売体制がどのようになっていたか、まずはそれを見てみよう。

「大売捌書肆」として次の八店が並んでいる。

東京通四丁目／春陽堂　同　南鍋町／兎屋誠　同　橘町／鶴声社
同　本石町／上田屋　同　三島町／山中市兵衛　同　琴平町／真盛堂
同　桜田本郷町／金鱗堂　同　陸前仙台／金鱗堂支店

これらについて注釈を加えてみる。春陽堂はまだ出版を始めておらず、書店と取次を兼ねていた。兎屋は前田愛の『近代読者の成立』（有精堂）や内田魯庵の『読書放浪』（平凡社東洋文庫）で言及されている粗製乱造の大量生産の実用書の元祖のような出版社を兼ねた書店。鶴声社の名前はこの時代によく目にするが、詳細は不明である。上田屋は前述の取次と同名だが、異なっていて、地本問屋系の取次兼書店。山中市兵衛は文久時代に創業した書店の和泉屋を示す。真盛堂と金鱗堂についても、小林善八の『日本出版文化史』や東京書籍商組合編『東京書籍商伝記集覧』（いずれも青裳堂書店）を参照したが、それらの名前は見当たらず、手がかりがつかめない。ただ金鱗堂が仙台に支店があることから推測すれば、伊東武左衛門の出身は仙台に求められるのかもしれない。いずれにしても、この八店は出版社、取次、書店を兼ねる近世流通システムを踏襲し、地方書店に対しても取次の役目を果たしていたように思われる。しかし明治二十年代を迎え、近代文学の誕生と併走し、文芸雑誌『新小説』を発行し、また尾崎紅葉の『金色夜叉』などのベストセラーを出版することになる春陽堂を除いて、他の七店は近代流通システムの出現と入れ代わるように退場してしまったと考えられる。三十年代に入ると、それらの名前が見えなくなってしまうからだ。

次に「諸国売捌所」に目を移してみる。三ページにわたって、百八十店近くの名前が列挙されている。北海道は函館だけだが、九州はほぼ一円に地方書店が簇生しているとわかる。これらは主として地方取次も兼ねた書店だと見なせよう。明治三年の学制公布からすでに二十年近くが経っていた。明治前半に教科書の出版と流通販売を中心にして、全国各地で書店が立ち上がっていたことをこの「諸国売捌所」のリストは如実に示している。『為朝再興記』の出版と同年に、博文館は月刊『日本大家論集』を刊行してデビューし、たちまちにして近代出版業界の覇者となり、博文館王国を築いていく。だがその成功を支えたのは明治前半に全国各地に立ち上がっていた書店の存在、及びそれらによって構築されつつあった雑誌や書籍の流通インフラだったことを、あらためてこの「諸国売捌所」リストは告げているように思われる。

現在の出版危機はそれらの書店が解体され、近代出版流通システムが終わりを迎えていることによっている。

117　愚書悪書の兎屋と望月誠

2011・12

前回明治二十年に金鱗堂と真盛堂の合梓として刊行された『為朝再興記』にふれ、これが近世出版流通システムから近代出版流通システムへと移行する過渡期における出版だったことを、流通販売インフラを取り上げ、検証してみた。その後しばらくして、浜松の時代舎でやはり同時期の同種の本を十一冊まとめて購入したので、これらについても書いておきたい。

『為朝再興記』と同種の判型と装丁は『絵本義経勲功記』（自由閣、明治十九年）、『佐倉宗五郎実伝記』（春陽堂、同十七年）、『俊寛僧都島物語』（鶴声社、同十八年）、他はこれらよりはるかに厚い『絵本大閤記』（成文社）上下、『真書大閤記』（鶴声社）四冊、『南総里見八犬伝』（文事堂）三冊で、先の二点は明治十九年刊行だが、後の一点は奥付表記がなく、不明である。これらのうちの『真書大閤記』の一冊には出版人、発兌、府下大売捌を掲載した明治十九年五月の奥付があるので、まずそれらを示しておこう。最初に出版人として東京府平民森仙吉の名前が記され、発兌＝発行所として鶴声社本店と二支店が挙がっている。本店住所は東京日本橋区橘町四丁目、支店はそれぞれ大阪心斎橋南詰、横浜吉田町一丁目で、鶴声社がこの時代に東京だけでなく、大阪や横浜にも進出していたとわかる。

そして次に府下大売捌をリストアップする。

金松堂／辻岡文助　　兎屋／望月誠　　明三閣／覚張栄三郎　　春陽堂／和田篤太郎

金桜堂／内藤加我　金泉堂／鈴木金次郎　文苑閣／鈴木喜右衛門　柳心堂／山中喜太郎

住所は省略したが、鶴声社と同様の日本橋区が五店、京橋区が三店で、この時代に出版社、取次、書店を兼ねていたことからすれば、出版業界そのものが日本橋区や京橋区に集中していたことになろう。

これらの大売捌は鶴声社も含めて、『日本出版百年史年表』（日本書籍出版協会）所収の「東京府管下書物問屋（明治六年）」掲載の百五十店余の中に見当たらない。また春陽堂を除いて、明治後半の出版史から消えてしまっている。とすれば、先述したように扱っていた十一冊はもはや和本でなく、洋本であったにもかかわらず、近世出版流通システムと近代出版流通システムの端境期に存在していたために、あえなく退場するしかなかったのだろう。ただこの後、春陽堂だけが尾崎紅葉の硯友社に始まる明治文学に寄り添い、併走したことによってサバイバルして成長し、近代文学史と出版史に大きな名前を残すことになる。いつの時代も出版史には敗者が多く、勝者はわずかでしかない。その事実をこれらの大売捌の消滅が物語っていよう。

しかしそれでも前回少しふれたように、兎屋は出版史にかなり鮮明な痕跡と証言を残している。前田愛が『近代読者の成立』（岩波現代文庫）の中で、この兎屋に言及していることはよく知られていると思うが、ここではその出典である内田魯庵の昭和初年の「銀座繁盛記」や「銀座と築地の憶出」（いずれも『内田魯庵全集』第三巻所収）を参照し、兎屋について、明治半ばの端境期に消えてしまった近世出版流通システムの代表的な書肆として紹介してみる。内田は「銀座繁盛記」で次のように書いている。

「表通りでは無かつたが、裏煉瓦に兎屋といふのがあつた。兎屋と云つても今は余り知つているものはあるまいが、兎屋本と云つたら一時は全国を風靡した大量生産の出版の元祖であつた。夫ではドンナ本が出版されたかといふと、記憶に残つてるものが一冊も無いと云ふほど夫程、愚にも附かない碌でもないものばかり出版して、到頭馬車（円太郎ぢやない）を乗回すまでに漕付けたといふは矢張り銀座でなくては生まれない怪物だつた。」

大売捌リストに示したように、兎屋というのは屋号で、本名は望月誠だった。しかし彼の出身や経歴はまったく伝えられていない。兎屋は数奇屋橋に近い広い通りに面し、間口の広い店で、新刊を山のように積んで売っていたが、兎屋の出版にはまともなものが一冊もなく、自ら編述したり、糊と鋏で仕上げたりした『女房の心得』とか『亭主の心得』とかいった安価な家庭書、露骨なタイトルの生理書や衛生書が多く、剽窃や焼き直しも当たり前で、著者や内容はまったく問題にしなかった。そのような「愚書俗書悪本凡本の濫出」ともいうべきシリーズ物を大量生産し、それらの発行部数は何百万部にも及んだ。だがそこに兎屋の「衆愚の傾向を洞察する鋭い着眼と、直ぐ其の要求に適合する新著を案出する敏捷な技術」がこめられていたゆえに、馬車を乗り回す一時の栄華を手にした。ところがそこまで濫出し、新刊書店をにぎわした兎屋本も大正時代にはほとんど隻影を見ず、古本市にもまったく現われなくなってしまったようだ。これも「愚書悪書の異名」はあったにしろ、過渡期の出版物と書肆の宿命だったのかもしれない。

118　三省堂『ウェブスター氏新刊大辞典和訳字彙』と教科書流通ルート

2012・1

以前に四六書院絡みで、大部の『三省堂書店百年史』を読み、三省堂の名を知らしめた辞書への言及とその書影掲載の部分で、この辞書をかつて高校の英語教師から、参考資料になるのではないかと言われ、ゆずり受けたことを思い出した。それは図書館の廃棄本で、背も表紙もはがれ、無残な見かけであったが、本体はまだ使用に耐えられる状態だった。確かめてみると、やはり同じ辞書だった。

三省堂書店は旧幕臣の亀井忠一・萬喜子夫婦によって、明治十四年四月、神田神保町に古本屋として開業した。言うまでもないが、店名は『論語』の「吾日三省吾身」に由来している。古本屋として始まったのは三省堂だけでなく、有斐閣も冨山房も同様で、これらの三社はいずれも新刊書店を経て、出版に参入することになる。主として有斐閣は法律書、冨山房は学術書、三省堂は辞書だった。『三省堂書店百年史』は次のように述べている。

「三省堂の名が初めて世間に出たのは、明治二十一年（一八八八）『ウェブスター氏新刊大辞典和訳字彙』の出版された時で、その時代に英語を学んだほどの青少年学徒は誰彼となく、その四六判一八〇〇ページに及ぶ辞書の恩恵を受けたのであった。」

この「冒険的事業」である「運命的な辞書」を編集したのは後に医学博士となる田中達三郎と『日本百科大辞典』を手がけることになる斎藤精輔で、その「編者名」として知名度の高い学識者が必要であったために、東京商業学校などの講師にして博言博士のイーストレーキと東京帝大出身の新進文学士棚橋一郎が選ばれた。これは『三省堂書店百年史』の記述の要約だが、社史特有の便宜的な一面しか語っていないので、少しばかり補足してみる。『ウェブスター氏新刊大辞典和訳字彙』はイーストレーキが「PREFACE」で述べているように、「Webster's great Dictionary」を翻訳再編集したものであり、奥付に彼と棚橋は編著者でなく、「訳述者」と記されている。つまりウェブスター大辞典の翻訳権を取得せず、翻訳再編集したことになる。それは国際的な著作権問題がまだ確立されていなかった時代ゆえに可能な出版であったのだ。

だがこれだけの大部な英和辞典はそれまで刊行されていなかったので、非常な好調で迎えられた。私の手元にあるのは明治二十一年九月初版、同三十年四月の第三十版で、すばらしい売れ行きを示している。このポケット版が両者による『英和袖珍新字彙』であり、コンサイスの元版となったと思われる。イーストレーキについて少しだけ付け加えれば、彼は明治二十年代から三十年代にかけて、東京の二大私立英学校と称された国民英学会を磯部弥一郎、正則英語学校を斎藤秀三郎と創立している。もはやまったく言及されないが、この二校が英語普及において多大な貢献をなしたことは特筆すべきだろう。だからイーストレーキが果たした役割は辞書と英語教育の両分野に広くわたっている。

さてこの辞典で興味深いのは巻末に三ページに及ぶ百五十店ほどの「東京市大売捌所」と「各地方売捌所」が掲載されていることである。わけても特徴的なのは「東京市大売捌所」として、三十九店が並列されていることだろう。この辞典出版当時の流通事情を記すと、近代出版流通システムの要である取次が誕生したばかりで、第十版が出された同三十年頃に、ようやく東京堂、北隆館、東海堂、良明堂、上田屋、至誠堂の六取次時代を迎えたところだった。しかしここで留意しなければならないのはこれらは雑誌を主とする取次であったことだ。それを物語るように、「東京市大売捌所」のリストには東京堂と東海堂の二店しか見当らない。それは他の四取次が三省堂と直接取引がなかったことを意味している。それらの取次の代わりに、中西屋、冨山房、有斐閣、丸善、大倉書店などが並び、それらは三省堂と同様に出版社と書店を兼ねていた。「東京市大売捌所」と「各地方売捌所」の百五十店ほどのすべてに言及することはできないが、これらのことは次のような事実を告げていると思われる。

雑誌を中心とする近代取次が整備される以前から、教科書出版を兼ねた書店が全国各地で立ち上がり、独自の流通システムが構築されていたことをこのリストは明らかにしている。雑誌取次とは異なるかたちで、教科書流通ルートがやはり明治二十年代に全国的規模にまで普及し、そこに『ウェブスター氏新刊大辞典和訳字彙』が送りこまれ、前述したように十年間で三十版を重ねるというすばらしい売れ行きをもたらしたのであろう。もちろんこの時代は買切であり、返品もほとんど生じなかったことを考えれば、三省堂がこの一冊で成功を収め、それ以後各種の辞典と教科書の出版に邁進した事情がよくわかる。そして明治二十五年には初めての印刷工場を立ち上げ、二十七年には編輯所を設け、三十一年に一巻本の『日本大百科辞典』刊行を計画し、編集が始められ、日本最初の本格的百科辞典のドラマの幕が切って落とされたのだが、それはまた別の物語になろう。

119　『総長賭博』と『日本国勢図会』上

2012・2

「わたしは殆ど活動写真を見に行ったことがない」という一節は、永井荷風の『濹東綺譚』の書き出しであるが、昨年の暮れに私もしばらくぶりで、浜松に映画を観に出かけた。多くの地方都市と同様に、レンタル全盛とシネコンの出現を見て、浜松でも従来の映画館は次々に消え、今では名画座のシネマイーラを残すだけになってしまった。

一九八〇年代における郊外消費社会の隆盛によって、商店街が壊滅状態となり、その一角にあった映画館も退場するしかなかった。私が小学生の頃から通っていた商店街の映画館も八〇年代になくなり、またビデオやDVDの普及もあり、すっかり映画を観にいく習慣を失ってしまったことになる。その後、郊外ショッピングセンターが開店し、シネコンが設けられたのだが、そこで上映される映画はわざわざ出かけていって観る気になれないものばかりだった。

だから本当に映画を観にいくのは久し振りで、その映画は一九六八（昭和四十三）年の『総長賭博』である。これは山下耕作監督・鶴田浩二主演の任侠やくざ映画の頂点とされる。『総長賭博』はどのような事情があってなのか、いまだもってDVD化されていないので、観ることのできない映画の一本といえよう（書いてから十一月に限定版でDVDが出されたことを知った）。

この『総長賭博』の上映はその当日の一回だけとのことゆえに、少し早く出かけたために時間をつぶす必要が生じてしまい、映画館に近い典昭堂に立ち寄ることにした。典昭堂は時代舎と並んで、私が最もよく通っている浜松の古本屋である。

その均一台に『日本国勢図会』の一九六九年版を見つけた。まさにこれこそ『総長賭博』が製作された年の日本という「国のすがた」を描いた一冊で、この年度版も所持しているはずだと思いながらもつい買い求めてしまった。私が最初に『総長賭博』を観たのは池袋の文芸座においてであり、それは七〇年で、私はまだ十八歳だった。考えてみれば、あれから四十年以上が過ぎ去り、私は還暦を迎え、老いの道をたどり始めているのに、若かった頃と同じような体験を求め、同じ映画に向かおうとしている。そして目の前に多くのデータから構成される当時の日本社会の実像を網羅した本が出現したことになる。偶然の出会いであるにしても映画の後で、あらためてこの一冊に目を通してみようと思った。おそらく私も映画もこの『日本国勢図会』のどこかにいるはずだから。

実のところ、私は消費社会や郊外を中心とする戦後社会論をずっと手がけていて、出版状況論なども書いているけれど、これらはその応用編に他ならないのである。その基本的資料として、財団法人矢野恒太記念会編『日本国勢図会』の長年にわたる年度版をいつも参照してきた。念のために内容を記しておけば、この『日本国勢図会』は各年度の経済、人口、国民所得、生活、農林業、工業、商業、教育など七十以上の分野における統計資料を網羅した一冊で、数字で日本がわかるデータブックとなっている。例えば、人口を見てみると、一九四五年が七千二百万人、六七年に一億人を超えているので、戦後のこの時期が現在と異なり、著しい人口増加の時代だったとただちにわかる。それゆえに戦後社会への言及にあたって、『日本国勢図会』は必携の文献といえる。

それらの恩恵もあって、以前にこれを創刊した矢野恒太について、調べてみたことがあったので、ここに書いておこう。一九五七年に出された『矢野恒太伝』(同記念会編纂発行)によれば、矢野は一八六五年岡山県に生まれ、八九年第三高等中学校医学部を卒業し、日本生命に入り、内外の保険事業に関する諸文献を渉猟し、渡欧してその経営実態も学んだ後、一九〇二年に相互保険会社である第一生命を創業し、生命保険事業に生涯を託したとされる。

『日本国勢図会』も矢野の保険事業に関する必要性から編まれたものである。矢野は外遊中に通訳兼案内人役の白崎享一と知り合った。白崎は英独仏語に通じたベルリン大使館の経済調査担当嘱託で、統計普及に志があり、矢野は統計により社会の実態を知らせたいと考えていたことから、二人の間に統計普及書刊行の議が持ち上がった。かくして白崎は帰国して第一生命に入社し、資料収集と原稿腹案に着手し、矢野は解説文の執筆を担当した。『矢野恒太伝』は次のように述べている。

「この当時、日本国勢図会のような年刊の統計解説書はわが国に前例がなかった。新聞社の出している年鑑類はあったがそれは今日から見れば未だ不完全であり、諸官庁の統計書はナマの数字が並んでいるだけで一般の読書子には縁が遠かった。それだけに図会の執筆には苦心がはらわれた。」

この最初の昭和二年版が日本評論社から刊行されると、六万部以上が売れ、その年のベストセラーになったという。なおこれは八三年に復刻版も出されている。それ以来、出版社は国勢社、矢野恒太記念会と発行所は変わったが、八十年以上に渡って出され、今でも統計による毎年の日本という「国のすがた」を伝え続けている。

120 『総長賭博』と『日本国勢図会』下

2012・3

前回、映画の『総長賭博』から始めて、『日本国勢図会』の話にそれてしまったが、両者は内容から考えて、まったく関係がないように見えるにしても、後者が伝えている戦後の日本社会の変貌と前者の成立は無縁でないと思われる。だがそのことにふれる前に、四十年ぶりに映画館で観た『総長賭博』について記しておくべきだろう。映画そのものはフィルムが切れていて、飛んでしまう場面がかなりあった。しかしあらためて映画館で観ることで、私たちがビデオやＤＶＤといったメディアを入手し、自宅においてコンビニエンスに映画を見るようになって、何を失ってしまったのかを実感した。それらをいくつか挙げてみる。

それらはまずは映画を観るために町に出かけていく行為であり、同じ映画を体験する観客の存在である。後で確認すると、『総長賭博』の上映は地方の名画座でも特筆すべき企画で、ミニシアターの座席の埋まり具合も上々だったようだ。かつてはそれらのことが当たり前であり、私たちはそのようにしてずっと映画を観てきたし、それがビデオやＤＶＤへと移行した時、読書における音読から黙読への変化のようなものが生じていたにちがいない。それから所謂任侠やくざ映画は必然的に群像ドラマの性格を帯びているゆえに、映画館の銀幕の大画面で観ないと、その劇場性の真髄が思い切り味わえないという気にもさせられた。

そのような目で記憶に残っている様々な名場面を追っていき、確かめるようにそれらを観ると、ビデオやＤＶＤの小さな画面ではそのエキスの部分が伝わってこないと思われた。例えば、鶴田浩二、若山富三郎、藤純子の三人が桜町弘子の演じた鶴田の妻の墓前で出会う場面がある。葬儀の後の墓参りであり、激しい雨の中で彼らは佇んでいる。墓に供えられた菊、黒紋付、茶の傘、松の緑といった美しい色彩の配置において、夫婦、兄弟分、兄妹の情感に充ちた関係の終わりを象徴するかのように、鶴田はそこで兄弟分の盃を打ち砕く。それは『総長賭博』のひとつのクライマックスシーンに他ならず、この場面において私だけでなく観客の感動の気配があった。四十年前に観た時も、この場面に魅せられたのだ。この『総長賭博』を知ったのは御多分にもれず、六九年に三島由紀夫が『映画芸術』に書いた一文によってであり、商店街の書店で立ち読みしたのだった。それは七一年の刊行のエッセイ集『蘭陵王』（新潮社）に「鶴田浩二論―〈総長賭博〉と〈飛車角〉のなかの―」として収録された。三島は書いていた。

「これは何の誇張もなしに『名画』だと思った。何という自然な必然性の糸が、各シークエンスに、綿密に張りめぐらされていることだろう。（中略）何と一人一人の人物が、その破倫、その反抗でさえも、一定の忠実な型を守り、一つの限定された社会の様式的完成に奉仕していることだろう。（中略）何という絶対的肯定の中にギリギリに仕組まれた悲劇であろう。しかも、その悲劇は何とすみずみまで、あたかも古典劇のように、人間的真実に叶っていることだろう。」

私は小学生の頃から東映のファンであり、その時代劇からやくざ映画までを見続けていたが、このようなオマージュは読んだことがなく、見たいと思ったが、当時の地方では叶えられることではなく、前回書いたようにそれが実現したのは上京してからであった。

ここで『日本国勢図会』に戻る。三島は『総長賭博』を阿佐ヶ谷の商店街の小路の奥にある「小さな古ぼけた映画館」で見た。しかもそこは「舞台上手の戸がたえずきしんで、あけたてするたびにバタンと音を立て、しかもそこから入る風がふんびんに厠臭を運んでくる。……このような理想的環境」においてだった。考えてみれば、六九年の東京でもこうした映画館環境であったわけだから、私たちもずっと「このような理想的環境」の中で映画を観てきたことになる。『日本国勢図会』に示された産業構造を見てみると、一九五〇年の第一次産業就業者割合は四八％であり、六七年には二一％と半減し、それに対し第二次産業は三四％、第三次産業は四五％と推移していて、戦後社会が高度成長期を経て、ドラスティックに変貌していったとわかる。それは農耕社会から工業、消費社会への転換であり、古い社会から新しい社会への戦後の急激な移行を意味していた。そのような社会の転換を背景にして、東映のノスタルジーに基づく古い世界の義理と人情すなわち古い倫理に基づく任侠やくざ映画は好評を得ることでプログラムピクチャーとして量産され、『総長賭博』のような「名画」を生み出すに至ったと考えられる。また『日本国勢図会』に掲載された様々な統計はそのことを示唆しているし、三島が「厠臭」を「理想的環境」と呼んだのも、それらを暗示しているのではないだろうか。

今ではそれこそトイレは水洗どころかウォシュレットにまで移行し、シネコンは快適な映画館となり、映画はＤＶＤ化され、自宅でいつでも見ることができるようになった。しかしそこには功罪も必然的に含まれ、そのような映画環境が数々の「名画」を生み出したかというと、それは疑問でしかない。

121 翻訳者、編集者としての佐々木孝丸

2012・4

四十年ぶりに映画館で『総長賭博』を見て二回にわたって書いてきたが、色々と思い出される映画や本のことなどもあったので、続けて記してみたい。実はこの山下耕作の『総長賭博』において、佐々木孝丸が右翼の黒幕を演じている。彼は冒頭と最後の場面にしか登場しないのだが、最初に日の丸を背後にして国家的使命の一翼を担う大陸進出を語る生々しい迫力と存在感は圧倒的で、イントロダクションにおける佐々木の配置があってこそ、この映画の名作たる輝きを放つことができたように思われる。私とまったく同じ一九七〇年に『総長賭博』を見ていた鹿島茂も佐々木の強烈な存在感がいつまでも記憶に残り、『甦える昭和脇役名画館』（講談社）の中で、佐々木に一章を捧げている。そこで鹿島は佐々木が東映のみならず、日活、大映、松竹、東宝の六〇年代から七〇年代にかけてのヤクザ、ギャング映画二十作近くに黒幕的脇役として出演し、「政治的な権力欲やカリスマ性」を強く匂わせる役柄を演じていたと述べている。

しかしここでは役者としての佐々木ではなく、彼の翻訳者、編集者の側面に言及してみたい。以前にもふれたことがあったが、ラフスケッチのままで終わってしまっていたからだ。佐々木の「わが半生記」とある『風雲新劇志』（現代社）によれば、大正六年に神戸から上京し、赤坂の電信局に勤めながら、アテネ・フランセに通ってフランス語を学び、秋田雨雀の紹介で新潮社からミュッセの『二人の愛人』を処女出版し、続けてスタンダールの『赤と黒』を手がけたことになっている。

つまり佐々木は『赤と黒』の最初の翻訳者であり、これは新潮社の円本の第二期『世界文学全集』第四巻にも収録されることになる。だが翻訳についての言及は『赤と黒』の誤訳問題、梅原北明グループが刊行したポルノグラフィ『ファニー・ヒル』の発禁処分なども絡み、明らかに記述が控えられている。しかし、佐々木はそれら以外にも多くを手がけていて、翻訳者としての佐々木ももう少し見直されてしかるべきではないだろうか。それに比べて、編集者としての軌跡は具体的に語られているといっていい。

佐々木は『秋田雨雀日記』（未来社）において最もよく登場しているが、『種蒔く人』の同人で、種蒔き社の主要メンバーだった。そして彼は足助素一の叢文閣に勤めて「自然科学叢書」、アルスにも席を置いて「アルス文化大講座」を企画編集している。大正中期から昭和初期にかけて、佐々木は翻訳者にして編集者だったのである。

「自然科学叢書」は未見だが、たまたま「アルス文化大講座」は三冊ほど入手しているので、これについて書いてみよう。これは昭和二年の円本時代に刊行された所謂「講座物」で、全十二巻が出されたようだ。その経緯に関し、佐々木は次のように述べている。

「叢文閣をやめた私は、書肆『アルス』で美術双書の編集をしていた松本弘二からの誘いで、しばらくアルス編集部に席を置いたが、（中略）毎週一回、土曜日の夜、社主の北原鉄雄氏を中心に、令兄の白秋、河井酔名、大木惇夫などの諸氏と会食しながら、出版の企画に関する意見を述べるのが主な仕事であった。そうしたのんきな『企画会議』の中から『アルス文化大講座』なるものを私が編纂することになったが、これは失敗に終った。で、私はその責を追うてあっさりアルスを辞した」。だがこれがきっかけで、詩人の北原白秋や大木惇夫と親交を結べるようになったことは大きなプラスだったと佐々木は記している。

この「アルス文化大講座」を実際に繰ってみると、それが「失敗に終った」事情が了解される。菊判の表紙の装丁などは恩地孝四郎が担当し、モダンで瀟洒な印象を与える一方で、「大講座」と銘打ったためなのか、多く執筆者による多くの講座がつめこまれていて、散漫でまとまりの悪いイメージが否めない。

例えば、昭和二年四月刊行の第六巻を見てみる。この巻は「西洋音楽講座」などの「学術篇」八編、「現代の科学」などの「現代篇」七編、「住宅のスタイル」などの「生活篇」六編からなり、しかもいずれも連載である。したがって読者はこれらの多岐にわたる講座を刊行順に連載で読まなければならず、どのように考えても、読者を獲得することは難しい企画だったとわかる。そして各講座のページに表われているノンブル処理からすれば、それぞれが連載完結後に一冊の単行本となるように仕掛けられていたと判断できる。つまり講座物と単行本化の一石二鳥を狙った企画であり、そのために間口を広げすぎてしまったのだと思われる。それは佐々木の演劇的編集の投影とでもいえるのだろうか。

巻末には一ページの「編輯後記」が付され小社の「日本児童文庫」が「出版界に異常な大センセーション惹き起こしている」とある。円本時代のどよめきがここからも伝わってくる。この「編輯後記」も佐々木によるものだろうし、円本時代の編集者人脈には彼の他にも多くの異色の人材が参加していたにちがいない。

122　渡辺武信『ヒーローの夢と死』

2012・5

『総長賭博』を始めとする一九七〇年前後に観ていた戦前を舞台にした、ヤクザ映画というよりも任侠映画は、『総長賭博』が「博奕打ち」シリーズの一作であったように、「日本侠客伝」「昭和残侠伝」「緋牡丹博徒」など多くがシリーズ化されていて、それらの何本立てかを飽きもせず映画館で観たものだった。

そのためにそれらの映画についてもよく語られていた。そのような話の中で、友人から任侠映画を論じた名著として、詩人の渡辺武信の『ヒーローの夢と死』を教えられた。これは借りて読んだために手元にないが、確か七二年に思潮社から刊行された一冊で、アート紙使用の多くの映画の写真の収録もあって、当時としては高価な二千円だったと思う。しかも少部数でほどなく品切になったゆえなのか、その後一度も古本屋で出会うことなく、『総長賭博』再見と同様の長い年月が経ってしまったことになる。

そういう事情もあって、渡辺の『ヒーローの夢と死』を再読できていないのだが、同時期に『キネマ旬報』に連載され、八〇年代になって全三巻で刊行された『日活アクションの華麗な世界』（未来社）などは繰り返し読んでいるので、それらを参照し、かつて深い示唆を受けた渡辺の東映任侠映画論の輪郭を示してみたい。まず渡辺の定義を引く。

「正系任侠映画において、そのヒーローの強みは彼をとりまく世界との調和の感覚にある。明治から昭和初期までの時代を背景とするその種の映画において、唐桟《とうざん》などを着こなした任侠はその身ぶり立居振舞のすみずみまで周囲の伝統的習俗と見事に調和している。そして虚構的に美化された侠客たちの社会特有の儀礼のすぐれた象徴性が、この傾向に一層の視覚的な美しさを加える。(中略)

だから正系任侠映画ではヒーローは一つの美的秩序をもった文化の守護者であり、悪玉はその文化にとって異端者である。(後略)」

それゆえにヒーローは守るべき共同体に所属し、死を賭した殴り込みもまたその文化全体を後盾とし、幻視された死は「唐獅子牡丹」に象徴される共同体から仏のような光背を与えられ、自己と世界との合体を体現する。しかしこれらの任侠映画において、常にヒーローは反動的伝統派、悪玉はその時代にそった革新派であり、それは高度成長期の過程で失われつつあった日本的共同体と伝統文化への郷愁を含む危険なアンバランスを伴う魅惑を秘めていたと渡辺は指摘している。

『ヒーローの夢と死』にも同じ論が書かれていて、地方出身者の私などにとっても、優れた映画論にして状況論であるように思えた。ただこれは彼の『日活アクションの華麗な世界』で本格的に論じられることになるのだが、そのような東映任侠映画に対して、日活アクション映画が対置され、後者が前者とは逆の個の自由と共同体からの離脱に付随する孤独、さらにはアメリカ民主主義といった戦後的価値を表象するという展開はよく理解できなかった。

なぜならば、私は十代を主として東映と大映の映画を観ることで過ごし、それこそ華麗なる日活アクション映画とは無縁だったからである。もちろん六〇年代はまだ町の映画館が全盛で、日活の映画館も存在していたが、東映や大映の時代劇を優先していたことから、そこに通うことはなかった。それらの日活アクション映画を観るようになったのは八〇年代になってビデオが普及し始めてからで、恥かしながら初めて石原裕次郎や小林旭や赤木圭一郎の映画を観たといっても過言ではない。そしてそのモダニズムの魅力を理解しながらも、旬の時に観ていないことは否応なく作用し、リアルタイムでの臨場感を得ることはできないように思われた。

だが私と同様に六〇年代の映画体験を回想しても、当時はプログラムピクチャーの時代でもあり、東宝や松竹も含め、各社の映画を満遍なく観ていた人々は圧倒的に少数であるにちがいない。それに晩学とはいえ、日活映画を多く見る機会を得たことも、渡辺の著書の功徳といってよく、彼に感謝すべきだろう。だが私が渡辺から最も大きなヒントを得たのはそれらにもまして、プログラムピクチャーの概念であった。彼はプログラムピクチャーが各映画会社の社風にしたがう量産化、定期化、路線化のマンネリズム映画であるにしても、その繰り返しの必然的洗練から、『総長賭博』に代表される傑作が生まれると述べている。私はこのプログラムピクチャーの概念を出版物、その中でもとりわけ円本や叢書に当てはめ、プログラムブックスとして論じてみようと考えるに至った。それが私のブログで連載中の「古本夜話」の試みでもあり、ようやく八百回を超え、集積としての出版物のこれまでとは異なる様々な相貌が浮かび上がり始めた。

これらのいくつかの試みのきっかけとなった渡辺の『ヒーローの夢と死』は広く読まれてほしいので、ちくま文庫あたりでの復刊を望みたい気もするが、一方で絶版のままのほうがふさわしいようにも思える。

123　佐藤忠男『長谷川伸論』と『苦労人の文学』

2012・6

『総長賭博』絡みが五回も続いてしまって恐縮ではあるのだが、もう一回書かせてほしい。一九六九年に三島由紀夫が『総長賭博』を見て絶讃し、七〇年十一月に市ヶ谷の自衛隊に押し入り、割腹自殺する。その翌年の『中央公論』三月号に、佐藤忠男が『総長賭博』と三島の死を論じた「忠誠心の映像」を発表している。私が『総長賭博』を観たのは七〇年四月で、それから半年後に三島の死があり、続けて佐藤の論が発表されたので、これはリアルタイムで読んでいる。確か月遅れのようなかたちで古本屋の均一台に置かれていた『中央公論』のその号を買ったような気がする。なおこの「忠誠心の映像」は「忠誠心の二つの道」と改題され、七五年の『長谷川伸論』（中央公論社）に収録され、それは後に中公文庫の一冊となっている。

佐藤はその『長谷川伸論』の冒頭の「忠誠心の二つの道」を、「三島由紀夫が生前に絶讃していた映画に、山下耕作監督の『総長賭博』というやくざ映画がある」と始め、自らも「この作品は、一九六三年以後、連続的につくられてきた東映やくざ映画のひとつの頂点とでも言える作品で、やくざ映画の主題とドラマツルギーと美意識が、もっとも純粋な結晶をとげたもの」と評している。

そして佐藤はこの映画のストーリーの長い紹介と分析を行ない、三島が「本気で見て本気で感動したもの」が傑作だと認めるにしても、「ある一点において、これはまったくバカバカしい映画」で、それは三島事件と等価だと指摘している。

その論旨を要約すれば、『総長賭博』の大前提となるのは東映の映画館の中にしかないフィクションとしての任侠道で、三島事件においてはそれが天皇制への忠誠へと転換される。また時代状況を投影させれば、『総長賭博』の鶴田浩二は三島、若山富三郎が象徴するのは全共闘、名和宏は大学紛争における教授会、佐々木孝丸や金子信雄は官僚的組織悪ということになり、任侠道は他ならぬ天皇制へと転化されてしまう。そこに佐藤は七〇年前後における『総長賭博』と三島事件に共通する「思想のデカダン現象」を見ていたのである。

この問題にこれ以上立ち入らないが、佐藤は任侠道への忠誠をテーマとする『総長賭博』に対して、同じ山下耕作の『関の弥太っぺ』（六三年）や加藤泰の『沓掛時次郎・遊侠一匹』（六六年）を取り上げる。この二作はいずれも中村錦之助を主役とし、表題にあるように長谷川伸原作である。そして次のように書いている。

「長谷川伸の作品は、すべての股旅ものの古典だが、そこでは、つくすべき対象は、弱い者、可憐な者、あわれなものにきまっている。『弱きを助け、強きを挫く』という原則から外れることは決してない。もうひとつ、長谷川伸の作品では、やくざはつねに、自分を恥じている。組の権力を争うなどということは長谷川美学では論外のことである。」

このような視点から、『総長賭博』は男性的で武士道的な組織と個人の世界、長谷川原作に基づく『関の弥太っぺ』や『沓掛時次郎・遊侠一匹』は女性的で庶民的な義理人情の世界に分類される。言い換えれば、前者は限りなくホモソーシャルな世界を現前させたことによって三島の絶讃を得たのであり、フェミニズム的な後者に対しては関心を示さなかったと思われる。

さてここで映画から離れて考えてみたいのは近代文学史と出版史の問題である。佐藤の論をたどっていくと、明らかに三島に代表されるエリートの文学と対照的な長谷川の文学が提出されている。さらに佐藤は『長谷川伸論』の文庫化と同年に、まさに『苦労人の文学』（千曲秀版社）を刊行し、椎名麟三、秋元松代、吉川英治、山本周五郎といった学歴を有さない文学者たちを論じ、そこに「臆面もなく」「人生の教訓」を見出そうと試みている。佐藤もまた学歴を得ていない「苦労人」の一人でもあった。

これらの学歴を有さない「苦労人」を近代出版史にあてはめてみると、明治大正時代までの出版業界が一部の出版社の上層の人々を除けば、大半が「苦労人」に属しているとわかる。昭和に入って、改造社、中央公論社、文芸春秋社などが新規大学卒業者を募集し、編集者がエリート化していくが、まだ大半の出版社は丁稚や少年社員や苦学を経て、経営者や編集者となっていった人々も多く、取次や書店に至ってはそれが当たり前の時代でもあった。

またそのような観点からすれば、近代出版史に様々な色彩を添えている多くの名著とされる書物の著者たちが独学者であり、彼らこそが近代出版史を単に活性化させていたトリックスターのように思えてくる。これらの概念を大衆文学、児童文学、実用書の世界に応用するつもりでいたが、もはや紙幅が尽きてしまったので、ただひとつだけ日本特有のコミックの誕生も「苦労人」と「独学者」の世界の側から生まれてきたことだけを明記しておこう。それこそ戦後のコミックの準備と隆盛を担った貸本出版社とマンガ家たちがその事実を明らかに象徴している。

124 斎藤龍鳳『なにが粋かよ』

2012・7

前回で『総長賭博』について終わりにするつもりでいたけれども、当時もう一編の論を読んでいたこと、それも左翼の側からのものなので、重ねて紹介しておきたい。しかもそれは佐藤忠男の「忠誠心の映像」に対する反論でもあり、『総長賭博』の監督、脚本家、プロデューサーへのインタビューも含んでいるからでもある。その一編「やくざ映画になぜ惚れる」は映画評論家の斎藤龍鳳によって書かれ、『現代の眼』の一九七一年四月号に掲載され、七二年刊行の『なにが粋かよ』（創樹社）に収録されている。

佐藤の冒頭の一文を前回引用しておいたように、斎藤もその書き出しである「ハナっから断わっとくけど、野暮は言いっこなしってことにしようじゃないか。やくざ映画を作ってる人、山下耕作の話なんだから」を示せば、彼の論の中身の一端がうかがえるだろう。要するに斎藤は佐藤に代表されるやくざ映画論や作家論もどきを書いてきた近代合理主義者たちの「書斎からの非合理世界への憧憬まじりの発言」に一矢を報いようとしているのだ。これはずっと忘れていたが、斎藤の記すところによれば、『中央公論』掲載の佐藤の「忠誠心の映像」の最初の小見出しは「やくざ・三島・全共闘」となっていたとされる。それに対し、斎藤はやくざ映画の「意地・粋・心意気」と「義理と人情のこの世界」をぶつけ、そこに描かれたヒーローやヒロインが滅びていく美しさを賞揚する。まさにこれは佐藤の「やくざ映画を、そのイデオロギーをぬきにして形式美だけで愉しむことが一種のデカダン現象」という言に対する反論に他ならない。それを確認するため、斎藤は「実証主義者」として、京都の太秦撮影所に向かい、山下耕作監督にインタビューしている。肝心なところを抜いてみる。

「問　『総長賭博』三島由紀夫ニ賞メラレマシタネ。

答　ラシイデスネ。気分的ニハ楽ニ表現シタツモリダケド、後デ撮ッテル時ニハ気ガツカナカッタマズイ点モ目ニツキマシタ。」

「問　三島しょっくアリマシタカ。

答　アリマセンデシタ。」

「問　ヤクザ映画ニ思想ガアリマスカ。

答　アリマセン。思想ヲ持チコンダラ撮レヤシマセンヨ。」

そして次に斎藤は脚本家の笠原和夫に会う。しかし笠原の口からも、『総長賭博』の構想や執筆に至る明確な返答を得られず、かろうじて「ぎりしゃ悲劇ミタイナモノガ好キデス」とか、「ヤクザハヤクザデイイト思ウケド、（中略）ヤクザガ自分ノコトヲ侠客ッテイウセリフヲ入レルノハイヤデスネ。労働トハ無関係ナ人間ダシ、素材トシテハ危険デスヨ。安易ニ描ケナイト思イマス」といった言葉を引き出すことで終わっている。

最後のインタビューは『総長賭博』を始めとする東映やくざ映画のプロデューサー俊藤浩滋であるのだが、ここでも斎藤は「任侠トハ幻想カ現実カ」と始めているにもかかわらず、「誤解ヲマネクノデ答エニクイ」という俊藤の返事に対し、それ以上は突っ込んでいない。

もちろんこのようなインタビューをベースとする斎藤の「やくざ映画になぜ惚れる」が、彼ならではの戦略によっていることは言うまでもないだろう。三人のインタビューにおいて、斎藤はさり気なく、山下に京大時代の天皇の行幸を問い、笠原のきらいなものがアカデミズムと権力だと記し、俊藤が宝塚の小林一三の弟子だったことにもふれ、また山下と俊藤からはやくざ映画をつくり続ける決意を聞き出している。このようなインタビュー構成とそれらのエピソードの配置によって、斎藤は佐藤の「忠誠心の映像」に対しての反テーゼを提出していることになる。しかしあらためて佐藤と斎藤の『総長賭博』論を読んでみると、基本的な認識のコアは変わっていないのではないだろうか。それは長谷川伸の原作を発祥とし、『関の弥太っぺ』『沓掛時次郎・遊侠一匹』から始まり、東映やくざ映画を彩っている「義理人情」であり、それを佐藤はひとつの言葉、斎藤は対立するものだと判断しているが、二人ともそれを日本人のエトスと考えていることに変わりはないように思われる。

私は二人の論に目を通したしばらく後で、神島二郎の『近代日本の精神構造』(岩波書店)を読み、そこで神島が長谷川の股旅物にふれ、孤独な正義派の旅がらすを主人公とする物語が広く受け入れられたのは、「近代の庶民があたたかい内輪の世界を欲しながらもおおくはそれから疎外されているという事実」に基づき、「共同体が現実の世界においてではなく、観念の世界においてのみ求められているにほかならぬ」と書いているのを見つけた。神島の指摘する時代は第一次世界大戦以後から昭和戦前における大衆文学の全盛の時期であるが、それこそ東映やくざ映画はそれらのエトスを継承し、高度成長期に同じ役割を果たしたのではないだろうか。

この一文を書いた後、浜松の時代舎に出かけると、これも当時読もうと思っていたが、入手しないままに過ぎてしまった楠本憲吉編『任侠映画の世界』(荒地出版社)を見つけた。書いていると本も出てくるものだとあらためて思う。

125　幻燈社『遊侠一匹』

2012・8

斎藤龍鳳の『なにが粋かよ』というタイトルは同書所収のひとつの書評の一文からとられている。それは一九七〇年に幻燈社から出された「加藤泰の世界」とサブタイトルの付された『遊侠一匹』で、この映画の主題歌でフランク永井が歌った「何が意気かよ気がつく時は／みんな手おくれ吹きざらし」に斎藤の遺稿集の書名は由来している。

斎藤はその書評「なにが粋かよ」を次のように書き出している。

「おそらく、この本を読まないような多くの庶民こそ、加藤泰の世界に内包されていたところの、人間のつらさや、やさしさ、堪えられないような苦しさ、やすらぎ、哀しさなどを感傷的に、しみじみと感じ、ある時は怒りを噴出させてきたのだと思う。」

この斎藤らしくない素直な言葉の中に、「加藤泰の世界」が凝縮され、その思いは同じくタイトルにも採用された長谷川伸原作による加藤の『沓掛時次郎・遊侠一匹』につながっていくのである。加藤にしても『総長賭博』の山下耕作にしても、佐藤忠男や斎藤にしても、長谷川伸の男と女の物語に日本人の「義理人情」の起源を見出し、監督たちはそれに基づく映画を作り、評論家たちも揃ってオマージュを捧げてきた。それらの作品群の中にあって、加藤泰の映画世界はとりわけ魅惑的であり、私は今でもＤＶＤを入手したことで、『沓掛時次郎・遊侠一匹』を始めとして、『明治侠客伝・三代目襲名』や『緋牡丹博徒・お竜参上』などを繰り返し観ている。これらが彼の代表作であるから挙げたのだが、この三作はいずれも柿、桃、蜜柑といった果実がその世界を象徴するかのように、色物とともに効果的に使われ、とりわけその場面が深い印象を残すのである。

『遊侠一匹』は映画のスチール写真三十ページと加藤泰の八十ページに及ぶエッセイを巻頭にまとめ、それに続いて山根貞男による加藤と藤純子への二本のインタビューが置かれ、次に各人による七本の加藤泰論、芝居の脚本『荒神山』の収録、加藤の全作品の記録とその回想を加えるかたちの一冊となっている。このA5判箱入、四百二十ページ余に及ぶ大冊は映画本としてきわめて先駆的な一冊だと見なすことができる。現在ではフィルモグラフィも含めた映画監督の本は多く出されているけれど、七〇年当時において、このような豪華といっていい映画本はまだほとんど刊行されていなかったし、しかもそれが東映やくざ映画の監督であったわけだから、画期的な企画にして出版だったと断言してもかまわないだろう。そのことを祝ぐかのように白地の箱は華やかな菊や朝顔などの黄色や赤に彩られ、装丁を受け持った林静一の思い入れも伝わってくる。

さてここからは『遊侠一匹』を刊行した幻燈社、編者の山根貞男と発行者の高野慎三のことにふれよう。まずその前史として、六七年に創刊されたマンガ研究、評論誌『漫画主義』がある。この創刊号は「つげ義春特集」で、同人は石子順造、梶井純、菊池浅次郎、権藤晋の四人であった。『漫画主義』が何号まで出されたのかは確認していないが、六九年にその四人によるアンソロジー『現代漫画論集』（青林堂）がまとめられ、また同年に幻燈社から『つげ義春初期短編集』も刊行され、『遊侠一匹』への助走段階を形成したと考えられる。

なお『漫画主義』の同人のうちの菊池浅次郎が山根貞男、権藤晋が高野慎三のペンネームで、いうまでもなく菊池は『明治侠客伝・三代目襲名』の鶴田浩二扮する主人公の名前である。当時の二人のポジションについて、山根のことはわからないが、高野は橋川文三の門下で、日本読書新聞を経て、青林堂に移っていたはずであり、幻燈社による出版は彼の次なる助走を意味していたと思われる。それは山根も同様だったのではないだろうか。そこに加藤泰の存在が浮上してきたのであろう。

山根は『遊侠一匹』の「編者後記」で、次のように述べている。

「加藤泰の本を出そう、そんなことをわたしたちが話しあいはじめたのが、いったいいつであったか、はっきり憶えていない。ただはっきりしていることは、わたしたちが加藤泰について、時を忘れたようにしゃべりあったのが『三代目襲名』をみた昭和四十年の秋であることだ。(中略)その頃、いわゆるやくざ映画が観客の欲望を一手にになないはじめていて、高野もわたしも、(中略)『三代目襲名』をみるや、その一篇の映画に、自分でも判然としなかったものがなんであるのかを、いっきょにみてしまったという想いにとらわれたのだった。」

このような山根と高野の想いの延長線上に『遊侠一匹』は私たちの前に忽然と出現したことになる。その後山根はおそらくこの仕事を契機として、『マキノ雅弘自伝・映画渡世』(平凡社)や『森一生映画旅』(草思社)などの聞書の仕事へ、高野は北冬書房を立ち上げ、『夜行』を創刊し、本格的な出版業の世界へと向かっていったのである。

なお、私見によれば、本連載106でも言及しておいたように、六〇年代に加藤泰やつげ義春に注目していた高野は、都市型モダニストだったと思われる。

126 読物雑誌『丸』と三一新書

2012・9

前回書きそびれてしまったが、斎藤龍鳳は「ヤクザ映画になぜ惚れる」を絶筆として、一九七一年に四十三歳で亡くなっている。『なにが粋かよ』所収の「斎藤龍鳳略年譜」には「ガス中毒による心臓ショックで死す」「遺書らしきものはなし」とある。彼はそのアパートの壁に緋牡丹お竜の藤純子と毛沢東の写真を貼っていたというから、毛沢東に象徴される「義理」とお竜の示す「人情」に見とられ、鬼籍に入ったことになる。ただ「略年譜」と同様にこれ以上立ち入らない。

彼の死後の七二年に刊行された『なにが粋かよ』は「斎藤龍鳳の世界」とサブタイトルが付されているように、斎藤の生前のいずれも三一書房から出された二冊の著作『遊撃の思想』と『武闘派宣言』を中心にして編まれ、巻末には丸山邦男による「人間的―その殉難の論理」と題された斎藤との戦後の「奇妙な交際」史が置かれている。それによれば、一九五〇年代後半に斎藤は月刊読物雑誌『丸』に在籍してから『内外タイムス』に入り、六〇年代から映画記者となり、『映画芸術』に本格的に批評を書き始める。『なにが粋かよ』所収の大半はそこに発表されたものである。なお斎藤の記者となる前の予科練を経ての日共党員時代、『内外タイムス』退社後の新左翼のML派との共闘については「略年譜」を参照してほしい。また連合プレス社から出されていた『丸』は前週刊誌の時代のトップ屋をしのぐあまりにも多彩な雑文家たちの集合体であったようだが、その『丸』とこれらのメンバーの詳細はわかっていない。

私が斎藤を知ったのは彼が『話の特集』の常連ライターだったからで、それは編集長の矢崎泰久と『内外タイムス』で同僚だった関係ゆえに生じたものであろう。それに斎藤の『遊撃の思想』や『武闘派宣言』は読むに至らなかったにしても、よく古本屋の棚で見かけたものだった。

そしてあらためて『なにが粋かよ』を読むに及んで、これが奥付発行者名にあるように、『丸』時代からの盟友とおぼしき竹内達によって、一週忌を迎えた「記念出版」として刊行されたこと、また前記の二冊が三一書房の編集者井家上隆幸の企画だったことを知らされた。井家上は三一書房を離れた後、ヴォリームあふれる「日本篇」と「海外篇」の二冊からなる『20世紀冒険小説読本』(早川書房)などを著している。

さてそれらはともかく、斎藤の「略年譜」にただ六四年『監獄』刊行とあるが、これは原竜次名で三一新書の一冊として出され、この国家の暴力装置たる監獄を描いた一冊も井家上の企画と編集によっている。このような事実を知るに及んで、ずっと疑問に思っていた三一新書やそれと同じ判型のシリーズの謎の一端が解けたように思った。

三一書房は一九四五年に田畑弘と竹村一によって京都で創業され、その十年後の新書ブームの時期に三一新書は創刊に至っている。だが三一新書は戦後のベストセラーとしてあまりにも有名な五味川純平の『人間の条件』とともに語られることは多々あったにしても、その他の本に大きなスポットはほとんど当てられていなかったし、岩波新書などに比べ、はるかに地味な位置に置かれていたと感じられる。それに加えて、三一書房は社史も全出版目録もまとめられておらず、また千点を超えているはずの三一新書の全貌ももはや定かではなく、近年の労働争議もあって、すでに現在の出版状況から退場しつつあると考えられる。

しかし五年ほど前に同じ新書判の『現代日本の底辺』全四巻を入手し、そこに描かれた高度成長前期における広範な貧困の実態の報告は、現在の格差社会と相通じる生々さを彷彿させた。そしてその巻末に収録された「三一新書一覧」を見るに及んで、それらが戦後の左翼系出版社ならではの問題性に則ったラインナップだとあらためて実感したのである。その書名を挙げていきたいけれども、紙幅ゆえにそれは他の機会に譲るしかない。

『現代日本の底辺』の編集者は秋山健二郎、森秀人、山下竹史で、森の名前から思想の科学研究会の関係者たちによるものと見なせるが、その一方で三一新書は斎藤に象徴されるように、『丸』に集った人々が流れこみ、当時としては特異な題材の新書の著者となっていったのではないだろうか。

丸山はそれらの人々が食うにこと欠く詩人、文学者、学者、作詞家、ジャーナリスト、編集者、高校教師、左翼活動家、レッドパージ犠牲者等々で、それゆえに『丸』が「衝撃的な記事でセンセイションを捲きおこす、ジャーナリズム界では無視することができぬ雑誌」にして、特異な眼で見られていた「先駆的な読物雑誌」だったと述べている。ここに挙げた人々が書いたと思える新書を立ちどころに指摘できる。

だが私が最初に三一新書に出会ったのはそれらの一冊ではなく、やはり同じ判型の高校生新書とある寺山修司編『ハイティーン詩集』で、それを読んだのは『総長賭博』の作られた一九六八年であった。

『ハイティーン詩集』についてては次回にふれるつもりだ。

127　寺山修司編『ハイティーン詩集』

2012・10

前回三一書房の寺山修司編『ハイティーン詩集』に言及したこともあって、四十年以上前に買い求めたこの一冊をつい読んでしまった。そして私が高校生だった一九六〇年代はまだ詩の時代であったことをあらためて思い出した。それは七〇年代までは続いていたし、文学的ヒエラルキーからいっても、詩が高みに置かれ、小説は二番手に属し、推理小説やSF小説は価値からすると論外という雰囲気に否応なく包まれていた。

この詩の時代のニュアンスが私の周辺だけに濃厚だったのではないかという問いも、当然のことながら生じるであろう。しかし出版史の事実を考えてみても、あの角川春樹が角川書店で最初に認められたのは『カラー版世界の詩集』などの企画で、これがベストセラーになったことによっている。この他にも中央公論社の『日本の詩歌』、それに特異な輝きを放っていた思潮社の『現代詩手帖』と詩集の数々、また近年廃業したとされる弥生書房や白鳳社も詩の出版社でもあった。

先日、水声社の鈴木宏にインタビューした際に、六〇年代の詩の時代に話が及んだところ、彼は立ちどころにリトルマガジン『凶区』によっていた詩人たちとマラルメの名前を挙げ、現在からは想像できない詩の大きな影響についての証言をしてくれた。

六〇年代に地方の高校生だった私にとっての詩の入口は図書館で読んでいた学研と旺文社の学年別受験雑誌『時代』と『コース』で、それらの両誌に必ず詩の投稿欄があり、教科書に掲載されている詩とは異なる世界を教えられたのである。私自身は投稿することはなかったが、同世代の才能ある詩人たちの存在を知り、そこに小説とまったくちがう同じ時代を生きているオブセッションを感じることができた。小説はその頃読んでいた大江健三郎にしても、はるかに年上の人物によって書かれていたし、やはりそこには距離感があり、リアリティということであれば、これらの同世代の投稿の詩に優るものはなかった。

この『ハイティーン詩集』は学研の『コース』の投稿のアンソロジーで、寺山修司はその「あとがき」で、次のように述べていた。「この『ハイティーン詩集』は、寺山修司と『天井桟敷』の編集である。（中略）ぼくたちは、学研の『高1コース』『高3コース』の欄を通して、四年間、ハイティーンの詩人たちと接し、そのなかから新しい詩人たちを送り出してきた。それは、一口に言って、言語の暴力教室であり、魂のグループ・サウンズであった。家出少年、思想浪人、フーテン、落第高校生……そして、ぼくらはニッポンの若い……」

おそらく私はこの一冊の出版を『高3コース』の投稿欄「寺山修司の文芸教室」で知り、買い求めたのだと思う。その証拠にその部分を破った十枚ほどの束がはさまれていたからだ。そして私の好みが『ハイティーン詩集』収録のものよりも、そちらにあったことも思い出した。

例えば、入江博という人の「今日」という作品は「西日が鋭くスダレを通して　四畳半に暑くさし込んでくる／そんな昼さがりの時／想像も野心もすべてが空しいと思うことは怠惰なことだろうか」と始まる長い詩で、続いていくセンテンスには「とり除かれる目の前の暗闇　溶暗／ゆっくりと立ち上れ　時間《とき》の奇跡よ」といったフレーズが投げこまれ、同時代の才能のきらめきを感じさせてくれたし、長い年月を経てあらためて読んでみてもその印象は変わらない。この入江という人はどうしているだろうか。

そういえば、寺山の言葉に長編詩「遠征」に取り組んでいる「田村治芳くん」とあるが、これはあのなないろ文庫、『彷書月刊』の田村だと見なしてもかまわないだろう。またこれも四十年前の話になってしまうが、詩人の池井昌樹からも、高校時代に投稿していたと聞かされたことがある。彼の場合は寺山調と合わないので、旺文社の『時代』のほうではなかっただろうか。そう考えると、こちらの選者は誰だったのかも気になってくる。

明治から大正にかけての博文館の『少年世界』や『文章世界』が投書雑誌で、後の文学者たちを輩出させたのはよく知られているが、学研や旺文社の受験雑誌にしても同様であり、まだ投書の時代が続いていたことを、あらためて想起させる。ほとんど考察されることがないにしても、六〇年代における、これらの中学生や高校生を対象とする『コース』や『時代』は単なる受験雑誌というだけでなく、附録も含めて多くの記事や情報が詰めこまれていたし、それらは当時の中高生にそれなりの影響を与えていたことになる。

しかしそれにしても時代はすっかり変わってしまい、学参出版社として全盛を極めていた旺文社や学研の姿はすっかり後退し、それらの受験雑誌も消滅してしまった。サブタイトルにある「そして、ぼくらはニッポンの若い……」読者であった私たちは年老いたばかりか、田村のように鬼籍に入ってしまった者もいる。それは選者だった寺山や東由多加も同様で、四十年という時間の流れを否応なく示している。

128 三一書房の「高校生新書」

2012・11

前回取り上げた寺山修司編『ハイティーン詩集』は三一書房の「高校生新書」104にあたるもので、巻末に掲載されたその「刊行のことば」によれば、創刊は六四年十一月である。

その創刊は次のように宣言されている。

「高校生諸君！　未来がかならずしも明るい太陽の下にないにしても、なにびとも踏みこんだことのない混沌《カオス》の中で『高校生新書』は君たちとともに、わずかばかりの道にせよ、それをもとめ、つくりだしていくだろう。君たちはこのささやかなシリーズと、真の精神的対話をしてほしい。（後略）」

いささか大仰で、気恥しい言葉が並んでいるにしても、それは今だからいえることであって、当時の社会の文脈において、学参や大学受験のための出版とは異なる方向性を志向する新書シリーズは、このような宣言のもとに刊行を始めることが要請されていたと推測できる。それは全文を引用すれば、さらによくわかると思われるが、残念なことにその紙幅がない。

しかし『ハイティーン詩集』を書店で購入したことは事実であるけれど、この「高校生新書」に関する記憶は残っていない。ちなみにこれは104とあるので、百冊以上は刊行されていたはずなのに、書店でも図書館にも揃っていなかった。そしてその定価が各二三〇円と明記されていることに比べ、当時の岩波新書が一五〇円だったことを考えると、高校生を対象としているだけに割高で、初版部数もかなり少なかったはずであり、それゆえにとりわけ地方の書店や図書館で揃っているのを目にしなかったのではないだろうか。

だが久し振りに『ハイティーン詩集』を再読し、巻末の新書明細を目にすると、意外な著者と興味深いタイトル、多くの小説があることに気づく。先に小説を挙げれば、土方鉄『太陽とバラと愛』、嶋岡晨『獣たちの叫び』、上野瞭『空は深くて暗かった』、草部和子『遠い日のかげ』、藤井夏『若者たち』など、その他に気になるものを示せば、倉本四郎『することがない青春なのか』、七字・高橋・浜田『ぼくらの大学拒否宣言』である。これらは「日本の古本屋」で検索してみても、ほとんど見つからず、おそらく七〇年代で刊行を中止してしまったことも作用しているのだろう。

そこで小説はまたの機会にゆずることにして、他の二冊を図書館ルートで探してもらったところ、何とか見つかり、ようやく読むことができた。いずれも六七年に刊行され、初めて手にするもので、これらは七〇年代後半に三一書房の社員に在庫を尋ねたことがあったが、すでに「高校生新書」そのものがないとの返事が戻ってきていた。そしてその後も古本屋で見かけることもなかったのだ。彼に問い合わせた事情を含め、この二冊について書いてみよう。

まず倉本四郎の『することがない青春なのか』は著者の倉本が『週刊ポスト』の三ページに及ぶブックレビューの立案担当者だったからだ。彼は後年に『出現する書物』(冬樹社)などを刊行していく。これはその倉本のそうした軌跡を予想させる、当時の様々な青春に対して、自ら同時代における本とその読書行為をスクランブルしたエッセイ集といっていいだろう。

『ぼくらの大学拒否宣言』は七字英輔、浜田哲生、高橋孝雄の共著で、この時代に三人とも大学へ進むことを拒否し、高校卒業後、小説と映画に関わるようになった前史をレポートしている。それらは六〇年代における学校、家庭、モラル、文学、映画、ジャズをめぐるものだ。それらのすべてにふれることはできないので、ひとつだけに限定するしかない。それは高橋が司会を担当し、M、T、Sの三人が参加している「座談会・映画青春論」の一章である。ここには都市に暮らす怒れる映画少年たちがどのような作品を観ていたのか、そしてそこにいかなる青春を見ていたのかという報告になっている。Tは吉田喜重『日本脱出』、深作欣二『狼と豚と人間』、和田嘉訓『自動車泥棒』、蔵原惟善『黒い太陽』、Sは大島渚『青春残酷物語』、Mはゴダール『勝手にしやがれ』、カザン『アメリカ・アメリカ』を挙げている。

このようなTの映画の選択こそはモダニストとしての都市型映画少年特有のものであり、そこに彼の特質が表出しているし、同じ視線によって東映やくざ映画も発見されることとなる道筋がわかるような気がする。このTは『私の愛した東京』（筑摩書房）を著すことになる冨田均である。MとSは誰なのだろうか。今度冨田に会う機会が得られれば、そのことを聞いてみたいと思う。

なおこの共著者のうちの七字英輔はポーラ研究所の『is』の編集長となり、後に岩波書店の「同時代ライブラリー」の企画編集にも携わったと聞いている。おそらく他の共著者の浜田や高橋も同様のはずで、それはこの「高校生新書」でデビューすることによって、そのような道を歩み始めたことになる。

当時の三一新書の担当者井家上隆幸にぜひ「三一新書の時代」をインタビューしたいと思っている。うまく実現しますように。

129 『話の特集』と近映文庫『脱いだスター女優284人』

2012・12

前回斎藤龍鳳のことを知ったのは『話の特集』の常連ライターだったからだと記しておいた。『話の特集』は地方の高校生にとってとても貴重なリトルマガジンで、そこで多くの未知の書き手に出会ったものであり、草森紳一や植草甚一なども同様にして知ったのである。

これは同世代の人々と話すと、あらためて浮かび上がってくるのは一九六〇年代までの都市と地方の文化環境の相違で、地方の場合、ひとつのことを例に挙げれば、誰もがそれなりに本を読んで成長してきたにもかかわらず、岩波文庫体験が稀薄なのだ。それはどういう事情に起因しているかといえば、もちろん収録作品の問題はあるにしても、県庁所在地、もしくはそれに準ずる地方都市の書店でないと、岩波文庫が常備されていなかったことにひとつの原因が求められるように思う。だが東京の場合、岩波書店の特約店は多々あり、岩波文庫へのアクセスはきわめて容易だったことから、荒俣宏のような新たな注視と発見を促したと考えられる。都市も地方も均一化していなかった六〇年代までの文化インフラにはそうした格差がつきまとっていたし、それは映画を観る環境も同じで、雑誌はそのような情報格差を埋めるための場として機能していた。その典型的な雑誌が『話の特集』だった。

これは誰が書いたのか、何というタイトルであったか、忘れてしまって思い出せないのだが、外国の女優がどの映画で、どこまで脱いだのか、どこまで見せたのかという総まくりのかなり長い一文が掲載されていた。高校生の時に読んだのだから、六〇年代末の号に収録されていたのではないだろうか。

これを読んだ時、それこそ当時の文化環境下で、これらのことを堂々と書く大胆さと物好きに感嘆の念を覚えたことはいうまでもないが、このように外国映画を縦横無尽に観ることは東京にいなければ無理だろうとすぐに思った。六〇年代の地方において、日本映画はともかく、外国映画の専門館はなく、日本映画館で併映を観るしかなかったので、その上映はきわめて限られていたからだ。しかし幸運なことにというべきか、それらは東映や大映などの映画と併映されていたこともあって、観客動員をあてこんだポルノ的要素が強い外国映画がかなり多かった。このことは後述する。

さてその『話の特集』の一文を目にしてから十五年ほど経って、私と同じようにそれをかつて読んだ編集者が企画したのではないかと思われるものが、しかも文庫で刊行されたのである。それは八五年に近代映画社から『脱いだスター女優284人』として出され、「アメリカ編」と「ヨーロッパ編」の二冊で、判型はいささか物足りないにしても、『話の特集』の先駆的一文の写真による単行本化にして、まさにピクチャレスクな実現だったといえよう。前者には124人、後者には160人が収録されている。

残念ながら私も多く見ているわけではないが、アメリカとヨーロッパ女優たちのヌードを繰っていると、その大半が白黒写真ゆえにかえって生々しく、少年時代に映画館のスチール写真で見た外国人女優のエロチックな裸体のことが思い出された。いずれにも「歴史に残る脱いだあのスターこのスター」という解説を寄せている山根祥敬は、六一年から映画の宣伝に携わってきた人物のようだが、アメリカとヨーロッパのそれらの事情に言及している。

山根によれば、アメリカの場合は六〇年代まで検閲が厳しく、ハリウッド映画における女優のヌードはカットされてしまい、乳房露出が初めて許されたのは六五年のシドニー・ルメットの『質屋』であり、それ以後のニューシネマの台頭によってセックスシーンも解禁となり始めた。またヨーロッパでは第二次大戦後のフランス映画がエロティシズムとしての女優のヌードを正面から描き、それに続いてイタリア映画もネオ・リアリズモとともにグラマー女優たちのヌードを登場させたとされる。私もその見解に同感で、アメリカ映画ではなく、フランスやイタリア映画のほうにエロティシズムの軍配を上げるべきだろう。

これらの中で中学時代に偶然に見た二本の映画が記憶に残っている。一本はロジェ・バディム監督、ブリジット・バルドー主演の『戦士の休息』で、なぜそれらを覚えているかというと、新潮社から翻訳が出ていて、映画を観た後で、読んだことがあったからである。

さてもう一本だが、これはタイトルも思い出せない。しかしそれはエロスに関するまったく予想外のイメージをもたらした映画であった。ヨーロッパの避暑地らしき別荘に倦怠期の夫婦がいて、そこに若い男が訪ね、三角関係的ドラマが展開されていくのだが、それが現実なのか、妻の空想なのか、よくわからないストーリーと映像で描かれ、奇妙な倦怠とエロティシズムを強烈に感じさせてくれたのだ。それらの映像が鮮烈で、タイトルを忘れてしまったともいえるし、その後出会っていない。何というタイトルの映画なのか、読者のご教示を乞う。

130　デアゴスティーニ・ジャパンの『十兵衛暗殺剣』

2013・1

昨年は本連載の大半を映画のことで費やしてしまったこともあり、今月も映画を取り上げ、映画に終始した一年を締めようと思う。それは偶然ながら、最近再び観たいと願っていた映画を入手したからでもある。それにふれる前に記しておくと、「分冊百科（パートワーク）」という雑誌の一分野がある。これは主としてＤＶＤやＣＤなどの付録をつけ、週刊や隔週刊で出されるシリーズをさしている。この分冊百科市場は一九八八年に外資の専門出版社デアゴスティーニ・ジャパンが日本に進出して以来、講談社や小学館なども参入し、ピークは超えたけれども、まだ四百億円ほどの市場規模はあるとされている。

この一文を書いている時点でも講談社から『キューポラのある街』がついた『吉永小百合　私のベスト20ＤＶＤマガジン』創刊号790円が出され、新聞にも一面、二面広告が相次いでうたれている。雑誌凋落の只中にあって、講談社がいかに力を入れているのかがわかる。しかしこのような「分冊百科」は古本市場を形成していくのだろうか。それはまだ未知数だと考えられる。

私個人としてはこの「分冊百科」にさほどの関心はなかったのだが、それでも〇九年から刊行され始めたデアゴスティーニの『東映時代劇傑作ＤＶＤコレクション』には魅せられるところがあった。それは未見のものともう一度観てみたい作品がかなり含まれていたからだ。

だが『東映時代劇傑作ＤＶＤコレクション』は50号以上に及ぶ長いシリーズで、観たい映画がすべて後半の刊行だったこともあり、またこのような企画の宿命として後半になるほど刊行部数は落ちていくために、書店の店頭で見かけなくなり、完結したかどうかも確認できないままに忘れてしまっていた。ところが一ヵ月ほど前、コミックや文庫がメインであるためにあまり訪れることのない古本屋に入ったところ、レジ先に置かれた、まだ値段がつけられていない『東映時代劇傑作DVDコレクション』が目に入った。三列に積まれていたので、ほぼ大揃いだったのではないだろうか。大半が本体だけだったことからすれば、雑誌部分は捨てられてしまったのだろう。値段を聞くと、一本七百円だというので、とりわけほしかった五本を選び、購入してきた。もっともそのくらいしかお金の持ち合わせがなかったからだ。そのうちの二本について書いてみる。

それらは小沢茂弘監督、大川橋蔵主演『赤い影法師』（一九六一年）、倉田準二監督、近衛十四郎主演『十兵衛暗殺剣』（六四年）である。私は中学時代にこの二本を併映で見ているから、それは一九六四年のことだったはずだ。その頃私は時代小説を読み出していて、お気に入りは柴田錬三郎と山田風太郎だった。柴田は新潮文庫に多く収録されていて、『眠狂四郎無頼控』から読み、映画もまた追いかけるようになっていた。大映の市川雷蔵主演の眠狂四郎シリーズはほとんど観ていたし、九〇年代にはレーザーディスクも出たので、それらも買い集め、座頭市シリーズとともにかつての映画を追体験することができた。『赤い影法師』も新潮文庫で読み、映画化も知り、それで観にいったのだと思う。調べてみると、文庫化されたのは六三年だから、映画化の後だったことになる。今から考えれば、信じられないような気もするが、まだそんな時代でもあったのだ。それゆえに『十兵衛暗殺剣』が新作で、『赤い影法師』が旧作として併映されたことになる。また当時の映画館状況からすれば、三本立てだったはずであるけれど、もう一本は思い出すことができない。それもそのはずで、もはや半世紀が過ぎているのだから、仕方がないともいえよう。

さて『赤い影法師』は徳川家光立ち会いの寛永御前試合の勝者に与えられる太刀の切先に秘められた謎をめぐって、石田三成の血を引く忍者「影」母子と服部半蔵の闘いを描いていた。それらは流行の忍者と御前試合、太刀の謎といった物語で、映画にもその面白さは求められるはずだった。だが映画は母子と半蔵の家族関係が前面に出てしまい、こちらの期待していた伝奇的色彩は薄く、それほど楽しめるものではなかった。

それで少しばかり落胆していたところに、カラーの『赤い影法師』と異なるモノクロの『十兵衛暗殺剣』が始まったのだ。これも徳川家光の時代で、柳生十兵衛と新陰流正統を名乗る幕屋大休＝大友柳太郎、大体についた水の忍者・湖賊たちの乱闘を描き、こちらは張りつめた映像の連続で、思いがけない力作を見せられたように思った。近江は『赤い影法師』の服部半蔵も演じていたが、こちらの柳生十兵衛はまったく別人のようで、その眼差しと剣の使い方は凶々しく、照り返す水の光と相俟って、何かこの映画には別の力がこめられているようにも感じられた。

そして十年ほど後に、工藤栄一監督のやはりモノクロ映画『十三人の刺客』（六三年）を観て、『十兵衛暗殺剣』と共通する凶々しさと張りつめた力を思った。そして『十兵衛暗殺剣』も『十三人の刺客』と同様に六〇年代の集団抗争時代劇に属するのではないかと想像した。あらためて今回『赤い影法師』と『十兵衛暗殺剣』を観たが、かつての印象を修正する必要には迫られなかったし、それも事実だと確信したことになる。

131　ミシェル・レリス『黒人アフリカの美術』

2013・2

この一年ほどは一九六〇年代末の東映の『総長賭博』から始まり、六〇年代から七〇年代にかけての本のことを続けて書いてきた。それらに関して、多くの事柄が思い出され、また最近になってようやく入手に至ったものもあるので、もう少し続けてみたい。

二十歳ぐらいの時に、フランスの文学者、民族学者のミシェル・レリスを愛読していたことがあった。読み出したきっかけは『夜なき夜、昼なき昼』（細田尚孝訳）という夢日誌を入手し、そこに記されたエロティシズムと告白的叙述に魅せられたからだった。この他に現代思潮社から同じくレリスの自伝的エッセイ『成熟の年齢』（松崎芳隆訳）、闘牛論『闘牛鑑』（須藤哲生訳）が出されていて、内容は三冊とも異なるのだが、その語り口には共通するエロスと死の揺曳が感じられた。

それから続けて、今度は思潮社から「ミシェル・レリスの作品」全4巻として、詩集『癲癇』（小浜俊郎訳）、小説『オーロラ』（宮原庸太郎訳）、評論『獣道』（後藤辰男訳）や『日常生活の聖なるもの』（岡谷公二訳）も刊行され、これらも読み進めていった。

そうしたレリスの読書体験と相前後して、出口裕弘の『行為と夢』も購入し、そこに収録されていた「夢のエロス」「告白と闘牛」などのレリス論に感銘を覚えたこともあった。そういえば、この出口の同書も現代思潮社からの刊行だった。今になって考えてみると、レリスの著作や出口の著作も一冊ずつ早稲田の古本屋で買い求め、読んだものだった。これらの本は書店や大学生協の書籍売場にも並んでいた新刊だったけれど、古本屋に必ずあり、とりわけ中小出版社の人文書、社会科学書は常備されていたといっても過言ではない。だから現代思潮社や思潮社の本も新刊にもかかわらず、一割引といった値段で、古本屋からの購入が可能だったのである。

それはおそらく神田村の小取次などを経由して古本屋へと至る新刊書の流れが確立されていて、そのルートによってそうした流通販売が行なわれていたのだろう。そうした出版社の例として桃源社を挙げることができ、桃源社は出版だけでなく、古本屋や貸本屋取次としての新泉社をも営んでいたようだ。それゆえにどこの古本屋でも『澁澤龍彦集成』や『サド選集』を見ることができたのだろう。そのことと相まって、当時の読書体験を振り返ると、大半が古本屋経由の流通販売に負っていると実感してしまう。レリスの著作にしても、『澁澤龍彦集成』にしても、そこで購われたのであり、同時代の読者の多くがそのようにして本を買い、読んでいたのではないだろうか。もうひとつ例を挙げるとすれば、澁澤編集の『血と薔薇』にしても、版元の天声出版の倒産によって古書市場に特価本として放出されたことで、身近な存在になったともいえるのである。そのうちに同世代の人々にも確かめてみたいと思う。

それらはともかく、レリスの著作に戻ると、彼は一九三一年に民族学者M・グリオールを団長とする「ダカール＝ジブチ、アフリカ横断調査団」に加わり、その記録兼日記に『幻のアフリカ』、研究書として『黒人アフリカの美術』もあるとわかった。そしていずれも訳者を岡谷公二として、前者の第一巻がイザラ書房から、後者はレリスの最初の翻訳で、新潮社の「人類の美術」の一冊として刊行されていることも知ったが、『幻のアフリカ』の翻訳は全訳ではなかったために物足りず、

『黒人アフリカの美術』は古本屋で見かけないことにも加えて、「人類の美術」シリーズ自体が高定価のために購入できなかった。そのような事情で、レリスの著作についてはずっと主要な民族学に関する作品を読んでいない思いにつきまとわれていた。

ちなみに当時の美術書は高かったし、「人類の美術」などは新潮社の出版物としても突出していた記憶がある。『全集叢書総覧』を引いてみると、第一期十四巻九五〇〇円、第二期六巻一三〇〇〇円となっているので、それがあらためて了承される。さらに確認するために、『新潮社七十年』を見ると、次のような記述に出会った。「人類の美術」は昭和四十年における新潮社七十周年記念出版で、アンドレ・マルローなどが企画した「美術によって政治より先に国境を越える」という欧米と日本の七ヵ国協同出版であると述べられ、さらに続けていた。

「（前略）全ページをフランスのガリマール書店で印刷、訳文だけを新潮社で印刷して販売するのである。本文はグラビア用最上質紙を使い、各巻平均四百ページ、各巻には豪華な二乃至七回刷り約百図、単色グラビア約二百五十図を収め、三千部限定版（後略）。」

これが買えなかった理由ともなる。しかし近年の古本のデフレはこの分野にも押し寄せていて、「人類の美術」もよく見かけられるようになってきた。私も浜松の時代舎で『黒人アフリカの美術』をとても安く購入するに至った。確かにすばらしい一冊で、当時の美術出版の金字塔だったことがしのばれる。それと重なるように、平凡社からライブラリー化された全訳『幻のアフリカ』の恵贈を受けた。いずれも四十年近くを経た夢の邂逅ではあるけれど、老いただけで学成り難しという言葉も浮かんでもきた。

132 ジョルジュ・バタイユ『ラスコーの壁画』

2013・3

前回のミシェル・レリスと平行して読んでいたのはジョルジュ・バタイユで、それも当時二見書房から著作集が刊行され、同じように古本屋で求められたので、これも一冊ずつ買い、読んでいったのである。この二人の著者の経歴や作品を通じて、両者がリトルマガジン『ドキュマン』を創刊し、また社会学研究会を設立し、「聖なるもの」の探究へと向かっていったことを知った。それをきっかけとして『ドキュマン』や社会学研究会に集った人々の著作も必然的に読んでいくようになるのだが、これは別の話になってしまうので、稿をあらためることにしよう。

ここでは『ジョルジュ・バイタユ著作集』に翻訳収録されている『ラスコーの壁画』を取り上げてみたい。その前にラスコーの壁画の発見と経緯に関して、『世界考古学事典』（平凡社）における立項、木村重信の『はじめにイメージありき』（岩波新書）の一章などの言及も要を得ているのだが、それでもちがいはあるので、ここではやはりバタイユの説明を主として聞いてみる。

彼は『ラスコーの壁画』の「洞窟の発見」の中で、次のように述べている。ラスコー洞窟は一九四〇年に西南フランスのモンティニャック村に住む四人の少年たちによって偶然に発見された。そのうちの一人が三十年ほど前に根こそぎになった一本の樹が残した穴を探険しようと思いたち、それで他の三人も誘った。穴の直径は八〇センチ、深さも同じくらいだった。しかし底の部分に小さな穴があいていて、そこから石ころを投げ落とすと、すぐには下まで届かなかった。そこでその穴を広くし、中にもぐっていき、ランプに火を点じると、そこが洞窟であることがわかり、内部を探険して、牛、馬、鹿などを描いた壁画を発見するに至った。これは二万年前の先史時代の洞窟であり、バタイユは「ラスコー洞窟という千一夜物語に匹敵する宝庫」、壁画については「驚くべき生命力と光輝に充ちたこの壮麗な動物絵巻」だと記している。

ところが二見書房版の小さなモノクロとカラーの図版を見る限りにおいて、このバタイユの言葉が実感として伝わってこないのだ。翻訳は前回もふれた出口裕弘なので、訳文に起因しているのではないと思われた。ただ「訳者あとがき」に原書は一九五五年にスイスのスキラ書店が出した「絵画の大世紀」シリーズの一冊だと書かれていたことから、造本と印刷が異なるのではないかと思った。現在の日本の美術印刷はすばらしく、欧米を超えるところまできているように見えるが、当時はまだ美術出版物は欧米に及ばず、とりわけスイスのスキラはその分野での突出した出版社として著名で、美術出版社の「世界の巨匠」シリーズはスキラ書店と提携したものだったはずだ。それは前回取り上げた新潮社の「人類の美術」シリーズも同様の海外との提携企画で、図版印刷はガリマール書店が担ったことは既述したとおりだ。

だから『ラスコーの壁画』も原書を見てみたいと思っていたけれど、七〇年代半ばのことゆえ、高価なことと入手難は明白だったので諦めるしかなかった。

しかし数年後に渡仏することになり、一ヵ月ほど滞在したことがあった。その頃たまたまフナック書店が開店したばかりで、この書店は定価の二割引きを方針とする大型店だった。七〇年代のパリの書店は日本と同様に小さな店が多く、在庫も少なかったので、フナック書店はとても広く、在庫も豊富だった印象がある。それで『ラスコーの壁画』を探したところ、美術書コーナーに見つかったのだ。念のため原著者名、タイトル、出版社、刊行年を正式に記しておく。

Georges Bataille, *La Peinture prèhistorique Lascaux ou la naissance de l'art.* (Editions d'Art Albert Skira, Genève, 1955)

もちろん購入したのである。四十年前のことなので、値段は忘れてしまったが、二割引きにしてもかなり高価だったように記憶している。だが造本、装丁、図版印刷のどれもが満足のゆくもので、値段に見合うものだった。判型は菊倍判よりもさらに大きく、表紙カバーにはラスコーの壁画の牛の写真が採用され、本体は深緑のクロス装上製で、本文百五十ページは活字もゆったりと組まれ、しかも七十枚近い壁画図版はすべてカラーの別印刷で、貼付処理されていた。それゆえに壁画の迫力と臨場感がみなぎり、あたかもラスコーの洞窟の内部にいて、それらの壁画に立ち会っているような気にもさせられるのである。だから邦訳の二見書房版のとはまったく別の本だと考えても過言でないほどだった。しかも一九五五年刊行とのクレジット表記からすれば、すでに五五年時点でここまでの美術印刷の水準に至っていたことは驚異的で、それでいて私が購入した七五年頃まで初版のままであったことにも感慨を覚えた。

しかしそれから後がある。このような大判の厚い本は書籍船便で日本に送ることができず、結局のところ自分で持ち帰るしかなく、小さなボストンバックではとてもかさばり、重かったことだけはいつまでも記憶に残っていた。だがこの本の話をすると、自分も買いたかったが、送れないし持って帰ることも無理なので、仕方なく諦めたという話を、何人かから聞いた。その後八〇年代になって英国でラスコーの写真集が出されているけれど、紙幅が尽きてしまった。

133　クルツィウス『ヨーロッパ文学とラテン中世』

2013・4

若い頃の読書というのは本当に赤面物で、どこまで理解できたかわからないのに、カノンや古典とされる著作を読んだものだった。それらの中でも、欧米の文芸評論に関して思い出してみると、E・アウエルバッハの『ミメーシス』（篠田一士・川村二郎訳）、G・プーレ『人間的時間の研究』（井上究一郎他訳）、E・ウィルソン『アクセルの城』（土岐恒二訳）などがすぐに挙げられる。

どうしてかといえば、これらは確か一九八〇年代後半に刊行を終えた「筑摩叢書」に収録されていたこともあって、他の類書と異なり、古書価も安かったからである。それにどこの古本屋でもよく見かけたし、当時の古本屋において、「筑摩叢書」は定番商品だったのかもしれない。

これらを読んだ勢いで、アーサー・シモンズの『象徴主義の文学』にも目を通さなければと思い、岩野泡鳴訳を探していたが、さすがに見つからなかった。その代わりに安いペーパーバック版の *The symbolist movement in literature.*（Dutton）を入手して読み、当たり前のことしか書かれていないなどという不遜な感想を抱いたりもしていた。誠に無知につける薬はないというしかないけれど、二十歳前後の読書にはそのような背伸びによる錯覚がつきものだったともいえるし、欧米の文学に対する時代の憧憬のみならず、錯覚と誤解に基づくスタンスも影響していた。読者もまた時代の子であるからだ。

それから三十年後の五十代になって、この「筑摩叢書」の三作を再読し、あらためてそのようなことを思い出したのである。再読した理由は思いがけずにゾラの「ルーゴン＝マッカール叢書」十作を翻訳することになり、これらの三作のうちのどこかにゾラにふれた部分があり、それを確認するためだった。それは意外なことにフランス文学や象徴主義をテーマとする『人間的時間の研究』や『アクセルの城』ではなく、ホメーロスからヴァージニア・ウルフまでの広範にして時間軸も同様なヨーロッパ文学を対象とする『ミメーシス』の中に見出された。

そこでアウエルバッハはゾラの『ジェルミナール』における守護神祭の民衆の舞踏会の場面を長く引用し、それが前世代の「芸術のための芸術」といった単なる審美的リアリズムから抜け出した描写だと述べている。そして民衆の野卑でみじめな快楽、早くからの堕落と急速に使い尽くされていく肉体、放縦な性生活が示され、その背後にあって最も活動的で洞察力を備えた人々の革命に通じる憎悪が爆発する。「これがこのテキストの主題なのである」と指摘し、これがヨーロッパ文学の現実描写の歴史に連なっていることを示すのである。

それを読んで、やはり碩学と名著は勘所を押さえているものだとこれもあらためて実感したのだが、同時にもう一冊のドイツ人の著作を思い出してしまった。その本は『ミメーシス』の訳者の篠田一士が「序にかえて」で書き、また『アクセルの城』の長文解説「エドマンド・ウィルソンのために」でもふれているE・R・クルツィウスの『ヨーロッパ文学とラテン中世』（南小路振一他訳）に他ならない。同書も七一年にみすず書房から刊行されているので、「筑摩叢書」の三作とほぼ同時代に翻訳されたことになる。それゆえについでとばかり、これも読もうと試みたけれど、とても歯がたたず、断念してしまい、ダンテの『神曲』に言及したりするたびに繙かねばと思うのだが、現在に至るまで読み通せていない。また私の周りからもこの大著を読破したという声はいまだに聞こえてこない。それは前述した三作が難解であるにしても、いずれもが現実描写、時間の流れ、象徴主義という明確なストーリーが設定されていたことに対し、『ヨーロッパ文学とラテン中世』は文献学とラテン文学に重点が置かれ、そのために引用文献も馴染みが薄いといった色彩に覆われていたからであろう。

だから「解題」も兼ねる「訳者あとがき」において、また同書の裏表紙の紹介にもあるように、「これは、ヨーロッパ文学について今世紀に書かれたおそらく最も重要な書物であり、今後、ヨーロッパ文学または文化を語るとき、つねに念頭におかるべき書物」とされていても、欧米はさておき、日本人読者にとっては敷居の高い大著としてあり続けているのではないかと推測される。しかし著者のクルツィウスが日本に紹介されたのは『ヨーロッパ文学とラテン中世』が初めてではない。これもその頃古本屋で見つけたのだが、昭和九年に長谷川玖久訳『バルザック研究』が建設社、同十一年に大野俊一訳『フランス文学論』が「創元選書」89として創元社から出されていて、つまりクルツィウスは先の三人よりも翻訳は先行していたことになる。この二冊は彼特有の叙述の固さはあるけれど、オーソドックスなバルザック論、フランス論であるので、それなりに通読できる。

だがそれでも考えさせられるのはこのような碩学の著書が戦前にすでに翻訳されていたという事実であり、どのような経緯があって刊行に至ったのか、興味をそそられる。『バルザック研究』の訳者長谷川は早稲田で洋書専門の古本屋を営んでいた人物のはずで、彼はその後どのような道をたどったのだろうか。

134　ウイリアム・レイン『エジプトの生活』

2013・5

前々回、一九七〇年代の古本屋には『サド選集』や『澁澤龍彦集成』を始めとする桃源社の出版物が常備品のように置かれていたこと、そしてその理由として、桃源社が出版だけでなく、古本屋や貸本屋取次の新泉社を営んでいたことに起因するのではないかと既述しておいた。これらの他に六〇年代に創刊された「桃源選書」というソフトカバーのシリーズもあり、その中にウイリアム・レイン著、大場正史訳『エジプトの生活』が含まれ、サブタイトルとして、「古代と近代の奇妙な混淆」が付されていた。この一冊を買い求めたのは、当時これもどこの古本屋でも特価本として売られていたやはり大場訳のリチャード・バートン版『千夜一夜物語』全八巻を読んでいたからである。それは版元の河出書房新社が六八年に二度目の倒産を迎えたことによって、大量に在庫が古書市場に流れたために、七〇年代になっても安い古書価のままで売られていたことがきっかけだった。

そうした事情に加えて、桃源社から大場の訳書として、バートン『千夜一夜の世界』、フォルベルグ『西洋古典好色文学入門』、キーファー『古代・ローマ風俗誌』が刊行されていたが、澁澤の『黒魔術の手帖』や『毒薬の手帖』と同様のA5判函入で、古書価も高く、購入できなかったけれど、『エジプトの生活』は気軽に買えたことも作用している。ちなみに定価を確めてみると、三八〇円であるから、古書価も二〇〇円台だったと思われる。同書に関して、本連載61でふれたように、著者のレインがバートンと並ぶもう一人の『千夜一夜物語』の英訳者で、これがエジプトの十九世紀の生活を描いたものであることだけは記憶にとどめたものの、その後ずっと忘れていた一冊であった。

ところが八〇年代後半になって、Ｅ・Ｗ・サイードの『オリエンタリズム』（今沢紀子訳、平凡社）が翻訳され、そこでレインの『エジプトの生活』が『現代エジプト人の風俗習慣』として挙げられ、オリエンタリズムを造型した重要な一冊と位置づけられていることを知った。簡略にサイードのオリエンタリズムを定義すれば、ヨーロッパ人が頭の中でつくり出したロマンス、エキゾチックな風景、情緒的な心象、珍しい体験談に基づくオリエントに関する表象と言説である。サイードはオリエンタリズムが「著作と著者を引用するシステム」だと述べ、次のように続けている。「レインの『現代エジプト人の風俗習慣』は、ネルヴァル、フローベール、リチャード・バートンといったさまざまな著作者たちによって読まれ引用されている。レインはひとつの権威であった。エジプトについてではなくとも、オリエントについて書いたり考えたりする誰もが、是非ともレインを引用しなければならなかった」。

それは同書が文体を備えた知見とリアルな細部描写に充ちた「歴史学的かつ人類学的観察の古典」「オリエンタリズムの偉大な達成」であるからだ。もちろんサイードはナポレオンのエジプト遠征以後に生じたそのような一連のテキストに批判的な視線を向けているのだが、その中でもレインの同書はこれ以外にも何箇所かにわたって言及され、引用されたりしている。原タイトルは *An Account of the Manners and Customs of the Modern Egyptians* であり、このオリエンタリズムの古典とも称すべき一冊が抄訳であるにしても、六四年にすでに桃源社からひっそりと刊行されていたことになる。あらためて『エジプトの生活』の裏表紙に記された内容紹介を引いてみる。

「母なるナイルが誕生せしめた古代文化の王国エジプト―。この千古の歴史が今もなお生きつづけている古代と近代の混淆した国の、不思議な伝統に支えられた日常生活のありさまを、東洋の神秘な謎のベール―その驚異すべき風俗と習慣―に、克明なる挿絵とともに究明し詳解する興味のエジプト生活記。」

それらは回教徒としてのエジプト人の特性や衣服、家庭生活、社会的習慣、迷信、嗜好品、浴場、音楽、死と葬儀などの十七章に及び、口絵も含めて百枚ほどの挿絵も添えられ、十九世紀初頭の邦訳タイトルに示された「エジプトの生活」が活写されているといっていい。

しかしここで忘れてはならないのは『エジプトの生活』に示された訳文もまたオリエントの生々しい現実を捨象し、「東洋の神話な謎のベール―その驚嘆すべき風俗と習慣」といった西洋によるオリエンタリズムに他ならず、私たちもまた東洋に位置しているのに、西洋と同じ視線でエジプトを見ている体験をもたらすことだ。それは意図せずにして、日本人もまた西洋のオリエンタリズムに加担している事実を物語っているのではないだろうか。そしてそれがエジプトだけでなく、他のオリエントの国々に対しても、依然として同様なのではないかという感慨も覚えてしまう。

大場正史の「あとがき」によれば、「わが国で初めて刊行されるこの古典的名著」は「東西文化の実証的な研究に重点をおいた〈桃源選書〉」の「先陣の栄に浴した」とある。同書も含め、既刊続刊など八点が巻末に掲載されているが、最終的にどのくらい点数が出たのだろうか。それとこれも具体的なポートレートが浮かび上がってこない大場と桃源社の関係も含め、いずれ調べてみたいと思う。

135　桃源社「世界異端の文学」とシェーアバルト『小遊星物語』

2013・6

前回に続き、もう一編、桃源社のシリーズについて書いておきたい。それは「世界異端の文学」である。これも一九六〇年代に出され、七〇年代を迎えても、よく古本屋で売られていたものだ。六六年刊行の第6巻に当たるクロソフスキー『肉の影』(小島俊明訳)で中絶してしまい、それ以後は出されていない。まずはそのラインナップを示しておく。第1巻/ユイスマン『大伽藍』(出口裕弘訳)、第2巻/シェーアバルト『小遊星物語』(種村季弘訳)、第3巻/レニエ『生きている過去』(窪田般弥訳)、第4巻/ユイスマン『さかしま』(澁澤龍彦訳)、第5巻/同前『彼方』(田辺貞之助訳)。

これらに続いて、ルッセル『人工庭園』、ビアズレー『美神の館』(いずれも澁澤訳)が予告されていたが、後者は独立して単行本として出され、前者は未刊のままとなり、実質的に「世界の異端文学」は六七年で終わってしまったのである。あらためて全六冊の奥付を見てみると、すべて初版のままで、時期尚早の企画ゆえに売れ行きは芳しからず、続刊が断念されたと推測がつく。

「世界の異端文学」の企画は澁澤が六二年にやはり桃源社から刊行した豪華本『さかしま』がきっかけだと思われるが、まだ六〇年代においては読者の受容に限界があったのだろう。だが中絶したとはいえ、この「世界の異端文学」が範となって、七〇年代以後の国書刊行会の『世界幻想文学大系』「フランス世紀末文学叢書」「ゴシック叢書」、月刊ペン社の「妖精文庫」などの企画へと結びついていったのではないだろうか。そうした意味において、桃源社の「世界の異端文学」が投じた波紋はわずか六冊ではあったけれど、大きく広がっていったように見える。同時代的に見るならば、リトルマガジン『血と薔薇』の創刊、薔薇十字社の設立などへも引き継がれていったと判断できる。こちらの事情に関しては私がインタビュアーを務めた内藤三津子『薔薇十字社とその軌跡』(論創社)を参照頂ければ有難い。

それは収録された作家も作品も同様だと考えられる。全六冊のうちの三冊を占めるユイスマンはその後ユイスマンスと表記が変更される一方で、それらは光風社出版や平凡ライブラリーにも移され、また『腐爛の華』(田辺貞之助訳、薔薇十字社)、『ルルドの群集』(田辺保訳、国書刊行会)なども翻訳された。これらの翻訳を通じて、ゾラの門下だった初期の自然主義悲惨小説時代は除いて、神秘的象徴主義から錬金術や悪魔礼拝への移行、その後のカトリックへの回心と神秘神学への傾斜が明らかになった。そして近年では大野英士の『ユイスマンスとオカルティスム』(新評論)なる伝記も兼ねたハイレベルな研究書の出現も見ている。

クロソフスキーの『肉の影』はペヨトル工房で再刊され、哲学書房や青土社による彼の翻訳と併走し、現代思想の一角を確保していたし、レニエの『生きている過去』も当人の復権には及ばなかったにしても、岩波文庫に収録されるに至った。またシェーアバルトの『小遊星物語』も平凡社ライブラリーの一冊として復刻されている。これらは八〇年代から九〇年代にかけての「世界の異端文学」の作家と作品がたどったその後の出版の行方ということになる。

ここでシェーアバルトと『小遊星物語』に関して補足すれば、彼はドイツの東プロイセン出身で、世紀末のベルリンに出て活動した幻想文学のボヘミアン作家であり、代表作は『レザペンディオ』

や『ガラス建築』とされている。この『レザペンディオ』が他ならぬ『小遊星物語』なのである。その裏表紙に記された内容紹介を引いてみる。

「幻想の彼方に存在する小遊星・パラス星に住む高等宇宙人が他の遊星との間に透明の巨塔を建てるSFユートピア小説。みなぎる視覚性と童話性は著者・シェーアバルトの持つ反時代的・超現実主義の精神から生まれたもので、彼の異端児たる面目が遺憾なく発揮されている。マニエリスムの世界の見事に結実した作品となっている。」

種村は「パウル・シェーアバルトの帰還」と題する解説兼あとがきで、六〇年代になってその作品が再発見されたと書いている。それは種村が指摘しているように、ベンヤミンの「十九世紀首都パリ」における、シェーアバルトの宇宙ユートピア思想とガラス建築の関係への言及に関連しているのではないだろうか。その部分を岩波書店版の「パリ—一九世紀の首都」(『パサージュ論Ⅰ』所収、今村仁司他訳)で見てみると、確かに同様の記述がなされている。

しかしこれはゲルショム・ショーレムの『わが友ベンヤミン』(野村修訳、晶文社)で知ったのだが、ショーレムはシェーアバルトに夢中になり、その著作も収集していて、ベンヤミンの結婚祝いに愛読書であるアルフレート・クーピンの挿絵入り『小遊星物語』を贈ったのである。「このときからベンヤミンもシェーアバルトに熱をあげるようになり、その著作にかんして三年後に、残念ながらいまでは失われている長大な論文『真の政治家』を書いたのだった」。もしこの論文が失われることなく、一冊の本として刊行されていたなら、シェーアバルトの現在における評価もまったくちがっていたと思われる。

136 フックス『風俗の歴史』

一九七〇年代前半に古本屋で購入した本のことをずっと書いてきたのだが、当時は出版社が倒産したわけでもないのに、明らかに在庫が古書市場に放出されたと思われるシリーズや全集物が見受けられた。今考えてみると、戦後の出版業界は六〇年代に書籍の大量生産、大量販売企画を多く打ち出したけれど、再販委託制下においてはどうしても失敗し返品の山を築くものが生じてしまった。そうした場合、八〇年代以後は断裁処分とするのが主流になっていくのだが、まだ六〇年代から七〇年代にかけては断裁という処理はとられず、在庫活用リサイクルとして古書市場へと流されていたのではないだろうか。そのようなひとつの例として、六六年に光文社から出されたフックスの安田徳太郎訳『カラー版風俗の歴史』全十巻があって、これもどこの古本屋でもとても安く売られていたので、一冊ずつ買い、読了するに及んだのである。それは以前にも書いているが、「訳者のまえがき」にあったマルクスの『資本論』と並ぶドイツの古典で、ヒトラーの焚書に遭い、稀覯本となっていて、翻訳も日本でしか出されていないという記述を目にしたからだ。もちろん多くのエロチックな図版が収録されていたことも作用している。現在ではもはやフックスも『風俗の歴史』も忘れ去られていると思われるので、光文社の裏表紙に記された彼の略歴を紹介しておこう。

「独学の進歩的な民間学者として一生をつらぬいた。1870年1月、南ドイツのドナウ河上流の小村ゲッピンゲンに生まれ、20歳のころ、社会主義運動に身を投じ（中略）後ベルリンに出

2013・7

て、誰も手をつけない新しい風俗史の労作をあいついで出版。世界的に有名となった。（中略）ヒトラーの弾圧にあい1833年スイスに亡命。その後の消息は、はっきりしない。」

ただそうしたフックスの著作は広範にわたる西洋史と美術史の知識が当然のことながら要求されることに加え、こちらもまだ十代でそれらの素養が欠けていたこともあり、読了はしたものの、それほどの感銘は覚えなかった。

ところが八〇年代になって、前回と同様のベンヤミンだが、『複製技術時代の芸術』（晶文社）に収録されていた「エードゥアルト・フックス—収集家と歴史家」（好村富士彦訳）を読み、収集家にして史的唯物論者としてのフックスに目を開かれる思いを味わった。とりわけ「他に類例のないカリカチュア、エロチック芸術、風俗画の歴史収集の創始者」としてのフックスに対して。その収集は主としてパリでなされたのであり、同じくパリで、『パサージュ論』のための資料を収集していたベンヤミンにとって自らの先駆者として映ったように思われる。そして八九年になって、角川文庫の『完訳風俗の歴史』全九巻がリバイバルコレクションとして復刊され、それにあらためて目を通すと、安田訳の『風俗の歴史』の翻訳出版史が浮かび上がってくる。安田は戦前から翻訳していたが、それが出版できるようになったのは一九五三年で、光文社から六年がかりで全十巻を出し、六六年に前述のカラー版が刊行されたのである。ちなみに出版史を確認すれば、五三年に『風俗の歴史』が出版されたのは安田の著書『人間の歴史』のベストセラー化、カラー版の刊行年が戦後最大の全集ブームだったことに起因しているのは明白だと思われる。

このふたつの光文社版を継承して七一年から角川文庫版が出されることになるのだが、光文社版と角川文庫版には相違があり、それは前者の「カラー版」に対して、後者が「完訳」と銘打たれていることにも表われている。その相違は翻訳原本が異なることで、光文社版は本編の三巻、角川文庫版は補遺の三巻を含んだ全六巻の翻訳なのである。だが原本所収の挿絵と図版は二千五百枚を超えるという安田の記述からすれば、光文社版も角川文庫版もその半分も収録していないことになる。そのこともあって、本連載132のバタイユの『ラスコーの壁画』の例で示したように、原本を見てみたいと思ったが、稀覯本であるし、ドイツ語も読めないので、あきらめるしかなかった。

ところが九〇年代になって、それを浜松の典昭堂で見つけたのである。

厳密にいうと、それは柏書房が紀伊国屋書店を総発売元として、九〇年に発行した復刻版*Illustrierte Sittengeschichte* で、おそらく大学図書館向けの限定部数発行だと思われ、定価は二十六万円と高価だが、別冊の「日本語版書誌」が欠けていたためか、古書価は四万五千円であった。判型は菊倍判、つまり光文社版の倍以上であり、二ページにわたる挿絵に加え、これらのレイアウトも邦訳版とまったく異なり、その迫力に思わず見入ってしまった。ドイツ語がわかれば、さらに興味は増したであろう。しかし挿絵と図版だけのために買うことはためらわれ、半年ほど見送っていたのだが、バブル崩壊の時期だったことも影響してなのか、古書価が二万円に切り下げられた機会に、思い切って購入してしまった。手元において眺めていると、それらのカラーも含まれる挿絵や図版はすばらしく、フックスの収集家としての情熱と年月の重みが伝わってくるようで、原書ならではの魅力を堪能できたのである。

137　河出書房「人間の文学」

2013・8

この五月に発行された日本編集者学会（発売トランスビュー）の『エディターシップ』２において、小池三子男が「河出書房風雲録・抄」を寄せ、河出書房の歴史について語っている。そこで彼が述べているように、河出書房は老舗の出版社にもかかわらず社史も出されておらず、また全出版目録も編まれていないこともあって、〇六年創立百二十年プロジェクトに際し、「一二〇年の歩み」と題する小冊子が作られたという。小池の言によれば、小冊子だけれど、中身はとても充実しているようで、一度見てみたいと思う。

そうした意味で、一九八六年入社とはいえ、小池のレポートは貴重だし、河出書房は創業家や資本の後盾を持たず、不動産や広告収入もあまりなく、「書籍の販売だけで食べてきました。あるのは人間だけです。その意味では正しく倒産してきた、正しく危機を迎えてきた」との証言は感慨深い。それとは別に小池は自らの読者としての河出体験にも言及し、グリーン版『世界文学全集』から始め、「世界の大思想」「人間の文学」を挙げている。そして「人間の文学」について、「小Ｂ６コンパクトサイズで布クロス装、書名が金文字のシリーズ」で、文学的ポルノグラフィが多く、夢中になって読んだと証言し、その編集担当者が人文書院から河出書房に移った野口雄二だったと記している。

この「人間の文学」は六五年に刊行を開始したが、第一巻のジョン・クレランド『ファニー・ヒル』（吉田健一訳）が発禁処分を受け、刊行中の六八年に河出書房が倒産したこともあって、全三十巻に及ぶそのラインナップは斬新だったのに、あまり評価されないまま現在に至っていると思われる。それは倒産の影響で、「人間の文学」シリーズも特価本として流出し、七〇年代まで古本屋で広く売られていたことにも起因しているのかもしれない。ただそれは私たちのような若い読者には僥倖で、後に「人間の文学」にしか収録されていないとわかり、あのシリーズで読んだことを思い出したりもした。また〇一年に同じ河出からジョン・ディ・セントジョアの『オリンピア・プレス物語』(青木日出夫訳)が出るに及んで、そこに付された五三年から六五年にかけての「オリンピア・プレスの刊行書リスト」が、前衛文学とポルノグラフィをジョイントさせたもうひとつの欧米の出版史にして文学史であることを知り、他ならぬ「人間の文学」の企画もこれに範を仰いでいるとわかった。このパリの小出版社によって、ヘンリー・ミラー、ジュネ、バタイユ、ナボコフなどの作品も検閲に抗し、世界に送り出されていたのだ。

しかも同書の訳者の青木は「人間の文学」に収録する作品を選び、シノプスと書評をつけるリーダーの仕事を引き受け、それが縁となって河出書房に入社し、その編集に携わったこと、他の選者が植草甚一や中田耕治で、「人間の文学」が「とくに私にとっては重要で、思い出深い企画」と述べている。

本連載49で、この「人間の文字」のドリュ・ラ・ロシエルの『ゆらめく炎』(菅野昭正他訳)にふれているが、もう一度言及してみる。ドリュは第一次大戦に従軍し、フランス戦後社会へと帰還するが、デカダンスを克服するためにファシズムに接近していく。そして第二次大戦におけるフランスのドイツ占領下にあって、フランス語でいう「コラボ」、すなわち対独協力を選び、戦後自らの生命を絶っている。『ゆらめく炎』は三一年に発表された作品だが、その主人公アランはデカダンスから逃れられない青年として設定され、最後には自殺し、その場面で閉じられている。これはルイ・マルが六三年にモーリス・ロネ主演で映画化し、日本版タイトルは『鬼火』として七〇年代半ばに公開された。そのデカダンスとアンニュイを見事に体現したロネの入魂の演技はエリック・サティの音楽とともに忘れられない印象を残し、最後のシーンは『ゆらめく炎』のピストルによる自殺の場面に重ねられていく。

『ゆらめく炎』とともに記憶に残るのはフランク・ハリスの全五冊『わが性と愛』(大久保康雄訳)である。これは大部なこと、及び最初に読んだ時、ハリスがほら吹き紳士的人物で、日本への旅行も書かれているのだが、まったくリアリティが欠除し、ただひたすら女のことが羅列されていくだけなので、内容的にも性的ほら吹き譚の読後感が強く、『ゆらめく炎』と異なり、再読に至っていない。

しかし九〇年代末になって、女性アナキストの『エマ・ゴールドマン自伝』(ぱる出版)の翻訳に取り組んでいると、フランク・ハリスがその養女のネリーとともにエマの信頼できる友人で、非常に思慮深く、鋭利で機知に富んだ才筆と人間や事件への辛辣な批評を有する人間として、しばしば登場してくる。ここに見られるハリスは『わが性と愛』の著者とはまったく別人のようであり、どちらが本当であるのかという疑問も浮かび上がってくる。ポルノグラフィとはいえこの落差は何によっているのか。ハリスの作品には別の著者がいるとも伝えられているので、その疑いを『わが性と愛』にも向けたほうがいいのかもしれない。

138 集英社版『世界文学全集』

2013・9

小津安二郎の研究者で、先頃急逝したらしい田中真澄が『本読みの獣道』（みすず書房）において、ハイティーン時代の外国文学体験を語っているところがある。それによれば、一九六〇年前半に白水社の「新しい世界の文学」と集英社の『世界文学全集』を読んでいて、とりわけ後者に収録されていたウィリアム・ゴールディングの『蝿の王』（平井正穂訳）に感銘を受けたという。

この『蝿の王』は飛行機事故によって絶海の孤島へ漂着した少年たちが繰り拡げることになる残忍なドラマで、イギリスでの原作の刊行は五四年だが、映画化されたのは六三年になってからである。田中は映画研究者のことゆえ、この『蝿の王』のピーター・ブルックによる映画化によっても小説のことが想起されたと推測できる。

田中だけでなく、『蝿の王』を読んでいて影響を受けたのは中上健次も同様で、彼は『枯木灘』において、実父の存在を「蝿の王」と命名していた。これは明らかにゴールディングの作品タイトルからの転用だと考えていい。

田中と中上はともに一九四六年生まれで、これも同じように集英社版『世界文学全集』に出会っていたことになり、同世代の同時代における読書体験の共通性の一端を伝えている。私は五一年生まれであるけれど、やはりこの『世界文学全集』に多くの恩恵を受けている。

六〇年代には世界文学全集が河出書房、筑摩書房、新潮社、中央公論社などから出ていたが、六五年に刊行され始めた集英社の『世界文学全集』全三十八巻は、他社のものと比べ、これまで知られていなかった作家と作品を多く収録し、とても目新しく、魅力的なラインナップのように思われた。「20世紀の文学」というキャッチコピーが付せられていただけあって、第一回配本はヘンリー・ミラーで、そこに収録されていた『ネクサス』(河野一郎訳)や『暗い春』(吉田健一訳)を読み、初めて現代の世界文学にふれたような気がした。

しかしまだこちらも中学生だったし、買い続けることもできず、その時はフォークナーやヘミングウェイなどのアメリカ文学を数冊購入しただけで終わってしまった。それに残念なことにこれは中学や高校の図書室には置かれていなかった。今から考えれば、当時の出版業界における立ち位置からして、集英社と新しい世界文学全集刊行の試みはそれほど評価されず、それが原因で学校図書室などには入っていなかったとも思われる。

そうした事情もあって、この集英社の『世界文学全集』と再会するためには七〇年の上京まで待たなければならなかった。しかもその再会は古本屋で、どこでもそれらが単品の特価本として売られていたのである。これは以前にも書いているけれど、まだ七〇年代までは書籍在庫の断裁処分はなされておらず、特価本として古書市場へと放出されていた事実を物語っている。出版社が断裁処分を公然と口にするようになったのは八〇年代に入ってからで、それまでは出版社とリサイクル古書市場の連携が保たれていたと見なしていいだろう。そしてそのようなリサイクル古書市場の流通販売システムが出版社の過剰生産とブックオフの登場によって崩壊してしまったことも。

それはともかく、六〇年代から七〇年代前半にかけては前述の白水社の「新しい世界の文学」、河出書房の「今日の海外小説」「モダン・クラシックス」などの現代の外国文学シリーズとしての翻訳が出され、その他にも単行本でも刊行されていた。ちなみにガルシア・マルケスの『百年の孤独』（鼓直訳、新潮社）の出版も七二年だった。

このような外国文学の出版状況の中において、先駆的といってもいい集英社『世界文学全集』が単行本よりも安い特価本として放出され、どこの古本屋でも売られていたわけだから、これを買わない手はなく、一冊ずつ買い、読んでいったのである。その主な作家と作品を挙げてみよう。ブロッホ『ウェルギリウスの死』（川村二郎訳）、グラス『ブリキの太鼓』（高本研一訳）、クノー『人生の日曜日』（白井浩司訳）、グラック『シルトの岸辺』（安藤元雄訳）、ブランショ『アミナダブ』（清水徹訳）、シモン『ル・パラス』（平岡篤頼訳）、ボルヘス『伝奇集』（篠田一士訳）等々……。

もちろんこちらはまだ二十歳そこそこで、どこまでこれらの本邦初訳作品を理解できたのか、それは心許ないにしても、以前までの読書体験と異なる強い印象を残したことだけは確かである。その後、七六年になって再び集英社版『世界の文学』が綜合社によって編まれ、収録作品を半分ほど入れ換えたといっていいもので、コルターサル『石蹴り遊び』（土岐恒二訳）、バルガス＝ジョサ『ラ・カテドラルの会話』（桑名一博訳）ドノソ『夜のみだらな鳥』（鼓直訳）などのラテンアメリカ文学が付け加えられている。それからバース『酔いどれ草の仲買人』（野崎孝訳）も忘れ難い。

これは詳細な検証はなされていないにしても、この集英社の二回にわたる『世界文学全集』の刊行は、さほど売れなかったにしても、二十世紀の外国文学の読書体験に大きなインパクトをもたらしたことは間違いないし、それは確実に八〇年代の翻訳に投影されていったように思える。

139 江藤淳『なつかしい本の話』と『江藤淳著作集』

2013・10

ここしばらく昭和四十年代に出されていた本を取り上げてきたが、もう少し続けてみたいと思う。それは最近になって、なくしてしまった江藤淳の『なつかしい本の話』（新潮社）を古本屋で見つけ、再読したことにもよっている。奥付を見ると、昭和五十三年の刊行で、江藤は同八年生まれだから、これは四十五歳の著作で、しかも『波』に連載されていたのは五十年から五十二年にかけてであり、まだ四十代前半に書いていたことになる。もちろん時代も才能も異なることは承知しているけれど、江藤がその年齢で『なつかしい本の話』を書いたとあらためて確認し、その一方で自分が馬齢を重ねて、還暦も過ぎてしまったことを自覚すると、さらに自分なりの「なつかしい本の話」を続けても許されるように思われたからでもある。

しかしその前にせっかくの機会であるし、ここで同書にふれておきたい。江藤はその一冊目に木下雄三編『アーサー王騎士物語』（金の星社）を置き、次のように始めている。

「本というものは、ただ活字を印刷した紙を綴じて製本してあればよい、というものではない。つまりそれは活字だけででき上っているものではない。沈黙が、しばしば饒舌よりも雄弁であるように、ページを開く前の書物が、すでに湧き上る泉のような言葉をあふれさせていることがある。その意味で、本は、むしろ佇んでいるひとりの人間に似ているのである。」

このような本についての言葉は江藤ならではのもので、彼は本が秘めている「湧き上る泉のような言葉」を察知し、「ひとりの人間」の声のように聴くことができたからこそ、他の文芸評論家たちが真似られない官能的な批評を書き得たといっていい。また付け加えておけば、電子書籍推進論者にまったく欠けているのはこのような本に対する思いなのである。

それならば、江藤にとって「なつかしい本」とはどのようなものであるのか。『なつかしい本の話』は十九章にわたって、二十数冊が挙げられているが、そのうちのほぼ三分の一に当たる六章が所謂昭和初年の円本『世界文学全集』（新潮社）、『明治大正文学全集』（春陽堂）、『現代日本文学全集』（改造社）に収録された作品なのである。それらを具体的に挙げてみる。ただし江藤が断わっているように、「手許にはない本―どこかに行ってしまって、永久に帰って来ない本」ゆえに、その巻の書名は間違っていたりするので、訂正を施しておく。それらはデュマ『モンテ・クリスト伯』、ゲーテ『若きヱルテルの悲み』の『ファウスト其他』、チェーホフ『退屈な話』の『露西亜三人集』、『少年』や『続悪魔』の『谷崎潤一郎篇』、高浜虚子『風流懺法』や『道』の『長塚節・高浜虚子・吉村冬彦篇』、嵯峨の屋おむろ『くされ玉子』の『二葉亭四迷・嵯峨の屋御室集』である。

江藤は小学生の時に、肺門淋巴腺を病み、家で寝ていることが多いような健康状態にあった。そして病臥しているうちに子供の本を読みつくしてしまい、納戸の書棚にあった前述の円本を二、三冊抜いてきて、ルビをたよりに読め始めていた。そうした子供の本から大人の本へと向かうきっかけは『モンテ・クリスト伯』であり、そのタイトルに想像力をかき立てられたからだという。この『モンテ・クリスト伯』から始めて、これは記されてはいないけれど、おそらく江藤はこれらの円本を読破してしまったと考えていいだろう。それを暗示するように、「あの納戸は、私にとってなんと大切な場所だったのだろう」、「本当に、あのころは、もし本というものがなければ、私は生存をつづけていられなかったにちがいない」とまで書いているからだ。

私は江藤が読んだ『世界文学全集』の『モンテ・クリスト伯』を持っている。しかしこの本に対して、『なつかしい本の話』で一章を割き、感慨をこめて書きつけたあふれんばかりの思いを共有することはできない。それでも最初に『モンテ・クリスト伯』を読んだ時の思いの一端だけは共通している。といって私の場合は児童書のダイジェスト版だったにちがいないにしても。

それに江藤にしても、「どこかに行ってしまって、永久に帰って来ない本」と記しているけれど、古本屋で探せば、すぐに入手できることは百も承知で書いているのだ。つまり「永久に帰って来ない」のは本ではなく、そのような読書にふけっていた少年時代のことだといっていいのではないだろうか。

さてここまできて、ようやく私の「なつかしい本」を挙げることができる。それはもちろん様々にあるわけだが、ここでは他ならぬ講談社の正続『江藤淳著作集』全十一巻を挙げてみよう。これは昭和四十二年から四十八年にかけて刊行されていて、ちょうど私の高校から大学時代とパラレルに出ている。江藤ではないけれど、私は少年時から根っからの小説好きで、乱読の果てにそれらの意味を求めるようになり、たまたま江藤の『成熟と喪失』に出会ったのである。確か十代の終わりだったと思うが、それで必然的に『江藤淳著作集』へと向かったことになる。あれからすでに四十年余が過ぎてしまった。だが「なつかしい本」であるばかりか、江藤の自死の後も全集が出されていないので、依然として、これが全集に近いものとしてあり続けている。

140　江藤淳『漱石とアーサー王伝説』と『漾虚集』

2013・11

前回に続き、江藤淳の『なつかしい本の話』に関連して、もう一編書いておきたい。

同書の中で、江藤は夏目漱石の『薤露行』にふれ、この難解な作品は『漱石全集』で読んだだけではよくわからないのではないかと述べ、次のように書いていた。

「漱石のテクストは、明治三十九年（一九〇六）五月に、大倉書店・服部書店から初版の出た短篇集、『漾虚集』のなかに置いてみなければ、ほとんどその半ばしか意味を明らかにしない。この短篇集には、橋口五葉と中村不折の描いた飾りぶち《ボーダー》やヴィネット、それに挿絵が含まれており、漱石のテクストは、このような視覚芸術的な要素との照応のなかで読みとかれたとき、はじめてその隠された意味を顕わすように思われる。」

このように江藤が記したのは、当時彼が『薤露行』の実証的な比較文学研究に力を注ぎ、その成果としての『漱石とアーサー王伝説』（東大出版会）の上梓を前にしていたからであろう。同書は慶応義塾大学に提出された学位請求論文として書かれたものなので、江藤の他の著作と異なり、『薤露行』のタイトルの由来の検証から始めて厳密な本文校訂を行い、英文の長い引用、詳細な注も施されている。もちろん江藤の漱石に対する内面の悲劇的位相への注視は変わっていないけれども、学術論文ゆえの実証的手続きは門外漢にとっては読み終えるのに苦労した記憶がある。

だがそれでも『漱石とアーサー王伝説』の三章に当たる「『漾虚集』の問題」は口絵写真と並ん

で、江藤が『なつかしい本の話』でいっているように、大倉書店・服部書店版を見てみないとわからないとの感慨をもたらしてくれた。口絵写真に示された橋口五葉と中村不折による飾りぶち《ボーダー》、ヴィネット、挿絵などはそのことを示唆していた。例えば、橋口五葉のイラストレーションは明らかにビアズレー、ウィリアム・モリス、バーン＝ジョーンズなどの英国世紀末芸術の反映であり、さらにそれはロゼッティ、ホルマン・ハント、ジョン・エヴァンス、ミレーといったラファエル前派の画家たちの世界ともつながっていく。そしてそこにアーサー王伝説によって『薤露行』を書き、短篇集『漾虚集』を編んだ漱石も連なっていることになる。

それゆえに実際に『漾虚集』そのものに目を通してみたいと思ったのだが、「参考文献目録」にも大倉書店・服部書店版の記載があるだけで、復刻も出されていないらしく、といって元版は古書価も高価であろうし、諦めるしかなかったのである。

ところがそれから四、五年して、古本屋で『漾虚集』に出会うことになった。江藤の学術論文の内容の大半は忘れてしまっていたけれど、『漾虚集』のことだけは記憶の片隅に残っていたのだ。ただそれは元版ではなく、日本リーダーズダイジェスト社が『復刻初版本夏目漱石選集』として刊行した一冊だった。これを見て、表紙がシックな紺青であることを初めて知った。菊判アンカット装の本をめくると、江藤の著書の口絵にあった橋口五葉の描いた扉絵に続いて、漱石の「序」があり、そこには確か江藤の引用していたはずの謝辞を含んだ一文、「不折、五葉二氏の好意によつて此集も幸に余の思ふ様な体裁に出来上つたのは、深く得とする所である」が見つかる。

本体は読まれてもいないし、もしくはまったくふれられていないことを告げているようで、アンカット装のままであった。そこでペーパーナイフでまず先に『薤露行』を切っていくと、見たことのある不折と五葉のカラーの挿絵が表われた。それは『倫敦塔』や『カーライル博物館』も同様で、この一冊が文学と美術の比類なき婚姻にも似た本として仕上がっていることを知らしめてくれた。そして江藤が、『薤露行』は大倉書店・服部書店版『漾虚集』の中に置いてみなければ、その意味が明らかでないといった旨の言葉を実感したのである。

しかしこれには後日譚も付け加えておきたい。それは十年近く経った頃だが、出版太郎（後に宮田昇だと判明）の『朱筆Ⅱ』（みすず書房）が刊行され、すでに五十四年時点で「復刻問題にあらわれた合法性」と「初版権、復刻権および『知る権利』」の二回にわたり、日本リーダーズダイジェスト社の『初版本夏目漱石選集』問題が論じられていたことを知った。その言及を要約してみると、リーダイの『選集』の一部は日本近代文学館とほるぷ出版が五十年に刊行の『名著復刻漱石文学館』を写真復製したものだとして、発売差し止めなどの仮処分申請を行なった。それに装丁者の未亡人、初版本版元の岩波書店と春陽堂も加わった。その結果、リーダイは十万部を超える在庫の廃棄、初版本出版社に対し印税を支払うことで和解が成立した。この和解について、出版太郎はリーダイ商法の問題もふまえた上で、もっと著作権、初版権、復刻権を考えるべきだったのではないかという疑義を提出している。それは私権と公権の細部に及ぶので、『朱筆Ⅱ』を読んでもらうしかない。私がここで記しておきたいのは、近代文学館とほるぷ出版の『同文学館』には『漾虚集』は入っておらず、リーダイの『選集』によって初めて復刻されたのではないかということである。功罪はもちろんあるにしても、それだけは文学史や出版史に貢献したといえるのではないだろうか。

141　せりか書房と久保覚

2013・12

一九六〇年後半から七〇年代前半にかけて、小出版社ルネサンスとでもいっていいようなディケードがあった。その大半があえなく倒産へと追いやられてしまったけれど。その一端は私がインタビュアーを務めている内藤三津子『薔薇十字社とその軌跡』（論創社）に示されている。

それらの中にせりか書房があって、瀧口修造『シュルレアリスムのために』、山口昌男『人類学的思考』、ジョージ・スタイナー『言語と沈黙』（由良君美他訳）、ミハイル・バフチーン『フランソワ・ラブレーの作品と中世・ルネッサンスの民衆文化』（川端香男里訳）といった大冊の他に、『エリアーデ著作集』全十三巻なども出していて、とても魅力的なラインナップだった。これらは新刊も含めて、かなり早稲田の古本屋で売られていたので、一冊ずつ吟味して買い、読んでいた。それらは企画と内容はよくても売れ行きの悪い翻訳書という印象もあって、まだ出版事情には通じていなかったけれど、素人目にも経営的にはとても苦しいのではないかと察せられた。奥付に重版表記を見たことがなかったからだ。それはずっと後の八〇年代に入ってからの中沢新一の『チベットのモーツァルト』まで待たなければならなかった。それゆえにせりか書房が現在まで存続しているのは特筆すべきことのように思われる。

そのせりか書房の本の様々な「あとがき」を読んでいると、頻繁に久保覚という編集者の名前が出てきて、この人物が企画編集に携わっていることだけはわかった。そしてその後、久保がせりか書房を退職し、講談社の『花田清輝全集』全十二巻別巻二の編集に当たっているとの話も伝わってきた。それから八一年に染民基《ヤンミンギ》・久保覚編訳『仮面劇とマダン劇―韓国の民衆演劇』（晶文社）が出され、晶文社と韓国と演劇の関係を想像させたりもした。八〇年代から九〇年代にかけて、久保のことは伝わってこなかったけれど、二〇〇〇年に『収集の弁証法―久保覚遺稿集』と『未完の可能性―久保覚追悼集』（編集・発行同遺稿集・追悼集刊行会、発売影書房）の二冊が同時に出され、久保が一九九八年に急性心筋梗塞で急逝したことを知った。「刊行のことば」によれば、六十一歳という「その不意の死は、久保さんを知るものにとって実に衝撃的なことでした」。久保の「不意の死」が周囲に「衝撃的」だったからこそ、「據金」によって異例の遺稿・追悼という二冊が編まれ、刊行されることになったのだろう。この印刷製本を新栄堂の長谷川憲一が引き受けていることも、久保の人脈の一端を示していよう。長谷川は印刷の現場から見た戦後出版文化史である『ヘルボックス』（影書房）を著わしている。

さて久保の二冊であるが、ここではやはり『収集の弁証法―久保覚遺稿集』のほうを紹介しておくべきだろう。それは彼の遺稿もさることながら、そこには三十ページに及ぶ詳細な「久保覚略年譜」が添えられ、企画編集に携わった雑誌や単行本も掲載されているし、『未完の可能性―久保覚追悼集』と同様に限定六百部であり、その存在を知らない人も多いと思われるからだ。そこに示された彼の個人史を追い、その出版史を抽出してみる。なお先に前史を記しておけば、久保は在日韓国人二世として、一九三七年に東京・牛込鶴巻町に生まれ、中学時代にマルキシズムを学び、文学や芸術に広範な関心を寄せる。都立戸山高校に入学するが、家庭の困窮のために通学を断念し、種々の労働に就き、日本共産党に入党。この頃から出版関係に携わるようになる。

一九五三年／学園評論社編集部でアルバイト。

一九五四年／東銀座印刷出版に就職。五九年に退職。

一九六〇年／現代思潮社入社。埴谷雄高『虚空』、谷川雁『戦闘への招待』、ブルトン『シュール・レアリズム宣言』、吉本隆明『擬制の終焉』などを編集。

一九六四年／現代思潮社を退職し、平凡社『太陽』編集部嘱託として編集取材に携わる。

一九六六年／谷川雁に誘われ、テックの日刊誌『ことばの宇宙』編集長。学芸書林『全集・現代文学の発見』の企画に参加、編集を担当。

一九六七年／せりか書房設立。編集長となる。

一九六九年／『新日本文学』編集委員。

一九七五年／せりか書房退職。講談社嘱託として『花田清輝全集』編集。

一九八四年／『新日本文学』編集長となり、多くの特集を組む。

一九八七年／御茶の水書房編集顧問。

一九九一年／生活クラブ生協連合会発行の本の情報誌『ＤＩＹ』（後に『本の花束』）の編集協力者となり、「古書発見」（後に影書房より刊行）を連載。


このような出版活動のかたわらで、久保は絶え間なく、研究会を設立し、横断的な知の現場ならしめ、企画編集へとフィードバックさせている。書名はわずかしか挙げられなかったけれど、私たちの世代の多くが彼の企画編集した本を読んでいるにちがいない。この不世出の編集者のためにこのような一文を草してみた。

142　バフチーン『フランソワ・ラブレーの作品と中世・ルネッサンスの民衆文化』

2014・1

これは最初に読んだ時が二十歳そこそこだったという私的事情も絡んでいるけれど、その後十年くらい経って、一九七〇年代の翻訳書としてベストに挙げるべきだという思いに至り着いた一冊がある。それは前回ふれた、せりか書房の久保覚の企画編集によるミハイル・バフチーン『フランソワ・ラブレーの作品と中世・ルネッサンスの民衆文化』（川端香男里訳）に他ならない。

本連載でも欧米の碩学による文芸批評の古典として、同時代に読んでいたアウエルバッハ『ミメーシス』、G・プーレ『人間的時間の研究』、E・ウィルソン『アクセルの城』（いずれも筑摩書房）、クルティウス『ヨーロッパ文学とラテン中世』（みすず書房）を取り上げてきたが、バフチーンは彼らよりさらにスケールが大きく、図抜けた「文学者」のように感じられた。碩学とか研究者とか文芸批評家とよぶのがふさわしくなく、「文学者」と見なすしかないように思われたものである。

『フランソワ・ラブレーの作品と中世・ルネッサンスの民衆文化』の邦訳のA5判8ポ2段組、四百四十ページに及ぶ大作は、いってみれば、近代ロシアのドストエフスキイが小説の代わりにフランスルネッサンスのラブレーを相手にして研究書を著わしたかのような印象を与えた。それはまさに横綱相撲のような感じで、この一冊と比べてしまうと、先に挙げた欧米の碩学たちは関脇の位置へと後退していく気にもさせられた。そのことは読者たる私にも当てはまるもので、十両どころか幕下にすぎず、横綱と対等に相撲をとれるはずもなく、ただ圧倒されるばかりで、とても細部までの理解はおぼつかなかった。それでもこの大作にみなぎるラブレーの笑いとカーニバルとグロテスクレアリズム、その背後にある中世とルネッサンスの民衆文化、世界文学との相関関係は想像力をかり立てずにはおられなかった。そのような部分の一例を引いてみる。

「ルネッサンスの時代には、笑いは最もラジカルで普遍的な、いわば世界を抱擁するかたちで、またそれと同時に最も**陽気な**形で、歴史にただ一度だけ五、六十年にわたり（中略）民衆の奥底から民衆の《卑俗な》言語をもって、大文学と高尚なイデオロギーの中へと突進して来たのである。そしてボッカッチォの『デカメロン』、ラブレーの小説、セルバンテスの小説、シェイクスピアの劇、喜劇等々の世界文学史上の作品の創造に重要な役割を果たした。」

ここに一筆書きのようなかたちで、ルネッサンスにおいて民衆のラジカルな笑いが卑俗な言語を伴い、「大文学と高尚なイデオロギーの中へと突進して来た」ことによって、『ガルガンチュワ＝パンタグリュエル物語』や『ドン・キホーテ』、シェイクスピアを始めとする多くの喜劇群が出現するに至った見取図が鮮かに提出されているといっていい。私の所持している一冊には十二ページに及ぶやはりA5判の内容見本と「推薦のことば」を兼ねた小冊子がはさまれている。そこにはおそらく久保覚によってしたためられたと推測される「刊行者のことば」がまず置かれ、「本書は、ラブレー研究、文学史研究として画期的であるばかりでなく、同時に、思想史的、文化史的な次元、文化学的な次元で革命的とも言える知的、学問的成果」だと謳われている。それに続いて渡辺一夫、広末保、由良君美、二宮敬、種村季弘といった面々がそれこそ国文学、仏英独文学を横断し、「推薦のことば」を寄せている。邦訳千五百枚、六千五百円に及ぶ高定価の大著とはいえ、一冊の単行本にこのような小冊子を作成することも異例であり、最後のページには「少部数の刊行」で「予約注文制」であることも明記されている。満を持しての刊行だったのだろう。

しかしこれはまったくの私見だが、古本屋の店頭でいつも見ることができ、それほど売れていないように思われた。確かに古本屋で買ったとしても、実際に私もそうしたのであるけれども、五千円以上の古書価がついていたので、かなり購入に決心を要する一冊だったのである。そのことを反映してか、八〇年代にニューアカデミズムブームを迎えても、フランス構造主義のポストモダニズム関係の著者と著作はもてはやされていたが、バフチーンについてはもっと語られていいはずなのに、傍流、傍役の位置にあったような気がする。もちろん今になっていえることだけれど、それが逆にニューアカデミズムの限界であったのかもしれない。

バフチーンによって一九四〇年に学位論文として提出されたラブレー論が『フランソワ・ラブレーの作品と中世・ルネッサンスの民衆文化』として刊行されたのは六五年であり、六八年に英訳、七〇年に仏訳が出されていく。日本での刊行は七三年であるので、バフチーンのルネッサンスも世界における共時的なものと見なせるし、日本もその一端を担っていたことになる。しかも久保が川端に翻訳を依頼したのは六九年だったようなので、それにいち早く呼応していたといっていい。

なお久保の同書に関する言及は「広場の思想―バフチーンとロシア・アヴァンギャルド」(『収集の弁証法―久保覚遺稿集』所収)が残されている。私もかつてバフチーンを応用して、十返舎一九の『東海道中膝栗毛』を論じたら面白いのではないかと夢想したことがあったが、近世文学についての素養が欠けているために諦めるしかなかった。とても残念だと今でも思っている。

143　バフチン、エリアーデ、冬樹社

2014・2

前回バフチンの畢生の大作『フランソワ・ラブレーの作品と中世・ルネッサンスの民衆文化』にふれたので、それ以前の一九六八年に翻訳刊行されている『ドストエフスキイ論』も取り上げておきたい。その訳者は早大露文科教授の新谷敬三郎、出版社は冬樹社である。せりか書房によるラブレー論の企画も先行する冬樹社の翻訳に負っているとみて間違いないだろう。

バフチンのラブレーに関する大著が画期的なカーニバル論であったことに対し、『ドストエフスキイ論』はポリフォニイ小説というコンセプトを提出したことによって、後のポストモダニズムの様々な流れに多大な影響を及ぼしたと考えられる。

私なども小説を論じる際に、「ポリフォニックな構成」とか「複数の話者たち」といったタームを使用しているのだが、それらはバフチンから学んだものであり、同様な使用や表現はすべて『ドストエフスキイ論』に端を発していると断言していい。

それならば、ポリフォニイとは何かということになる。ドストエフスキイの小説はひとりの作家というよりも、思想家である主人公たちの多彩な哲学的発言とその論争に彼のオリジナリティが存在するとして、バフチンは次のように述べている。ゴチック部分だけを抽出してみる。

「それぞれに独立して溶け合うことのない声と意識たち、そのそれぞれに重みのある声の対位法を駆使したポリフォニイこそドストエフスキイの小説の基本的性格である。(中略)ただ単に作者

の言葉の対象たるにとどまらず、個々それぞれに意味を持つた言葉の主体なのだ。」

これがヨーロッパのモノローグ小説と異なるドストエフスキイのポリフォニイ小説であり、彼は「本質的に新しい小説ジャンルを創った」とされる。現在ではすでに周知の前提となっているであろうが、当時は目を開かれるような斬新な小説論だと思われた。しかも私が読んだのは七四年の改訂再版だったけれど、初版は六八年に出されていたのである。

またこれもせりか書房の『エリアーデ著作集』刊行のかたわらで、やはり七四年に冬樹社からエリアーデの大著『シャーマニズム』が翻訳出版された。同書は宗教学のパースペクティブの中でシャーマニズム全体を鳥瞰した初めての著作で、それまでに読んでいた、同じく訳者を堀一郎とする『永遠回帰の神話』（未来社）や『生と再生』（東大出版会）などのコンパクトな研究書とはまったくボリュームの異なる大冊だった。もちろん当時は書籍の製作費について何も知らなかったが、A5判七百ページを超え、五千八百円という定価から、コスト高であることだけは察せられた。

そして後年に自ら翻訳出版を手がけるようになって、『ドストエフスキイ論』にしても、『シャーマニズム』にしても、よくぞ刊行したものだとの感慨を禁じ得なかった。それは高額な製作費と版権費、翻訳書にまつわる編集の手間暇と困難さ、それでいて売れ行きの遅さを身を持って知らされていたからである。

四百ページ、三千円の『ドストエフスキイ論』はともかく、『シャーマニズム』は索引項目だけで二千近く、六十ページ、さらに文献目録も英独仏、邦語千二百冊、六十六ページに及んでいて、共訳者の長野泰彦とその編集労力もさることながら、組版経費もかなりかかっていると想定される。

それに加えて、極めつけは三枚に及ぶ折込地図で、これらも相当な経費を要することは明白である。用紙を含んだ直接製作費を推定することも可能だけれど、それは止めておこう。当時の冬樹社はいずれも大冊の『定本坂口安吾全集』や『岡本かの子全集』を刊行していたので、高額な製作費に関しては承知していたはずだが、単行本としての翻訳書の場合は全集とはまた異なる難しさが伴うことをあらためて認識したと思われる。それでも『ドストエフスキイ論』は七八年の重版を見ているにしても、『シャーマニズム』は初版のままで終わってしまったのではないだろうか。

しかし八〇年代になっての若い宗教学者たちの台頭と宗教学科出身の人々の活躍、エリアーデの小説を含めた多くの翻訳の刊行はこの七〇年代における『シャーマニズム』や『エリアーデ著作集』にそのひとつの淵源を求めることもできよう。また『ドストエフスキイ論』と『シャーマニズム』の編集者についてもふれておけば、それは高橋徹であり、彼は七四年に両書を掛け持ちしながら刊行にこぎつけたことになる。ただこの異質のふたつの翻訳企画がどのようにして冬樹社にもちこまれたのかは定かではない。前者については冬樹社の前編集長森内俊雄が早大露文出身の関係からだと推定してもいいが、後者に関しては手がかりが見当らない。九〇年代にある会で、高橋と同席したことがあり、その時に聞いておけばよかったと今さらながらにそう思う。

しかも九〇年代になって実質的に冬樹社は消滅してしまい、『坂口安吾全集』や『岡本かの子全集』もちくま文庫、また『ドストエフスキイ論』は『ドストエフスキーの詩学』（望月哲也他訳）として、古書価が高くなっていた『シャーマニズム』も上下巻本となって、これもちくま学芸文庫に収録の運びとなった。これらの経緯と事情は仄聞しているが、残念ながら紙幅が尽きてしまった。

144　冬樹社と磯田光一『殉教の美学』　2014・3

昭和四十年代において、人文社会書は小出版社の時代の色彩が強かった。それらの多くが倒産し、消えてしまうしかなかったのだが、出版物は古書として残され、それらにまつわる物語と神話は現在でも生き続けている。その一端は私がインタビューした内藤三津子『薔薇十字社とその軌跡』（論創社）で示しておいた。

そのような出版社のひとつに前回ふれた冬樹社を挙げることができる。この出版社は最初から文芸書を出していたわけではなく、雑誌『スキージャーナル』を発行する版元だった。冬樹社の事情と編集長については奥野健男が『素顔の作家たち』（集英社）所収の「森内俊雄」で書いているので、それを引いてみる。「冬樹社は昔は文芸出版社ではなく、スキーや実用書や宗教書や娯楽本など雑多な本を出す小間物屋のような中小出版社だった。そこに日大芸術科の教え子であった宮森君という威勢のいい張り切り屋が就職し、（中略）小生も冬樹社から本を出しただけでなく、友人の文学者たちを紹介したりした。そのような事情で冬樹社が俄に文芸づいて、森内君が入社し（中略）宮森君（中略）がひらいた文芸路線を森内君が引き継いだ」。

まずここに見える「宗教書」に関してだが、創業者の高橋直良は立正佼成会に関係する建築家で、それらの建築物の設計に携わっていたとされる。そこで調べてみると、立正佼成会の初代会長庭野日敬の著書や関連書を出している。また『スキージャーナル』はスキージャーナル社からずっと発行されていたことからすれば、冬樹社はまず「宗教書」を出すために設立されたのではないだろうか。それに「雑多な本」が加わり、さらに「宮森君」なる人物が入社したことによって文芸づき、そして森内俊雄が入社し、奥野が編集顧問にされたことで、文芸出版社への道をたどり始めたと思われる。この奥野と森内の協力によって、檀一雄の強い要請を受けた『定本坂口安吾全集』の刊行が始まるのである。この編集には安吾研究者の関井光男の献身的協力を得たが、原稿と作品の散逸、新資料の続々の出現が相俟って、全十三巻完結までに六年を要したという。ただ幸いなことに刊行中に安吾ブームが起き、小出版社の個人全集としては異例の成功だったともされる。これは蛇足かもしれないが、坂口の全集との関係から、檀の『花筐』も再刊されたはずだし、おそらくこの成功ゆえに、それらの経緯と奥野の関与は不明だが、やはり大部の『岡本かの子全集』や『椎名麟三全集』にも挑んでいくことになったのだろう。

坂口の全集の他に奥野と森内の共同企画としては北杜夫『牧神の午後』、安部公房『終りし道の標べに』、『吉行淳之介初期作品集』、『島尾敏雄非小説集成』などが出され、森内好みの作家である山川方夫、石上玄一郎、十和田操、永山一郎のこぶりの全集も刊行されていった。しかしその後、森内は『幼き者は驢馬に乗って』で文学界新人賞を受賞し、作家として一本立ちした。そこで編集長を引き継いだのが、前回ふれたバフチンの『ドストエフスキイ論』やエリアーデ『シャーマニズム』の担当者である高橋徹だったと見なすことができる。ようやくここまできて、私の冬樹社の一冊を挙げられる。それは磯田光一の『殉教の美学』で、私が読んだのは昭和四十六年の第二増補版である。あらためて取り出し、確認してみると、これは昭和三十九年に刊行された磯田の処女評論集で三版を重ね、四十四年に増補版も出て、それに続く版ということになる。この評論集は「殉教の美学」と題する三島由紀夫論を主としていることから、四十五年の三島の自死に際し、一年間の絶版期間を置き、第二増補版を再版したと、その「あとがき」に記されている。

またしても奥野の前掲書によるのだが、その「磯田光一」で三島が「殉教の美学」を気に入り、力づけられることが多かったのではないかと述べている。そのような関係ゆえに、磯田は三島への追憶の意味もこめて、『殉教の美学』を一年間の絶版ならしめたのであろう。だから私が同書を読んだのは四十七年に入ってからだったはずだ。

同書の巻末広告には村上一郎『浪曼者の魂魄』、桶谷秀昭『仮構の冥暗』、橋川文三『政治と文学の辺境』、野島秀勝『「日本回帰」のドン・キホーテたち』などが掲載されていて、『殉教の美学』から始めて、これらも読んでいったことを思い出す。これらはすべて高橋徹の企画編集であろう。そうして必然的に保田与重郎の著作と日本浪曼派に関しても接近していったことになる。ひとくくりにはできないけれど、あの時代において、これらの人々の言説は日本の失われつつあるエトスのありかたを浮かび上がらせているように思えたからだ。彼らの影響をダイレクトに受け、それを自らの作品へと投影させ、浪曼的エイリアンとして、特異な文体で、ひとつの世界を表出せしめた同世代の表現者がいた。それは本連載25でふれたことがある新木正人で、彼は主として『遠くまで行くんだ…』により、「更級日記の少女　日本浪曼派試論」を始めとする一連の作品を書いていた。長きにわたって埋もれていた新木の作品が近々刊行されることになっている。その編集には私が携わっていて、昭和四十五年前後における冬樹社のそれらの評論集と三島の死の時代から、それこそ遠くまできてしまったけれど、ひとつの木霊を返すことができるような思いでいる。

145 『カイエ』と小野好恵

2014・4

冬樹社は一九八〇年代まで存続し、ニューアカブームと連携し、現代思想ムック的な季刊誌『GS〔たのしい知識〕』などを刊行しているが、その発売がUPUに移った八〇年代後半に終わりを迎えつつあったように思われる。その時代の社内事情については仄聞しているけれど、それらを記すのは私の任ではないと判断するので、しかるべき当事者の証言を期待したい。

それよりもここでは七〇年代末に同じく冬樹社から創刊された『カイエ』にふれてみたい。『カイエ』は青土社の『ユリイカ』編集長だった小野好恵を招き、一九七八年に創刊されたリトルマガジンである。その名前から誤解を生じさせないように、小野が男性であることを最初に断わっておく。『カイエ』のサブタイトルは「新しい文学の手帖」が付され、創刊の七月号は「特集・80年代文学へ向けて」で、『ユリイカ』とまったく同じ判型、同じ特集形式で刊行されている。八〇年一・二月号まで出され、そこで休刊になっていることからすれば、七八年十二月臨時増刊「総特集・島尾敏雄」を含めると、二十号を数えることができる。かつての記憶と印象から、一年ほどで休刊になったと思っていたので、足掛け三年にわたり、二十号まで出されていたとは意外であった。結局のところ、『カイエ』の休刊は先行する『ユリイカ』と同じ特集形式の文芸誌二誌の成立が、読者層の問題から考えても無理だったことを物語っているし、これが冬樹社にもたらした累積赤字は数千万円に及んだという。しかし失敗に終わったとはいえ、『カイエ』を創刊したことによって、磯田光一や柄谷行人たちと異なる新たな評論家たちが冬樹社の出版物に名前を連ねることになった事実も指摘しておかなければならない。それらは三浦雅士『私という現象』、川本三郎『同時代の文学』、上野昂志『現代文学の最前線』、海野弘『四都市物語』、宇波彰『引用の想像力』などである。とりわけ三浦の『私という現象』は磯田の『殉教の美学』や柄谷の『畏怖する人間』がそうだったように、デビュー作に他ならず、この当時の冬樹社編集長は誰だったのか確かめていないが、森内俊雄＋高橋徹時代と変わることのない新たな才能の発掘が続けられていたのである。

この宮沢賢治の詩の一節をタイトルとする『私という現象』は主として『カイエ』に今井裕康名義で発表された論考であり、この時三浦は『現代思想』編集長だった。したがってこれに小野が『ユリイカ』の前編集長だったことを重ねるならば、『カイエ』の執筆者たちも青土社の両誌と少なからぬ関係があったはずで、冬樹社の出版物もまたつながってしまったことを意味していよう。それはこの時代の出版編集の環境において、人脈が密接に交差していたし、そうした共通するトポスが確実に存在していたことになる。小野は『カイエ』休刊後に独立し、ジャズやプロレス評論などに携わり、後者に関してはやはり冬樹社から村松友視との共著『四角いジャングル・ブック』を刊行している。だが癌による三年間の闘病の後に、九六年に亡くなり、九八年に川本三郎編による遺稿集『ジャズ最終章』（深夜叢書社）が出された。そこで興味深いのは小野のジャズ論よりも、村上春樹が経営していたジャズ喫茶ピーター・キャットに関する言及であり、三浦や那珂太郎や村上龍などが寄せている「追悼小野好恵」である。

那珂によれば、小野は彼が都立新宿高校定時制の国語教師だった時の教え子で、青土社の『ユリイカ』編集部に紹介したのも那珂だった。それは青土社の社長と那珂が詩人仲間としてつながっていたからだ。また那珂は小野の母親が二歳の彼を道連れに無理心中を企て、母親は死亡し、彼のほうは一命を取りとめたというエピソードを記している。そういえば、昨年思想書といっていい『自殺』（朝日出版社）を上梓した元白夜書房の末井昭も母親を自殺で失っていて、偶然ではあるけれど、同世代の優れた編集者の特異な共通性に驚きを覚えてしまう。

また村上のジャズ喫茶ピーター・キャットに関する証言も、そこが七〇年代から八〇年代前半にかけての出版や編集にまつわるひとつのトポスであったことを浮かび上がらせている。小野は開店時からの常連で、「『風の歌…』前後」という一文で、次のように書いている。

「春樹氏が、中央線国分寺駅南口のビルの地階にピーター・キャットという名のジャズ喫茶を開いたのは、確か七四年の五月頃だったと思う。駅を出て、（中略）坂を下りきったところに三階建ての小さな白いビルがあり、その地下に春樹氏の店があった。二〇人も客が入れば満杯といった広さで、スペイン風の白い壁と手造りの木製テーブルとイスが品よくレイアウトされた店内は、『風の歌を聴け』のジェイズ・バーをホーフツとさせるたたずまいで、彼の趣味と美意識が隅々にまで行き届いていた」。この「村上春樹美学の現実的結晶であるピーター・キャット」はその後千駄ヶ谷に移り、八一年五月までの七年間続いたという。

小野の記述に三浦や村上龍の証言を重ねれば、国分寺のピーター・キャットに二人を誘ったのは小野であり、そこで小野の紹介によって、小説家となる以前の「ジャズ喫茶のマスターの村上春樹」と最初に出会ったのだ。かつては街頭の様々な個人の店が出会いのトポスだったことを思い出すとともに、そのような時代がはるかに過ぎ去ってしまったことを実感してしまう。

146　倶楽部雑誌、細野孝二郎、竹下一郎

2014・5

この数年ずっと続けて出している論創社の「出版人に聞く」シリーズ13として、三月に塩澤実信の『倶楽部雑誌探究』を刊行したばかりである。ここにその補遺の一編を書いておきたい。

倶楽部雑誌とは講談社が明治末期に創刊した『講談倶楽部』に起源が求められる娯楽読物雑誌の名称で、『オール読物』や『小説新潮』などの所謂中間小説誌よりもはるかにマイナーな存在であり、これまでほとんど収集も研究もなされてこなかった。私がこの名称を知ったのは時代小説を読み始めた少年時代だったが、「あの作家は倶楽部雑誌上がりだ」という文脈で使われていて、そこにはマイナーな響きがこもっていた。

塩澤は戦後の「倶楽部雑誌王国」ともいうべき双葉社に入り、『週刊大衆』編集長も務め、阿佐田哲也とも親しかったことから『麻雀放浪記』の連載を実現させ、まさに洛陽の紙価を高めてもいる。それはかなりよく知られた出版エピソードだが、一方で塩澤は双葉社の倶楽部雑誌の総括責任者の立場も経ていたので、今回の『倶楽部雑誌探究』のインタビューに登場してもらったのである。

まず塩澤の言によれば、倶楽部雑誌の作家や編集者はほとんどが亡くなり、よく知る関係者としては自分くらいしかもはやいないのではないかということだった。また驚かされたのは昭和二十年代から四十年代にかけて、双葉社は別冊や増刊も含めると、倶楽部雑誌を毎月二十点ほど刊行し、それらはトータルすれば百万部以上に及んだという事実であった。

またそれらの編集者たちも様々な経歴の人々で、その中に細野孝二郎と竹下一郎の名前も見出されたのだが、インタビューではほとんど言及できなかった。そこでこの二人について記してみよう。細野は『近代日本文学大事典』に立項され、明治三十四年岐阜県に生まれ、新聞記者や雑誌編集者などを転々とし、昭和初年からプロレタリア作家として活躍し、『戦旗』『ナップ』『新潮』その他に精力的に小説を書き続けたとある。だが戦後のことにはふれられておらず、福田清人たちとの共著『人生を生きる指標』(泰光堂)などが挙がっているにすぎない。

管見の限り、細野の小説がまとまって収録されているのは、『「戦旗」「ナップ」作家集五』(『日本プロレタリア文学全集』18所収、新日本出版社)で、「雪崩」を始めとする五つの短編を読むことができる。これらは小作人や小作争議を描いたプロレタリア農民小説と見なせるし、おそらく細野はそうした小説を本領としていたと思われる。しかし戦後を迎え、その細野がどうして双葉社に入り、倶楽部雑誌の編集に携わるようになったのかはわからない。だがおそらく戦前と同様に雑誌編集者などを転々とし、双葉社へとたどり着いたと思われる。そしてプロレタリア文学からは離れたものの、倶楽部雑誌の編集者を務めながら、そのかたわらでペンネームを使い、自らも娯楽小説を書いていたのではないだろうか。とすれば、これは仮説だけれども、無数にいた倶楽部雑誌の作家たちの出自のひとつが戦前のプロレタリア文学の世界でもあったことになる。

もうひとりの竹下一郎は田中聡の『ニッポン秘境館の謎』(晶文社)の中で、「『秘境』を創った男」として登場している。田中のインタビューによれば、竹下は昭和三十一年に双葉社に入り、『別冊実話特集』編集長として、これを怪奇、謎、恐怖、神秘に満ちた「秘境雑誌」に仕立て上げ、二年間刊行し、ピーク時には十五万部売ったとされる。その成功を背景に「ノンフィクション・マガジン」とサブタイトルを付した『世界の秘境』シリーズを創刊した。それは昭和三十七年のことで、『ナショナル・ジオグラフィック』を範としたこのシリーズは、日本人による世界各地の登山や探検によって「探検ブーム」が起きていたこともあって、こちらも二十万部に達したという。

その後竹下は双葉社を辞職し、懇意にしていた人物往来社の顧問となり、昭和四十二年に独立し、大陸書房を興し、その翌年にジェームズ・スチュアートの『失われたムー大陸』（小泉源太郎訳）を処女出版する。いうまでもなく、大陸書房とはそのタイトルからとられたのである。たまたま入手していた同書を見ると、確かに発行者の名前は竹下となっている。したがって双葉社の「秘境雑誌」と大陸書房の「失われた大陸」シリーズはそれこそ地続きだったことになるのだが、それだけで終わったのではない。

竹下の証言は明らかに年代の錯誤も目につくが、大伴昌司と『週刊少年マガジン』のグラビアページ企画のムー大陸特集などへもつながり、それは講談社ばかりでなく、小学館や学研の雑誌も同様で、大陸書房の企画もまたオカルト分野の出版へとも進出していく。いってみれば、竹下によって学研の『ムー』のような雑誌の最初のコンセプトが立案されたと考えてよいのかもしれない。

だがそのような大陸書房もバブルの時代を迎え、竹下がいうところの「出版そのものが砂上の楼閣なんだから、その上になおかつ楼閣を建てるような」ビデオへと進出し、大きな負債を抱え、倒産してしまう。細野と竹内の軌跡はまったく異っているにしても、これらも「倶楽部雑誌王国」双葉社をめぐる文学、出版史の一コマであろう。

147 『アメリカ雑誌全カタログ』、加賀山弘、『par AVION』

2014・6

一回飛んでしまったけれど、もう少し冬樹社に関して続けてみよう。

「新しい文学の手帖」と銘打った『カイエ』廃刊後の八〇年十一月に、同じく冬樹社から『アメリカ雑誌全カタログ』が刊行されている。これはタイトルどおりアメリカの百二十ほどの雑誌を紹介したカタログで、表紙も含め、それぞれに一ページ半が割かれ、常盤新平、川本三郎、青山南の共同編集となっている。その編集コンセプトは同時代の雑誌を通じて浮かび上がるアメリカ社会であり、常盤の「あとがき」のタイトルを借りれば、「活字という小さな望遠鏡で覗いたアメリカの魅力」ということになろう。この『アメリカ雑誌全カタログ』はA5判ペーパーバック装で出され、七〇年代の冬樹社の文芸書のイメージと大きく異なるものだった。それは『カイエ』を創刊することでもたらされた変化であり、共同編集の三人もその寄稿者に他ならず、またすでに冬樹社から常盤は『アメリカが見える窓』、川本は『シネマ裏通り』などを上梓していた。『アメリカ雑誌全カタログ』はそれなりに売れたようで、手元にある一冊は十二月三刷となっている。そのためか、八二年には同じ共同編集によって『現代アメリカ人物カタログ』も出版に至っている。こちらは同時代の文学、映画、演芸の重要な人物たちを媒介とするアメリカ社会の現在を捉える試みといえよう。

実は常盤も「あとがき」に書いているように、この二冊には前史があり、それは加賀山弘を編集者とする『ヘビー・ピープル１２３』に端を発している。これは七九年に『ニューミュージック・

マガジン』三月増刊号として出されたもので、常盤たち三人と加賀山がサブタイトルに示された「ヴェトナム以後のアメリカ」の重要人物百二十三人を取り上げたカタログである。

いうまでもないけれど、インターネットによる情報の氾濫している現代とはまったく異なる七〇年代において、そこに紹介されている人々は重要であるにもかかわらず、まだ意外に知られていない人たちが多く含まれていた。私にしても、そこで初めてピンチョンの名前を知ったのである。そうした『ヘビー・ピープル123』のコンセプトと内容の充実、それらがもたらした反響がパン種となって、『ハッピーエンド通信』が創刊される。これもまた本や雑誌や人物を通じてアメリカを新たに発見する試みだったと見なせるが、十六号で廃刊を余儀なくされている。

その後に冬樹社の伊藤秋夫から、加賀山と三人のメンバーでアメリカの雑誌に関する本をつくりたいというオファーが出され、それが『アメリカ雑誌全カタログ』、『ヘビー・ピープル123』の改訂版としての『現代アメリカ人物カタログ』へと結実していくのである。つまりこれらの二冊は冬樹社における『カイエ』、ニューミュージックマガジン社の『ヘビー・ピープル123』と『ハッピーエンド通信』の編集者や執筆者たちの流れがつながることによって送りだされたといえる。

しかも加賀山の雑誌編集者としての軌跡はそこで終わったわけではなく、さらに『L'E』、『par AVION』と続いていく。だが前者は八七年に創廃刊、後者も八九年に休刊となっている。『L'E』は記憶に残っていないけれども『par AVION』の終刊号に当たる八九年六月に出された第七号は所持している。この号には村上春樹の短編「TVピープルの軌跡」とティム・オブライエンの「本当の戦争の話」の翻訳も掲載され、創刊号において村上へのロングインタビューが収録されていたことを想起させる。またこの終刊号ならではの企画として、佐山一郎による編集長加賀山へのラストインタビューも行なわれ、加賀山の雑誌編集史が語られ、『par AVION』を含めた廃刊に関して、「編集者は基本的に雑誌を潰さない」し、「存続か否かは経営サイドの意思決定による」と述べている。そして「最後の編集後記」の中で次のように記している。

「僕にとって雑誌を作る意味というのは、自己の存在そのものであり、基本的に、この高度資本主義、管理社会において、どこまで人が自由になりえるか、といった戦いでもあります。ドン・キホーテのようなものでしょうが、それでもやるしかないようなひどい環境の中に、今ある、それが現実です。誰しもが、ちょっとあんまりじゃないか、なんて思いながら、日々を生き続けていかねばならない、そういった環境の中においてすら、個人が、それぞれのフィールドのなかで成すべきことを見つけて行くことは必要であろうと考えています。」

それを彼は、「自己の obligation（義務）」であり、「何よりも重要」だとも書いている。『par AVION』は第六号まで発行人を野村信吾とするSDC出版部から出されていた。だが終刊号は発行編集人が加賀山とあるMAD出版になっている。つまり「編集後記」にも述べられているが、この終刊号は「僕個人の資金」による「自己出版」のかたちで刊行されたのである。そのようにして彼は「何よりも重要」な「自己の義務」を果たそうとしたのであろう。

しかし三十年以上前でも、インディーズ文芸誌の存続はかくも難しかったのであり、その後の加賀山の行方を確認していない。雑誌編集者を続けられたであろうか。

148　冬樹社版『GS［たのしい知識］』

2014・7

本連載145で冬樹社から『カイエ』と同様に『GS［たのしい知識］』（以下『GS』）が創刊されたことにふれた。それは一九八四年のことであり、『カイエ』が青土社の『ユリイカ』に相当したとすれば、『GS』は『現代思想』と見なすことができるであろう。

ただしそれは青土社版とは一線を画すものとされ、厚さが倍に及ぶだけでなく、戸田ツトムによる表紙デザインや本文レイアウトにも表われ、判型はB５変型判、本文はザラ紙とカラーアート紙使用で、まさに造本自体が「たのしい知識」を表象させようとしている。

浅田彰、伊藤俊治、四方田犬彦の責任編集と謳われ、三人の名前で「『たのしい知識』刊行について」が出されている。全文は引用できないけれど、そのコアを抽出引用してみる。

「十二世紀のトゥルバドールたちは自分の作詩術を、オック語で la gaya scienza とよびました。この語がのちにニーチェの警句集の標題となり、最近では映画作家ゴダールが〈五月〉直後に撮った作品にまで深い影を投じていることはよく知られているところです。陽光のなかの軽快な知識。舞踏と哄笑をともない、たえずおのれの位置をずらしていく知識。わたしたちが必要としているのは『歓ばしき叡智』でも『華やぐ智慧』でもありません。音楽に、哲学に、映画に、休みない横断線を引き続ける『たのしい知識』なのです。」

それはまた「速度、浮気っぽさ、ユーモア」を伴う「軽薄にして過激な知的倒錯の企て」ともされている。これはその文章と語彙からみて、浅田彰の手になるものと断定してかまわないだろう。『GS』創刊の前年の八三年に、彼は『構造と力』（勁草書房）を刊行し、それに中沢新一の『チベットのモーツアルト』（せりか書房）が続き、所謂ニューアカデミズムブームが出来していた。

このブームを背景にして、様々な出版社によって新たな書き手が発掘され、ポストモダニズム的著作が出現し、また書店でも、それらにまつわるフェアなどが開かれ、人文、社会科学書が活性化する現象をもたらした。浅田や中沢のベースにあったのはまだ翻訳が出ていなかったフランスのポストモダン思想書としてのジル・ドゥルーズ、フェリックス・ガタリの『アンチ・オイディプス』と『千のプラトー』だった。この二冊はそれぞれ七二年、八〇年に『資本主義と分裂症』の第一、二巻として出され、邦訳はいずれも河出書房新社から八六年、九四年に刊行されている。

ここで私見をはさんでおけば、ニューアカブームが頂点に達したのは八六年の『アンチ・オイディプス』（市倉宏祐訳）が出された頃で、九四年に『千のプラトー』（宇野邦一他訳）が刊行された時にはすでにブームは去っていたと見なせるのであろう。つまりニューアカブームもバブル経済の隆盛、及びその失墜とパラレルだったことになる。だがまだ『GS』創刊の八四年は浅田の一文にも見えているように、アカデミズムも端境期にあると判断され、出版物もそのようなトレンドを否応なく反映させていたといえよう。それは冬樹社も同様で、『GS』創刊前にニューアカブームに連鎖する伊藤の『写真都市』や四方田犬彦の『クリティック』を刊行していた。この二人に加え、どのようにして浅田が召喚されたのかは不明だが、『GS』の三人の責任編集者が揃えられたのである。

そして冬樹社版『GS』は八五年までに四冊が出される。それらの特集を示せば、1「反ユートピア」、2「ポリセクシャル」、2½「ゴダール・スペシャル」、3「千のアジア」で、現在あらためて読んでみても、かなり先駆的にして刺激的な特集も組んでいたように思われる。2½のゴダール特集はひとまずおくにしても、1はデジタルネット社会が到来した現在においてこそ論じられなければならないテーマであるし、2は性同一性障害も含んだ問題、3はまさに急激な変貌に見舞われている二一世紀のアジアに結びつけて考えるとすれば、興味深く、まだ古びていない論考をいくつも挙げることができる。もちろんボーダーレス的に多くの寄稿を仰いでいるので、それらが玉石混淆であることはいうまでもないけれども。例えば、1にクロソウスキーの「ガリヴァー最後の御奉仕」が掲載され、2にはクロソウスキーとバルテュス兄弟のミニ特集も組まれ、これらの視点から現在の日本でのバルテュス展にも異なる照明を当てることができるであろう。

また3は前掲の『千のプラトー』をもじっていることはいうまでもないが、この特集『千のアジア』には岡倉天心の「アジアは一である」から始まって、これもまだ邦訳が出されていなかったサイードの『オリエンタリズム』が投影され、実際にその「序説」も収録されている。平凡社から翻訳が刊行されるのは八六年である。現在もう一度特集「千のアジア」を組むとすればどのような構成となるのか、それにも想像が及んでしまう。

だがこの四冊で冬樹社版は終わり、予告されていた4「戦争機械」はUPUへと版元が移されていく。だがこれは『GS』の別の物語になろう。冬樹社の七〇年代末の『カイエ』から八〇年代半ばの『GS』創刊までもたどってきたが、この間に起きていた冬樹社の事情についてはまだ明らかになっておらず、証言も見つけられずにいる。

149 吉本隆明『共同幻想論』と山口昌男『人類学的思考』

2014・8

バフチンの翻訳の関係もあって、せりか書房から冬樹社の話に移ってしまったが、ここでもう一度せりか書房のことに戻したい。本連載141でせりか書房の編集長だった久保覚の出版史をたどり、彼が谷川雁のテックが出していた『ことばの宇宙』の編集長でもあったことを既述しておいた。実はこの事実を確認したことで、ひとつの疑問が氷解したものの、またしても多くの不明の事柄が生じてしまった。今回はそれを書いてみる。一九六八年に刊行された吉本隆明の『共同幻想論』には二十四ページにわたる長い「序」が付され、それが吉本へのインタビューをベースにして構成されていて、本論よりもそのことを記憶している読者はかなり多いのではないだろうか。

これはインタビュー形式の「序」であることから、吉本による『共同幻想論』のモチーフとコアが簡略に述べられ、また六〇年代後半における『共同幻想論』に向けられた視線や理解の動向も浮かび上がる構成になっている。それゆえに晦渋な本論よりもシンプルな解説の印象を残したと思われる。吉本自身もそれを自覚し、「序」にすえたと考えていい。だがそのインタビュアーに関しては最初のところに「ある編集者の問いにこたえた記事」と述べられているだけで、掲載誌は最後に『ことばの宇宙』67年6月号と明かされているが、「ある編集者」の名前は出てこない。『共同幻想論』所収の『吉本隆明全著作集』11の川上春雄の解題を見ても、『ことばの宇宙』の初出タイトルは「表現論から幻想論へ――世界思想の観点から――」で、「聞き手・編集部」による「対談」とされている。

吉本の出版スタイル、あるいは川上の解題にしても、初出は「対談」とされているわけだから、「聞き手」の名前を明記してしかるべきだが、「ある編集者」のままで終始してしまったのは、吉本や、「ある編集者」に何らかの事情が絡んでいたからなのだろうか。もはやここで「ある編集者」＝「聞き手」が久保覚だと断定してもかまわないだろう。このインタビューと同年の六七年にせりか書房が設立され、久保は編集長となり、六九年には『新日本文学』編集委員にもなっていることもあり、そうした久保を「ある編集者」のままにさせた要因とも考えられる。

その久保は七一年に山口昌男の『人類学的思考』を編集している。これは後の筑摩書房版『新編人類学的思考』と異なり、A5判六百ページ近くの大冊で、そこには「幻想・構造・始原―吉本隆明『共同幻想論』をめぐって」という六九年に『日本読書新聞』に連載された書評も含まれていた。

これは『新編人類学的思考』刊行にあたっては削除されてしまったし、その後の山口の著作にも再録されていないかもしれない。山口のこの書評も二十八ページに及ぶもので、同時代における『共同幻想論』書評としては長い一編ではないだろうか。『共同幻想論』にしても、山口の書評にしても短文で語ることは難しいけれど、書評からうかがえる山口の西洋的「人類学的思考」からすれば、「祭儀論」において吉本のいう農耕民の民俗的農耕祭儀が王権の儀礼へと昇華していくプロセスには疑問がある。宗教的聖性や王権研究を考えれば、そのように決めつけるのは始源的想像力の欠如ではないのかということになろう。

それらはともかく、この山口の書評においても、「序」が最もわかりやすく、「蛇に睨まれた蛙の如き編集者によるインタビュー」とされ、それを枕として始められている。この山口の「蛇に睨まれた蛙の如き編集者」という表現も、何らかの事情に通じているからこそ、使われているのではないかと思われるし、それは少しばかり久保に対して気の毒な感じを与えてしまう。私などは誠実なインタビューだという印象が強いからでもある。さてこの『人類学的思考』にまつわる出版事情につけては絶版事情も含め、長い間よくわからなかった。その一端が判明したのは大塚信一の『山口昌男の手紙』（トランスビュー、二〇〇七年）が出され、当時の山口の手紙を読んだことによっている。それは七一年五月のパリからの手紙で、せりか書房から『人類学的思考』が送られてきたが、何の手紙も添えられておらず、献呈先の問い合わせもなく、「少々後味のよくない本の出方です」と第一信に書かれ、第二信に続いているので、それを引いてみる。

「こういうわけで、小生の立腹の程度おして知るべし。多分、今後せりかで本を出すことをよすのではないかと思います。あの本は、小生の時間もなかったこともあるけれど、誤植が山ほどあり、全然小生自身親しみを持っていません。『道化の民俗学』もせりかで出すのはよそうかと考えています。小出版社、運動としての出版という小生の志は、やはりちょっと久保覚のようなトラック部隊の前では、オセンチ過ぎたと考えています。」

また山口は「久保覚とせりかの宣伝」に使われたとも書いている。それらについて、大塚は山口がせりか書房に肩入れしていたが、久保はその期待に応えられず、「編集作業の傍ら、金策に走り回っていた」と岩波書店編集者の視線で語っている。おそらくまだ新人の山口の大冊の制作費の金策をもさしているのだろう。「ある編集者」扱いもこのようなことに起因しているのかも知れない。

150　学藝書林『全集・現代文学の発見』と八木岡英治

2014・9

これは戦後生まれの私たちの世代に共通な記憶にして読書体験だと思われるが、若かりし頃に多くの文学全集、思想大系、それらのアンソロジーが出されていたことである。それらによって私たちは未知の著者や作品の多くに出会い、様々なことを教えられ、学んできたといえる。

そうした例を挙げると、前号の山口昌男であれば、平凡社の『現代人の思想』15の山口編集・解説の『未開と文明』はその典型である。これがきっかけで、『人類学的思考』や『本の神話学』も読むようになったのだ。筑摩書房の『現代日本思想大系』や『戦後日本思想大系』にも恩恵を蒙り、前者では松田道雄編集・解説の第16巻『アナーキズム』、同じく橋川文三の第31巻『超国家主義』、後者では吉本隆明の第5巻『国家の思想』、埴谷雄高の第6巻『革命の思想』などは忘れ難い。もちろんまだ十代だったので、理解に関しては赤面物だと考えるしかないが、そのような時代であったし、友人たちのアパートの本棚にもそれらの何冊かが必ず見出されたのである。それらのシリーズタイトルを挙げていけばきりがなく、本稿の一回分を埋めてしまうことになるだろう。だからここでは一九六〇年代後半に『全集・現代文学の発見』『全集・現代世界文学の発見』『ドキュメント日本人』という三種類の全集とアンソロジーを刊行していた学藝書林にしぼりたい。

しかもこの三つのシリーズは斬新で意欲的な企画だったにもかかわらず、売れなかったようで、七〇年代前半には古本屋で特価本として売られていて、それもあって多くを読んだものだった。しかもそのうちの『全集・現代文学の発見』は前回も言及したせりか書房の久保覚が編集に携わっていて、当時の彼は谷川雁のテック、学藝書林、せりか書房、『新日本文学』を横断するような編集者生活を送っていたと推測できる。『全集・現代文学の発見』は一巻毎がテーマ別に編集され、埴谷雄高の『死霊』が第7巻『存在の探求（上）』、吉行淳之介の『砂の上の植物群』や野坂昭如の『エロ事師たち』が第9巻『性の追求』、鮎川信夫や谷川雁の詩集、塚本邦雄や岡井隆の短歌が第13巻『言語空間の探検』に収録されるといった具合に、これまでにないアンソロジー編集による全集だった。

確か埴谷雄高の『死霊』がこのように収録されるのは初めてであり、私がそうだったように、『存在の探求（上）』によってその全体像を知った読者も多かったのではないだろうか。なお私の場合、高校生の時に埴谷の「虚空」を第2巻『方法の実験』で読み、埴谷の存在を知った。

『全集・現代文学の発見』の編集長といえるのは奥付に編集者＝八木岡英治とある人物で、彼は別巻『孤独のたたかい』を編むにあたって、その意図を示す「本のなりたち」を寄せている。文学は精神の運動そのものだから、読者の多寡は作品の価値と関係ない。ただ読者のほうにしてみれば、流行の時差によって、否定と肯定は入れ代わったりする。それゆえここに収録された文をなす者は賞讃どころか、拍手も口笛も返ってこない空虚な客席、巨大な洞窟のような闇黒を前にしている。だがその陰影が作品のエネルギーの源泉となっているかどうかで選ばれたのだと。そうして八木岡は次のように記しているのだが、これは『孤独のたたかい』のみならず、『全集・現代文学の発見』全巻に向けられた言葉だと思われるので、それを引いておきたい。

「私たちはここに『埋もれたるもの』の巻を編むに当って、非情にも、今日《こんにち》われわれに資すること篤《あつ》きもの、という規準にあわせて選択し、歴史的顧慮をふくめなかった。はずれるものはすべてこれを捨てた。われわれは今日生きて今日考えねばならぬ。博物館をここに建てるわけではない。(中略)私たちが払った努力については、言うべきではない。ただ、ここに、これだけの作品を示すことが出来たという事実があるだけである。私たちはこれをなし得た。そして、これ以上をなし得なかった。是非の判断は読者の側にある。」

つまり『全集・現代文学の発見』そのものが「われわれは今日生きて今日考えなければならぬ」という視座から編まれたものに他ならないと宣言していると判断していいだろう。

この八木岡の紹介が『孤独のたたかい』の「解説」のところに示されている。それによれば、一九一一年京都府生まれ、京大文学部卒で、一年上に大岡昇平がいたが、戦後に彼の最初の小説依頼者として会うまで、彼を見たことがなかったという。戦前は中央公論社やＮＨＫの編集者を務め、戦後は季刊文芸誌『作品』(創芸社、作品社)を創刊している。『日本近代文学大事典』には『作品』が立項され、八木岡が身ひとつで創刊した作品中心の質量のある文芸季刊雑誌で五号までしか出なかったが、志賀直哉や広津和郎の支援や寄稿を受けた。それに加え新人の起用にも積極的で、戦後第一回芥川賞の由起しげ子の『本の話』は『作品』に掲載されたとある。

そのような八木岡に久保が編集協力し、『全集・現代文学の発見』が送り出されたことになる。ここで紙幅が尽きてしまったので、もう一回学藝書林のことを続けてみる。

これまで『全集・現代文学の発見』は『日本読書新聞』出身で、学藝書林に移った大出俊幸が企画編集したとも伝えられていたが、メインは八木岡と久保だったと考えられる。

151 『全集・現代世界文学の発見』と『ドキュメント日本人』

2019・10

前回は学藝書林の『全集・現代文学の発見』にしかふれられなかったので、今回はタイトルを挙げただけで終わってしまった『全集・現代世界文学の発見』と『ドキュメント日本人』に言及しなければならない。

まず『全集・現代世界文学の発見』だが、これは『全集・現代文学の発見』が実際には監修だと見なせるけれども、責任編集＝大岡昇平・平野謙・佐々木基一・埴谷雄高・花田清輝と銘打たれていたことに対し、そうしたトータルな編集構図は提出表記されていない。また前回既述した八木岡英治のような実際の編集者名も奥付には見られず、一巻毎にそれぞれ編者名が示される形式となっている。だがそれは箱にも本体の表紙にも記されておらず、中扉にあるだけなので、その巻のタイトルと編者名をここでリストアップしておく。

1『革命の烽火』江川卓・水野忠夫編　2『危機にたつ人間』石黒英男・菊池章一編
3『スペイン人民戦争』長田弘編　4『亡命とユダヤ人』邦高忠二編　5『抵抗から解放へ』針生一郎編　6『実存と状況』篠田浩一郎編　7『性の深淵』澁澤龍彥編　8『アジアの目覚め』檜山久雄編　9『第三世界からの証言』橋本福夫編　10『黒人と暴力』木島始編　11『社会主義の苦悩と新生』江川卓・栗栖継編　12『おかしな世界』植草甚一・木島始編

残念なことに別巻1『夢と超現実』と同2『言語と想像力』は未刊に終わってしまったこともあり、誰が編者なのか確認できない。だがそれらを抜きにしても、また収録作品名を挙げなくても、これらのタイトルと編者名を見れば、『全集・現代世界文学の発見』が小出版社による六〇年代後半の特異な世界文学全集の試みだったとわかるだろう。

『ドキュメント日本人』は全十巻で、これはそれまで取り上げられてこなかった百人近くの有名無名を問わない人物たちを、これも一巻毎に巨人、反逆者、先駆者、支配者、虚人などに分類し、新しい伝記と資料を収録したシリーズである。今になって思えば、『全集・現代文学の発見』や『全集・現代世界文学の発見』以上に、この『ドキュメント日本人』から多くのことを教えられたのである。それはこのシリーズがいってみれば、各分野の異端者、あるいは傍流的人物列伝のようなものだったので、まだよく知られていなかったそれらの人々を一挙に視野に収めることができたからだ。それに合わせてインターネットがなかった時代のアナログ的な読書の時代を懐しく思い出す。もはやそのような時代が二度と戻ってこないことは承知していても。

この『ドキュメント日本人』は責任編集が谷川健一、鶴見俊輔、村上一郎となっているが、実質的には谷川が企画編集したと断定していいように思われる。彼は平凡社の『太陽』初代編集長を務めるに先んじて、戦後の民俗学的なノンフィクション集成ともいうべき『日本残酷物語』を企画し、高い評価を得ていた。谷川はそれもあって、六〇年代後半から民俗学資史料の企画を他社へと持ちこみ、その連鎖と見ていい『日本庶民生活史料集成』は三一書房から刊行され、高定価にもかかわらず、予想外の売れ行きを示す成功を収めた。なお余談ながら、この成功がその後の三一書房の行方に大きな影響を及ぼすことになり、九〇年代末の労働争議へとも結びついていくのである。この事実に関しては「出版人に聞く」シリーズ16の井家上隆幸『三一新書の時代』で詳しく語られている。

また一方で、三一書房の『日本庶民生活史料集成』の成功は他社へも波及し、『ドキュメント日本人』もそのようにして谷川が学藝書林へと持ちこんだ企画だったはずだ。それをつないだのはやはり久保覚であり、久保は本連載141に掲載しておいた年譜に記されているように、六四年に現代思潮社を退職し、『太陽』編集部嘱託として編集取材に携っていた。そこで谷川との接点が生まれたし、久保は彼の弟の谷川雁の『戦闘への招待』（現代思潮社）の編集者でもあったからだ。そして久保が六六年に学藝書林の『全集・現代文学の発見』の企画編集に参加したことがきっかけになり、『ドキュメント日本人』の企画も持ちこまれ、刊行に及んだのではないだろうか。

また順序が逆になってしまったが、『全集・現代世界文学の発見』にしても、久保の六七年からのせりか書房の設立や『新日本文学』編集委員のことを考えると、世界文学アンソロジー企画と前述の編集者名からして、久保によるものだと見なしてもかまわないだろう。そしてこの時代における久保という不世出の編集者の存在を再認識することになる。

さてずっと学藝書林の企画と編集のことばかり書いてきたけれども、当然のことながらそれらを刊行した経営者＝出版者もいて、これらの三つのシリーズの奥付発行者は田寺正敬となっている。しかし彼の名前は数年で消えてしまい、別人に代わっている。おそらく企画は斬新であっても売上不振だったことと関連しているにちがいない。

ここにもまだ知られていない出版をめぐるドラマが起きていたと思われる。

152 蓮實重彦『批評あるいは仮死の祭典』

2014・11

前回で久保覚とせりか書房などへの言及は終えるつもりでいたのだけれど、筑摩書房から刊行された蓮實重彦の大著『「ボヴァリー夫人」論』を読み、蓮實の最初の著作に他ならないせりか書房の『批評あるいは仮死の祭典』にふれておくべきだと考え、もう一編を追加しておく。

その前に『「ボヴァリー夫人」論』について記しておくと、同書の出版は蓮實のタームを借りれば、出版文芸史、文学と文芸批評、アカデミズムと文学研究、外国文学の翻訳問題なども広範に含んで、ひとつの「事件」だと思われる。もちろん蓮實も訳者の一人であるサルトルの長大なフローベール論『家の馬鹿息子』（人文書院）を始めとするフランス本国や国際的なフローベール研究におけるヘゲモニー戦略、東大仏文系アカデミズムの流れの仕上げといった意図も透視できるが、近年これほど多くの事柄を教えられた一冊はなかったというしかない。それらは十九世紀における小説の誕生、テキストと出版に至るプロセス、そのテキスト的現実をめぐる問題、第二帝政期の社会状況の細部などと挙げていけば、きりがないほどである。

私もゾラの「ルーゴン＝マッカール叢書」の翻訳を手がけていることもあって、いずれゾラ論をと考えていたが、とても『「ボヴァリー夫人」論』のような一冊は書けないので、断念することにした次第だ。友人から社会科学書を例にすると、それはどれに匹敵するのかと問われ、一九七四年の廣松渉新編輯版『ドイツ・イデオロギー』（河出書房新社）を挙げておいた。これに注釈は加えないが、その比較ニュアンスは了承できるのではないだろうか。奇しくもその『ドイツ・イデオロギー』の刊行と同年に蓮實の『批評あるいは仮死の祭典』も刊行されている。あらためて読んでみると、これが八〇年代のニューアカデミズムブームの露払いの役割を果たしたコアともいうべき一冊に思えてくる。そこではジル・ドゥルーズ、ミシェル・フーコー、ロラン・バルトたちが論じられ、しかも彼らは蓮實のインタビューに答え、それらの質疑応答までが収録されているのだ。

ドゥルーズの場合を追ってみると、蓮實はパリ滞在中にドゥルーズの自宅に電話し、「あなたの肖像を日本読者に紹介する対談風の記事を書く必要もあるので、ご多忙の時間の一刻をさいていただけまいか」と申し出る。するとドゥルーズは「即座に承諾してくれた」。そこで蓮實はクリシー広場のアパートを訪ね、ドゥルーズに「遭遇」することになるのだが、そのプロセスとクロージングまでがまさに映画のシーンのように描かれている。

ドゥルーズはインタビューに答えるだけでなく、質問に対して後日の書面での回答も約束し、それもまた彼の「解答」として収録され、蓮實は「解答」を受け取ったのは一年滞在したフランスを去る前夜で、『アンチ・オイディプス』の共著者の一人が「パリで会って言葉をかわした最後のフランス人となった」と書いている。『アンチ・オイディプス』は七二年に出たところで、当然のことながら、まだ日本では翻訳されておらず、それが実現するのは八六年になってからだった。

そのようにして、フーコーもバルトもインタビューされ、まだ全貌が定かでなかったフランスの現代思想家たちの一端を浮かび上がらせることになったのである。

これは揶揄していうのではないが、卓抜な語学力を有し、彼らと対等に渉り合う蓮實の姿は新鮮であったし、フランス文学や思想研究にしてもここまできたのかという感慨を禁じ得なかった。

こうした地点から青土社の『現代思想』や朝日出版社の『エピステーメー』が創刊され、八〇年代におけるニューアカデミズムとポストモダニズムの流れが形成されていったのだろう。それはまたバブルの時代とも併走していた。だがその水先案内人の一人と目された蓮實は最初から戦略的であり、「あとがき」において、次のように書いていた。「ここに『批評あるいは仮死の祭典』として集められた言葉たちは、徹底して軽薄な主題をめぐって書きつがれたという不運を担っている」し、「フランス思想といったものは、事実、それじたいとしてあからさまに軽佻浮薄である」と。それゆえに「仮死の祭典」という言葉がタイトルに含まれることになったのである。その言葉は来たるべきニューアカデミズムとバブルの時代に重なるものであったのかもしれない。それだけでなく、蓮實は最後に置かれたタイトルとほぼ同じ「批評または仮死の祭典」と題するジャン＝ピエール・リシャール論が、「現在進行中の『ボヴァリー夫人論』のありえない『序文』、つまりは始まりの擬装工作として機能すべきものなのだが、はたしてそうなるだろうか」とも書いている。蓮實の『「ボヴァリー夫人」論』はリシャールのいう「フローベールの小説ではたらふくものがつめこまれる」事実を体現したことで、その四十年後に達成されたことになるのでないだろうか。

なお最後になってしまったが、蓮實の論考、及びインタビューは『海』に連載されたもので、それを『海』の編集者安原顕がせりか書房の久保覚につないだことで、上梓に至ったことは「あとがき」からも明らかだ。しかしその経緯と事情は詳らかではないにしても、中央公論社では企画が通らなかったことを告げていよう。

153　四方田犬彦『先生とわたし』と由良君美

2014・12

四方田犬彦の著書に示された「先生」とは由良君美に他ならないし、そのテーマもまた二人の師弟関係であるのだが、どうもこうして書き出しただけで、私の柄ではないと思ってしまうのだ。どうしてかというと、私も大学は出ているものの、ほとんど授業にもゼミにも出席しておらず、そのような大学における師弟関係はまったく縁のないままに過ごしてきたからである。それゆえに四方田が言及している師弟の機微に関してふれる資格はないので、ここでも出版のことに限りたい。

『先生とわたし』（新潮社）を読んで、あらためて教えられたのは一九六〇年代から八〇年代にかけて由良がいくつもの出版社の編集顧問、著者、翻訳者だったことである。その主たる出版社はせりか書房、牧神社、思索社で、せりか書房からはジョージ・スタイナーの『言語と沈黙』の翻訳を出し、思索社においてはヴァン・デル・ポスト著作集の監修を務めていた。だが由良が最も深く関わったのは牧神社であり、四方田の言によれば、「参謀格のような形で迎え入れられた」。

牧神社についいては私的記憶を語るよりはまず四方田の記述を引いたほうが、そのプロフィル、及び由良との関係の所以がよくわかるだろう。

「（前略）この出版社は、イギリス19世紀のロマン派文学を中心に、アーカー・マッケンのような怪奇ものからノディエのようなフランスの妖精小説、ロルカ全集、『プチニコラ』といった具合に、ちょっと奇妙な風味をもった西欧文学の翻訳を世に問うていた。それればかりか、往年の日夏耿之介が主宰した雑誌『奢灞都』や征矢野晃雄《そやのてるお》訳のヤコブ・ベーメの『黎明（アウロラ）』の復刻などを手掛けたり、日本で従来よりなされてきた西欧文化輸入のなかでしばしば周縁に置かれたり、無視されてきたオカルティズムや神秘主義に強い関心を寄せた出版活動を行なってきた。」

その牧神社にはもう一人の「参謀格」の人物がいて、それは由良が高校生時代から私淑してきた平井呈一だった。平井個人全訳の『アーサー・マッケン作品集成』全六巻が牧神社創業の一九七三年に出ているのはそのことによっている。また、七六年に『ノヴァリース全集』第一巻が刊行され、その編集と構成、解説が由良であるのは、彼が戦時下と敗戦直後に読んだノヴァリース翻訳の仙花紙本収集をベースにして成立しているからだ。

さらに牧神社はリトルマガジン『牧神』も創刊し、この編集者は堀切直人だったはずだが、由良も深く関わっていたようだ。そのブレイク特集のために自ら詩篇を翻訳していたし、弟子の高山宏の修士論文『白鯨』論や四方田の最初の映画批評であるタルコフスキーの『惑星ソラリス』評が掲載されたのも、由良の推薦を受けてのことだった。そうしたことが作用してか、「由良君美は牧神社が健在である期間は幸福そうに見えた」と四方田は書いている。

さてここで牧神社に関する私的記憶を述べておこう。七〇年代の出版社として強い印象を残したのは薔薇十字社と牧神社で、それはいずれも倒産し、古本屋に出版物が特価本として並んでいたことにもよっている。両社の倒産は薔薇十字社が七〇年代前半、牧神社は後半だったが、後者の場合は前者よりもはるかに量が多く、八〇年代半ばまで古本屋でよく見かけたものだった。それに倒産する数ヵ月前に本郷三丁目の牧神社を訪ねてもいたのである。

牧神社の創業は七三年、事実上の倒産は七九年だったから、おそらく由良が「幸福そうに見えた」のはその間だったことになる。それはちょうど「先生とわたし」が出会い、師弟の蜜月の時代に当たることに気づく。牧神社が倒産した七九年に四方田は韓国の建国大学に向かった。そうした状況を背景に由良はアルコールへの傾斜を深めていったようだ。それは東大英文科出身でないにもかかわらず、駒場の英語科主任教授に選出された重圧からではないかという推測も述べられている。だがそれ以上にかつて由良が「幸福そうに見えた」のは牧神社もさることながら、四方田を始めとする弟子たちの存在だったのであり、その双方がほぼ同時に失われてしまったことが、由良をして過度の飲酒へと向かわせたのではないだろうか。それほどまでに由良は双方に深い愛着を有していたように思われる。師弟の問題は私が立ち入るべきものではないので、再び牧神社のことにふれると、四方田も挙げている七六年に刊行されたヤコブ・ベーメの征矢野晃雄訳『黎明』の復刻は由良の企画だったのではないだろうか。彼は最初の著作『椿説泰西浪曼派文学講義』（青土社、七二年）所収の「ベーメとブレイク」において、この大正時代に大村書店から出された『黎明』邦訳本が鈴木大拙訳のスウェーデンボルグの『天国と地獄』に匹敵する神秘主義文献だと絶讃し、ベーメがブレイクに与えた影響を論じている。しかもこの『黎明』復刻は南原実の『ヤコブ・ベーメ開けゆく次元』という日本で初めてのまとまったベーメ論が寄り添うかたちで出版されたのである。南原こそは四方田が本郷で専攻することになった宗教学科で、ミスティックなゼミを聞いていた人物だった。由良と南原の関係は定かでないが、ベーメの復刻と南原のベーメ論セットは宗教学を専攻することに賛成した由良の四方田への贈り物だったのではないだろうか。それがうまく伝わらなかったことも「先生とわたし」の関係へと投影されたように思える。

154　緑書房と『文化のモザイック』

もう一回、由良君美と出版社、及び弟子たちとの関係について続けてみる。

四方田犬彦は『先生とわたし』の中で、一九七〇年代において、由良君美は仏文の澁澤龍彦、独文の種村季弘に匹敵する英文学の雄だったと書いている。それはやはり四方田が由良の近傍にいて教えを受けたことに大きくよっているのではないだろうか。私も由良の最初の著作で、「ユリイカ叢書」の一冊として出されたビニールカバー装の『椿説泰西浪曼派文学談義』をリアルタイムで読んでいるけれど、そのような印象は抱いていなかった。

それは四方田もふれているように、由良が澁澤や種村に好意的で、彼らの書物を丁寧に書評したにもかかわらず、彼らからは文章において言及されていなかったことも反映しているだろう。こちらは同時代に薔薇十字社や桃源社から出されていた澁澤や種村の著作を読み、二人が同じエコールに属していると認識していたが、由良は異色の英文学教師のイメージを越えるものではなかったし、当時英文学は魅力的なものと見られていなかったことも一因だったと思われる。

またそれは由良の翻訳の仕事にしても同様で、ジョージ・スタイナーの『言語と沈黙』（せりか書房）や『脱領域の知性』（河出書房新社）にしても、澁澤のサドや種村のルネ・ホッケの翻訳ほどには伝わっていなかった。この原因はこれも四方田が書いているように、由良と筑摩書房の『世界批評大系』を仕切った篠田一士などとの対立や確執もあったことも作用していたとわかる。

2015・1

その一方で、由良も時代に寄り添っていたことを示すように、沢木静のペンネームで、アーサー・キャンベルの『ゲリラ』（原書房）を刊行している。これは私見だが、前回ふれた南原実がやはりペンネームで、アクチュアルな翻訳書を出版したことに刺激を受けたからではないだろうか。それから由良は八〇年代になって、離反した四方田も含めた教え子たちを動員し、『世界のオカルト文学幻想文学・総解説』（自由国民社）や『ポスト構造主義のキーワード』（『別冊国文学』、学燈社）を編んでいる。これらは啓蒙書、解説書というべきもので、このようなアンソロジーの編集の中に、由良が置かれていた時代のポジションがうかがわれるように思う。こうした状況の中にあって、緑書房との遭遇は「由良君美の数少ない心の慰め」、「生涯の最後にあって数少ない幸運なことのひとつであったように思われる」と四方田は述べている。由良は食料不足の戦時下で大泉黒石のエッセイ集『草の味』を読み、七〇年代から日本でも稀なコスモポリタン作家としての黒石の復権を唱えてきた。それが緑書房との出会いで実現したのである。四方田の記述を引いてみる。

「その彼がたまたま東洋医学と畜産団体の出版で知られる緑書房の社長と出合ったとき、黒石全集の話が一気に纏まった。中村は由良君美より一年上の1928年生まれで、学年は同じである。二人はつねに腹を空かせていた中学生時代に、『草の味』に読み耽ったという体験を共有していた。東洋大学で哲学を学んだ中村は、もとより文学に深い愛着を抱いていた。仕事としては実学書の出版を続けてきたが、引退を間近に控えて、採算とは別に昔親しんだ黒石の復権に一肌脱ごうと決意したのである。」

これを読んで初めて緑書房から『大泉黒石全集』が出され、そして八九年に東大由良ゼミ準備委員会編、由良君美還暦記念画文集『文化のモザイック』が刊行された事情を了解することになったのである。『文化のモザイック』の表紙には「由良君美の祝祭」「第二人類の異化と希望」というふたつのサブタイトルが付されている。四六判二段組、四百三十二ページに及び、由良以外に五十七人が寄稿し、それには絵や詩も含まれている。これらの人物名をすべて挙げれば、由良の人脈の見取図が自ずと浮かび上がるであろうが、紙幅もあり、それはできないので、興味を持たれた読者はぜひ『文化のモザイック』を見てほしいと思う。四方田も同書に「U・R・」という一文を寄せている。『先生とわたし』によれば、由良本人が突然四方田のところに電話をかけてきて、寄稿を依頼されたのだが、その口調はかつての由良のようではなく、脱け殻のような感じがしたという。そしてそれが由良と言葉を交わした最後になってしまったのである。実際に『文化のモザイック』を刊行した一年後の一九九〇年に由良も亡くなってしまったからだ。

それらはともかく、寄稿した一人に旧知の古本屋がいることを明記しておかなければならない。それは駒場の河野書店の河野高孝で、彼は四方田と並んで、「『古本屋の夢』全注釈」を書いている。その「序」に「知の墓守、死者の王国の管理人、虚の世界の肉体労働者たる古本屋風情が、霊園徘徊愛好者として名高いみみずく道人の、たまさかの知遇を得、あまつさえそのなりわいに対する深い理解と同情を賜った結果、斯かる晴れがましき記念文集への寄稿を命ぜられ」とあるので、河野の一文が由良の要請で収録されたとわかる。由良は河野書店の顧客だったのだ。由良の没後に蔵書の処理を引き受けたのは河野だったのかもしれない。今度会う機会があったら、彼に由良と古本にまつわる話を訊いてみようと思う。

155 牧神社と菅原孝雄『本の透視図』

2015・2

四方田犬彦の『先生とわたし』が刊行されてから五年後に、菅原孝雄の『本の透視図』（国書刊行会、二〇一二年）が出された。菅原は四方田も書いていたように、牧神社の経営者だった菅原貴緒で、同書の最後のところに収録された付記ともいうべき「編集者の極私的回想」によって、これまで明確ではなかった牧神社の実像が描き出されたことになる。

それは四方田が由良君美を通じて理解していた牧神社ともいささか異なるものであり、出版社のイメージ造型が読者や著者や執筆者によって様々に織り成されていくことを物語っている。前回挙げた薔薇十字社に関しては私がインタビューした内藤三津子『薔薇十字社とその軌跡』（「出版人に聞く」シリーズ10）で、ほぼ実像が明らかになっているが、牧神社については定かでなかったからだ。

そこで菅原の「編集者の極私的回想」とその補足データによって、彼と牧神社の軌跡をトレースしてみる。一九四〇年生まれの菅原は九州の片田舎で敗戦後と学校生活を送り、九州大学に進み、ユイスマンスの『さかしま』（澁澤龍彦訳、桃源社）を読み、自分の選択する道を見出した。それは「ちっぽけな本という世界にしかたどり着かない細流だった。それも唯美主義やデカダンスや高踏派に傾く、本の世界でもさらに数少ない細道だった」のである。

そして大学卒業後、上京して紀伊国屋書店に入る。その決め手になったのは面接官の金子敏男で、彼はフランス映画論の古典であるマルセル・マルタンの『映画言語』（みすず書房）の翻訳者だったことだ。たまたま手元にある同書の奥付の訳者紹介を見ると、確かに紀伊国屋書店勤務と記されている。金子は洋書部に属し、菅原もその下で働くことになった。洋書の仕入、広報、販売企画に携わり、フランスの大小出版社の実態をつぶさに学び、前衛的出版姿勢を堅持するジョゼ・コルティ社、セゲルス社、J＝J・ポーヴェール社などの出版物に大きな影響を受け、この間にフランスを中心に欧米の出版を細かく知ることができた。

次に編集者をめざし、思潮社に入社する。最初に担当したのはガストン・バシュラールの『空間の詩学』で、続いてリシャールの本も出したと述べていることからすれば、『リシャール著作集』も含まれていた思潮社の菊判上製クロス装箱入の翻訳シリーズを菅原が担当していたことになる。そのかたわらで、菅原は処女翻訳本としてアナイス・ニンの『近親相姦の家』（太陽社）、大学の先輩有田忠郎との共訳『占星術』（クセジュ文庫）も出していくようになるが、七〇年に創刊される季刊リトルマガジン『思潮』も立ち合っている。これも所持している『思潮』第一号奥付を確認すると、編集人菅原孝雄とあるので、彼が中心になって創刊されたとわかる。しかし思潮社にも組合問題が生じ、『思潮』も終刊になったことも重なり、菅原は退社し、牧神社を設立するに至る。彼の軌跡を要約してみれば、紀伊国屋で欧米の出版の実態を知り、思潮社で編集と翻訳出版の仕事を学び、また自らの翻訳も刊行し、それに雑誌創刊も経験してきた。だからいうなれば、きっかけと資金のことはともかく、編集者としては満を持して独立したといってもいいのかもしれない。

それゆえに『牧神』は『思潮』を引き継ぎ、平井呈一との関係はこれも思潮社時代のウォルポールの『オトラント城綺譚』の出版から始まっていて、牧神社の最初の企画『アーサー・マッケン作品集成』へとつながっていた。由良君美と知り合ったのは意外なことに七六年の平井の葬儀の席であった。これは菅原の回想を引いてみよう。

「『ぼくが平井先生の弟子なら、君は孫弟子ですなあ』といわれた葬儀をきっかけにして、新たに密度の高い由良先生のご厚誼を受けることになる。自分にとっては、平井翁亡き後の僥倖というか、翁が残してくれたご縁だった。東大駒場にあった研究室に伺うこともあり、本郷での講義の帰るさいに、本郷三丁目の会社によく寄っていただいた。」

おそらく由良は平井の「弟子」として、しかも平井の代理人のようなかたちで「孫弟子」菅原の営む牧神社に顧問格として加わった。だからこそ前々回既述したように、四方田の目にも牧神社に関わっている由良は「幸福そうに見えた」のだ。しかし牧神社は七九年に倒産し、菅原の言葉を借りれば、「密度の濃い六年間」を経て、「あっという間に消えて行った」のである。したがって由良が幸福だったのはその半分の三年ほどだったことになる。その他にも菅原は意外な出版史の事実を明らかにしている。牧神社から出し、角川文庫に収録したジャン・ド・ベルグ『イマージュ』の訳者行方未知は菅原で、不詳とされる作者は本文語彙の特徴からロブ＝グリエだという。これは日活ロマンポルノとして映画化され、八〇万部にまで達したが、その印税のすべてが牧神社の運転資金につぎこまれた。またさらに角川書店の子会社富士見書房で、翻訳専門の「富士見ロマン文庫」が企画され、ヴィクトリア朝イギリスのポルノを数冊訳したとも述べている。おそらく察するに『イマージュ』の他にもアポリネールの『一万一千本の鞭』なども売れたので、角川書店は子会社を使って、ポルノ文庫を創刊し、多くの翻訳者たちが召喚されたことになる。牧神社の時代のかたわらではそのような出版も始まっていたのである。

156　『金子國義・富士見ロマン文庫コレクション』とペヨトル工房

2015・3

前回で牧神社や四方田犬彦への言及は終えるつもりでいた。ところがその直後に浜松の時代舎に出かけ、未知のカードコレクションを見つけたこと、それから「日本オルタナ文学誌1945―1969戦後・活字・韻律」特集を組んだ『アイデア』367号が届き、色々と触発されることがあったので、もう何編か続けてみたい。

まず時代舎で見つけたのは『Kuniyoshi KANEKO』と題された箱入りカード集で、下の部分に「金子國義★富士見ロマン文庫コレクション」とあるように、これは金子が担当した同文庫の装画全64点をカード化したものである。箱の中には小冊子が付され、次のような文言が示されていた。

「富士見ロマン文庫は、19世紀の海外古典ポルノグラフィーや現代アメリカの前衛的なポルノグラフィーを集めて、1977年秋に創刊された。この富士見ロマン文庫の造本・装幀・装画を依頼されたのが、金子國義である。

金子國義は、古い洋書から鍵やトルソーを探し出してきてロゴを拵えた。表紙の鍵とトルソーは、黒紙に金刷りで、文庫としては大変贅沢な造本となっている。金赤・金・墨という色使いと豪奢な絵画作品64点が、ポルノグラフィーにエロティシズムと文学の薫りを醸しだした。」

そして金子の手になる全文庫がリストアップされ、奥付の発行はステュディオ・パラボリカ、発行人はミルキィ・イソベ、編集人は今野裕一で、二〇〇三年十二月に出されている。発行、編集人のミルキィ・イソベと今野は二〇〇〇年に解散したペヨトル工房の主宰者であり、注記によれば、このカード集は『夜想』の復刊第1号『ゴス』の刊行記念として上梓されたという。

そこで思い出されるのは前回既述しておいたように、牧神社の菅原孝雄が富士見ロマン文庫の創刊企画や翻訳に携わっていたことに加え、一九八八年にペヨトル工房からM・ミオー、J・ランジュのポルノグラフィ『娘たちの学校』の翻訳を出していたことである。つまり菅原とペヨトル工房は富士見ロマン文庫を媒介してとは断言できないにせよ、どこかでつながりが生じ、菅原は翻訳者としてペヨトル工房に召喚されていたことになる。それらのことが記されているのではないかと思い、今野裕一の『ペヨトル興亡史―ボクが出版をやめたわけ』（冬弓舎）を再読してみた。これは今野の単著ではなく、社員たちも寄稿している。しかし菅原との関係への言及はなかったけれど、示唆されることがいくつもあったので、それらのことを書いておこう。

これを読んで、ペヨトル工房の解散が二〇〇〇年四月で、それが同工房のメイン取次だった鈴木書店の倒産のほぼ一年半前だったことに気づかされ、その店売の二階にペヨトル工房の『夜想』バックナンバーを始めとする常備棚があったことにも連想が及んだ。『ペヨトル興亡史』の最初のところで、今野は鈴木書店に解散のことで出かけていく。すると、そこで「残念だねぇ。（中略）最終清算までのあいだ、どうにか店売のものを売ってあげるよ」といわれ、感激してしまったエピソードが語られているが、これは前述の棚のことをさしているのである。

だがこの時点において、今野が述べているように、ペヨトル工房は「もう経営的にもギリギリのところまで追い込まれていた」わけだから、解散を決意したのは賢明な選択だったと考えられる。

なぜならば、その一年半後の二〇〇一年十二月に鈴木書店が倒産してしまうからだ。もし解散しないで、メイン取次の倒産まで会社を存続していたとすれば、そのダメージは解散とは比較にならないほど大きかったであろう。

ペヨトル工房のリトルマガジン『夜想』は一九七八年に「マンディアルグ×ボナ」特集として創刊され、五千部刷ったが、ほぼ完売するほどの売れ行きで、好調な始まりだった。『夜想』のタイトルは滝口修造の命名で、やはり菅原が編集や発行人だった『思潮』や『牧神』を範としていた。そして『夜想』を出しながら、初めての単行本であるアントナン・アルトーの、『タラユマラ』（伊東守男訳）を刊行し、八四年には『銀星倶楽部』も創刊に至る。そうした出版史は「ペヨトル工房刊行物一覧」として、『ペヨトル興亡史』の巻末に収録されていて、同工房の二十年にわたる出版の物語を浮かび上がらせる編年史となっている。そのような出版史の過程で、当初ペヨトル工房もまた発売を皓星社や思索社に委託し、それから鈴木書店の口座を開いている。これは前述の『アイデア』に教えられたのだが、一九七〇年に詩集収集家の山田耕一によって設立された書肆山田は発売を牧神社に委ねていた。そしてその山田の後継者である鈴木一民の最初の仕事は牧神社の返品の山の中から、書肆山田の本を抜き取ることだったという。小出版社の誕生とは創刊誌や処女出版物ばかりでなく、こうした流通販売の物語をも必ず内包している。

それに加えて新しい出版社は新たな著者や訳者をも生み出していく。ペヨトル工房の場合、それはW・S・バロウズをきっかけとした山形浩生と柳下毅一郎、また社員でもあった村崎百郎が挙げられる。彼らについてはまた書く機会を見つけよう。

157　七月堂と木村栄治

2015・4

四方田犬彦の修士論文を原型とする『空想旅行の修辞学「ガリヴァー旅行記」論』は、一九九六年に七月堂から刊行されている。版元の七月堂は世田谷区松原にあって、木村栄治が営む印刷所も兼ねた出版社である。同書の出版に至る詳細は記されていないが、四方田は『歳月の鉛』（工作舎）の中で、一九七七年に創刊した映画批評同人誌『シネマグラ』の印刷を七月堂が担当し、主人の木村栄治に関して、「詩とジャズを愛する情熱的な人物で、故郷群馬の山中にユートピアを建設する夢に取り付かれていた」と語っていた。

この詩集専門の「小さな印刷出版社」を四方田に紹介したのはやはりそこから外国文学研究同人誌を出していたロシア文学の沼野充義であった。東大の蓮實重彦の映画ゼミ出席者を中心とする『シネマグラ』同人は四方田や沼野の他に、平野共余子、野村正人、松浦寿輝たちで、八〇年の第七号まで刊行された。このわずか四百部の同人誌は東京のいくつかの書店や名画座に置かれ、多くの反響を呼び、四方田の処女作『リュミエールの閾』（朝日出版社）などへと結実していく。

その一方で、七月堂は『シネマグラ』のメンバーが出入りするようになって小サロン化し、松浦の最初の詩集『ウサギのダンス』や松浦、朝吹亮二、林浩平、松本邦吉、吉田文憲を同人とする詩誌『麒麟』も出されていくことになる。そうした八〇年代からの出版の活発化によると思われるが、七月堂は地方・小出版流通センターに取次口座を開き、自社の出版物を書店ルートでも流通販売できるようにしている。それらも作用してか、『麒麟』に続いて、いずれも同人名は省くが、フランス文学者たちの『散』、フランス文化研究からロマンス諸語文化圏やラテンアメリカ研究へと絶えず変貌していった『メリメロ』も、八〇年代に七月堂から創刊されていく。なぜそのような流通販売も含めた創刊事情を知っているかというと、『シネマグラ』はそうではなかったけれど、『ウサギのダンス』や『麒麟』や『メリメロ』はそうして購入したからである。また『散』は友人たちによって創刊され、七月堂が世田谷の詩集出版も兼ねた印刷所であることも仄聞していた。

そして四方田の前掲書に続いて、九九年の『星とともに走る』の刊行、先述した二〇〇九年の『歳月の鉛』における、七月堂は梅ヶ丘から明大前に移り、「今日でも詩集と同人誌の制作を続けている」との記述によって、七月堂の木村はまだ出版者として健在だとばかり思いこんでいた。

ところが『アイデア』367の「日本オルタナ文学誌1945―1969戦後・活字・韻律」が第2章「書物の王としての詩集」のところで、七月堂と木村栄治に七ページ割き、書影を挙げての出版物の紹介、及び木村のプロフィルを掲出していた。出版物についてはいささかなりとも既述してきたので、ここで初めて知った二〇一〇年の木村の死とその出版にふれてみたい。木村は一九四五年に前橋市の農家に生まれ、前橋工業高校に在学中、バイクの無免許運転で白バイに追いかけられ、人身事故を起こし、主婦を死に至らしめてしまう。川越刑務所で八ヵ月の刑期を終え、ホームレスを経て、ヤクザ、その最年少幹部となるが、事情が生じて組を抜け、追われる身となって都内を転々とする。このような木村の前史をたどった後、七月堂から『ロング・リリイフ』や『詩集』を刊行した詩人の松本圭二は次のように続けている。この特異な印刷出版人の軌跡はここでしか描かれていないと思われるので、多少長い引用を試みておく。

「板前見習いとして住み込んだ料亭で、高橋虎彦なる文学青年と遭遇。虎彦の影響で、ありとあらゆる文学作品を読みあさる。その料亭も追われることになるが、集めに集めた本の、売り払い査定のために古書店主がその蔵書に感心し、地図・ガイドブック専門の出版社『人文社』への就職を斡旋。人文社で後のパートナーとなる知念明子と出会う。

人文社を辞めたのち、地図のフリー・セールスマンを経て、児童書を扱う出版社『希望社』に入社。同社に出入りしていた文房具屋の勧めで卓上のオフセット印刷機を購入。希望社退社。（中略）

梅ヶ丘駅近くの線路脇の木造長屋に作業場を確保した木村と知念は、そこを「七月堂」と名付け、同人誌専門の印刷屋兼出版社を立ち上げた。印刷技術、知識を持たない二人は、そこからトレーニングと試行錯誤を重ねていく。最初の大きな仕事は、岡田哲也、田村雅之、樋口覚らによる同人誌『方法的制覇』（一九七六―八五）だった。」

そして七月堂は「勝ち目が一切ない詩集製作になだれ込む。前科者の木村が作る詩集には、どこか凶悪な手の痕跡があった」。その果てに癌の宣告を受け、治療を拒み、群馬の山村に身を潜め、自給自足の生活を数年続け、「何も残さない」ことを身上とし、二〇一〇年四月に亡くなったという。墓も残さず、骨も撒骨されたが、七月堂の出版物は残され、その四年後にはこのような特集にも掲載されることになったのである。いずれ七月堂全出版目録が編まれる日もくるのではないだろうか。最後に付け加えておけば、私が『アイデア』を恵送されたのはその群馬の山村の温泉から帰った直後のことであった。また近年人文社も倒産し、消えてしまったが、木村を人文社へと紹介した「古書店主」とは誰だったのであろうか。

158 由良君美ゼミと『地球ロマン』

前回ふれた四方田犬彦の『歳月の鉛』（工作舎）の中に、一九七六年に「本邦初の異端文化総合研究誌」として絃映社から刊行された『地球ロマン』のことが出てくる。

四方田の師である由良君美の研究室やゼミには次々と不思議な人物たちが出入り、その中にやはり異色な元ゼミ生の武田洋一（後の崇元）と伊藤裕夫がいた。彼らはとりあえず就職したものの、偽史や空飛ぶ円盤などの異端文化に多大な情熱を傾けていて、その理論的支柱はロマン主義と幻想文学を礼賛する由良と平田篤胤などの異端神道に通じた劇作家の竹内健であった。

由良と異なり、竹内ははっきりプロフィルがつかめない人物だといっていい。それは劇作家として『竹内健戯曲集』（思潮社）、翻訳家としてはA・ジャリの『ユビュ王』（現代思潮社）、フランス文学研究者として『ランボーの沈黙』（紀伊国屋新書）などを著わす一方で、幻想小説家、日本オリエント学会員、西アジア史専攻と称し、平田と神字論などを含んだ『邪神記』（現代思潮社）も上梓し、前例がないフランス文学と日本の古史古伝の共存が見られるからだ。ただそういった奇妙なアマルガムは同時代のリトルマガジンにも表出し、一九七二年に刊行された『パイディア』第十二号はそれまでのフランス現代文学、思想と全く異なる特集「日本的狂気の系譜」を組み、竹内の前述の「神字論」を掲載している。この特集に武田たちは大いなる影響を受けたとされる。

そしてまた、時代は政治的昂揚からオカルト的な関心へとパラダイムチェンジしつつあった。柳

2015・5

田民俗学の再検討、超能力とノストラダムスの大予言、ハリウッドのオカルト映画、横溝正史と角川商法、新宗教ブームといったトレンドは七〇年代後半の社会を覆うものだった。そのような時代の中において、『地球ロマン』は創刊されたのである。それを四方田は次のように書いている。

「一九七六年の夏、武田と伊藤は(中略)『地球ロマン』という季刊誌の刊行を始めた。創刊号は『総特集・偽史倭人伝』と題され、日本人の出自をめぐる荒唐無稽な『学説』を次々と紹介していた。(中略)二人の編集人は、キリストがゴルゴダの丘では処刑されず、密かに日本に渡って、東北の戸来《へらい》村で終焉を迎えたという伝承を確認するために、わざわざ現地にまで赴いて調査を行っていた。もっとも雑誌全体の姿勢は、こうした荒唐無稽を傍観者として冷笑するというのではなく、それらを生み出した日本近代の知的狂気の系譜を辿り、そこに何らかの類型学を打ち立てようとする真面目な情熱に裏打ちされていた。」

手元にある創刊号を確認すると、四方田のいう「荒唐無稽な『学説』」紹介が「資料=偽史倭人伝」として挙げられた様々な書物、及び人物と参考文献で、これだけまとまっての紹介は初めてであろう。そのいわば解説が竹内健、宮沢正典、有賀龍太による座談会「日本的狂気の世界を語る」となっている。この三人のうちの竹内は前述したが、宮沢は『ユダヤ人論考』(新泉社)の著者、有賀は四方田が挙げている「戸来村キリスト伝説と竹内文献の謎」も書いているが、武田、もしくは伊藤のペンネームだと考えられる。ここでは日本の近代において生み出された偽史と日ユ同祖論がこれも初めて包括的に語られているし、それは書物、人物、参考文献と同様に、かえって「荒唐無稽」ゆえに多くの分野に波紋を広げていったと見なせるだろう。それは執筆者たちにも顕著で、第二号の「総特集・天空人嗜好」、つまり空飛ぶ円盤特集にあっては、由良君美が「『翼人』稗説外伝」、四方田はユングの翻訳「現代の神話―UFO」を寄せている。また注目すべきは座談会「日本円盤運動の光と影」の出席者の堂本正樹と団精二の二人である。堂本は『男色演劇史』（薔薇十字社）の著者で、三島由紀夫の盟友だが、ここでは日本空飛ぶ円盤研究会のメンバーにして『美しい星』を書いた三島の分身のように登場していると見なしたいけれど、ただこの人物は別のところで、ルポライター堂本昭彦ともされていることからすれば、別人なのであろう。団のほうはアイルランドの幻想小説家ダンセイニの名前をもじった荒俣宏の翻訳者としてのペンネームである。三人目の中園典明についてはは不明だが、やはり関係者のペンネームのように思われる。

このように『地球ロマン』は、異端文化研究誌として、さらに様々な天皇制伝説、現代思想史に潜む神秘学の潮流、神代文字と言魂学といった地平にまで展開され、多数な執筆者たちを召喚するに及んだ。一例を挙げれば、それによって詩人の加藤郁乎が世界真光文明教団の幹部で、その教団歌「真光讃歌」の詞を言魂のように書いていることを知った。それらの波紋は出版社や出版物にも多様な波紋を投じていく。八〇年代になって武田は八幡書店を設立し、「偽史倭人伝」を復刻する出版をスタートさせる。こうした『地球ロマン』に端を発する「異端文化」出版は平河出版社、国書刊行会、めるくまーる社、批評社、大陸書房などへともつながっていく。それは四方田も例外ではなく、八八年に『GS』（UPU）において、「特集・神国／日本」を組み、武田を招き、大本教と出口王仁三郎を言及するに至り、そのトラウマの揺曳を示すのである。そしてさらに四方田は中上健次の作品群と偽史をめぐる重要な論考『貴種と転生』（新潮社）をも上梓することになる。

159　絃映社と三崎書房

2015・6

前回「本邦初の異端文化総合研究誌」である『地球ロマン』の創刊にふれたが、その発行所の絃映社に関して、まったく言及しなかったので、今回はこの絃映社と周辺事情について書いておきたい。

四方田犬彦は『歳月の鉛』(工作舎)で、武田洋一と伊藤裕夫が「潰れかかった雑誌の権利を買い取る」ことで、『地球ロマン』の刊行を始めたと述べている。しかしこれは厳密にいえば、絃映社が取次から雑誌コードを取得し、『地球ロマン』という雑誌を創刊したが、第二号を出したところで休刊になってしまったものを引き継いだことを意味している。以前の『地球ロマン』の内容は確認できていないが、武田たちの『地球ロマン』の「総特集・偽史倭人伝」が復刊1号とあり、発行人名が林和子となっていることも、そうした事実に基いている。そしてさらに絃映社の背景にはいくつかの出版社と雑誌がクロスし、人脈も同様なので、それらについてたどってみよう。

まず絃映社の奥付発行人の林和子は林宗宏夫人で、彼女は夫のダミーのようなかたちで名前を出していると思われる。現在でも林宗宏はコミックを主とする心交社の経営者のはずだが、『地球ロマン』以外にも一九七〇年代のリトルマガジン『えろちか』『幻想と怪奇』『幻影城』の発売に関して大きな役割を果たした人物と見なしていい。

林は京大を出て創元社に入り、出版人としての道を歩み始める。そしてそこに至る経緯と事情は不明だけれども、一九六〇年代半ばに林書店を立ち上げ、マルクーゼ『工業社会とマルクス主義』(片岡啓治訳)、岩田弘編著『マルクス主義の今日的課題』といった社会科学書の出版を始めている。私も一冊だけだが、ヴォーリン『一九一七年・裏切られた革命』(野田茂徳他訳)を持っている。

しかし推測するところ、社会科学書の林書店はそれほど続かず、林はおそらく特価本業界の支援を受け、六〇年代末に三崎書房を設立し、欧米の性風俗やポルノグラフィから性文化に至る性の総合誌とも称すべき『えろちか』を創刊する。六九年七月の創刊年の帯には「エロティシズムの総合研究誌」とあり、前年に天声出版から創刊された『血と薔薇』を意識していたことがうかがわれる。これも偶然ながら『血と薔薇』の企画編集者だった内藤三津子も同年に薔薇十字社をスタートさせていた。

そして内藤が「出版人に聞く」シリーズ10の『薔薇十字社とその軌跡』で語っているように、林の三崎書房と内藤の薔薇十字社は資金繰りのために融通手形を交換するような関係となり、他の出版社も巻きこみ、七三年に双方が連鎖倒産してしまう。薔薇十字社をめぐる物語は先の一冊を参照してほしいが、三崎書房にも多くの出版ヒストリーが詰めこまれている。

その『えろちか』には久保書店で『マンハント』編集長だった中田雅久がオブザーバーのような立場で加わり、それに合流するかたちで、『マンハント』の執筆者の山下諭一、小鷹信光、片岡義男(テディ片岡)たちも常連寄稿者、及び『えろちか』と併走するように出されていた新書のバニーブックスの著者や訳者も兼ねることになる。

その編集部でアルバイトをしていたのは後のスタジオ・ジブリのアニメ『コクリコ坂から』の原

作者佐山哲郎で、三崎書房は紀田順一郎と荒俣宏が出している幻想怪奇文学研究誌『幻想と怪奇』の発売所も兼ねていた。同誌は歳月社発行となっていたが、ここはスポンサー兼印刷所だったからである。そして佐山は自分の友人をやはり執筆者兼編集者として紹介する。それは東京都立大大学院に在籍していた鈴木宏であった。だがほどなく『幻想と怪奇』は廃刊になり、紀田と荒俣が企画として温めていた『世界幻想文学大系』が宙に浮いてしまう。

そこで紀田はそれを刊行する出版社を求め、国書刊行会に巡り合うことになった。だが当時の国書刊行会は日本史文献の復刻出版を手がけている出版社で、そのような外国文学を担当する人材もおらず、また翻訳出版ノウハウも有していなかった。それゆえに『世界幻想文学大系』の刊行の実現にあたって、専従の編集者が必要であり、そのために鈴木宏が送りこまれることになったのである。したがって『世界幻想文学大系』全四十五巻は「責任編集＝紀田順一郎＋荒俣宏」と銘打たれているけれども、実際の編集は鈴木宏によって担われていた。そしてこの企画の成功によって、国書刊行会はそれに続く外国文学や幻想文学の版元として出版を重ね、ブランドを確立していく。

さてここで絃映社に戻ると、絃映社は三崎書房倒産後に、先述したように林が夫人名義で設立した出版社と考えてかまわないだろう。それと重なるように、七五年に島崎博が探偵小説専門誌『幻影城』を創刊している。林と島崎の関係は定かでないけれど。『幻想と怪奇』が機縁となったのではないだろうか。三崎書房も絃映社も出版史において、もはや忘れ去られてしまったかもしれないが、後の時代の布石としてのリトルマガジンの発売に関して、重要な役割を果たしていたことを、今さらながらに確認するのである。

160　由良哲次『民族国家と世界観』

2015・7

この由良の『民族国家と世界観』に関しては戦前に出されていることもあり、別のところでふれるつもりでいた。だが本連載153などで四方田犬彦の『先生とわたし』にふれてきたこと、それに由良哲次が他ならぬ「先生」＝由良君美の父で、四方田の同書でも第3章に「出自と残滓」にその写真が掲載され、そこで哲次と『民族国家と世界観』も含んだ著作への言及がなされているので、やはりここで書いておくことにする。哲次の略歴とその著述の紹介は『民族国家と世界観』の巻末にも見えているが、出自も絡めた四方田の紹介を簡略にトレースしておくべきだろう。由良家は奈良県丹生町にある丹生神社の神官の家系で、哲次は三重県立第三中学へと進学し、横光利一と親しくなる。卒業後、滋賀県師範に入り、それから上京して古代史と考古学の手解きを受ける。それに啓発されたのは横光で、邪馬台国問題に関心を抱き、一気に書き下ろしたのが『日輪』だったし、また哲次は横光の『旅愁』の資料提供者でもあった。

一九二四年に哲次は京都大学哲学科に進み、西田幾多郎や田辺元に学びながら、東京高師の恩師吉田彌平の娘清子と結婚している。そしてハンブルグ大学に留学し、エルンスト・カッシラーを指導教授として選び、博士論文『精神科学と意志法則』を提出するに至った。その留学半年後の二九年に日本で念願の男子が生まれ、新井白石の幼名にちなんで、君美と名づけられたのである。

哲次は三一年に帰国すると、東京高師の教授に就任し、多くの著作を刊行していく。それらは

『人生観の問題』や『歴史哲学研究』（いずれも目黒書店）から始まり、テーマはドイツ哲学、日本美術論、邪馬台国論、南北朝歴史論に至る広範囲なもので、息子の君美の幅広い知的関心に先駆ける範ともなっていた。しかし哲次は太平洋戦争下にあって、ナチスドイツに傾斜し、日本においても固有の道徳思想に基づく民族教育による大東亜共栄圏の発展を祈願するアジテーターのような色彩に染まっていく。その典型が四三年に民族科学社から刊行された『民族国家と世界観』であるといっていい。その一節を引いてみる。

「現代独逸即ちナチス国家は、民族国家の理念を確立し、宗教にも替るべきものとして、民心統一の原理とし、青少年教育の基本的信条として、ナチス世界観の普及徹底に努めたのである。（中略）そして現時独逸国家にして初めて民族国家の確立を見たのであり、この点よりして、ヒットラー総統は慥かに独逸民族史に於ける曠古の功業を成し遂げたと言っていい。」

このような言説が大東亜共栄圏へと当てはめられていくことはいうまでもないだろう。四方田は『民族国家と世界観』の背後に、哲次の学識や知識研鑽の痕跡をほとんど見出せず、「人間はひとたびファシズムの熱狂に捉えられてしまうと、かくも異常な言説を平然と口にしてしまうのか」とも記している。そのかたわらで、哲次は伊勢の皇学舘大学で兼任教授として集中講義も行ない、由良家が南朝の系譜にあることから、「南朝正閏論」を唱え、『神皇正統記』を著した南朝の歴史思想家の北畠親房の墓所を探求し、大和宇陀郡での発掘に成功したという。それゆえに『民族国家と世界観』のエピグラフに『神皇正統記』の一節が置かれ、また君美がこれを日本における比較神話学の始まりの本として、四方田たちに推薦したことになる。

だがこうしたナチズムと神道を結びつけるような「異常な言説」を繰り拡げたのは由良哲次ばかりでない。欧米に留学した多くの知識人たちがヴァリエーションは異なるにしても、同様の言説を展開し、それは本として出版されていたのである。しかし太平洋戦時下の出版業界と出版物の実態の研究や検証がほとんど進んでいないこともあって、それらの全貌は明らかにされていない。

これは西田幾多郎門下の問題と密接につながっていくのだが、三木清や林達夫たちが左派とすれば、哲次は右派と見なすことができ、それらの流れは仲小路彰や小島威彦たちが立ち上げたスメラ学塾へとつながっていく。スメラ学塾に関しては、以前に拙ブログ「古本夜話」で十数回にわたって言及しているので、それらを参照してほしいが、このメンバーが関わった出版物や活動についても詳細はつかめていない。

それでも近年、仲小路が全百巻をめざして刊行した『世界興廃大戦史』（発行戦争文化研究所、発売世界創造社）は、その六冊が西尾幹二の『ＧＨＱ焚書図書開封2』（徳間書店）に紹介されるにいたっているが、西尾もそれらを入手しておらず、目次と本文の一部のコピーを参照して書かれている。

このスメラ学塾メンバーはアルスの「ナチス叢書」や『世界戦争文学全集』の企画と論集に携わると同時に、その著者や訳者ともなっている。このふたつのシリーズは書誌研究懇話会編『全集叢書総覧新訂版』（八木書店）にも掲載されておらず、最終的に何冊出ているかも確認することができない。だが戦後になってアルスが廃業に至ったのは、これらの出版の影響もあるのではないかと思えてくるし、まだ戦時下出版物の謎は解かれていないのである。

161 一九五〇年代の新書ブーム

2015・8

「出版人に聞く」シリーズ16として、昨年末に三一書房の編集者だった井家上隆幸の『三一新書の時代』を刊行したのだが、いくつか補足しておきたいことがあるので、それらを書いておきたい。

そこで井家上に教えられたのは、三一新書は一九五五年の創刊であるけれど、その前後が新書判ブームで、多くの新書が創刊されたという事実であった。しかしその多くは続かず、中絶してしまったようだ。『出版データブック1945→96』(出版ニュース社)の五四年から五五年を見てみると、五四年に「新書判の出版盛んとなり、新書判時代を迎う」とあり、青木新書、カッパブックス、角川新書、河出新書、中央公論新書、三笠新書などの百円から百五十円の手頃な定価がうけていると記述されていた。また五五年の「10大ニュース」のトップには「廉価新書判空前の氾濫」がすえられ、新書ブームでよく売れてはいるが、自転車操業的出版は恒常化し、出版点数の増加も伴うブームの内実にもふれられている。それは次のようなものだ。

「この氾濫の端緒は、この国の拡大された読書層の経済的事情による購売力の限界と読書の便利さによるのであろう。(中略)廉価を特色とするこの新書判の流行に、ほとんどといってよいぐらいな出版社が相次いで流行を追っていった年であった。それだけに、購買力に比して生産過剰ともみられ、はては売上げ高の低下をきたすおそれもあり、各出版社ともにその売上維持には格別の努力をはらわざるを得なかった模様である。」

この新書判の氾濫は九十種類に及び。先述したものの他に講談社のミリオン・ブックスやロマン・ブックス。小出版社の例を挙げれば、みすず書房のみすず・ぶっくす、合同出版社の合同新書、室町書房の室町新書、東方社の東方新書、新教出版社の新教新書、鱒書房のコバルト新書などがある。これらの他にも多くの新書判が出されていたはずで、それらの九十余種のすべては挙げられないし、把握できないが、とにかくこれらだけでも一九五五年前後は新書の氾濫の時代だったことを推測できる。

そこで古本屋の新書の棚を見て、目にふれる当時の新書を購入し、調べたところ、角川新書や河出新書はそれぞれ二〇〇点以上が出されていることがわかった。五四年の総出版点数二万一六五三点に対して、新書版は一割以上の二七三三点を数えているので、まさに想像以上の氾濫だったことになる。それらの中には何々新書と銘打たれていないものも多くあったと思われる。これは井家上の同著の中でも言及され、本連載120でもふれているが、森秀人、山下竹史、秋山健二郎による『現代日本の底辺』全四巻があるのだが、これは新書判にかかわらず、三一新書に組みこまれていない。

それは『日本の底辺』の続編に当たる。『恐るべき労働』全四巻も同様で、新書判ブームがこのようなシリーズにも投影され、その判型で出されることになったのだろう。ただ面白いことに、新書判にはふさわしくない「月報」が付され、『現代日本の底辺』と『恐るべき労働』の全八冊、三千枚を超える「日本のあらゆる貧困の掘り起こし」「被支配階級の労働と生活の実態報告」の成立事情についても述べられている。その山下の「思い出のかずかず」によれば、この調査計画を立てた時、三人とも無一文だったが、自分たち以外にこの問題を社会に訴える条件を持っている者はいないと理屈づけ、「三人のドンキホーテ」として、三一書房に乗りこんだという。それに応待したのが後に社長となる竹村一編集長だった。

「出版社となればいろいろな持ちこみ原稿もあろうが、無名の新人が、まだ書いていない原稿を売りこみに来て、その上前貸しを要求したのだから竹村編集長もびっくりしたことと思う。ところが竹村編集長は多額の調査費を笑って出してくれたのである。（中略）このようなあたたかい援助がなくては底辺シリーズが世に出ることはなかったであろうと思う。」

もちろん当時の三一書房は五味川純平の『人間の條件』がベストセラーとなっていて、資金的余裕があったので、このような「無名の新人」の「まだ書いていない原稿の売りこみ」に対し、「多額の調査費」を出すことで応じたと考えられる。だがそれなくして、当時の貧困と労働と生活の実態レポートの出版は不可能であった。新書の氾濫の時代にあっても、こうした出版ドラマは必ず起きていたと思われるのだが、私たちはそれをほとんど知らされていない。

『三一新書の時代』の書評で、三一新書目録が付されていないことへの不満の言及があったが、それは三一新書のストーリーの波紋を想定し、読者、もしくは古本屋が手がけてくれればいいと考え、あえて収録しなかったという目論見によっている。だがその後、ずっとふれてきた新書の氾濫の時代を知るにつけ、文庫に比べ、各新書の出版目録がいくつかを除いて、編まれていないことに気づいた。まして一九五〇年代に刊行され、そのまま中絶してしまった新書に関しては角川新書や河出新書すらも、その全目録を見ていない。三一新書も含めて、どなたか篤学な読者、もしくは古本屋が試みてくれれば、とても有難い。

162　春秋社「現代の発見」

2015・9

これも前回の井家上隆幸の『三一新書の時代』に出てくるのだが、一九六〇年の安保闘争の際に六月行動委員会が結成される。この会には井家上も同じ三一書房の編集者だった正木重之と出ていて、井家上の証言によれば、その会合には吉本隆明、埴谷雄高、清水幾太郎、竹内好などが顔を揃えていたという。この全学連主流派の組織的共闘者としての六月行動委員会はこれも井家上が語っているように、春秋社の編集者岩淵五郎の肝煎りで始められたと考えられる。その関係から吉本を始めとする文学者などに加え、編集者たちも結集したことになる。ここで時代は少し飛んでしまうけれども、この岩淵は六六年に北海道の雪まつりの帰途、羽田空港を目前にしての全日空機事故で死亡する。これは出版界にとって空前の遭難事故とされ、『出版データブック1945→96』（出版ニュース社）で確認してみると、やはり六六年の「10大ニュース」のトップにすえられ、「全日空機事故で出版人24氏が遭難」とある。

その一人が岩淵だったのであり、彼の遭難死を悼んで、吉本隆明が「ある編集者の死」と「ひとつの死」（いずれも『自立の思想的拠点』所収、徳間書店）を書き、この不世出の編集者の名前が出版史に記憶されることになった。それは岩淵が吉本の初期の著作『模写と鏡』や『高村光太郎（決定版）』（いずれも春秋社）の編集者だったからだが、彼は五九年に第一、二巻が刊行され始めた当時の重要なシリーズ「現代の発見」を手がけていた。このシリーズは全十五巻を予定し、十一冊出たところで、岩淵の死もあって完結に至らず、中絶してしまったようだ。「現代の発見」は新書判よりも一回り大きい箱入で、近年友人から譲り受けているので、そのうちの七冊を見ることができる。第一巻の内容は五味川純平、村上一郎、山田宗睦の三人の戦争体験を語る『私と戦争』だが、冒頭に五味川、山田の他に石母田正、野間宏、橋川文三など八人の編集委員会名で、「〈現代の発見〉刊行にさいして」が掲載され、第二巻以後もそのレジュメが巻末に収録されている。その最初の部分を引用してみる。

「戦争の十五年の後にきた平和の十五年。この昭和の三十年間は明治維新以降の日本近代史の中で特殊な意味をもつ一時期である。そこに籠められている厖大な民族的体験―戦争体験と戦後体験の中から何を引き出し、何を創り上げてゆくかは、現代から将来へのわれわれの思想と行動を決定する重大な要因となるに違いない。

私たちにとって「現代」とは昭和三十年間を意味し、この三十年間を一貫した視点と方法をもって把握することが課題となる。(後略)」

つまり「現代の発見」とは「戦争体験と戦後体験」を合わせ持つ「昭和三十年間」についての「一貫した視点と方法」による「発見」と「把握」をめざして企画されたシリーズと見なせるだろう。それゆえに第一巻に続いて、第二巻が『戦争体験の意味』、第三巻が『戦争責任』と題されているることに理解が及ぶのである。ただ私はこの「現代の発見」シリーズをリアルタイムで読んでいる世代ではないので、六〇年前後の時代にどのように読まれたのかは想像するしかなかった。

ところが最近になって、ようやくその証言に出会ったのである。それは筑摩書房の『吉本隆明〈未収録〉講演集』第三巻所収の「月報」に寄せられた松田政男の「吉本隆明と六〇年安保闘争

（1）というインタビューにおいてだった。松田もまた未来社の編集者で、しかも六月行動委員会のメンバーであった。彼は「現代の発見」シリーズが神保町のウニタ書店に平積みされ、よく売れていたといい、次のように証言している。これも出版史において重要なものなので、少し長くなるが、引用しておく。

「このシリーズを手掛けていたのが岩淵五郎さん。丸山眞男的（東大的）な論壇と、鶴見俊輔さんの『思想の科学』に代表される論壇とを結びつける役割を果たした。あのシリーズがきっかけで、両者が互いに口をきくようになった。出版社の我々からすると、まともな本を出せる編集者たちが横につながったというのも大きかった。その役割を果たしたのがこのシリーズです。春秋社は古い出版社なのに、その時こんなアクチュアルな企画を初めて手掛けた。岩淵さんは古参編集者で、僕たちの中でも一番年長だった。岩淵さんは共産党に党籍があるのに、こんなシリーズをつくった。（後略）」

そして松田は岩淵が非常に人徳のある人で、自分と三一書房の正木の三人は仲が良く、共通の担当著者もいたから、いつも会っていたとも語っている。そのような著者たちと人文書の中小出版社と編集者が共闘している時代もあったことを教えてくれる。この松田にインタビューしているのは『吉本隆明〈未収録〉講演集』の企画編集者で、元弓立社の宮下和夫である。これも巡り合わせということになるのだが、岩淵の死によって、春秋社から刊行予定だった企画が宙に浮いてしまい、それが吉本自身から当時徳間書店にいた宮下のもとにオファーされ、六六年に『自立の思想的拠点』として刊行されることになる。

163　三世社と『実話雑誌』

2015・10

井家上隆幸が『三一新書の時代』（論創社）に続けて、『出版人・広告人』（5月号）の元木昌彦との対話「出版界・歴史の舞台裏」で、月刊誌『丸』について語っている。

『丸』は現在でも戦記物の潮書房光人社から出されているが、それとは内容が異なるもので、昭和二十三年に連合プレスが創刊した月刊誌である。井家上によれば、アメリカの雑誌に見られるストリートジャーナリズムの手法を導入した週刊誌に似ていて、編集者は丸山邦男、斎藤龍鳳、藤間哲郎などで、社長の黒岩慎造は戦前に最後の交換船でアメリカから帰国し、戦後はGHQ通訳やガソリンスタンドを経営しながら、連合プレスを興し、『丸』を創刊したという。

『丸』は平凡出版の岩堀喜之助が好む雑誌で、いつもその座談会などにも登場していたことから、経営が悪化した際に買い取ろうとしたがそれは成就せず、鱒書房に移り、軍事専門誌になり、現代に及んでいるようだ。『三一新書の時代』に井家上が所持する『丸』の表紙を掲載しているが、これらは丸山と斎藤の遺品であり、この連合プレスの『丸』は古本屋にもほとんど見当らないとされている。確かに私も見ていないし、そうした事情もあり、カストリ雑誌時代以後の昭和二十年代の雑誌の研究や検証はそれほど試みられていないとも考えられる。最近骨董市でこの『丸』に類する雑誌をまとめて五冊ほど入手している。それは『実話雑誌』という月刊誌で、昭和二十九年の号が二冊、三十二、三、四年の号が各一冊と二年は飛んでいるけれど、六年間にわたっている。出版社は三世社である。この版元の前史を簡略にたどると、文芸春秋社は昭和五年に『モダン日本』を創刊するが、七年から菊池寛の側近だった馬海松のモダン日本社に移され、戦時下にこの社名は新太陽社と改称される。そして戦後を迎え、昭和二十二年に吉行淳之介が入社することになり、その経緯と事情に関して、『わが文学生活』（講談社）の中で、かなり詳しく語っている。

「貧乏出版社」の新太陽社は馬海松が戦争中に韓国に帰ってしまい、牧野英二が社員を務めていた。馬は牧野信一と親しく、英二はその弟であり、文春の社長だったことからモダン日本社に関わったのであろう。彼は『日本近代文学大事典』に立項され、昭和十二年に応召、中国大陸を転戦し、戦没した部下の冥福を祈るために『突撃中隊の記録』（昭和十八年、新太陽社）を書き、新潮社文芸賞を受けた。戦後は筆を断ったとあるが、新太陽社に籍を置いていたことになる。

この牧野社長の下で、吉行は働き、『モダン日本』を編集していたが、会社が倒産し、紙屋を新しい金主にして、『別冊モダン日本』を十三冊刊行する。ところがこの別冊が売れ、儲かり出し、牧野と紙屋の主導権争いになり、事態は紛糾し、双方が『モダン読本』を出さないということで結着がついた。その後牧野は紙屋に代わるスポンサーとしてゾッキ本屋を連れてきて、彼が社長になり、社名を三世社と変える。吉行によれば、「浪花節が好きなタイプでね、親子は一世、夫婦は二世、主従は三世だ、だから三世社だという（笑）」。

吉行が三世社に勤めていたのは昭和二十七年までなので、これらのことはそれ以前のエピソードと見なせるし、『実話雑誌』の創刊もそれ以後と考えていい。ただこれは純粋の創刊ではなく、以前に出されていた雑誌タイトルをそのまま引き継いだものであろう。また奥付の編集人安倍徹郎、発行人彦坂博は元の新太陽社の社員だったのではないだろうか。

昭和二十九年には二百ページ余だったが、三十二年からのものは三百ページを超え、表紙も一人の女優の写真から四人の俳優やスポーツ選手などのイラストに変わっている。そして「現代人が最もエキサイトする雑誌」と銘打たれ、三十四年五月号を挙げれば、「事件記者座談会・私はその現場を見た」「系図版・映画界百人の情事」「女性殺しのプロ野球選手達」といった記事に加え、ヌード口絵写真が並び、『実話雑誌』もまた『丸』と同様に週刊誌的コンセプトによって編集されているとわかる。奥付の編集人、発行人も変わり、前者は牧野英二、後者は石坂幸男で、この石坂が先のゾッキ本屋だと推測されるのである。

この『実話雑誌』創刊に関する証言がある。それは宮坂信の「実話雑誌のはじまり」（インタビュー赤田祐一、『あかまつ別冊01』所収）で、アメリカの雑誌を模倣し、三十二年の表紙のイラストの採用に始まり、3S、つまりスキャンダル、セックス、スピードを柱とすることによって、十万部の大ヒットとなったと語っている。実質的編集長は宮坂だったのだ。それはまだ週刊誌がなかった時代ゆえのヒットで、それを受けて、実話ブームが起きたという。そして宮坂は『週刊新潮』創刊にも加わり、現代でも続いているあの「黒い事件簿」も実話誌の流れを組んでいることになる。

なお三世社も倒産を繰り返し、最後に東京三世社となったが、近年廃業に至っている。仙田弘の『総天然色の夢』（本の雑誌社）はその東京三世社を舞台とするSM雑誌出版物語であり、そこには名指されていないが、吉行淳之介と親しかったことを吹聴する社長の石坂の姿も描かれている。また三世社から派生したのが、三和出版とサン出版で、後者を立ち上げたのは宮坂に他ならなかったのである。

164　藤沢周平と『読切劇場』

2015・11

これも同じく「出版人に聞く」シリーズ13の塩澤実信『倶楽部雑誌探究』（論創社）の補遺のようなものになってしまうけれど、前回の『実話雑誌』と一緒に『読切劇場』という雑誌を買ったので、これも書いておきたい。藤沢周平の没後、十年近く経った平成十八年になって、文芸春秋から『藤沢周平未刊行初期短篇』が刊行された。その帯のコピーは次のようなものであった。

「藤沢周平、幻の短篇
書庫の片隅に眠っていた、無名時代の未刊行作品十四篇。四十年の時を経て今、甦る」

同書巻末の阿部達二の「解説四十年の眠りから醒めて」によれば、藤沢の長女が書庫で『読切劇場』などの古い雑誌十数冊を見つけ、それらのすべてに藤沢の作品が掲載されていたこと、その一方で愛読者たちもそれらを探し当てていたことで、合わせて十四篇が発見された。そのことによって、この一冊が編まれるに至ったのである。

これらの雑誌の表紙写真などが『藤沢周平』（「別冊太陽」、平凡社）に収録され、そこに藤沢の習作時代があったことを彷彿させてくれる。『完全保存版藤沢周平のすべて』（『文芸春秋』平成九年四月臨時増刊号）所収の「完全年譜―六十九年の生涯」を確認すると、藤沢は昭和二十八年に肺結核手術のために上京し、療養の後、三十二年から業界紙に勤め始める。三十四年に結婚し、翌年には日本食品経済社に入社し、『日本加工食品新聞』の編集に携わり、生活の安定を見る。そして三十八年二月には長女が生まれるが、十月に妻を癌で失ってしまう。そのようなあわただしい明暗を伴う生活の中で、藤沢は昭和三十七年後半から三十九年前半にかけて、これらの十四篇を書いたことになる。とりわけ妻を亡くした三十八年には九篇も発表している。

それらの発表誌は『読切劇場』が最も多く、十一篇、『忍者小説集』が二篇、『忍者読切小説』が一篇であり、これらの三誌はいずれも高橋書店からの刊行である。この高橋書店は赤本屋の大川屋出身の高橋休四郎が昭和十四年に創業した玩具、カルタ、児童書の取次や出版を兼ねる高和堂の出版部門で、戦後の二十五年に辞書や実用書を主体として始まり、三十一年からは各種の日記も次々に刊行し、日記の出版社としても知られていた。いってみれば、高橋書店は出版産業では実用書出版社に分類され、文学や文芸書とはほとんど関係のない版元だったと見なしていい。それゆえに高橋書店のこれらの小説誌は所謂倶楽部雑誌に相当するものである。

この倶楽部雑誌に関しては紙幅もないので、先述の塩澤本や同書所収の拙文「『倶楽部雑誌』について」を参照してほしいが、出版社に象徴されるように、短かく定義すれば、編集者にしても作家にしても、マイナーな存在で、出版業界や文学の世界の底辺を形成していたと考えられる。つまり藤沢もそのような倶楽部雑誌を足掛かりにしてデビューし、昭和三十九年から『オール読物』新人賞に応募し始め、四十六年に「溟い海」で同賞、四十八年に『暗殺の年輪』で直木賞を受賞している。その後の藤沢の栄光からしても、それらの作品を封印していたのは習作であることに加え、倶楽部雑誌が発表の場だったことを自覚していたからだろう。

さて前置きが長くなってしまったが、入手した『読切劇場』を見てみよう。これは昭和三十七年八月臨時増刊号で、望月三郎が描くところの江戸の町娘の表紙に「巨匠花形時代傑作特集号」との記載がある。口絵写真は橋幸夫主演の大映映画「悲恋の若武者」、それに朝丘雪路など四人の女優のグラビア、小林秀美の口絵小説が続き、冒頭を飾っている。それから「全部読切巨匠花形小説特集」となるのだが、そのコピーにたがわぬ十四本のすべて挿画入りの「巨匠花形小説」が並んでいるので、それらの主なものを列挙してみる。山手樹一郎「世帯の金」、陣出達朗「黙ってこい」、角田喜久雄「昇竜変化」、山岡荘八「春雨ばなし」、長谷川伸「臼井十太夫」、島田一男「白粉小町」、田岡典夫「鍋墨長屋物語」などで、未知の作家は「からくり的」の佐々木杜太郎、「はやて甚内」の青木春三の二人しかいないし、実用書版元の倶楽部雑誌としては豪華メンバーが顔を揃えていることになる。それには理由があり、このような倶楽部雑誌の増刊号は大半が再録物で編まれているからで、「巨匠」たちがそのために書き下した作品ではない。したがって編集者はこれらの「巨匠」たちの掲載許可を得ることが重要な仕事となり、それなりのベテラン編集者でないと、そうした役割を果たせない。それゆえに奥付にある編集兼発行人の檜貝哲郎はその分野ではよく知られた人物で、長谷川伸の『大衆文芸』や新鷹会に関係する編集者だったのではないだろうか。

藤沢が『読切劇場』に登場したのは昭和三十七年から三十九年にかけてであり、編集者はこの檜貝だったと見て間違いないだろう。どのようにして二人が知り合い、『読切劇場』に作品を発表するようになったのかは明らかにされていないし、それは今後の藤沢研究のひとつの課題のようにも思われる。おそらくその探索は藤沢の初期の著作である『冤罪』『逆運の旗』『喜多川歌麿女絵草紙』の青樹社からの刊行にもつながっていくと考えられるからだ。

165　藤沢周平、『海坂』、相生垣瓜人

桐の花咲く邑に病みロマ書読む　　小菅留治

2015・12

藤沢周平の読者であれば、『蝉しぐれ』を始めとする作品の舞台が、彼の故郷の庄内と覚しき海坂藩であることは周知の事実だろう。前回もふれた『完全保存版藤沢周平のすべて』においても、巻頭グラビアは「海坂藩を歩く」、中グラビアは「海坂の食」となっている。また井上ひさしはその「弔辞」を「海坂藩に感謝」と題し、「この海坂の御城下が私の理想郷」で、新作が出るたびに手作りの「海坂藩城下町の地図」に新たに盛り込まれた事柄を書き入れることを楽しみにしていたと述べている。そして実際に折込カラーの「井上ひさし製作海坂藩城下図」も収録に及んでいる。

藤沢と同時代を併走した中上健次の物語世界の背景となる新宮の路地は、それが開発によって消滅してしまう。そして登場人物たちも流浪することになる。だが藤沢の海坂藩は彼がただ言葉だけによって創造したトポスであるゆえに、いわば時代小説の「理想郷」として、これからも登場人物たちとともに在り続けていくだろう。藤沢はこの海坂藩の命名に関して、静岡の俳誌『海坂』の名前を、「無断借用」したと書き、「『海坂』、節のことなど」の中で、次のように語っている。

「海辺に立って一望の海を眺めると、水平線はゆるやかな弧を描く。そのあるかなきかのゆるやかな傾斜弧を海坂と呼ぶと聞いた記憶がある。うつくしい言葉である。／私が俳誌『海坂』に投句した時期は、昭和二十八、二十九年の二年ほどのことにすぎないが、馬酔木同人でもある百合山羽公、相生垣瓜人両先生を擁する『海坂』は、過去ただ一度だけ、私が真剣に句作した場所であり、

その結社の親密な空気とともに、忘れ得ない俳誌となった。『海坂』借用の裏には、言葉のうつくしさを借りただけでなく、そういう心情的な懐しさも介在している。」（『小説の周辺』所収、文春文庫）

ここにもどうして海坂藩が魅力あふれる「心情的な懐しさ」のこもったトポスであるかの理由が述べられている。前回も記したように、藤沢は昭和二十八年に結核手術のために上京し、入院生活を送り、二十九年も療養所で暮らしていたのである。彼は二十代後半になったばかりだった。療養仲間の提唱で、俳句同好会が作られ、藤沢も参加することになった。患者、看護婦、事務所の人たちなどがメンバーで、東村山町の病院が野火止川のそばにあったので、野火止会と名づけた。だが作句経験者は一人だけで、藤沢も含めたほとんどのメンバーが実作は初めてで、高浜虚子の『季寄せ』（三省堂版）を買い、それを手にして会に参加したのである。そして三ヵ月後に、藤沢は静岡で発行されている俳誌『海坂』への投句を勧められ、本名の小菅で投句するようになり、それらも先の『完全保存版藤沢周平のすべて』に「小菅留治全俳句」として収録されている。冒頭に引いた一句は私の好みで選んだので、後半の作品の気配をうかがわせる二句をさらに挙げてみる。

冬の夜の軒を獣巡るらし

軒を出て狗寒月に照らされる

これらの二句にはすでに藤沢世界の静謐さと張りつめた殺気のようなものが表出しているように思われる。もう十年ほど前のことだが、その『海坂』の五冊ほどの合本を静岡のデパート古書展で見出し、買い求めたことがあった。それを今回のこの一文を書くにあたって探したけれど、どうしても出てこない。それゆえに記憶で書くのだが、確か昭和三十年代後半のもので、ひっとすると、藤沢の投句が掲載されているのではないかと期待して購入したのである。もちろんその後、彼の投句時代を確認して、それがありえないことを了承することになる。

そのこともあって、俳誌『海坂』を各種の文学辞典などで引いてみると、『増補改訂新潮日本文学辞典』には本文立項はないものの、「新聞・雑誌索引」に挙がっていて、「昭和25・1―百合山羽公・相生垣瓜人主宰、海坂発行所（21・7創刊の「あやめ」を改題）」と記されていた。そしてこの辞典の冒頭にすえられた相生垣の部分を読むと、彼は明治三十一年兵庫県生まれで、東京美術学校卒業後、停年まで浜松工高勤務。昭和五年に『ホトトギス』に投句し、八年に『馬酔木』に参加、「庭前の草木鳥虫を相手に、季節の推移の中に、漢学素養のにじみ出た独得の俳諧を創始」とあった。残念だが、百合山羽公のことは別の機会に譲る。実はこの『海坂』を入手する前だったか、後だったのか記憶していないのだが、相生垣瓜人の句集を一冊だけ購入していたことを思い出した。こちらのほうは探したところ、すぐに見つかり、それは遺句集『負喧《ふけん》』であった。静岡市の海坂発行所から彼の亡くなった翌年昭和六十一年に出されているので、まさに晩年十年の「遺句集」だとわかる。最も興味深いのはそのタイトルで、「負喧」とは「あたたかし」「日ざしが行きわたる」という意味があり、また「日向ぼこり」のことをさし、彼は晩年「日向ぼこり」を好み、戒名にもそれを選んだことから、そのような句集名となったようだ。一句引こう。

懶癖も負喧の癖も募りけり

166　柴田錬三郎『眠狂四郎無頼控』

2016・1

二回続けて、藤沢周平の時代小説にふれたので、今回は私の時代小説読み始めの頃のことを書いてみよう。それは昭和三十年代末の中学生の時であり、以前にも「山手樹一郎と『桃太郎侍』」(『文庫、新書の海を泳ぐ』所収)を書いているが、新潮文庫の山手樹一郎を読んだのがきっかけだった。当時は新潮文庫も多くが表紙カバーもかかっておらず、グラシン紙と帯だけで、時代小説は紅色帯が巻かれていたし、山手の文庫もそうだったように記憶している。ところが次に読み始めた柴田錬三郎の作品は多くが表紙カバーが付され、それは柴田が売れ行きよく、人気作家であることを示しているようだった。同じストーリーテラーといっても、山手の平明な文体に対して、柴田は漢語を配した文章で、最初は少し抵抗があったが、馴れてしまうとそれも魅力となり、すっかり柴田のファンになってしまった。それらの中でも繰り返し愛読したのは、『眠狂四郎無頼控』全五巻であった。当時の新潮文庫の時代小説を通じて、その世界へと引き寄せられていった同世代の読者かなり多かったと推測されるし、それが現在の時代小説の隆盛にもつながっているとも考えられる。私は昭和五十年代半ばに古本屋で、この『眠狂四郎無頼控』全五巻を再購入したが、この第五巻は昭和三十五年初版、同五十六年三十二刷でありながらも、表紙カバーは五冊とも私が読んだものとはまったく変わっておらず、二十年以上も長きにわたって読み継がれてきたことを伝えていた。

それはともかく、この『眠狂四郎無頼控』を繰り返し読む中で、いくつかの章において、語り手が異なっていることを再確認させられたのである。その前に記しておけば、この眠狂四郎を主人公とする全五巻はそれぞれが独立した短編とも読める百話から構成され、各巻二十編ずつ収録されているので、そのタイトルと巻数を示し、それらに言及してみる。

通常の時代小説がそうであるように、この眠狂四郎の物語も三人称、具体的に冒頭の「雛の首」（第一巻）から例を引けば、「眠狂四郎は、墨を流したような闇の廊下を、まっすぐに音もなく、歩いていた」という主人公の視点から多くが描かれていた。しかし、物語が後半に入っていくと、他者の視線によって狂四郎が捉えられ、文体まで変わってくる。それは「遺言賭博」（第四巻）で、「まことに、ふしぎなご浪人さんでございました」と始まり、漢字が開かれ、平仮名が多く使用され、これまでと異なる、より話体に近づく物語として提出されている。話者は「日本中をあるいている薬売り」で、狂四郎と薬屋は江戸へ帰る街道で知り合い、旅をともにし、事件に遭遇し、それを薬屋が物語り、一編が形成されていくのである。それは好評だったせいか、さらに同様の「花の長脇差」、「麻薬姫」（第五巻）も書かれている。

またこれはタイトルに示されているとおりの「忍者独白」（第五巻）なる一編も出現してくる。それは次のように始まっている。「おれには、名前はない。おれは、『甲賀忍組第十七番』と呼ばれている男だ。おれが、死ねば、また新しい第十七番が指名されるだろう」。そして「おれ」が忍者となった経緯と事情、その任務の遂行、負傷と逃亡、瀕死の重傷の中での復讐の決意という物語の流れのすべてが「独白」されていくのだが、狂四郎は直接姿を現していない。

これらの主人公とは異なる他者の眼差しによって進行する物語、及び主人公とまだ直接関係のない他者の「独白」の物語との出会いは、まだ中学生だったこともあり、それらの意味をはっきりつかんでいたわけではないけれど、何かしら新鮮な物語の方法のようにも思われた。またそれも柴田の時代小説のひとつの魅力だったのでもある。

高校時代になって、いくつかの世界文学全集を読むことになり、それらの手法が「人称の転換」や「カメラ・アイ」や「内的独白」の応用だと朧気ながらに理解するに至ったのだが、フォークナーやジョイスなどを読む前に、眠狂四郎の物語の中にそれらを垣間見ていたことになる。さらにこれも後年になって知り、やはり拙稿「偕成社と児童書」（『古本探究1』所収）でふれているように、柴田は戦後の失業時期に世界の名作を児童書としてリライトする仕事に従事していた。柴田は『わが青春無頼控』（中公文庫）で、次のように述べている。

「さいわい、児童書専門のK社が、月一冊ずつ、世界名作物語を書き下ろして欲しい、と依頼してきたので、それで、飢餓からはまぬがれた。／思えば世界の名作を、児童用に書きなおす仕事は、後年大衆作家になる上で、大いに役立った、といえる。」

この柴田の手になる偕成社版「世界の名作」の一冊を、最近浜松の時代舎で入手したばかりで、それはユーゴーの『ノートルダムの傴僂男（せむしおとこ）』であり、古書価は千五百円だった。昭和二十六年初版、三十一年九版となっていた。巻末の「偕成社の世界名作」一覧を見ると、その他に柴田はリットン『ポンペイ最後の日』、スティーブンソン『黒い矢』、シュトルム『白馬の騎士』など十点を手がけている。また、『偕成社五十年の歩み』の「図書年表」を確認すると、他のシリーズでも柴田の名前が見出される。これらのリライトのエキスが眠狂四郎物語へと流れこんだのであろう。

167　坂口安吾・高木彬光『樹のごときもの歩く』

2016・2

これも「出版人に聞く」シリーズ14の原田裕『戦後の講談社と東都書房』の補遺になってしまうけれど、前回の柴田錬三郎『眠狂四郎無頼控』を読んでいた同時期に購入した一冊にもふれておきたい。

これらは講談社の本ではないが、原田の企画で高木彬光と山田風太郎による『悪霊の群』（東京文芸社、後に出版芸術社）、江戸川乱歩の根回しによって、坂口と高木の『樹のごときもの歩く』（東京創元社）が出されている。

それもあって、原田へのインタビューに際してもこれらの二冊に言及し、『樹のごときもの歩く』のほうは書影も挙げておいた。そのために『樹のごときもの歩く』を「日本の古本屋」で買い求めたところ、昭和三十三年の初版であった。かつて中学生の私が町の書店で購入したのは三十九年頃だと記憶している。ということは順調に版を重ね、ロングセラーとして棚に置かれていたのだろうか。そういえば、やはり同時期に同じ書店で、昭和三十年に東京文芸社から出されていた『悪霊の群』も見ているので、こちらもそうだったのかもしれない。ただもはや半世紀前のことであり、出版や書店事情も全く異なっているし、重版に関してはともかく、流通販売の詳細はつかめないだろう。

『樹のごときもの歩く』は江戸川乱歩が「序」に記しているように、坂口安吾は『不連続殺人事件』に続いて、昭和二十四年にもうひとつの長編推理小説『復員殺人事件』を文藝春秋新社の『座談』に連載していた。ところが同誌が廃刊に追いやられ『復員殺人事件』も中絶してしまい、安吾も三十年に亡くなっている。昭和三十二年に乱歩は『宝石』の編集に携わることになり、高木彬光にその続編を書き継いでもらい、『宝石』に連載、三十三年に完結に至った。しかし原タイトルの『復員殺人事件』はもはや時代に合わなくなっていたこともあり、乱歩の意向で作中の事件のキーワードともいうべき『樹のごときもの歩く』に改められ、東京創元社から単行本化されたのである。高木が安吾の未刊に終わった作品を書き継ぎ、完成させた事情については、その「あとがき」に述べられているが、「想像していたより、はるかに難しいこと」で、「苦心惨胆の結果」に終わってしまったという告白にも似た言葉が見られる。それに意外だったのは完成に当たって横溝正史と都筑道夫の「御知恵を拝借した」とあることで、それは『樹のごきもの歩く』が乱歩、横溝、都筑の様々なバックアップを得て、ようやく合作が完成したことを物語っていよう。

この『樹のごときもの歩く』は昭和五十二年になって『復員殺人事件』にタイトルが戻され、角川文庫に収録された。その際に安吾の『復員殺人事件』と高木の続編『樹のごときもの歩く』の二部構成となったのだが、それに伴い、東京創元社版に掲げられていたエピグラフが消えてしまったのである。なくしてしまったこの一冊を再入手したのは、原田へのインタビューで言及したいことに加え、そのエピグラフを確認したかったからだ。

届いた『樹のごときもの歩く』の表紙カバーは樹々を描いた藤城清治の影絵が使われ、私の記憶によれば、それはエピグラフと照応するものだった。そして本扉をめくると、乱歩の「序」の次にエピグラフが見つかった。やはりあったのだ。おそらく乱歩が指定したものと考えられる。それは『新約聖書』の「マルコ伝」第八章二十三、二十四の一節であり、引いてみる。

「イエス盲人《めしい》の手をとりて、村の外《そと》に連れ往《ゆ》き、その目に唾《つばき》し、御手《みて》をあてて『なにか見ゆるか』と問《と》い給《たま》えば、見上げて言う『人を見る、それは樹の如《ごと》き物《もの》の歩くが見ゆ』」

実は私がこの一冊を購入したのは、作者たちへの関心や推理小説ということではなく、ひとえにこのエピグラフによっている。私の母は盲目のクリスチャンだったからだ。私の名前も「ヨハネ伝」によって命名されている。このことは以前に拙稿「盲学校と点字図書館」(『図書館逍遥』所収)でもふれているけれど、その盲目の母は私が幼い頃に若くして亡くなり、すでに十年近くが経っていた。母は先天的ではなかったが、病を得て失明し、盲目のままに私を産み、私をその目で見ることなく死んでしまったのである。それもあって、この一節を読んだ時、母も初めて私を見たら「樹の如き物の歩くが見ゆ」といっただろうかと思った。

また家には母の点字の聖書や文語体の聖書があったので、「マルコ伝」のその文章を確認してみると、エピグラフの部分に続いて、「また御手《みて》をその目に当て給へば、視凝《みつ》めたるに、癒《い》えて凡《すべ》てのもの明らかに見えたり」とあった。母ももし生きていれば、このような時を迎えられたかもしれないと考えたりした。

あれからすでに半世紀が過ぎ、私はとうに還暦も超え、母の倍の人生を生きてきたことになる。それも光の中ではなく、影のほうばかりを歩んできたけれど、それはこのような私の読書史にも起因しているのだろう。

168　昭和三十年代の新潮社の時代小説

2016・3

逢坂剛の父でもある中一弥の『挿絵画家・中一弥』（構成・末國善己、集英社新書）には「日本の時代小説を描いた男」というサブタイトルが付されている。そこで戦前戦後を通じての時代小説の最長老の「挿絵画家」としての軌跡と生活が語られ、あらためて日本の時代小説の歴史が挿絵や挿画とともにあったことを喚起させてくれる。

それを最初に実感したのはしばらく前に、昭和十年刊行の平凡社の『名作挿画全集』全十二巻の半分ほどを入手し目を通したことによる。同じく平凡社から戦後も『名作挿絵全集』全十巻が出されているけれど、その挿絵のアウラは前者のほうが圧倒的にすばらしく、これに魅せられ、挿画や挿絵の世界をめざした読者も多くいたのではないかと想像されるほどだった。

前々回、柴田錬三郎の『眠狂四郎無頼控』を昭和三十年代の中学生の頃に読み出したことにふれたが、それをきっかけにして新潮社の文庫ではない時代小説の単行本にも手を伸ばすようになったのである。そのきっかけは本連載20でその閉店を記した浜松の古本屋泰光堂書店の存在だった。その当時、それは地方の古本屋に共通するものだったのか詳らかにしないけれど、確か一週間以内であれば、古本を一定の金額で買い戻すというシステムが導入されていて、いわばこれは貸本に相当していた。中学生にとって誠に重宝なシステムで当然ながら利用し、昭和三十年代の新潮社の時代小説を読み進めていったのである。

それから二十年も経た昭和五十年代にもはや貸本システムは続けられていなかったが、その泰光堂書店に、読んだ記憶のある時代小説がまとまって売られていたので、つい懐かしくなり、少しずつ買って読んでいるうちに、三十冊近くになってしまった。いずれも巻末広告には「B6判美本」「美しい装幀の、楽しく読める評判書」とのキャッチコピーが寄せられ、昭和三十年代の時代小説の造本に対する行き届いた配慮をしのばせている。それらのうちで、挿絵のあるものを年代順に挙げてみる。カッコ内は装幀家と挿絵画家である。一人の場合は双方を兼ねる。

柴田錬三郎『剣は知っていた』（御正伸）
山手樹一郎『朝晴れ鷹』（中尾進、岩田専太郎）
柴田錬三郎『孤剣は折れず』（御正伸）
五味康祐『風流使者』（中尾進）
白井喬二『国を愛すされど女も』（中尾進、中一弥、志村立美）
冨田常雄『天狗往来』（風間完、成瀬一富）
冨田常雄『鳴門太平記』（村上豊、岩田専太郎）
川口松太郎『新吾二十番勝負』（江崎孝坪、岩田専太郎）
五味康祐『色の道教えます』（中尾進）
山手樹一郎『江戸へ百七里』（中尾進）

これらの装幀家と挿絵画家は、中一弥を含めて全員が先の平凡社版『名作挿絵全集』第九巻の「昭和戦後・時代小説篇」に紹介されている。そこには中の「聞き書」や尾崎秀樹の「戦後時代小説の視点」も収録され、それらで山手樹一郎の『夢介千両みやげ』が中の挿絵入りで言及され、山手のこの明朗な作品が戦後の時代小説をリードし、彼が貸本文化の王座を占めるようになった事情についても言及されている。それらの中で私にとって愛着が深いのは『眠狂四郎殺法帖』や『眠狂四郎独歩行』などのシリーズの装幀者中尾進で、彼も立項を見出せるし、昭和四十六年に亡くなっていることなど、私も初めて知るゆえに引いておこう。

「栃木県佐野生まれ。本名鈴木益吉。川端画学校、中村研一の本郷研究所に学んだ後、荻須高徳に師事した。終戦後『りべらる』で表紙、口絵、挿絵を担当し、吐内重朗名義で時代小説も手がけ、以後海音寺潮五郎らとコンビを組んで、多くの時代小説挿絵を残した。代表作には『天と地と』『海と風と虹と』『出雲の阿国』などがある。」

ここに挙げられた海音寺の『海と風と虹と』に寄せた中尾の挿絵を始め、「昭和戦後・時代小説篇」の代表的作品としての司馬遼太郎『国盗り物語』の風間完、川口松太郎『新吾十番勝負』の成瀬一富の挿絵などを見ていると、これらの挿絵が戦後のコミックに与えたであろう影響を思い浮かべてしまう。先に戦前の『名作挿画全集』を挙げておいたが、それらに見られるように、日本の雑誌の歴史は様々な小説と挿画のコラボレーションによって支えられ、多くの挿絵画家たちを輩出させたのである。その系譜は中尾の『りべらる』といったカストリ雑誌に引き継がれていき、おそらく貸本漫画や劇画の世界へも流れこんでいったと思われる。

そのことを考えると、白土三平の『忍者武芸帳』や小島剛夕の『子連れ狼』などもまた時代小説の挿絵と無縁であるはずもなく、近傍に位置していたといっても過言ではない。しかし、現代の雑誌のドラスチックな凋落の中で、そのような連鎖も切断されようとしているのだろうか。

169 島原の乱と村上元三『天の火柱』

2016・4

新潮社と同様に講談社も昭和三十年代には四六判の時代小説の単行本をかなり出していて、村上元三の中一弥装幀『天の火柱』も、そうした一冊と見なせよう。その刊行年は昭和四十年となっているけれども、『週刊現代』に昭和三十八年から翌年にかけて連載された作品であり、時代も同じくするコンセプトで刊行されたはずだ。

しかし残念なことに『天の火柱』には連載時の中の挿絵はまったく収録されていない。『挿絵画家・中一弥』（集英社新書）に一枚だけ掲載されているその挿絵ならびに装幀からだけでは、それを具体的に想像することは難しい。ただ中は資料収集などに励んだことを語っているので、おそらく「島原の乱図」（『戦国合戦絵屏風集成』第五巻所収、中央公論社）なども参照したと考えられるが、実際に挿絵が省略された単行本からは比較検討することができない。そのような挿絵における比較図像学を試みれば、とても面白いのではないかと夢想することがあるけれど、初出の週刊誌まで遡る努力を果たせないままにいる。

それだけでなく、私がこの『天の火柱』にも言及しておこうと思ったのは、この作品が島原の乱をテーマとしているからだ。これは日本史上の最大の反乱、キリシタン禁圧にまつわる宗教戦争でもあり、同時にジェノサイドの結末へと至るものだった。このキリシタンと島原の乱は時代小説の物語の系譜に位置する重要なファクターで、とりわけキリシタン伝説は貴種流離譚と並ぶ物語コードだといっていい。本連載166でもふれた眠狂四郎にしても、転び伴天連と幕府重臣の娘との混血児という設定であることはそれを象徴していよう。

これは私見だが、吉川英治の『鳴門秘帖』あたりから顕著になる時代小説とキリシタン伝説の結びつきは、彼が大正時代に筆耕に携わった『世界聖典全集』との関係に端を発していると思われる。また天草の乱は吉川の『鳴門秘帖』と同年の昭和元年に発表され始めた生田蝶介の『島原大秘録』が本格的な時代小説の物語としての嚆矢ではないだろうか。これは関東大震災を契機として構想執筆され、『聖火燃ゆ』『妖説天草丸』『原城天帝旗』（未知谷）の三部作として書かれ、戦後の山田風太郎の『おぼろ忍法帖』や村上の『天の火柱』へと継承されていったように思える。

そこでこの村上の『天の火柱』の特色ということになるのだが、これは島原の乱を政治小説として描いた作品と見なすことができる。物語は寛永十四年の雲仙岳でのキリシタン処刑の場面から始まっている。島原藩は幕府の下知を受け、キリシタン狩とその弾圧をエスカレートさせていたが、火事頭巾をまとった若い侍によって三人の男女が救出されてしまった。だが、この若い侍は島原藩目付頭の息子の四宮三九郎で、キリシタンを壊滅するために味方のふりをし、救出に加わったのである。しかも救出されたトマス助五郎とイザベルお仲も、すでに三九郎の配下になっていた。お仲は有島家浪人氏家逸当とキリシタン仲間で、二人の周辺には外国人相手の交易商人の五色屋兵衛、多くの手下を持つ医者で処刑されたはずだった金鍔次兵衛がいる。また一方で、天草のキリシタン狩も激しくなり、島原のキリシタンとの共闘態勢の方向に進んでいく。そのような中に小西行長の遺臣でキリシタン浪人の森宗意などの三人が登場し、続けて益田甚兵衛とその息子の四郎も姿を表わす。

ところが、森宗意や天草四郎は脇役に他ならず、『天の火柱』では、主人公といえる三九郎や金鍔次兵衛の思惑と連鎖するかたちで進行し、それとパラレルに政治的ドラマが展開される。単にキリシタンが結集し、力を集めて弾圧に抵抗するだけでなく、どのような手段によって、どのように力を示すべきなのか、それらが暗黙の中で問われていく。

そうして次第に明らかになるのは、四郎を神の子に仕立て、島原や天草一帯のキリシタンを琉球列島へ流してしまおうとする三九郎、及び四郎を豊臣秀頼の末孫として押し立て、キリシタンだけでなく諸国の浪人たちを結集させようとする逸当のそれぞれの思惑である。そして一揆オルガナイザーとしての金鍔次兵衛のポルトガルとイスパニアを引き入れ、幕府と交渉しようとする企みが加わっていく。

だがそのかたわらで、一揆軍、天草四郎を中心とする浪人たちが原城に入り、幕府の軍勢は江戸を出立し、九州諸藩の大名も兵を出す段階にきていた。まさに先に挙げた「島原の乱図」に見られる原城をめぐる戦闘が始まろうとしていた。様々な政治ドラマの果てに起きた島原の乱は翌年の二月末まで続き、一揆は二万人が一人残らず殺されるという結末を迎えたのである。それに『天の火柱』は黒死病の発生を加えて、殺戮の最後の場面と原城陥落までを描き切ったのである。生田や山田と異なり、村上がそこまで描いたことは政治小説としてのリアリズムに徹していたからのように思われる。

170　倉田啓明譎《けっ》作集『稚児殺し』

2016・5

続けてふれてきた中一弥『挿絵画家・中一弥』（集英社新書）で、中が倉田啓明に言及している。昭和十年頃だと思われるが、中は『神戸新聞』編集長の和田恒彦からの依頼を受け、倉田の小説連載の挿絵を描いたと述べている。そのタイトルは覚えていないけれど、最後に福井県の東尋坊が出てきたので、思い立って写生旅行に出かけた。当時の東尋坊は周りに何もなく、ささやかな茶店があったくらいだった。そしてそこでスケッチを『神戸新聞』に送ったと語っている。

倉田に関してはこのことだけで、その他には何の説明もなされていない。だが本誌の読者であれば、すぐに思いあたる名前であるかもしれない。彼のことはかつて本誌で松本克平が取りあげているし、私も本連載38「桜井均と『奈落の作者』」などで書いているからだ。

桜井の著書のタイトルは他ならぬこの倉田啓明をさしている。後に文芸出版の桜井書店を創業することになる桜井は大正時代に赤本屋の春江堂の編集責任者であった。その関係から浅草厩橋の北島春石の家に通っていた。春石は硯友社派の小説家で、尾崎紅葉の死後、同門の先輩押川春葉の弟子となり、主として地方紙に多くの小説を書いていた。「二流の小説家」だったけれど、筆は立ち、代作もこなし、春葉の『なさぬ仲』も春石の手になるものだった。

春石夫妻は人生の下積みの苦労をなめ、酸いも甘いも知り尽くしていたことから、その家は来客も多く、座敷はいつも賑やかで、寄食者もいたりした。その人物は春石から「お啓」と呼ばれ、隣の部屋で春石の代作をしていた。しかもそれは五つの新聞小説で、現代小説や探偵小説を毎日書き分けていたのである。この男が倉田啓明その人だった。彼が春石の家に身を潜めるように寄寓し、こうした代作に携わっていたのは、長田幹彦や谷崎潤一郎の文章を巧みに模倣し、偽作の小説を書き、それを出版社や新聞社に売り、文書偽造、詐欺、横領の罪で囹圄の身となった作家だったからである。その倉田の前史に関して、桜井は次のように記している。

「啓明は慶應出身で、三田派の作家だった。同じ時代の三田文学に載った『若衆歌舞伎』という百枚程の彼の小説がある。その小説に彼の頽落の萌芽を覗くことが出来よう。そこには歌舞伎の世界に秘められた変態性欲の情痴、稚児たちの生態があやしいまでの官能の筆に描かれている。実在の倉田啓明の年少の姿が、啓明の分身たるその作品の中にあると思えるからである。」

そしてその出獄後の著者として、本名の倉田潔の名で、オスカー・ワイルドの童話集『人魚の海』と『幸福の王子』の翻訳、自らの獄中記『地獄へ堕ちし人々』を刊行したが、まだ事件の記憶が生々しかったこともあり、抹殺され、何の反響も生じなかったと桜井は書いている。桜井はその版元と編集者を挙げていないけれど、それらが自らの企画編集によるもので、春江堂からの出版であることは明らかだ。

これらの倉田の作品や著書を読みたいと思ったけれど、大正時代の赤本屋の出版物ゆえもあってか、長きにわたって探していたが入手できなかった。ただ鮎川哲也編のアンソロジー『怪奇探偵小説集』（双葉社）の中に、「経歴不詳」とされる倉田の「死刑執行人の死」という一作がまぎれこんでいるのを見つけてはいた。これはマゾヒストの女囚の死刑に触発され、死刑囚の縄を引く役目を果たしてきた老看守が自らもその快感を味わおうとして縊死に至る異色のマゾヒズム小説でもあった。

それからかなり時を経た平成十五年に、金沢市の亀鳴屋から勝井隆則編纂による倉田啓明譎作集として『稚児殺し』が刊行された。これは四百九十九部限定版で、私が入手したのは三百十二番の普及版、頒価金四千二百円の一冊だった。

その口絵写真として、「一体何者」と題された一枚が掲載されている。その裏ページに付された説明によれば、倉田が編集顧問である『上方食道楽』昭和五年五月号掲載のもので、京都食道楽一行の記念スナップだという。そこには十数人の姿があり、桜井の倉田に関する描写などから、「二列目右の着物姿の男」が倉田ではないかとの推察が記されている。

さてこの『稚児殺し』は、それぞれ「耽美少年」三編、「偏奇傾怪」五編、「探偵腐稿」二編からなる十編を収録していて、それぞれの初出は明治四十五年の『中央公論』や『三田文学』から、出獄後の大正から昭和初期にかけての『週刊朝日』などである。そしてやはり倉田の本領は桜井が記していたように、「耽美少年」に含まれる「若衆歌舞伎」などに表出しているといえよう。

なお中がふれていた東尋坊が出て来るシーンを確認するために、あらためて読んでみたが、残念ながらそれは見出せなかった。おそらくまだ倉田の多くの作品が埋もれているのだろうし、昭和に入ってからは凡庸なものではないかという推測もつくように思われる。

171　半世紀前に観た映画『濡れた本能』

2016・6

三年ばかり前の本連載129「『話の特集』と近映文庫『脱いだスター女優284人』」の最後のところで、タイトルを失念してしまった映画にふれたことがあった。

ヨーロッパの避暑地らしき別荘に倦怠期の夫婦がいて、そこに若い男が訪れ三角関係的ドラマが展開されていくのだが、それが現実なのか妻の空想なのか、よくわからないストーリーと映像で描かれ、奇妙なアンニュイ感に包まれたエロティシズムを感じさせてくれたのだ。

これを観たのは昭和三十年代半ばの中学時代で、そのモノクロ映像に魅せられ、確か三本立てだったにもかかわらず、二回も観てしまった。その映画の細部の印象が鮮烈で、タイトルを忘れてしまったとはいえるかもしれない。それに加えて観たことをはばかる内容だったので、誰にも話さなかったこともあり、そのうちにタイトルも記憶の闇の中に沈んでしまったと考えられる。

昭和五十年代後半に始まるビデオレンタル全盛時代を迎え、この映画を再び観たいと思い、それらしきものをかなり借りてみたが、巡り合うことはなかった。それで本連載で読者のご教示を乞うと記したけれど、こちらも何の情報ももたらされず、年月が過ぎ、最初に観てから半世紀になろうとする昨年、ようやくそのタイトルが判明したのである。

それは古本屋で偶然に見つけた『現代愛の映画全集・外国映画篇』の中に発見された。これは週刊誌大のＢ４判で、厚さは二・五センチに及んでいるが、「外国映画の官能シーン３０００景」を収録していることからページの記載はない。表紙カバーの上部に小さく『100万人の映画館』10月号とあり、「女性の生態美を追跡したフィルム・ライブラリー」とのキャッチコピーが付され、おそらくその雑誌ですでに使用したネガを再利用した増刊号的一冊だと推測される。奥付には定価890円、昭和44年10月発行、発行所は新風出版社となっていた。やはり同年に出された『現代愛の映画全集・日本映画篇』も、同じく編集を現代映画研究会、発行者を阿部洋三とするもので、ペアとしての刊行だとわかる。

またこの新風出版社は中央区京橋の第一生命館に住所を置いていることからすれば、「大人の夜の娯楽雑誌の帝王」とされる『100万人のよる』の版元季節風書店と同じだと見なせよう。この季節風書店は自由国民社でもあり、昭和三十年代から四十年代にかけては、これらの雑誌と『現代用語の基礎知識』が実質的に同じ版元から刊行されていたことになる。

いささか雑誌と出版社への言及が長くなってしまったけれど、ここで肝心の映画のことに戻そう。『現代愛の映画全集・外国映画篇』を繰っていると、イタリア映画の『濡れた本能』がストーリー、及び七つのシーンとともに紹介され、そこに記憶に残っていた場面が掲載されていた。それは小舟の上で、妻が青年に裸体をさらすところであり、これによって五十年前に観たあの映画に違いないことを確信した。それに物語の舞台は南イタリアの海岸別荘地とされてもいたからだ。

そこで『ヨーロッパ映画作品全集』（キネマ旬報社）で、『濡れた本能』を引いてみると、次のように記されていた。

「Le Ore Nude 伊 アトランティカ・チネマトグラフィカ＝松竹映配64―67 愛欲をテーマにし

たアルベルト・モラヴィアの「海の約束」を原作にマルコ・ヴィカリオが監督。カルラ（ロッサナ・ポディスタ）とマッシモ（フィリップ・ルロア）は結婚五年目だが別居して空虚な生活を送っている。カルラは大学生（ケア・デュリー）と密通する。ポディスタの美しい裸身が話題となった。」

ロッサナ・ポディスタといえばイタリア的なユーモアとサスペンスでヒットした『黄金の七人』の主演女優であるが、私がこれを観たのは大学時代で、まさか『濡れた本能』のヒロインと同じだと思わなかった。それはその後の十代後半のあわただしい年月、及びそれらの製作年からすれば、同じ監督により続けて送り出されているけれど、カラーとモノクロの相違も作用していたに違いない。

それはともかく、モラヴィアの「海の約束」が原作とあったので、それに類するタイトルの彼の短編集『海辺のあいびき』（大久保昭男訳）を思い出し、その短編を再読してみた。すると「海辺のあいびき」は海辺を舞台とし、結婚して半年足らずにもかかわらず、なぜかしっくりいっていない夫婦の物語で、そこに妻の愛人だった男の水死体が上がるという短編であった。これは記憶していなかったが、『濡れた本能』でも青年の死体が上がるということなので、それは符号するにしても、夫婦の名前は異なっているし、ただちには原作だと判断できない。しかしもしそうであるならば、知らずにして原作を読んでいたことになる。

ところでその肝心な映画のほうであるが、どうも日本ではビデオ化もＤＶＤ化もされていないようで、それは英語、仏語版も同様らしいのである。だがぜひもう一度観たいと思う。それはかなえられるであろうか。

172　講談社の映画原作本

2016・7

前回、半世紀前に観たロサッナ・ポディスタ主演のイタリア映画『濡れた本能』の原作が、モラヴィアの『海辺のあいびき』（角川文庫）ではないかとの推測を記しておいた。

映画と原作は双方がいずれも日本のものであれば、その関係はほとんどが明らかにされているけれども、外国映画の場合は邦訳の有無も含め、それらの全貌は判明していないと思われる。例えば、私がよく参照している『アメリカ映画作品全集』や『ヨーロッパ映画作品全集』（いずれもキネマ旬報社）にしても、原作者や原作に関しての言及は少なく、それは邦訳についても同様である。

私などの戦後世代が外国映画とその原作に喚起を促されたのは、やはり中学時代に観たショーン・コネリー主演の『007は殺しの番号』『007危機一髪』によってであり、映画に触発され、イアン・フレミング原作の早川ポケット・ミステリの『ドクター・ノー』や創元推理文庫の『ロシアより愛をこめて』（いずれも井上一夫訳）も読むようになったのだ。そして現在でもこれらの両シリーズは多くの外国映画の原作の宝庫であり続けている。また、黒澤明の『天国と地獄』がエド・マクベインの八七分署シリーズ『キングの身代金』（井上一夫訳）にヒントを得ている事実に象徴されるように、これらが日本映画にも多くの影響を与えてきたことはいうまでもない。

しかし、その一方で、外国映画の興行成績、所謂当たり外れは激しく、上映とコラボレーションするように出版された原作の翻訳もまた同様の回路をたどり、大半が消えていったと思われる。そうした外国映画原作出版状況に一石を投じようとする試みとしてか、自社の既刊本の文庫化も兼ねていたけれど、一九八〇年に「ヘラルド映画文庫」が創刊された。これは企画・製作がヘラルド出版、発行元をヘラルド・エンタープライズとするものだった。

私が所持しているのは、C・ザバッティーニ『ひまわり』（一瀬宏訳）、C・スパークス『エレファント・マン』（速水精三訳）、R・レナード『5人のテーブル』（村杜伸訳）の三冊である。その他にもいくつか著名な映画の原作も含まれているので、それも三冊ほど挙げてみる。C・ルルーシュ『愛と悲しみのボレロ』（高恵美子文）、G・ダヌンツィオ『罪なき者』（脇功訳）、I・ベルイマン『ある結婚の風景』（木村和男訳）。これらも絶版品切となっているのだから、その他の外国映画原作出版状況は推して知るべしだろう。

そうした事情は外国映画原作出版に共通していて、戦後もずっと続いてきたものではなかったかという感慨に捉われたので、それについても書いておこう。それは最近、図書館の交換市で、講談社が一九六〇年代後半に刊行した翻訳書を拾ったことによっている。それらは、E・M・ナサンソン『12人の囚人兵』（上下、伊東守男訳）、ピーター・オドンネル『唇からナイフ』（榊原晃三訳）で、前者の帯には「『特攻大作戦』の原作」との見出しコピーが付されていた。調べて見ると、映画のアメリカでの公開は六七年、翻訳刊行も同年であるから、日本での公開に先駆けての出版だとわかる。ただ私も映画のほうはそれほどタイムラグなく観ているはずだが、原作本の出版はこれを手にするまで知らずにいたことになる。

『特攻大作戦』は戦争アクション映画としてよく知られているが、それでも上下二段組み四百ページ余の『12人の囚人兵』を要約するよりは、この映画のほうをまず簡略に紹介しておくべきだろう。先の『アメリカ映画作品全集』にそれに恰好の立項があるのでひいておく。なお映画の原タイトルは原作と同じThe Dirty Dozenである。

「(前略)44年6月のノルマンディー上陸作戦前夜、殺人、強盗、暴行など、ならず者ばかりで編成された〈汚れた12人〉と呼ばれる悪党部隊が、ライスマン大佐(リー・マーヴィン)の指揮のもと、ドイツ軍の指揮系統攪乱をねらって、敵陣地深く決死の殴り込みをかける。ならず者にはアーネスト・ボーグナイン、チャールズ・ブロンソン、ジム・ブラウンなどが扮している。監督ロバート・アルドリッチのダイナミックな奇襲場面が見ものだ。原作はE・M・ナサンソのベストセラー小説。」

先述したように原作は示されていても、邦訳は挙げられていない。

もう一冊の『唇からナイフ』は六六年の刊行で、これもモニカ・ヴィッティ主演で映画化されている。イギリスでの公開も同年なので、こちらも日本での公開に先立つものであった。これも観ていると思う。だがそのコミックをベースとするナンセンスコメディは記憶に残っていない。

この二作の巻末広告には、「講談社の新しい翻訳小説」シリーズとして、ヘレン・マッキネスやハモンド・イネスなどのスパイ小説や冒険小説が並んでいる。講談社の当時の出版目録もないので、それらの刊行を確認できないが、やはりその他にも映画の原作本も含まれていたと考えられるのである。

173　竹内道之助『わが生』

2016・8

最近になって、まさに思いがけずに長年探し求めていた本を手にすることができたので、その発端及び経緯と事情をレポートしておきたい。

それは六、七年前のことになるけれど、本誌の古書目録の書肆ひやねのページに、竹内道之助の『わが生』が五千円で、大正から昭和にかけての日記という注を付して出品されていた。

この竹内だが、亡くなってすでに三十五年が経っているし、経営していた三笠書房も社名は同じでも、現在はまったく別の会社とみなしていい。

竹内は明治三十五年に東京に生まれ、正則英語学校、アテネフランセを卒業し、昭和八年に三笠書房を創業。十三年には、『風と共に去りぬ』を出版し、ベストセラーとなる。戦後も売れ続け、外国文学の三笠書房として知られたが、昭和四十三年ころから経営不振となり、引退して翻訳に専念し、五十六年に亡くなっている。

『わが生』は、この竹内の若い頃の日記であり、発行者は竹内幸子、刊行は昭和五十七年と記されていたことから、遺族がその死を追悼するつもりで刊行した私家版だと思われた。

当時、私は本連載でもふれているのだが、竹内と梅原北明たちの関係から始まるアンダーグラウンド出版、風俗資料刊行会と雑誌『風俗資料』『デカメロン』『匂へる園』などの刊行という三笠書房前史をトレースし、拙ブログ「古本夜話」で書いていたのである。

そのような私的状況下だったので、どうしても入手する必要に迫られたというしかない。ただ私はこのような古書目録出品に対して、裏から手を回して云々という工作を試みたこともなく、いつものように注文を出すしかなかった。もはや忘れ去られているといっていい人物だし、それほど注文者はいないという見込みも含まれていたけれども、結局のところ送品されず、外れてしまったのである。

そのために、それに寄り添う日記が存在することを知ったからには書き続けてきた三笠書房史は中断するしかなかった。

その一方で、外れてしまった『わが生』を何とか入手しなければならないと思い、ネットも含む古書業界はもちろんのこと、図書館の蔵書も検索した。だがそれは国会図書館にも見当たらず、まったく手がかりがつかめなかった。そこで知り合いの古本屋や古本に通じた友人、知人に至るまで、『わが生』を探してほしいとの依頼まですることになった。ところが彼らの探求にもかかわらず、やはり何の情報ももたらされることがなかった。そうしているうちに、三笠書房の戦前の本は増えていったけれど、歳月は流れていくばかりだった。

そして、『わが生』の入手はあきらめ、三笠書房史を再開するしかないかと思っていた矢先、未知の古本屋である板橋の林屋書店から突然といっていい電話が入ってきた。

私の連絡先は駒場の河野書店から聞いたとのことで、その知らせとは何と『わが生』の所在を見つけたというものだった。蔵書整理先にあり、入手に関してはそちらに連絡してほしい。そこで連絡先の電話と名前を聞くと、それは竹内幸子だった。早速連絡して話を交わすと、以下の事実が判明したのである。

彼女は三十八歳年下の竹内道之助夫人で、自分も八十歳を過ぎて高齢者施設に入ることになり、道之助の蔵書整理を林屋書店に頼んだ。その彼から私が『わが生』を探していることを知らされた。あれは道之助の追悼本として、限定三十部を内々で刊行したもので、古書として出たことも信じられない。それはきっと献本した人が亡くなり、その蔵書の中に『わが生』があったのではないか。三笠書房史研究のために必要であれば、手元にある一冊を「貸与」するので使ってくれてかまわない。だが、三笠書房設立以前の著者の日記ゆえ、出版史に役立つかどうかはわからない。竹内のその他の日記やメモワールなどは近代文学館に収めたので、そちらを参照してほしい。

彼女の話を聞いて、長きにわたって『わが生』が入手できず、情報も得られなかったことに納得した。献本先は三十冊に及んでおらず、私家版ゆえにその刊行を本誌で知っただけでも僥倖だったように思われた。そしてすぐに彼女から『わが生』が送られてきたのである。

その竹内の生前の和服の生地で装丁されたA５判四五〇ページ弱の『わが生』を手にして、本当に久方ぶりに本をめぐるコミュニティに属しているという実感を味わった。私が『わが生』を探しているという話は、情報としてかなり広く古書業界に伝わり、巡り巡って、それが林屋書店によって発見されたことになる。そして面識のない私のもとにもそれが伝えられ、ここにその実物を手にすることができたのである。

そのような親密な本を巡るネットワークは失われつつあるのではないかと思っていたが、そうではなかったことを教えられ、何か幸福な気分を味わせてもらったことを付記しておこう。

174　村上一郎と平凡社『綴方風土記』

2016・9

友人から『脈』というリトルマガジンを恵送された。それは二〇一六年五月刊行の88、89号で、特集は「村上一郎の未発表日記」と『試行』のⅠとⅡに当たっている。これは未知の雑誌で、比嘉加津夫を編集・発行人とし、那覇市の脈発行所から出されている。一九七二年創刊とあるから、四十年以上も持続して刊行され、さらに90号は吉本隆明の『全南島論』特集が予定されているので、これも続けて読んでみたいと思う。

それはさておき、この村上特集のⅠを読むと、その日記を借り出し、「編・注」を担っている佐伯修が「村上一郎日記とその『試行』同人参加前後」という一文を書いていた。そこで佐伯は、村上がGHQによって日本評論社を追われ、名取洋之助たちの「岩波写真文庫」を変名でリライトしていたこと、五二年平凡社に嘱託として入社し、『綴方風土記』などの編集に携わり、労組書記長となるが、過労から肺結核に倒れ、かろうじて一命はとりとめたものの、五四年に退社したことを記していた。

特集Ⅰの六〇年とⅡの六二年の日記に示されているように、この時代に村上が紀伊國屋書店出版部に勤めシオランの『歴史とユートピア』（出口裕弘訳）や紀伊國屋新書の編集者だったことは知っていたが、同じく平凡社でも編集者を務めていたことは初めて目にする事実だった。しかも『綴方風土記』を編集し、労組書記長でもあったとは。

実は裸本の『綴方風土記』の八冊が格安で古本屋に出ていたので、やはり平凡社の『風土記日本』や『日本残酷物語』とも関連しているのではないかと思い、購入したばかりだったのである。この企画について、『平凡社六十年史』は次のように述べている。

「『綴方風土記』全九巻は昭和二十七年十月から刊行されたB5変型判のシリーズである。これは生活綴方運動の戦後的展開を意図する企画であった。戦時中抑圧されていた生活綴方運動は戦後ふたたび勢いをもり返し、民間教育運動の一環として活発化していた。そして全国の小・中学校でかなりの数の作文集が編まれ、『山びこ学校』などの出版物が話題をよんだ。全国の綴方教師を組織化することをひとつのねらいとして、この企画はすすめられるが、同時に子どもの目をとおして日本の国土と人々の生活を地域別にまとめる現代版風土記としての構想をもつものだった。」

ここでいう「生活綴方」とは、各地の子どもたちが自分たちの生活を文や詩で書き表わすことをさしている。引用に見えるように、戦後のアメリカ式教育への批判として活発化したとされるが、それは一九五〇年代までで、自らの小学校体験に照らし合わせれば、六〇年代はもはや衰退していたと思われる。それでもひとつだけ紹介しておくと、熊本県天草の漁師の中学三年の娘が「月給とりが一番いいね、おとうさん」という一文を書いていて、生活綴方運動も戦後の時代を表象しているといえよう。

この企画は五〇年に日本評論社から『新しい綴方教室』を出版した国分一太郎が中心となって進められたもので、国分は日本評論社で村上と親しく、その関係から村上は平凡社に入り、『綴方風土記』の編集に参画したのではないだろうか。なお同書は教育現場でも社会科の教材としても歓迎され、第一回産経児童出版文化賞にも選ばれていることを付け加えておこう。

さてもうひとつの村上の労組書記長就任のことだが、組合結成に関して、先の『平凡社六十年史』も昭和二十九年十二月のストライキ風景の写真を掲載し、言及している。平凡社は『世界大百科事典』の準備を始める一方で、本社を千代田区麹町に移転させてから、従業員数はさらに増え、百三十名を超えるまでになった。しかしその身分の保証はあいまいで、社員、準社員、臨時社員、嘱託などにわかれ、そのけじめも明らかになっていなかった。それを平凡社の側から語らせよう。

「しかも会社側はそれらのうち百名だけを社員として認めるという意向を伝えられ、従業員の間に雇用関係の明確化と賃金の適正化を望む声がつよまった。そして二十七年末には組合結成の気運がみえはじめ、翌年になるとそれがにわかに活発となり、四月三日に従業員組合の結成大会が開かれた。大会は深更に及び、規約が採決され三役および執行委員を選び、宣言が発表された。」

「三役および執行委員」の名前が出ていないのは残念だが、ここで村上が書記長に選ばれたと見て間違いないだろう。そして彼の性格から考慮すれば、過労から肺結核に至った一因はこの書記長就任にあったと見なしていい。社史の「略年表」を確認すると、従業員組合は百名に及んでいるし、同時期には二十の労組が参加した出版労働組合懇談会も結成され、それに平凡社従業員組合も加盟している。このような平凡社内外の折衝に当たり、心労を極め、生死をさまようような病状へと追いやられたのではないだろうか。

だが、村上の「平凡社勤務日記」は見つからず、それらの詳細は明らかになっていない。

175　吉増剛造と『世界名詩集大成』

2016・10

前回の『綴方風土記』に続いて、平凡社のシリーズにふれてみたい。実は現在でも編集や調べることに際して、戦前の平凡社の『大百科事典』『大辞典』『新撰大人名辞典』をよく使っているのだが、その他にも戦後の『世界名著大事典』と『世界名詩集大成』も欠かせない資料として重宝している。今回はそのうちの『世界名詩集大成』を取り上げてみる。それは最近出された吉増剛造の『我が詩的自伝』（講談社新書）でも言及されていたからだ。

この『世界名詩集大成』は一九五八年から六〇年にかけて刊行された菊判、全十八巻に及ぶシリーズである。構成はフランスが四巻、ドイツが三巻、イギリスと日本が二巻、古代・中世、アメリカ、ロシア、ソヴェト、南欧・南米、北欧・東欧、東洋が各一巻となっていて、当時はもちろんのことだが、現在でも世界の名詩の最大のアンソロジーだと思われる。他には収録されていない詩も多々あり、世界詩集辞典の役割も占めてもいて、それが愛用している理由でもある。

具体的にそれを示すと、最も多くの巻数を占めるフランス篇はⅠが、ヴィヨンからゴーチェの十三人、Ⅱがボードレールからフォールの十五人、Ⅲがヴァレリーからアベイ派に至る十九人、Ⅳがルヴェルディからポンジュなどの二十人余で、しかも各人の複数の詩集の代表作が原タイトルも添えられ、収録されているのである。編者は佐藤朔、福永武彦、中村真一郎、安東次男のそれぞれが担い、おまけに口絵写真には初版も含めた各詩集の原書の書影も掲載されている。このフランス篇の概要を挙げただけでも、『世界名詩集大成』の特色と充実ぶりを想像できると思う。

ただこの企画の成立事情や編集次第については『平凡社六十年史』でも述べられておらず、『世界名詩集大成』は「詩集の集大成として喜ばれたが」「営業的には香しくなかった」とわずかに記されているだけだ。しかし『フランス篇』のⅠを見てみると、六〇年初版、六四年四版と版を重ねていて、それなりに売れ、ロングセラーになっていたとわかる。この事実は六〇年代がまだ詩の時代だったこと示唆してくれる。

実際に『世界名詩集大成』を読んでいたシャーマン的詩人の吉増剛造も六四年に最初の詩集『出発』(新芸術社)、七〇年に第二詩集『黄金詩篇』(思潮社)を刊行している。吉増は『我が詩的自伝』で語っている。

「満を持して出した詩集で、一九六九年の『文芸』に書いたのが『黄金詩篇』だったの。この『黄金詩篇』のときに、自分自身でもそう思っていたし周りの人もそう思ってたんだけども、ジェラール・ド・ネルヴァルというフランスの幻視詩人、途方もない詩人ですけど、この人に『黄金詩篇』っていうのがありました。平凡社の『世界名詩集大成』に訳があって、僕はとても好きでした。」

これは『フランス篇』Ⅰに収録のネルヴァルの『幻想詩篇』の一篇で、中村真一郎が訳している。吉増は第二詩集のタイトルにそれを借用するつもりで、ネルヴァルの専門家の入沢康夫に電話したところ、「黄金詩篇」には誤植があり、それが修正されていないことを教えられた。だが、それはそれとして、吉増は第二詩集を『黄金詩篇』のタイトルで刊行した。そのネルヴァルの「黄金詩篇」の誤植とは次のセクションにある。

獣の中に、うごめく精神を尊重せよ。
一つひとつの花が、現れた自然の魂なのだ。
愛の神秘は全層の中に息う。
「全てに感覚がある！」そして全てはお前の上に力を及ぼす。

入沢は、この中の「全層」が「金属」の誤植だと指摘したのである。ネルヴァルの錬金術的な詩句からすれば、「愛の神秘は金属に息う」が正しく、「全層」では全体のゾーンに息うとなってしまうからだ。先に示したように、私が参照している巻は六四年四版であるから、ずっと誤植は修正されないままに重版され続けてきたことになる。入沢は訳者も気付いているはずだがと吉増に話しているけれど、中村真一郎自身がそれに気づいていなかったとも考えらる。

それらはともかく、吉増は詩人として、この誤植に対し独自の解釈を披露している。ネルヴァルの「愛の神秘は金属の中に息う」もいいけれど、自分としては誤植の「愛の神秘は全層の中に息う」にも反応し、感応している。誤りが起きると誤りにも何か生気が伴う。「だから両方よしとする」と語り、それがネルヴァルの眼差しであり、ピタゴラスと通じる神秘的思想ではないかとも言っている。ピタゴラス云々はネルヴァルの「黄金詩篇」のエピグラフに「何だ、全てに感覚がある！」というピタゴラスの一節が引かれていることに由来しているのだろう。

ただ、小説と異なり、詩の場合は、吉増が述べているような誤植もまたひとつの異化作用を生じさせることになり、それはそれとして、ひとつの事例を提出してくれたことになる。

176　牧野書店と鮎川信夫『現代詩作法』

2016・11

前回もふれた吉増剛造の『我が詩的自伝』（講談社現代新書）は詩人の自伝であるばかりでなく、戦後の詩の状況と出版史、詩人や文学者たちの群像ドラマなども問わず語りのように織り込まれ、様々なことを教示してくれる。それに加えて、サブタイトルに「素手で焔をつかみとれ！」とあるように、「作品っていうんじゃなくてその底から聞こえてくる声」を聞くという吉増の読書は、彼の詩の成り立ちの一端を伝えている。

これらを含め、吉増の『我が詩的自伝』は今年の収穫と見なしていいし、知らずにいた、出版のことも教えられ、一回だけですませるのは惜しいので、もう少し書いてみたい。

吉増は一九五七年に慶応大学に入学し、詩に接近していく。その経緯と事情は次のように語られている。

「そしてクラス雑誌に詩を書いて、『よし、詩のほうへ行こうかな』と思ったんだな。それで鮎川信夫の『現代詩作法』とぶつかって『あ、こんな世界があるんだ』となった。『現代詩作法』という名著、…いまでも鮮明に覚えているけど引用が素晴らしかったのね。高村光太郎の『根付の国』と萩原朔太郎の『艶めかしい墓場』、それと西脇順三郎さんの『夜』、ここが僕の現代詩入門の戸口でした。」

実はこの鮎川の『現代詩作法』を入手していて、かつてその発行人をめぐる「ある出版者の軌跡

―牧野武夫」（『古本探究』所収、論創社）を書いている。それは一九五五年八月に牧野書店から刊行された定価二〇〇円のもので、吉増が読んだのはこの牧野書店版であった。

鮎川による『現代詩作法』執筆の目的を要約してみる。現代において、様々なかたちで発行されている詩誌は四〇〇誌にのぼり、詩を読む人や書く人も非常に多くなってきている。ただ今日の詩人が置かれている社会的状況は過去と比べて、より苛烈なものとなり、自らの内部と外部をいかに調整をするかが課題で、その調整方法のパターンにより、多彩な現代詩の傾向が生まれてくる。また詩を読むことと書くことの間には密接なつながりがあり、「いかに書かれているか」を調べることは詩作品の意識的、形式的構造を分析し、いくつかの法則を見出すことで、「いかに書くべきか」の探究はそれらの法則を実作に応用することによる現代にふさわしい詩の発見に他ならない。しかしそれは詩の文法で、制作の主観的動機の外に置くべきだ。

このような鮎川の「作法」を通じて、近代詩や現代詩が多く引用され、分析されていく。吉増が「今でも鮮明に覚えている」高村光太郎たちの引用は3の「詩とは何か」の章に見られる。それらに加えて、吉本隆明や『荒地』の詩人たちの現代詩の特質が比較対照され、鮎川ならではの詩と批評の一冊を提出していることになる。彼が「註」で補足したところによれば、ここ数年来の詩運動は「現代詩史上の最盛期」を迎えたとされるし、その中で詩に目覚めようとしていた若き吉増にとって、啓蒙と衝撃を兼ね備えた「名著」であったにちがいない。

またこの『現代詩作法』の出版プロセスとその行方、編集者と掲載誌について知れば、さらに興味深いので、それらもトレースしてみる。先に挙げた牧野武夫は改造社を経て一九二九年に中央公論社に入社し、出版部創設に関わり、レマルクの『西部戦線異状なし』のベストセラーに立ち会っている。それらのことは牧野の「出版うらばなし」である『雲か山か』（中公文庫）に描かれている。だが三九年に彼は退社して。牧野書店や乾元社を設立する。だが、牧野書店のほうは戦時中の企業整備の対象となり、乾元社を興したようだ。乾元社は戦後に『原敬日記』や『南方熊楠全集』を刊行し、さらに『文章倶楽部』を発行していた。これは新潮社の戦前の文芸誌とタイトルは同じだが、投稿雑誌で、一九四八年に木村毅を編集長として読書展望社から創刊されていた。それが五〇年から乾元社に移り、詩青年の小田久郎が編集者となり、「詩を書く人々のための現代詩特集」を組み、多大の反響を呼ぶようになった。

この小田が後に思潮社を立ち上げ、『現代詩手帖』の創刊に至るのである。この小田の『戦後詩壇私史』（新潮社）によれば、『現代詩作法』は「私が手がけたはじめての単行本で、いまでもいちばん愛着の深い本」、「戦後の詩の原稿としても、今日までこれほど多くの読者を獲得し、かつ戦後の詩に影響を与えた本はほかにあるまい」と」まで評されている。

しかしその後の経緯は不明だが、乾元社に続けて、『現代詩作法』を刊行した牧野書店も倒産してしまい、しかも紙型も、当時特価本業界の新興勢力だった芳賀書店に売り渡されてしまう。そのようなことは出版社の倒産が多い中で、日常茶飯の出来事だった。ところが小田がかけ合いにいくと、思いがけないことに芳賀はそれに印税を添え返却してくれたのだ。詩の全盛の時代を象徴する特筆すべきエピソードとして記してみた。

177 白倉敬彦とエディション・エパーヴ

2016・12

もう一編、吉増剛造の『我が詩的自伝』に関して書いてみる。

これを読んで、吉増が大学を出てから国際情報社や三彩社に勤めていたことを知った。国際情報社は、直販のグラフ雑誌を中心とする出版社で、一九五〇年代から六〇年代にかけて、服部之総の企画編集による『画報近代百年史』などの「画報」シリーズを刊行していた。

このシリーズは吉増の入社する以前に出版されているので、彼自身は直接関わっていなかったと思われるが、それでもまだ当時は国際情報社の主力商品だったと考えられる。それゆえに現在でも古本屋の均一台で、よく見かけるのだろう。

それから吉増は、グラフ誌『国際写真情報』を編集していた国際情報社を辞め、藤本韶三が設立し、美術雑誌『三彩』を刊行していた三彩社に移る。藤本は美術出版社の出身で、吉増は彼を通じて「有名な絵描きさんとも出会い」、「電撃的な直観的な触発を受けた」のである。

その一方で、「あらゆるものが、ちまたで接触があり」、友人たちも編集者になっていて、その一人の山崎悟は本郷で新芸術社という出版社を興し、雑誌『エスプリ』を創刊し、吉増の処女詩集『出発』（六四年）や、『凶区』の詩人たちの詩集を出版した。私が「ジーナ・ロロブリジダと結婚する夢は消えた／彼女はインポをきらうだろう」と始まる『出発』を読んだのは、思潮社の『吉増剛造詩集』（「現代詩文庫」41）なので、山崎悟や新芸術社を知らないが、あの時代にあって、吉増は「新芸術社がすごく大事ですね」と語っている。そのような出版文化状況下に置かれていたことから、吉増は三彩社も辞め、「以後は俸給生活から離れて原稿執筆と講演によって生計を維持する」ことが可能になったのである。だがそれは半世紀近く前の状況であり、現在はそこからはるかに後退し、出版文化という言葉さえも死滅しようとしているかのようだ。

それはともかく、吉増の証言でもうひとつ教えられたことも書いておかなければならない。これは鈴木宏『風から水へ』（「出版人に聞く」シリーズ番外編）でも明確には語られていないからだ。七〇年に吉増は彫刻家の若林奮と「リーブル・オブジェの共同作業」を試みている。若林は鉄や銅などの金属素材により彫刻の概念を変えたとされる。そこに定かでなかった人物の名前が出てくる。「それを仕掛けたのは、北海道から出てきた、早稲田で哲学をやった白倉敬彦さんね。あとでは春画のほうで有名になって、去年（二〇一四年）に亡くなったけどね」。

これは思いがけない指摘で、正続『春画』（「別冊太陽」）の編集者の白倉が同一人物であったとは推測すらしていなかった。だが、確認してみると、本当に白倉敬彦とあり、まさに本人だったのだ。吉増は語っている。「彼が一番特徴的なのは、病で片足が不自由な人だった。もうとんでもない変わった性格の人で、負けず嫌いで大変だった」けれど、イザラ書房で安東次男の『詩の沈黙と雄弁』を出し、その後谷川雁のテックに行き、一番の友達が平岡正明だった。

「そういう白倉が、その当時よりはやく日本に入ってき始めたジャック・デリダ、ミシェル・フーコー、ジル・ドゥールーズ、特にデリダ、フーコーを訳させて、薄っぺらい本で出した。エディション・エパーヴね。

その訳者が豊崎光一さんと宮川淳さんと蓮實重彦氏。そのフランスの最先端みたいなところと現代詩が結びついて、それで詩のオブジェみたいなものをやろうということで、白倉が大岡信さんと加納光於さんを結びつけた。異種を結合させようとするラディカリズムだよね。それで、その次に吉増と若林を結びつけた（後略）。」

これは吉増の回想の時間軸が逆で、若林との共同作業のほうが先行し、その後で白倉はエディション・エパーヴを立ち上げたはずだし、「叢書エパーヴ」に関しても間違いがある。これは七四年から七七年にかけて、六冊出されているけれど、『紙片と眼差のあいだに』はドゥルーズ論を含んだ宮川淳の著書、『砂の顔』『余白とその余白または幹のない接木』は豊崎光一のそれぞれフーコー論、デリダ論で、翻訳と呼べるものは蓮實重彦訳『フーコー et／ou ドゥールーズ』だけだといっていい。後の二冊は清水徹『どこにもない都市・どこにもない書物』、同編『これは本ではない』で、後者は未見だが、アンソロジーだと考えられるし、翻訳というよりも紹介に分類できるであろう。

この「叢書エパーヴ」に立ち入って言及したのは、同時代に季刊『meme／borges』がエパーヴから出されていて、手元にあるのは八〇年夏の季刊第二号で、「ボルヘスへのオマージュ」特集となっている。確かに発行人は白倉であるけれど、この実際の編集・制作者は奥付に見るように鈴木宏である。そのためにこの一冊は現在でも水声社の図書目録に掲載されるというような後日譚を有することになる。今度鈴木宏に会ったら、それらの詳しい事情と白倉との関係を尋ねてみたいと思う。

178　中央公論社『日本絵巻大成』とパノフスキー『イコノロジー研究』

2017・1

近年の古書価の暴落といっていいほどの状況は、デフレ現象もここまできたかと考えざるを得ないところまできている。私などはまだ古書価が安定していた一九六〇年代から七〇年代にかけて学生時代をすごしたので、古本屋に本を売りにいくと、出版社によっては七掛けで買ってもらえたことが、今では奇蹟のように思い出される。

古書価の暴落は当然のことながら高価だった美術全集の分野にも及んでいて、本連載131でも新潮社の『人類の美術』のことにふれたが、中央公論社の『日本絵巻大成』全二十七巻も驚くほど安くなっていた。それでつい買ってしまったのである。確かに古書価の安さは売る側にとって悔しい思いを感じさせるが、買う側にとっては僥倖だともいえる。かつてであれば、購入できなかったものが気軽に入手できるのだから。

その典型が『日本絵巻大成』であり、これも毎日少しずつ見ていくと、四十年前にエルヴィン・パノフスキーの図像解釈学ともいうべき『イコノロジー研究』（浅野徹他訳、美術出版社）を読んだことを思い出した。一九七〇年前後に刊行された美術出版社のA5判箱入りの美術研究翻訳書は全点が名著といっていいし、その造本と相俟っていずれも記憶に残るものだった。それから澁澤敬三・神奈川大学常民文化研究所編『新版絵巻物による日本常民生活絵引』（平凡社・一九八四年）にも連想が及んだ。これは六〇年代後半に角川書店から出された『同絵引』（以下同じ）の改訂新版である。

角川版刊行時にパノフスキーの翻訳は出されていないけれど、原書のアメリカでの出版は一九三九年だった。それゆえ澁澤も読んでいたのではないかと推測するだけだが、平凡社版の改訂新版に際しては美術作品の意味探究に他ならない『イコノロジー研究』がその続編『パンドラの箱』（阿天坊耀他訳、同前）とともに、確実に参照されていたにちがいない。

『日本絵巻大成』を繰りながら、そのような若き日の読書のことなども思い出し、あの頃にこの『大成』を入手していたら、今とは異なる道を歩んでいたかもしれないと夢想してしまった。実際に周囲には美術史に進み、美術館の館長となった友人もいるのである。でもよく考えれば、私は公的機関の研究者とか公務員という柄ではないので、本当に夢想に過ぎないことは百も承知のことなのだが。

さてこの『日本絵巻大成』から始まり『同絵引』に至る系譜を考えていると、これもまた連想してしまうのは、本連載104でもふれた須藤功編『写真で見る日本生活図引』（弘文堂）に他ならない。平成の初めに刊行された全九巻に及ぶ『同図引』は昭和の生活に関する写真記録の解説を意図している。第一巻は『たがやす』で、激変してしまった現在と異なる農業の姿とかたちを伝え、一九五〇年代までは私たちの多くがその風景の中にあったことを想起させてくれる。

須藤はその「序」で、高度経済成長期を境にして「普段の生活、正しくはそのための生活用具と環境」は激変してしまったと述べ、次のように記している。

「それなら過去に追いやった生活とはどのようなものだったのだろうか。（中略）幸いにも各地で撮影された厖大な写真の中に、そうした視点の写真を見出すことができた。あるものをあるがままに写すという写真の記録性は、写された土地の、その年代の生活を明確に示してくれる。だがそれは現代の生活とはあまりに懸け離れているために、誰もが一目ですべてわかるというものではない。そこでそこに写されている生活とその背景、さらに〈もの〉、〈うごき〉、〈こえ〉、〈におい〉など、細部にわたる解説を付して、一枚の写真の持っているものすべてを引用した。」

そうすることによって、それぞれの一枚の写真が「単に往時を知る人の懐かしさ」を喚起するだけでなく、「日本人の生活を基礎資料とする学問に寄与」するものになったと思うと須藤は続けている。

『同絵引』は澁澤の意思を継承し、宮本常一たちによって新版が刊行されるに至っているが、須藤は宮本に師事した民俗写真家であり、中世の絵巻を写真に代えて、昭和の戦後の生活とそのディテールを浮かび上がらせようとしていたことになる。これをあらためて見て、読んでいると、『同図引』は平成時代における昭和に関しての出版企画の金字塔のようにも思えてくる。

それとともに思い出されるのは、その参考文献にも挙がっている小学館の『図説日本文化地理大系』全十八巻である。これは一九六〇年に刊行されたもので、何よりの特色は膨大な写真の集積をベースとして編まれた「文化地理」であることだ。しかも刊行が六〇年であることから、高度成長期以前の各地方の生活写真も多く含まれている。小学館の社史などにおいて『大系』への言及はほとんど見られないが、そのような視点から考えれば、見直されてしかるべき企画のように思われる。抽出して一巻本からなる一九五〇年代の日本の写真集成を編むことができるのではないだろうか。

179　井伏鱒二『川釣り』と『座頭市物語』

2017・2

いつの間にか馬齢を重ね、六十代半ばを迎えて思い出されるのは、あまりにもドラスチックな風景の変わりようで、それは同時に生活のすべての変化とつながっている。私にとってのその象徴は川の光景である。ただ先に断っておくけれども、この川はよく知られた大きな川ではなく、どこにでも見つけられる小さな川のことをさしている。

昭和三十年代までの川は、その頃の子どもにとっては、何よりも魚が棲息する場所としてあった。いや、それは子どもだけのものではなかったであろう。夏が過ぎるとどこからか、「殺生人《せっしょうにん》」と呼ばれる人たちがやってきて、川を「掻掘《かいぼり》」し、魚を総ざらいし、それらをどこかへ運んでいったものだった。それにしても、小さな川に何と多くの魚たちがいたことだろうか。この「殺生人」と「掻掘」に関してはここでこれ以上言及できないが、拙著『古本探究』（論創社）で詳しくふれているので、参照していただければと思う。

そのような農業用水のための川には漁業権も入漁料もなかったし、まだコンクリート化もされておらず、誰もが魚をつかまえたり、釣りをすることができたのである。昭和二十七年に井伏鱒二の『川釣り』が岩波新書の一冊として刊行されているが、これはそうした戦後の川の状況を背景とするもので、ちなみに私はその前年に生まれている。それは昭和二十年代から三十年代にかけて「川釣り」の時代であったことも意味しているだろうし、これは本連載105でも書いているけれど、私が実際に川釣りをしていたのも三十年代だったのである。井伏の同書の中に海釣りは得意でないとの言も見えるが、私も海釣りは体験していない。もっぱら近くの川での釣りで、それは粗末な竿とミミズによる鮒や鯉を対象とするものだった。

私の家の場合、川魚を食する習慣がなかったので、釣った魚は甕などに入れていたが、それほど間をおかず、死んでしまうことが多かった。だが父に手ほどきしてもらった釣りの面白さを覚えてしまったことに加え、川の他に池や沼などもいくつかあったことから、竿とミミズを手にし、釣りをして回った。まだテレビは普及しておらず、野外での子どもの遊びは集団で営まれていた。しかし、釣りは一人でもできたし、それが私の性にあっていたのだろう。といって私は元来不器用でもあり、釣りがうまかったわけではない。

井伏も『川釣り』を書き出すにあたって「私は釣りが好きだが釣りの技術に拙劣である」と始めているけれど、それは私にもあてはまる。さらに井伏は同書について「いまだ愛着の念を持つてゐる」「自分の釣場を思ひ出しながら書いた文章である」とも書いている。そうなのだ。川釣りは必ず釣場とともに「愛着の念を持つて」記憶されるのであり、井伏の鮎やヤマメ釣りとは異なるけれど、それは私も同じなので回想してみよう。

近隣に大きな池と川の流れが合流するところに関門が設置され、そこから水が流れ込むので、その向こう側が一つの淵を形成していた。土手に囲まれ、川というよりも溜まり池のような感じで、川よりも広く深く、絶好の釣場のように思えたし、実際に多くの魚が潜んでいたのである。いつも釣人がいることはなかったが、秋が終わる農閑期を迎えると、釣人たちが集まり始め、日曜日には十人近くが釣りをしている光景を見るようになった。それでいて釣場特有の静けさは変わることはなかった。その中に私や父もいて、ひっそりと水の上のウキを見ていた。大物を釣った記憶はないけれど、そのひっそりとした風景は今でも懐しく思い出される。

それから数年経った頃だろうか、町の映画館で、時代劇の三本立てを見た。その中に『座頭市物語』があった。確認してみると、この映画は昭和三十七年の公開だから、その年ではないにしても翌年には見ていることになろう。もちろんこれが勝新太郎の座頭市シリーズ第一作で、監督が三隅研次であることも知らなかったし、偶然に見た映画といえた。映画体験もまだ始まったばかりだったが、『座頭市物語』にはそれまでにない感銘を覚えた。モノクロ映画の中で、盲目の座頭市と肺病の平手造酒を演じる勝と天知茂のリアルな演技、それはカラーの東映時代劇から受ける映画体験とはまったく異なるものだった。

そしてなによりもずっと記憶に残ったのは、座頭市と平手が溜め池らしいところで並んで釣りをしているシーンだった。そこでの二人の出会いが物語のコアであるかのように、この溜め池シーンはもう一度繰り返される。私がそれに執着したのは、その釣りの場面が先述した釣場の光景とよく似ていて、私もそこに立ち会っているように思われたからだ。

考えてみれば、その頃から釣りをしなくなっていた。川は工場廃水で汚れ始め、その一方では雷魚が増え、もはやひっそりとした釣りの時代は終わっていたし、ほどなくあの淵も埋められてしまったのである。それに私は本を読み始め、映画館に通うようになり、釣りに別れを告げる時代をも迎えていたことになる。

180 大崎紀夫『ぶらり釣り行』と『アサヒグラフ』

2017・3

前回に続いて、もう一編釣りに関する本、それにまつわる出版のことなどを書いてみよう。

これも拙著『古本探究』(論創社)の中で書影を挙げ、言及しているが、大崎紀夫の『麦わら帽子の釣り散歩』(三樹書房、一九八九年)という一冊がある。同書では大崎の少年時代の記憶と釣りと本とが絡み合わされ、かつての懐かしい釣りをめぐる風物詩が語られている。大崎は以前に『アサヒグラフ』の記者であり、それに先駆けて『ぶらり釣り行』(朝日新聞社、八一年)も刊行している。

『ぶらり釣り行』は升形本サイズの写真集で、八〇年の春から翌年の春にかけて、全国の川や湖を釣り歩き、同タイトルで『アサヒグラフ』に連載したものをベースにして編まれている。その釣り行は全都道府県58ヵ所の有名無名の河川湖沼に及び、大崎に同行したカメラマンの小形文男と樋口一成の写真によって、釣った魚の姿だけでなく、全国各地の河川湖沼の光景まで収録され、それらは人も含めて、今見ると夢幻の風景のようだ。

それもそのはずで、大崎自身が「あとがき」で、ウキの動きに象徴される釣りの時間とは「現」(うつつ)であると同時に、「それをみつめるまなざしの根の方に夢の時があるように思える」と記してもいるからだ。また現実的に考えてみても、これらはすでに四十年近く前の風景であり、もはや見られない風景と化してしまったかもしれない。一九八〇年代にはロードサイドビジネスの隆盛に伴う郊外消費社会が全国的に出現して、それは風景の均一化を意味してもいたし、河川湖沼の風景にも影響を及ぼしていたと思われるからだ。

当然のことながら、そうした戦後社会の変容と大崎のグラフ雑誌の記者としての意識が無縁だったはずはないし、『ぶらり釣り行』以前からこのような試みは意図され、続けられてきたのである。それはやはり『アサヒグラフ』を舞台とし、一九六九年から七〇年にかけての大崎の文、北井一夫の写真からなる『つげ義春流れ旅』（朝日ソノラマ、一九七一年）から始まっていたと見なせよう。

そこでの大崎によるのであろう「あとがき」において、「日本の高度経済成長がもたらしたもののひとつは〈異郷の風景〉の画一化といったものだった」という言葉が記され、「主観的には優雅きわまるのんびり旅」に次のような述懐も見えていた。

「ただし、わたしたちがみる〈風景〉は現実にいまいたるところで〈近代〉という病菌によって壊死しつつあるわけであり、旅するとはついに実在する悲惨な空間を移り行きながら、同時に幻の〈村〉をもとめておのれの内を行くものではないか、旅とはそうした二重構造のうちに暗く可能なのではないか、という想いには常に包まれていたのである。」

その時代から、大崎の「幻の〈村〉」を求める旅は続けられ、次には『湯治場』（朝日新聞社、七九年）として結実する。これも「ぶらり湯治行」としての『アサヒグラフ』連載で、全国六十箇所の湯治場を訪れた旅行記兼写真集である。判型も『ぶらり釣り行』と同じ升形で、カメラマンも同じ二人の他に、小和田信一、岡田明彦、敏陰英三、橋本照嵩といったメンバーも加わり、「幻の〈村〉」を求める旅は湯治場へと集結していった。そしてこれも「あとがき」に示されているように、「歩きながら、わたしたちが立ちあったのは、湯治場のイメージが崩れつつあるという事態」で、「多くの湯治場がすさまじいいきおいで観光温泉化への道をたどっている」のだった。

それもあって、湯治場の後に試みられたのが河川湖沼をめぐる釣り行だったことになろう。ただこのような「優雅きままのんびり旅」の企画が許されるグラフ雑誌の時代があったことだけでも、救われるような気がする。もはや現在ではそのような余裕はまったく失われてしまったからである。そうした意味において、出版業界もまた「幻の〈村〉」と化してしまったのかもしれない。

また大崎たちはこうした「幻の〈村〉」を探索する一方で、それを記録する写真集のための出版社をも設立している。それは編集者を大崎、発行人を北井一夫とするのら社で、北井は先述したように、『つげ義春流れ雲旅』のカメラマンだった。のら社の設立は一九七〇年代前半と推定され、その出版物を一冊だけ入手している。それは『湯治場』の写真家の一人、橋本照嵩写真集『瞽女』である。この写真集は日本で最後の三人の越後瞽女の門付けの旅を記録した一冊で、帯に『アサヒグラフ』連載と記されていることからすれば、これも先の三冊と同様に同誌を発祥とし、出版は七四年である。

これらのことから、のら社は『アサヒグラフ』の記者の大崎や写真家の北井を中心にして立ち上げられた出版社だとわかる。それを示すように、大崎の詩集『三里塚』などが既刊、木村伊兵衛写真集『パリ』が近刊となっているが、七〇年代後半には閉じられたと思われる。

181　同潤会アパートと浅沼稲次郎

2017・4

去年の暮れから、近日刊行予定の『郊外の果てへの旅／混住社会論』の加筆修正に取り組んできた。これは日本だけでなく海外の郊外をもめぐる論考の集成で、四百字詰めで原稿用紙だと二千枚近くに及ぶのである。

それでも言及できなかったもの、取り上げられなかった作品なども多く、そのひとつは関東大震災以後に建てられた戦前の団地としての同潤会アパートだった。それは結局のところ、私が団地に住むという体験を経ていないこと、同潤会アパートの場合は郊外よりむしろ都心に位置するほうが多いことなどの理由によっている。ただそうはいっても、近年同潤会アパートに対する関心は高まり、出版物も刊行されているので、橋本文隆他編『消えゆく同潤会アパートメント』（河出書房新社）や植田実『集合住宅物語』（みすず書房）などに目を通してきた。すると両書には同潤会の「清砂通りアパートメント」「清砂通アパート」の章が設けられ、そこに一九六〇年に刺殺された政治家浅沼稲次郎が住んでいたことを想起させてくれた。

とりわけ後者には「昭和30年代、十号館前の正月風景。杯を受けるのは浅沼稲次郎」という写真も掲載されている。これは植田が取材当時の一九九七年にも、そこに住んでいたセミプロカメラマンの内海三郎の手になるもので、その他にも三枚のその頃の清砂通アパートの風景写真が収録されている。このアパートは同潤会アパートの中でも最大規模の六六三戸、敷地は四ブロックに分かれ、浅沼は第二ブロックの十号館に住んでいた。彼は竣工後の昭和二年に十二号館に入居し、結婚してから十号館へ移ったという。

日本社会党委員長で衆議院議員だった浅沼がずっと「アパート」「団地」住まいであったことは記憶していたが、それが同潤会アパートだとは思っていなかった。実は十年以上前に古本屋の均一台から本連載65の『生田夫妻追悼記念文集』とともに、「人間機関車ヌマさんの記録」とサブタイトルが付された『驀進』を買い求めていたのである。

これは「浅沼稲次郎追悼出版」として、一九六一年に日本社会党機関紙局から刊行され、私が入手したのは第三刷で、頒価は一二〇〇円だった。このB5判上製本三五七ページ、箱入りの一冊は多くの人たちの浅沼への追悼とその回想集成であるけれど、それ以上に浅沼の姿を伝えるのは土門拳を始めとする写真家たちによる「グラビア写真」だといっていい。その中で最も印象的なのは北沢広による「このアパートに三十年」、おそらく先の内海によると推測される「ヌマさんのレジャー・タイム」と題されたふたつのセクションである。

北沢のグラビアはまさに浅沼の住んでいたアパートの全景と外側から見られた彼の部屋、その中庭と屋上などが映し出されているが、どちらかといえば、その光景は老朽化したアパートのイメージが強い。それに見開きの裏庭の写真の下に、次のような一文が記されていた。

「アパートの裏庭―この同潤会アパートは震災後に建てられ、戦災で大部分は焼けたが外壁は残った。それに手を加えて人々が住んでいる、いわば団地のはしりである。若き日のヌマさんはこのアパートが新しい時分に住みこんだ。」

このキャプションは雑然とした裏庭の風景と相俟って、老朽化したアパートの印象を強くするものである。それに確か同潤会アパートという呼称が使われているのはこの一箇所だけなので、記憶に残っていなかったといえる。当時日本住宅公団が出現させた新しい戦後の団地に比べて、同潤会アパートはそのように見られていたことを告げているし、私が『薔進』を入手した頃も、まだ同潤会アパートの再評価は本格的に始まっていなかったのではないだろうか。だからそれは部屋の内部を浅沼の姿を収録した「ヌマさんのレジャー・タイム」から受ける印象も同様で、浅沼が同潤会アパートの住人だったことも失念していたのである。

ところが植田の『集合住宅物語』を読むに及んで、『薔進』における白黒グラビア写真と異なり、その同潤会アパートの鬼海弘雄によるカラー写真で見ることにもなった。するとそこに出現した光景は、雑然として老朽化したイメージというよりも、モダニズム建築をしのばせる斬新さを秘めて迫ってきたのである。しかもそのうちの一枚は何と「ヌマさんのレジャー・タイム」収録と同様に浅沼の部屋を写したものだった。植田によれば、それは「浅沼さんが暗殺で亡くなったあとも夫人は住んでおられ、二十年ほどあとに逝去されたのちもそのまま住まいが残されている」ことによっている。そこを植田は浅沼の秘書だった人物の案内で、訪れることができ、その際に写真も撮られたのである。

グラビア写真の部屋には浅沼夫婦が揃って写っていたが、カラー写真のほうでは二人の遺影がその代わりを務めている。しかし『消えゆく同潤会アパートメント』には二〇〇三年五月に「取り壊し」とあるので、その部屋ももはや消滅してしまったことになろう。

182　現代思潮社「古典文庫」とミシュレ『魔女』

これも一九七〇年代に読んでいたものだが、現代思潮社から「古典文庫」というシリーズが刊行され、古本屋によく並んでいたのである。

その1は、ミシュレの『魔女』(篠田浩一郎訳)上で、巻末の「『古典文庫』発刊に際して」は、一九六七年五月付で書かれ、同書の刊行年月も同じであるから、これをもって創刊されたとわかる。ちなみに下は12としての刊行である。その「発刊に際して」は、現在の「幻想の国家社会、大衆社会の思想混迷と文化状況の沈滞」と「疲れたニヒリズム」状況を「黙示録ふうな闇」と捉え、「古典文庫」の数々はその「闇に漂う鬼火」と見なされている。そして「死せる正統性」ではなく、「新しい正統性」に基づく「未知なる古典の発掘、無視され忘却された古典の評価」を目的とすると謳われている。

現在から見れば、ちょうど半世紀前の出版企画と言説となるが、当時の私たちにとってはとても斬新な「古典文庫」のように思われた。それにはミシュレの『魔女』のほかにシュテルナー『唯一者とその所有』(片岡啓治訳)、ブランキ『革命論集』(加藤晴康訳)、ブルーノ『無限、宇宙と諸世界について』(清水純一訳)、ネルヴァル『幻視者あるいは社会主義の先駆者たち』(入沢康夫訳)、スウィフト『書物合戦・ドレイピア書簡』(山本和平訳)、フーリエ『四足動の理論』(巌谷国士訳)などが含まれていたからだ。

2017・5

この「古典文庫」は五十冊ほどが刊行されたはずで、手元にある49キケロー『義務について』（角南一郎訳）を確認してみると、一九七四年に出されている。そのことから判断すると、「古典文庫」は六七年から七〇年半ばにかけての刊行だったと思われる。訳者が誰かは失念してしまったけれど、ボードレールに大きな影響を与えたとされる人間性悪説の思想家ジョゼフ・ド・メーストルの『サン・ペテルスブルグ夜話』も刊行予定となっていたが、出されていない。したがって、同書だけでなく、他にも未刊に終ったものが多くあるとの推測がつく。

当時の多くの古本屋に「古典文庫」が並んでいたのは、その時代の現代思潮社本の人気ゆえからと考えていたが、売れ行きが芳しくなく、正味を安くする古本ルートで古書市場に広く出回っていたとみなすべきかもしれない。やはり一九七〇年代にあっても、古典の翻訳は版権料は不要だが、単行本シリーズとしては採算が難しく、五十冊ほどが限界だったと思われる。

しかし、私だけでなく、それなりの読者はいたはずで、その一人は村上春樹であった。彼は一九七九年のデビュー作『風の歌に聴け』において、「僕はミシュレの『魔女』を読んでいた。優れた本だ。そこにこんな一節があった」と書き、次のところを引用している。

「ローレンヌ地方のすぐれた裁判官レミーは八百の魔女を焼いたが、この『恐怖政治』について勝誇っている。彼は言う、『私の正義はあまりにあまねきため、先日捕えられた十六名はひとが手を下すのを待たず、まず自らくびれてしまったほどである。』」

そしてこの引用に続き、「私の正義はあまりにあまねき、というところがなんともいえずよい」と記すのである。現在の読者からすれば、『魔女』の引用は岩波文庫からのものだと思ってしまうだろうが、『魔女』が岩波文庫化されたのは八四年だから、『風の歌に聴け』の刊行後ということになる。それゆえに、村上は現代思潮社の古典文庫版から引用していることがわかるし、ひょっとすると岩波文庫化のきっかけも、村上の引用によっているとも考えられる。それは「古典文庫」からの岩波文庫化が『魔女』しかないことにも示されているのではないだろうか。

私が『魔女』上下を早稲田の古本屋で買い求めたのは一九七〇年代初頭で、「古典文庫」が「あまりにあまねき」、どこにでも並んでいた頃だったことからすれば、村上もこの時代に同じようにして購入したのかもしれない。

それはやはり同世代の文芸評論家樋口覚にもうかがうことができる。樋口は二〇〇四年に『書物合戦』（集英社）という一冊を著している。これはスウィフトを始めとする「書物」と「戦争」をめぐる今世紀空想旅行記とも呼ぶべきものである。このタイトルが先に挙げたスウィフトの『書物合戦・ドレイピア書簡』に由来することはいうまでもあるまい。

実際に第二章はスウィフトの『書物合戦』に当てられ、「書物は書物に対して闘争する。時代を超越して書物は激しく闘争する」「大がかりな知的戦場」が論じられていく。そのために山本和平訳『書物合戦』が実況中継のように引用され、山本への謝辞もしたためられ、また「あとがき」には、『書物合戦』を通じて多くの書物に出会った旨も述べられている。

ただ残念なことに、「古典文庫」の『書物合戦・ドレイピア書簡』との出会いに関してはふれられていない。しかし樋口もまたその読者であったことは間違いないだろう。

183　ミシュレをめぐって

前回に続いて、ミシュレのことをもう一編書いておきたい。

現代思潮社の「古典文庫」版の『魔女』を購入したのは、その前に森島恒雄の『魔女狩り』(岩波新書)を読み、ミシュレの同書も引用されていたからだと思う。確認してみると、『魔女狩り』は一九七〇年刊行で、そこには参考文献一覧は収録されていないが、多くの異端審問と魔女関連書に混じって、やはりミシュレの『魔女』が二ヵ所で引用されていた。

ここで科学思想史の森島が明らかにした事実は、西洋キリスト教で魔女狩りが荒れ狂ったのは中世暗黒時代ではなく、ルネサンスが花開く十五から十七世紀にかけてであった。それがことごとくでっちあげ、密告、拷問、強いられた虚偽の自白などによるもので、残酷な処刑へと結びついていったのであり、魔女裁判とはそのようなメカニズムによって成立していたことになる。つまりそれは「魔女」を他に置き換えても出現する狂信と政治がもたらした倒錯的状況を物語るものだった。

ミシュレは長きにわたる『フランス史』執筆過程で、これらの魔女に関する多くの文献、異端審問概説書、修道僧や高等法院の議員や裁判官たちの愚行の記録に目を通し、「特定の時代には、あれは魔女だという言葉が発せられただけで、その憎悪の対象になった者は誰彼なしに殺されてしまったこと」を知る。そこでミシュレはその魔女の実態を求め、中世以後のキリスト教の歴史をたどり直していく。それがこの『魔女』のテーマにほかならない。

2017・6

しかしそれだけではフランスの歴史家、『魔女』のミシュレとして記憶されるだけであったかもしれないが、その後、バタイユの『文学と悪』（山本功訳）を読み、そこに「ミシュレ」の一章を見出したのである。これは『魔女』の「古典文庫」訳の八年前の一九五九年に紀伊国屋書店から出された一冊だった。そこでバタイユはミシュレの魔女擁護論の背景に錯乱を伴った「悪の眩惑」が隠されていると指摘し、『魔女』を「詩の見地からすれば、ミシュレの最高傑作」とする評価を与えていた。

当時の私が、バタイユの独特なタームに充ちた晦渋な『魔女』論を読解できたとはとても思わないけれど、そこに、森島のような正統的科学思想史から見られた「魔女」ではなく、人間が否応なく包含してしまう悪と宗教をめぐる問題、及びミシュレの秘めたる側面にスポットが当てられているのではないかと察せられた。それは、ミシュレの描いた魔女の夜宴が「支配的な世俗の秩序と支配的権威との犠牲者である異教徒たち、農民たち、奴隷たちの祭礼なのだ」というバタイユの言葉に表出していた。また、彼の「ミシュレ」は、篠田浩一郎による「古典文庫」の翻訳底本の序文として書かれたもので、それが「文学と悪」という総タイトルのもとに、ボードレールやサドやジュネなどとともに論じられていたことになる。

『魔女』の翻訳に続いてミシュレは『フランス革命史』（桑原武夫訳、『世界の名著』37所収、中央公論社）、『鳥』『虫』（いずれも石川湧訳、思潮社）が出されていた。しかしそれらは『魔女』と異なる著作と思われたので、読むことをためらっていたところに、ロラン・バルトの『ミシュレ』（藤本治訳、みすず書房）が出されたのである。それは一九七四年のことで、これはバルトによるミシュレ論とミシュレのアンソロジーを兼ねる一冊として翻訳刊行された。それはカレードスコープ的なミシュレ像、バルトの言葉によれば、ミシュレという「一つの存在の構造」の提出であった。

バルトの原書も五四年刊行で、バタイユの「ミシュレ」も五二年の『魔女』に寄せられた序文であることからすれば、十九世紀の歴史家としてのミシュレがフランスの戦後の五〇年代を迎え、新たに読み直され始めていたことを告げていた。それを示すように、バルトの『ミシュレ』にはバタイユの序文の抜粋も収録されていたし、「歴史」を病むミシュレも言及される。バルトは次のように書いていた。

「『歴史』を病む、ということは、たんに『歴史』を食物として選び聖なる毒として選ぶだけではなく、『歴史』をわがものとして所有するということでもある。《歴史》の頭痛がもたらした結末は、とどのつまり、ミシュレをば『歴史』の司祭、『歴史』の所有者として立たせるということ（……）」

そのプロセスにおいて、ミシュレは「おそるべき歴史の病苦」につきまとわれ、「歴史」で死ぬのであり、それが彼をして歴史家として立たせることになるのだと。

ここまで書かれてしまうと、ミシュレはバルトの『ミシュレ』一冊に封じ込まれてしまったように思われた。それもあって、一九九〇年代に入り、藤原書店から『女』『山』（いずれも大野一道訳）、『海』（加賀野井秀一訳）が出され始めたのだろうが、今に至るまで手を伸ばせないでいる。

184　岩崎徹太と岩崎書店

2017・7

二回続けてミシュレのことを書いてきたが、思潮社の『鳥』と『虫』（いずれも石川湧訳）は、読む機会を得なかった。

それから十年以上が過ぎ、一九八〇年代後半に古本屋で、思潮社版ではない『鳥』と『虫』を見つけたのである。同じ箱入りだが、A5判と一回り大きく、一九五〇年に岩崎書店から出されていて、思潮社版はこの復刻だと分かった。それでも当時は岩崎書店が児童書出版社と見なせたし、かつてはそうした分野のものも刊行していたと考えるだけで終わっていた。

ところが、その後岩崎書店の社員から『追想岩崎徹太』を恵送された。これは以前にも触れたことがあると思うけれども、八一年に岩崎徹太追想集刊行会から非売品として出されたものである。岩崎はその前年に七十五歳で亡くなり、この一冊が刊行されたことになる。同刊行会は岩崎書店、岩崎美術社、岩崎学術出版社、日本書写技能検定協会、日本習字普及協会からなり、あらためて岩崎書店グループだったことを確認したのである。

『追想岩崎徹太』は、これも七十五人の追想に加え、本人の様々な写真と遺稿も収録され、生前の出版業界の人々との交友も興味深いのだが、私にとっても最も教えられたのは巻末の「年譜」であった。一九三二年に岩崎は逓信省で反滅俸期成同盟を結成して検挙され、退職後、三田の慶応義塾大学前に、自分の蔵書二千冊と友人からの協力本を主として、社会科学専門の古本屋フタバ書房を開店する。そして三四年に慶応書房と改名し、出版を始める。

その三四年から四三年にかけての刊行書が「年譜」の下段に挙げられている。それらはヨールソン『資本主義貨幣制度論』（永住道雄訳）を筆頭とし、八十冊余の内外を問わない社会科学者が列挙され、壮観である。また全点ではないにしても、慶応書房の全出版目録は出されていないので、貴重な資料ともなっている。しかし四三年に岩崎は反戦運動容疑により、治安維持法違反でまたしても検挙され、慶応書房も戦時下の企業整備のためにつぶされ、今後出版活動をしないという条件で釈放となる。

そして敗戦の翌年に岩崎書店として再出発するのだが、慶応書房時代の加田哲二『日本戦争論』と木下半治『日本国家主義運動史』により、G項パージを受け、直接出版活動に携わることを禁止される。つまり岩崎は戦前の日本国家と戦後のGHQの双方から出版活動禁止処分を受けたことになる。それでも、後者の場合、五〇年に解除になるのだが、戦後の出版業界の復興と成長に関して岩崎は貢献をもたらしたといえる。四八年に中小出版社の団体梓会、及び版元と書店を結ぶ二山会を創立し、五二年には人文、社会科学書の団体木曜会も設立し、幹事長にもなっている。五三年に児童図書出版協会を創立し、初代会長、五四年には日本出版クラブ、五七年には日本書籍出版協会を設立、いずれも理事に就任している。

二山会や木曜会のように消滅してしまった団体もあるけれども、それらも時代状況を反映するもので、木曜会については井家上隆幸『三一新書の時代』（「出版人に聞く」シリーズ16）でふれられている。そしてこのような岩崎の布石を前提にして、岩崎書店を中心とする学校、図書館の巡回販売活動が組織されていったのだと推測できる。これも佐藤周一『震災に負けない古書ふみくら』（同シリーズ6）の証言にあるように、後に図書館流通センター（ＴＲＣ）を立ち上げることになる石井昭も岩崎書店の巡回販売スタッフだったという。

そのような岩崎の出版業界における動向とパラレルに、六四年に岩崎美術社、六五年に岩崎学術出版社も設立され、この両社も学校、図書館、さらに病院などの職域も加えた巡回販売に組み込まれ、安定した売上を確保することができたのである。それが専門書を多く刊行してきた両社のベースを支えていたと考えられる。

ところが問題なのは慶応書房と岩崎書店の主要な出版物は『追想岩崎徹太』に残されているけれど、岩崎美術社と岩崎学術出版社の全出版目録は出されていない。しかも岩崎書店は岩崎の孫にあたる岩崎夏海、彼はあのベストセラー『もし高校野球の女子マネージャーがドラッガーの「マネジメント」を読んだら』の著者で、三代目を継承したが、大日本印刷グループの傘下に入っているし、岩崎書店全出版目録も刊行されないだろう。そこで最初に戻ると、ミシュレの『鳥』と『虫』が出された一九五〇年には豊沢登他『教育学大事典』、木下半治『ファシズム史』全三巻、大川周明訳『古蘭』、神山茂夫『国家理論』なども挙げられている。岩崎書店といえば、前述のように児童書のイメージが強いが、当時はそうでなかったことがわかる。それはともかく、岩崎美術社の方はしばらく前に清算されてしまったようだし、岩崎学術出版社もミネルヴァ書房へと吸収され、一部の出版物は受け継がれるとしても、大半は絶版になったと思われる。両社の絶版書の行方はどうなるのだろう。

185　酣燈社と木下半治『現代ナショナリズム辞典』

2017・8

前回、左翼出版社だった慶応書房の岩崎徹太が、加田哲二『日本戦争論』と木下半治『日本国家主義運動史』の出版によって、戦後にGHQからG項パージ該当者とされ、岩崎書店の社長の座から追われたことを既述しておいた。

唯物論研究会員から大東亜戦争イデオローグへと展開していった加田の著作はともかく、東大新人会出身の木下は一貫して日本の右翼やファシズムの研究者だったことからすれば、『日本国家主義運動史』の刊行がG項パージに相当したとは思われない。それに未見だが、一九五〇年には岩崎書店から『ファシズム史』全三巻も刊行されている。何らかの秘められた事情があるかもしれないし、戦後の出版業界の始まりも混沌の只中にあったからだ。

その木下半治を編者とする『現代ナショナリズム辞典』が手元にあり、近頃大東亜戦争下の団体や個人を調べるために重宝している。例えば、「スメラ学塾」までが立項され、次のようにある。

「末次信正が塾頭で、小島威彦（国民精神文化研究所）、仲小路彰らが中心。昭和十五年（一九四〇）五月に設立され、『日本世界史の建設的闘士の養成』を目的とした。伏見猛彌、志田延義、大島浩、白鳥敏夫、奥村喜和夫、大佐高島辰彦、大佐平出英夫らが関係した。」

いささか物足りないけれど、これでしかお目にかかれない「スメラ学塾」の立項だと思われる。

この『現代ナショナリズム辞典』は、二段組二六〇ページ、一九五一年に新書判の「学生文庫」

の一冊として、酣燈社から刊行されている。その編者の「序」には翌年の講話を控え、「その呼声だけで、既に旧式ウルトラ・ナショナリズム胎動の萌しがみえる。下手をすると、前轍を踏むことになる」ので、その聡明なる「善処」のために編んだとの言が見える。

また巻末には、「学生文庫刊行書目」が掲載され、四十点ほど並んでいるが、夏目漱石『坊ちゃん』からトルストイ『人生読本』、エンゲルス『空想から科学へ』、これも木下半治訳のマルクス『哲学の貧困』などで、文学と社会科学書をメインにしているとわかる。一九五〇年から新書ブームとなり、各社が競って新書を創刊した事実からすれば、「学生文庫」もそのようなレーベルだったのであろう。

さてここで版元の酣燈社にふれてみよう。私は以前に「水野成夫と酣燈社」（『古本探究Ⅱ』所収）を書き、一九四六年に水野成夫を中心として同社が創業されたこと、命名は尾崎士郎によること、及び鈴木徹三の『出版人物事典』（出版ニュース社）にも、創業者として名前が見えることなどを挙げておいた。もちろん水野は単なる出版人ではなく、経済人として著名で、戦後は経済同友会に参画し、幹事を務め、文化放送、フジテレビ、産経新聞の社長に就任し、フジサンケイグループの基盤を築いている。

戦前の水野は、東大の新人会出身で、日本共産党に入り、昭和三年の三・一五事件で検挙され、獄中転向し、盟友の南喜一と大日本再生紙を設立し、戦後を迎え、国策パルプ合併に至る。その一方で、水野はアナトール・フランスの『神々は渇く』や『ペンギンの島』の翻訳者で、前者は岩波文庫にも収録され、私も水野の名前を知ったのはそれによっている。酣燈社からもフランスの他に、やはり戦前の翻訳であるモーロワの『英国史』、モーパッサンの『われらの心』、新訳のアランの『教育論』を刊行している。

私見によれば、このような文化人にして経済人である水野を範にしたのは堤清二だと思われる。彼もまた東大の元日共細胞で、文化人と経済人を兼ね、リブロとリブロポートという書店と出版社も有していた。それに堤の小説『風の生涯』（新潮文庫）は水野をモデルとし、酣燈社はダイレクトに描かれていないが、アランの『教育論』の翻訳やその順調な売れ行きに関して言及されている。これらのことをトータルとして考えれば、水野が戦後の様々な場において、大きな影響を残していったことがうかがわれる。

そして木下半治に戻ると、彼も水野と同時代の東大新人会の出身であることから、水野にとって酣燈社の編集者や翻訳者として召喚され、協力することになったのだろう。それに関連して、もう一人の盟友浅野晃が酣燈社の実質的編集長だったのではないかと思えてくる。浅野も水野と同様の軌跡をたどっているが、「学生文庫」の漱石の解説、エマーソン『自然論』やメリメ『カルメン』の翻訳など五冊を担当しているからだ。その他にも保田与重郎『エルテルは何故死んだか』の収録は浅野が日本浪曼派に属していたことによっているのだろう。

思わず「つわものどもが夢の跡」というフレーズが浮かんでしまうが、その後どのような回路をたどったのかは不明であるけれど、近年酣燈社は自己破産に至っている。創業は一九四六年なので、六十年後のことであり、それによってまだ存続していたことを知ったのである。

186　大澤正道と『現代人の思想』

2017・9

友人から大澤正道の『アはアナキストのア』（三一書房）を恵投された。これはサブタイトルに「さかのぼり自叙伝」とあるように、大澤が関わってきた戦後アナキズム史にして、編集者、後に役員として在籍していた平凡社史ともなっている。前項についてはは別の機会に譲ることにして、ここでは、彼が企画編集した書籍にふれてみたい。

大澤はかって大原緑峯なる筆名で、『平凡社における失敗の研究』と『平凡社における人間の研究』（いずれもぱる出版）を刊行しているが、この両書は平凡社という出版社の社内事情、体質、人間関係と衰退に焦点が当てられ、自らが携わった出版企画に対する言及は少なかったと思う。しかし今回の『アはアナキストのア』は、私が一九七〇年代に愛読していたアンソロジー集への言及もあるし、その他の出版史に関しても教えられたので二回ほど続けて書いてみたい。

大澤は石川三四郎が大宅壮一を通じて、平凡社の下中弥三郎に就職依頼したことで、たまたま『哲学事典』の編集者を探していたところでもあり、平凡社に入社が決まった。石川のことはともかく、大宅との関係は大澤の処女作『悪と革命と』を版元のジープ社に斡旋してくれたことから始まっている。これはエマ・ゴールドマンの自伝を換骨奪胎したもので、本連載22で既述しておいたように半世紀後に私たちが『エマ・ゴールドマン自伝』（ぱる出版）として完訳することになる。しかもその書評は大澤自身によってなされたのである。

そればかりでなく、今回言及する『現代人の思想』もまた私がインタビューした『「今泉棚」とリブロの時代』（「出版人に聞く」シリーズ1）での今泉正光の証言も引用され、語られている。これは大澤が『思想の歴史』全十二巻に続けて手がけたシリーズ二本目の企画である。『平凡社六十年史』で確認してみると、『思想の歴史』は一九六五年、『現代人の思想』全二十二巻は六七年の刊行であり、後者については大澤が挙げている今泉の証言をそのまま引いてみる。今泉と私は同世代であり、それは私の記憶とも重なっているからだ。

「あれは色んな意味で興味深い企画でしたね。この企画はまず装丁や判型からして、おしゃれだった。白地の箱入りのB６判だからコンパクトで、それまでの思想シリーズとまったく印象が異なっていましたね。岩波書店だったら、ありえない装丁と判型のように映った。それと参考文献が充実していて読者の幅が確実に広がりました。」

この「白地の箱入りのB６判」を見たのは地方の高校時代だったけれど、実際に入手したのは上京してからで、早稲田の古本屋で一冊ずつ買い求め、読んでいったのである。そのうちの『未開と文明』を見ると、定価五五〇円、古書価は四〇〇円と記され、当時平凡社などの古書価が定価の七掛であったことを想起させてくれる。この巻の「編集・解説」は山口昌男であり、それで山口の存在を知ったし、そこに収録されていた「人類学の創始者ルソー」でレヴィ・ストロース、「イメージとシンボル」でエリアーデを教えられたのである。また今泉がいうように、あらためて見ても、巻末の「参考文献」は充実していたし、それは『現代人の思想』全巻に共通するものだった。

大澤によれば、中央公論社のベストセラー『日本の歴史』にあやかって『思想の歴史』を企画し、それなりに売れたので、歴史の後は現代、つまり「現代をテーマにアンソロジー」をと考え、それが『現代人の思想』として結実した。その企画過程で、色々とサゼッションしてくれたのは林達夫だった。『未開と文明』の「編集・解説」に山口を推薦したのも林であり、これからの大きな問題は機械文明とそれを作った人間の葛藤だからという提案を受け、『機械と人間との共生』という巻になった。大澤はこの二冊に対する林のサゼッションを語っているだけだが、その他の巻にも林の示唆があったと思われてならない。『大衆の時代』にはベンヤミンの「複製技術の時代における芸術作品」も収録されていることからすれば、これも機械文明と複製技術と大衆の時代の関係にリンクしていると思えるからだ。また、「白地の箱入り」の装丁を担当したのは、当時売り出し中の木村恒久で、彼がケースは包装紙だから、宣伝に使うために、背に書名と並べてキャッチコピーをつけることを提案した。確かに『未開と文明』には「始原世界に探る現代の突破口」というコピーがつけられているし、このような例は少ないだろう。大澤は社内の反対を押し切り、実現させたが、コピーは各巻の担当者が書いたこともあり、生硬で宣伝効果は上がったようではなく、木村のアイデアは『現代人の思想』だけで終わってしまったという。

だが、『現代人の思想』はまさに現代の思想の広く東西に及ぶ画期的なアンソロジーといってもいい。私たちはアンソロジーに恵まれていた。私の三大アンソロジーとして『現代人の思想』に加えて、筑摩書房の『現代日本思想大系』と『戦後日本思想大系』を挙げることができる。これらについては本連載150で既述しているけれど、また機会を得て言及したいと思う。

187　太平出版社と崔容徳、梶井純

2017・10

大澤正道の自伝『アはアナキストのア』の中に、太平出版社と創業者崔容徳への言及がある。彼は大澤と同じ平凡社の世界大百科事典編集部にいて、政治部門担当者で、「その頃から威勢のいい男だった」と述べられ、次のように続いていた。ただし、挙げられた書籍の刊行年は省く。

「その後平凡社を辞めて太平出版社を起こし、『ユンボキの日記』など多くの朝鮮ものを出していた。崔自身は北朝鮮系だったらしいが、A・ベルクマン『ボリシェヴィキの神話』やM・L・ベルネリなどのなぜかアナ系のものも盛んに出してくれた。わたしの第二評論集『ロマン的反逆と理性的叛逆―全体芸術の思想』なんかも太平出版社のお世話になった（後略）。」

それればかりか、「ある有為の若者を崔に頼んで入社させてもらった」りもしている。それができたのは、太平出版社の編集者であった「梶井純（長津忠）」の話によれば、崔が「相当なワンマンであった」からだとされている。

太平出版社といえば、一九六五年刊行の『ユンボキの日記』（塚本勲訳）が著名である。この朝鮮戦争のさなかに生まれたガム売り少年ユンボキの母と妹をめぐる日記は七〇年代を通じてロングセラーとなり、手元にある目録には四〇版とされているので、かなりの部数に達したと思われる。創業はその前年の六四年だから、恵まれたスタートだったといえる。

それを背景にして、その出版は「日本と朝鮮」や「戦争の証言」などのシリーズ、児童書、朝鮮

や沖縄や中国関連書、詩集、教育書といった多方面の分野に及んでいったのだろう。このような出版活動は経営者の崔が在日朝鮮人だったことや平凡社の世界百科大事典の政治部門の担当者であったことも作用しているだろうが、そればかりでなく、編集者の存在にも起因していたにちがいない。それでなければ、石子順造『現代マンガの思想』『俗悪の思想』、石子順造・菊池浅次郎・権藤晋『劇画の思想』といった書籍は出されていなかったはずだ。

大澤がその名前を挙げている「梶井純（長津忠）」こそは、これらの企画編集者であった。だが、それが「編集＝長津忠」と表記されていたので、ただちに梶井純に結びつかなかったことになる。本連載125でふれたように、梶井は『漫画主義』のメンバーで、この同人誌は一九六七年に、石子順造、権藤晋（高野慎三）、菊池浅次郎（山根貞男）の四人によって創刊されている。これは何号まで出されたのかを確認していないが、七〇年代の半ばまで、早稲田の古本屋の安藤書店に置かれていたのを見ている。おそらく七、八年にわたって十数号まで刊行されたのではないだろうか。それゆえに前述の三冊も『漫画主義』から派生したものとして出版されていたのである。

このような出版環境から、梶井も必然的に『戦後の貸本文化』（東考社）から始めて、『現代漫画の発掘』（北冬書房）、『トキワ荘の青春―寺田ヒロオの漫画道』（筑摩書房）、『執れ膺懲の銃とペン』（ワイズ出版）を上梓するに至る。大澤は『執れ膺懲の銃とペン』の出版記念会に出席したことを語っている。また梶井と権藤はポプラ社の『貸本マンガRETURNS』にも寄稿し、山根も高野の北冬書房から『漫画主義』掲載論稿を主とする『手塚治虫とつげ義春』を上梓し、四人の同人の漫画論が揃ったことにもなる。

しかし大澤の『アはアナキストのア』を読むまでは、梶井がアナキズム関係書まで担当しているとは思ってもいなかったのである。そこで大澤も挙げているベルクマン『ボリシェヴィキの神話』（岡田丈夫訳）を見てみると、やはり「編者＝長井忠」とあり、それはライヒ『オルガズムの機能』（上下、渡辺武達訳）も同様であった。実はベルクマン＝バークマンの主著『アナキスト、監獄の回想』（小田透訳、ぱる出版）は私の息子が翻訳を完了し、近刊予定となっているので、これもまた奇妙な縁を感じざるを得ない。

これらに続いてマックス・ノーマッド『永遠革命への視点』（上下、磯谷武郎訳）も調べてみたが、同書には編集者名の記載はなかった。だが、これも長井が編集した可能性が高い。その序文「M・ノーマッドの労作とW・マハイスキー」はエドマンド・ウイルソンによるもので、これは現在でも、ここでしか翻訳されていないのではないだろうか。それに加えて、訳者の磯谷とある会で一度だけ同席してもいたからだ。四十年以上前のことだが、その席で翻訳中の楽しみは終わった後での二本ばかりの晩酌だと語ったことを今でも覚えている。

それから梶井のほうだが、彼と最後に会ってから四十年近くが過ぎている。漫画論をやっていると資料がたまるばかりで大変じゃないですかという私の問いに対し、中学生の息子からも片づけるように苦情をいわれているとの話を聞いたことがあった。本連載106の権藤晋＝高野慎三には数年前に会っているが、梶井とはそれきりで、再会の機会がなかった。御達者であろうか。彼は『骨董紀行』（北冬書房）なる一冊も上梓しているので、今度会ったら、漫画ならぬ骨董の話を聞かせてもらうことにしよう。

188 ウィルヘルム・ライヒについて

前回、太平出版社のウィルヘルム・ライヒ『オルガスムの機能』の編集者が梶井純＝長津忠であることにふれたが、今ではライヒも忘れ去られてしまった精神分析学者と見なされがちだ。しかし、一九六〇年代から七〇年代にかけては世界的に流行していたといっていいだろう。ちなみに一九八〇年に刊行の『精神医学事典』（弘文堂）においても、ライヒの立項は、一ページ以上に及び、その後に続くジャック・ラカンよりも長いのである。いずれもフロイトから始めた精神分析哲学者だが、現在ではラカンの業績と影響、日本での翻訳出版と研究は七〇年代のライヒのそれらをはるかに上回るもので、二人の立場は逆転してしまっている。

いつの時代にも流行は生じるし、そのスポットを浴びてしまう人物もいて、ライヒもまたそのような精神分析哲学者に他ならなかった。ライヒの最も早い翻訳は一九六六年の『精神分析─その技法と理論』（「現代精神分析双書」1）だが、一八〇〇円という高定価にもかかわらず、手元にあるのは七二年第六刷で、特殊な専門書にしては信じられないように版を重ねている。それは時代を表象していることにもなろう。この「双書」は本連載184の岩崎学術出版社からの刊行である。

訳者の小此木啓吾にしても、七一年の第五刷のはしがきで、「一九七〇年代にわが国にライヒ・ブームがおこった。よくわからないが、おそらく次のような理由があるにちがいない」とし、それらをあげている。この小此木の言は時代の肉声ともなっているので、そのコアを引いてみる。

2017・11

「1、マルクスとフロイト、社会革命と主体の変革という課題に迫り、しかもフロイトを超え、マルクスを超えたよりラディカルでより純粋な理念に、ライヒがその一身を賭けていること。（中略）2、情報化された観念的な性の解放時代である現代に、もっと実質的で人間的な〝性〟の解放を教えている。（後略）」

そしてさらに最後のところで、「日常の実践の中での自己変革と成長の根源的な体験過程からでなければ、本当のライヒの世界はあなたのものになりようもない」と付記してもいる。確かにライヒの軌跡は時代状況とクロスするものだった。

ライヒは一八九七年にユダヤ人としてオーストリア帝国に生まれ、第一次世界大戦に出征した後、ウイーン大学医学部を経て、フロイトのウイーン精神分析学研究所でも講義を行なっていた。しかし一九三四年にはナチスの弾圧を受け、コペンハーゲンに亡命し、さらに三九年にはアメリカに渡る。そして四〇年にニューヨークの新社会調査学院の助教授となり、オーゴン・ボックスという生命物理的蓄積装置を創り、オーゴン生命物理学と療法研究のためにオーゴン研究所を設立する。だが、アメリカの食料医薬品局はオーゴン・ボックスの販売を禁止し、破壊処置に至り、ライヒのほうも精神分裂症と診断され、五七年に六〇歳で死亡している。

これが簡略なライヒの生涯だが、その業績としては精神分析の技法と理論を確立し、フロイトの精神分析から自然心理に基づく現代精神分析への転回を方向づけたこと、また同時に小此木も指摘しているように、マルクス主義と精神分析の統合を試み、革新的な性の解放論を唱えたことが挙げられるだろう。後者を補足すれば、自我も資本主義社会の上部構造の反映で、下部構造の状況によって変化するし、エディプス・コンプレックスもブルジョワ社会の特殊な産物とするものである。

このようなライヒの軌跡と時代状況を背景にして、太平出版社の全八巻を超える『ライヒ著作集』の第一、二巻として『オルガスムの機能』が刊行されたことになる。ただ実際には五冊出したところで中絶してしまったと思われるが、それとパラレルにせりか書房から『ファシズムの大衆心理』（平田武靖訳）が出され、また原書を同じくする『性と文化の革命』（中尾ハジメ訳、勁草書房）と、『セクシュアル・レボリューション』（小野泰博・藤沢敏雄訳）も相次いで翻訳されていたのである。その他の関連書も含めれば、七〇年代前半はライヒ・ルネサンスのような観も生じていたし、私の友人などもその信奉者の一人でもあった。

しかしこれらの翻訳の中で欠けていたのはオーゴン・ボックスとその治療法に関する詳細だった。オーゴン・ボックスの中に性的不能や不感症の患者を閉じ込めれば、生命物理的エネルギーのオーゴン・エネルギーによって治癒するし、それは精神疾患から癌にまで及ぶというものだった。

それらに関しては『性格分析』の英訳版の第三部が該当しているのだが、小此木の底本は独文の初版によっており、邦訳版では訳出されていない。これを一九五七年に日本精神分析学会から限定出版した際に、ライヒからどうして第二部を訳さないのか、とても遺憾なので、再版時には訳出してほしいという要請が寄せられたという。もしそれが実現していたら、ライヒの受容はかなり異なっていたかもしれない。

189　京都共生閣と『フロイド主義と弁証法的唯物論』

2017・12

前回、数十年振りにライヒの『性格分析』を再読し、ライヒがすでに戦前に翻訳されていたことを思い出した。それは『性格分析』所収の訳者小此木啓吾の「ウイルヘルム・ライヒの悲劇」で言及されていた『フロイド主義と弁証法的唯物論』という一冊だった。かつてそれを目にした時は、いずれ古本屋で出会うだろうと思ったりしたのだが、残念ながら見つけられず、タイトルも忘れてしまい、長い年月が過ぎてしまったことになる。

小此木文をあらためて読んでみると、それは植田正雄訳で、安田徳太郎の序文が寄せられていて、ザピールの「フロイド主義、社会学、心理学」も収録され、昭和七年に刊行されている。この『フロイド主義と弁証法的唯物論』に関して、小此木はかなり長く言及しているけれど、「入手困難なSapir Reich の邦訳書」と記すだけで、出版社名は挙げられていなかった。

かつてであれば、前述したように古本屋での出会いを期待するしかなかったのだが、現在はネット時代の全盛を迎えているので、「日本の古本屋」を検索してみた。すると、早稲田の渥美書房に一冊だけ在庫があるとわかり、ただちに入手できた。古書価は二五〇〇円だった。私が渥美書房などに通っていたのは四十年以上前だが、誠に便利な時代になったことを実感する。しかし、それと同時に不便で若かった時代における古本との出会いの感激も失われてしまったことも。

入手したザピール・ライヒ『フロイド主義と弁証法的唯物論』は、Ｂ６判、並製一五二頁の一冊である。それは発行者を田村敬男とする京都共生閣から出され、巻末広告によれば、この他にブレールスフォード『サヴエトロシアの政治機構』（辰巳経世訳）、松田稔『日本労働組合発達史』（前篇）も刊行となっている。『京都出版史』（書協京都支部）を確認してみると、京都共生閣、政経書院の創業者としての田村の立項が見つかったので抄出してみる。

田村は長野県出身で、立命館大学専門部法律科に学び、労働農民党に入り、組合活動に専念する。その一方で、東京の共生閣の藤岡淳吉との関係から、その京都支店を京都共生閣とし、社会科学専門書店を開店し、出版や取次も兼業することになった。藤岡は堺利彦に師事し、社会主義運動に携わり、初めてレーニンの『国家と革命』を出版したとされ、田村も京都でその系譜に連なり、出版活動を始めるに至ったのであろう。そして一九三四年には政経書院を発足させ、本格的な学術書出版に参入していく。これらの事柄から判断すると、先に挙げた三冊は田村が京都共生閣として手掛けた初期出版物と見なすことが出来る。

訳者の植田正雄については、『近代日本社会運動史人物事典』（日外アソシエーツ）の索引に名前が見出され、辰巳経世の別名のひとつだと判明した。辰巳は『サヴエトロシアの政治構造』の訳者ではないか。彼のプロフィールも追ってみる。辰巳は和歌山県に生まれ、郵便局に勤めながら、関西大学専門部経済学科に入学し、卒業後、その専属講師となる。

一九二七年には大阪労働学校に加わり、翌年には梯明秀などと資本論研究会を結成し、三〇年には関大の学生ストライキ発生に伴い、講師などを解任され、また治安維持法違反で検挙もされている。そのかたわらで、三一年にはソヴェート友の会を設立し、幹事を務め、戸坂潤たちの唯物論研究会にも参加し、大阪での唯研支部を結成しているが、四二年に結核のために死亡。享年四十三歳だった。

このような辰巳の軌跡から、田村の京都共生閣と政経書院が併走していたとの推測がつく。実際に三二年にも京都共生閣から辰巳を訳者とする『これがロシアの政治だ』(「ソヴェートロシア叢書」第一輯)が刊行されている。ただ、これは著者がブレールスフォードとあるので、先の訳書の改版だと思われる。そしてこうした環境の中に、『フロイド主義と弁証法的唯物論』に「序文」を寄せる安田徳太郎もいたとわかる。

前述したように、この一冊はザピールの一編とライヒによる「弁証法的唯物論と精神分析学」を収録したもので、タイトルは両者の折衷である。経済学専攻の植田＝辰巳とライヒの組み合わせは奇妙に映るし、それは「訳者序」にあるロゴス書院からの今井末夫訳『弁証法的唯物論と精神分析』の刊行も作用しているのかもしれない。もちろん同書は未見だが、この時点でほぼ同時にライヒが二冊も刊行されていることに驚きを覚える。

ライヒが一九二八年に発表した「弁証法的唯物論と精神分析学」はマルクス主義と精神分析学の結合を目指す論文として著名である。それにしても、わずか数年後に日本で二種類の訳書が出ていたことは精神分析関連書翻訳史においても特異な事柄のように思える。なお戦後は七二年の『ライヒ著作集』の第八巻『弁証法的唯物論と精神分析』に片岡啓治訳で収録に至っている。

190　一九〇六年の『ゾラ全集』

2018・1

六十半ばという年齢のことやいつ終わるのかわからない仕事を続けていることもあって、いくつかの例外を除き、洋書の全集類には手を出さないようにしてきた。

ところが昨年の夏、神田に出かけ、雨の日で、まだ約束の時間になっていなかったことから、つい田村書店の二階に上がってしまったのである。そして思いがけないものを見つけ、それに加えて古書価も驚くほど安かったし、偶然の出会いのようではなく、購入せざる得なかったのだ。

その全集は三十年ほど前に読んだトレヴェニアンの『夢果つる街』（北村太郎訳、角川文庫）の中で、物語をなぞるような役割を与えられていた。主人公のモントリオール市警の警部補ラポワントは吹き溜まりの街のザ・メインを担当し、パトロールを続けている。街の状況は第二帝政下におけるオスマンのパリ改造計画を彷彿とさせ、そうした環境の中で、彼はその全集を繰り返し読んでいる。

「何度読み返しても、彼はゾラ全集に倦むことを知らなかった。老人の営む古本屋で、彼は何年も前にこの人造皮革張りの全集ひと揃いを買ったのだ。ザ・メインの二つのビルにはさまれた路地に屋根を渡して造った細長い店は、まったくはやっていなかったから、この全集を買うことは老人にそれとなく、援助の手をさしのべるひとつの方法だった。」

まさに私の目に入ったのも、「この人造皮革張りの全集ひと揃い」で、くすんだ赤の四六倍判、全十九巻、古書価は四万二千円であった。しかもそれらは挿絵入りだった。ラポワントも挿絵にふれている。

「この本は手にして心地よく、ほっとさせるにおいがする。彼がもっているのは一九〇六年の普及版、挿絵入り『エミール・ゾラ全集』だった。豊満な両腕を上げ、大きな目で天国を仰いで哀願している主なヒロインたちの挿絵が入っており、そのすぐ下に書かれている会話文には必ず感嘆符がついている。ヒロインの背後にはその手の挿絵にいかにも登場しそうな男が影を落としてたちはだかり、くずおれたヒロインを無慈悲な目で見降ろしているが、こういう男たちには個性があるわけではない。彼らは、むなしい希望を淵へと追い立てる貧困、絶望、搾取といった生活環境の一部なのだ。」

全集と挿絵のニュアンスをよく伝えているので省略を施さずに長い引用になってしまったが一世紀前のフランスの挿絵入り大判全集の佇まいを多少なりとも想像して頂けたであろうか。

実は最初に読んだ時、これが英訳版全集とも考えられたので、トレヴェニアンの原書を確認してみると、『ゾラ全集』が仏語表記であり、これがフランスで出された最初の全集だとわかった。しかしまさか本当にそれを店頭で見つけ、購入することになるとは思いもよらなかったのである。

それにかつてであれば古書価も高く、手が出なかったはずだ。単純計算すると、一冊二千二百円で、ラポワントがとりわけ愛読する『居酒屋』を収録した第四巻は『愛の一ページ』も併録され、八百ページを超えている。安すぎというしかない。この全集も近年は電子書籍化され、フリーアクセスできるようで、それが古書価にも反映されているのだろう。

そのことも絡んで、こうして私の手元に届いたのだけれど、このゾラの全集は一世紀の間どのような運命をたどってきたのだろうか。モントリオールの古本屋のものと同様に、いくつかの物語がひそめられているにちがいない。だが、その痕跡を求め、全集を繰ってみても、何も見当たらず、手掛かりはつかめず、残念でもある。

私は『夢果つる街』を読んだ時には予想もしなかったのだが、その十数年後にゾラの「ルーゴン　マッカール叢書」の翻訳に取り組むことになった。「同叢書」は全二十巻に及び、『ナナ』や『居酒屋』は繰り返し翻訳されていても、実質的に未訳のものも多く、その全貌は明らかになっていなかった。それゆえにこのフランス第二帝政期下を描いた「同叢書」が普仏戦争とパリ・コミューンで大団円を迎えることもほとんど知られておらず、論創社の支援によって、それらの翻訳が可能となったのである。

ただ実際の翻訳において原書底本としたのはガリマール書店の「プレイヤード叢書」で、これは新書をやや大きくした判に小さな活字がつまったものだった。それを拡大コピーして翻訳を進めていったのだが、この挿絵入り大判全集を見ていると、こちらを底本とした場合、いささか翻訳も異なっていたのではないかという感慨に捉われた。

それは巻によって挿絵画家が違い、そのことが作品のイメージ造形に大きな影響を及ぼしている。おそらくそれらの挿絵は必然的に訳語の選択にも投影されたと思われる。だが最初に戻ると、年齢のこともあり、改訳する機会は得られないだろうし、未邦訳もすべて紹介したことで責を果たしたというしかない。

191　松原一枝『文士の私生活』と島尾敏雄

2018・2

梯久美子の『狂うひと』（新潮社）は、サブタイトルにあるように「『死の棘』の妻・島尾ミホ」の評伝であり、同時に本連載4の島尾敏雄の『死の棘』の愛人も突きとめた労作として高い評価を受けているので、さらに説明を加えるまでもないだろう。

とりわけ、その「あいつ」というミホを狂気に追いやるきっかけとなった愛人のモデルが誰なのかは謎とされ、素性はまったく明らかになっていなかった。そのことに関しては梯も記しているように、「『死の棘』に書かれていることから推測できるのは、文学仲間かあるいはその周辺の女性だったというくらいで、年齢や職業を含め、一切情報がない」し、「作品の外の闇に投げすてられた」存在に他ならなかった。

梯は『狂うひと』において、そのプロフィル、つまり年齢や職業や容姿だけでなく、仮名だが、川瀬千佳子という名前も明らかにする。そのアリアドネの糸になったのは、九十歳を過ぎた作家の松原一枝だった。松原は昭和十四年に福岡で矢山哲治、真鍋呉夫、阿川弘之、島尾たちによって創刊された文芸雑誌『こをろ』の同人で、戦後の東京でも島尾と交流があった。

梯はある新聞記者から、松原が島尾の『死の棘』の種本は菊池寛の短編「藤十郎の恋」だと語ったことを聞き、彼女がその愛人を知っているのではないかと思い、平成二十年に松原に会う。

松原は、梯に島尾の「藤十郎の恋」を語り始める。川瀬千佳子とは安部公房たちが始めた文学グループ「現在の会」で知り会った。それに『こをろ』の人たちも加わり、川瀬もそこにいて女性同人が少ないので、二人はすぐに親しくなり、行き来するようになった。そして初めて松原の口から千佳子が具体的に描かれる。「きれいな人でしたよ。派手な美人じゃなくて、大人しくて控え目な感じだった。ええ、人の奥さんです」と。

また松原は、千佳子が夫と別居中で下北沢に一人で住み、その駅で島尾を見たことなどから、彼が彼女を追いかけていたのではないかとも語る。さらに千佳子を「現在の会」に連れて来たのは真鍋で、彼が島尾は小説のために千佳子に恋を仕掛けたのではないかと松原にいったことから、『死の棘』の種本も「藤十郎の恋」だと見なしたのである。ただそこでは真鍋の言に作家としての島尾への評価が含まれて、真鍋の「島尾は昔からもっとも作家的な男だった」という言葉も引かれていることを明記しておくべきだろう。

さらに梯は松原の紹介で真鍋に会い、彼を通じて「現在の会」で千佳子と親しかった稗田宰子へも取材をする。すると千佳子が当時四十歳で、小学生の子供が二人いたことなども知ると同時に、稗田から「島尾さんは昔から挙動不審な人」「あやしい人」で、「川瀬さんはあの小説の犠牲者だ」との話を聞く。それから二十年後に神奈川県の海辺の町で、川瀬と思いがけずに再会したこと、二年ほどして彼女が亡くなったこと、それも「小説の犠牲者」としての自殺だったらしいことも。

松原は平成二十二年に上梓した『文士の私生活』（新潮新書）の中で、「島尾敏雄と『藤十郎の恋』」の一節を設け、「Kさん」と島尾に触れ、昭和三十年夏頃に彼女が消えてしまったこと、それが島尾一家の奄美大島への移住とほぼ同じであることに言及している。そして松原は「Kさん」の死を知らなかったようだが、「藤十郎の恋」の最後のところに置かれた、偽りの恋を仕掛けられた人妻のお梶が死んで以来、「藤十郎の芸はいよいよ冴えた。密夫《みそかお》の恐怖と不安、罪のおそろしさがからだいっぱいにあふれていた」という一節を縮約引用している。

それは島尾伸三が『狂うひと』で語っている、父は「すべての人を不幸にしても、書きたい人だったんですよ」という言葉を想起させる。

松原の『文士の私生活』は梯の『狂うひと』の『新潮』連載以前の刊行なので、梯は当然読んでいたと思われるけれど、松原にインタビューしたこともあってか「主要参考文献」のリストには入っていない。それこそ松原の「藤十郎の恋」発言は『狂うひと』のひとつのコアでもあるし、「謝辞」には故人となった松原の名前も記されていることからすれば、すこしばかり残念な気がする。

また「主要参考文献」には晶文社版『島尾敏雄作品集』が挙がっていないし、本文でも『死の棘』は昭和三十五年の講談社版の短編集と五十二年の新潮社版の長編が対比され、後者は千佳子の死後の刊行であり、前者を読んでいたと推測されている。しかし、それだけでなく、晶文社版4所収の『死の棘』は、昭和三十七年の刊行で、講談社の六編より多い十五編が収録され、しかも3には彼女をモデルとする「月暈」も見える。とすれば、千佳子がよく読んでいたのは晶文社版のように思える。それに私たちの世代にとって、島尾はこの晶文社版で読まれていたのである。梯の『狂うひと』が労作だと認めるに吝かではないけれど、少し気になることを記してみた。

192　矢山哲治と松原一枝『お前よ美しくあれと声がする』

2018・3

前回、昭和四十年代には島尾敏雄といえば、晶文社の『島尾敏雄作品集』全五巻のイメージが強かったことを記述しておいた。

その島尾の『死の棘』の愛人に関して、梯久美子の『狂うひと』よりも先んじてふれた『文士の私生活』を書いた松原一枝のことも、やはり昭和四十年代半ばにその名前を知っていたのである。それは当時、友人たちが『早稲田文学』の学生編集委員や寄稿者であり、そこに松原の『お前よ美しくあれと声がする』が連載されていたからだ。

松原とその小説をなぜ覚えているかというと、この時代の『早稲田文学』は若い書き手や新しい作品、それに外国文学などに誌面が割かれていた印象が強く、松原の作品は、戦前の同人雑誌『こをろ』を創刊し若くして亡くなった詩人矢山哲治を描いたもので、古風なイメージがつきまとっていたことによっている。それに加えて、作品の中に「お前よ美しくあれと声がする」の詩句はどこから取られたのかが記憶に残されたのである。

それらはともかく、確認してみると、この作品が『早稲田文学』に連載されたのは昭和四十四年九、十、十一月号にかけてで、四十五年に集英社から単行本が刊行され、田村俊子賞を受賞している。そうした事柄も忘れかけていた昭和六十二年になって、思いがけずに、未来社から『矢山哲治全集』全一巻が出版されたのである。そして「お前よ美しくあれと声がする」という詩句は、昭和十六年の詩集『柩』に独立した間投詞のようにして掲載された一節だと判明した。

またこの全集の特色は手紙魔だったという矢山の三二三通に及ぶ「書簡」の収録で、松原一枝へのものは四四通に及び、女性としては最多で、矢山が松原に寄せた思いが浮かび上がってくる。それを読んでいくと、松原の『お前よ美しくあれと声がする』は、矢山の書簡をコアとして書かれた作品で、「M子」が他ならぬ松原だと了承されるのである。

さらに真鍋呉夫の解説「光の薪―矢山哲治の詩と真実」を読むと、矢山の戦時下における二十四歳の轢死、その自殺だったのか事故死だったのか不明の死が、同人たちにとって「運命的なもの象徴的なもの」として受け取られたことを教えられる。それは大東亜戦争下に進行した詩と詩人を壊滅させる状況を象徴するもので、その闇を照らすために矢山は「光の薪」のようにして、「壮烈な戦死」を遂げたとされる。

それゆえに真鍋たちは「矢山の死から、さながら自分たちの生の最後の根拠を根こそぎにされでもしたような、異様な衝撃を受けずにはいられなかった」のである。この思いは真鍋や那珂だけでなく、同じく監修に名を連ねている島尾敏雄や阿川弘之も同様で、とりわけ島尾は真鍋の書簡不詳の問い合わせの返事に「矢山一巻全集首を長くして待っています」と書いてきたが、その上梓を見ず、前年に急逝している。

しかしこれらの監修者と同じ思いでいたのは先駆けて矢山の評伝を発表していた松原であり、彼女の『お前よ美しくあれと声がする』の刊行が、昭和五十六年の言叢社からの『こをろ』復刻につながり、『矢山哲治全集』へと結実していったのではないだろうか。そうした意味において、松原は著名な作家とはいえないけれど、矢山や島尾を始めとする『こをろ』同人たちの貴重な伴走者にして証言者の役割を果たしたことになろう。

松原の『文士の私生活』によれば、彼女は中国大連から日本に戻り、昭和十三年に九州帝国大学仏文科聴講生となり、『九州文学』同人に加わり、矢山と知り合い、親しくなった。そのことから『こをろ』にも入り、彼女が東京に移ってからも、矢山たちとの交流は続き、同時代の文士たちとも面識ができた。そうした環境もあり、彼女は日本女子会館発行の月刊誌『日本母性』の編集者となり、それがきっかけで、神田神保町の天祐書房から大連を背景としたふたつの家庭の物語『故郷ねぢあやめ咲く』を処女出版する。「ねじあやめ」とは満洲のような厳寒の荒地に小さな花を咲かせるあやめをさし、序文は坪田譲治が書いてくれた。この「健全な家庭小説」は紙の特配をもらい、満州でも売れに売れて版を重ね、その後篇『雲は風を孕んで』も同様だったという。またその他にも『改造』の懸賞小説に「大きな息子」が佳作当選したことも語られ、松原の戦前の文学活動を知らされる。

そのような「昭和文壇交遊録」は戦後になっての宇野千代につながり、宇野は松原が同人誌に書いた「お前よ美しくあれと声がする」の一部を読み、それを長編として完成するように勧める。そして宇野の那須の別荘で、松原はそれを書き上げ、その経緯は不明だが、本多秋五の手を経て、立原正秋が編集長を務めていた『早稲田文学』に掲載されたのである。これでようやく『お前よ美しくあれと声がする』の連載理由が判明したことになる。

193 ジョイス『フィネガン徹夜祭』と都市出版社

2018・4

前回、松原一枝の『お前よ美しくあれと声がする』が昭和四十四年に『早稲田文学』に連載されていたことを既述しておいた。

それと同時期にジェイムズ・ジョイスの『フィネガン徹夜祭』も連載されていた。正直なところ、この「川流れ　イヴ・アダム教会をすぎ　腰をくねって　湾にそそぎ」と始まる翻訳は、私のような十代の読者にとって太刀打ちできるものではなく、その詳細な訳注も同様であった。

ところが何とこの難解で、とても売れるはずもない、『フィネガン徹夜祭』が昭和四十六年に都市出版社から単行本化されたのである。訳者は連載メンバーの鈴木幸夫、野中涼、紺野耕一、藤井かよ、永坂田津子、柳瀬尚紀と同じで、その帯には「〈言葉〉はいま壮大な夜宴を開く…」と謳われ、それは次のように続いていた。

「地誌、文明史、宗教哲学、乱酔者の夢想にして喜劇的な性の書、言語芸術の極北に聳える今世紀最大の謎の書。あらゆるものが対立し融合し回帰する輪廻転生の詩祭」。また裏帯には「超人的に言語感覚の優れた一人の文学者が、小説という芸を極限まで突き詰めたあげく」の「抱腹絶倒の祭儀」という丸谷才一評も見えていた。

それらに加えて、その箱絵はジョイスの顔も含めた杉浦茂のナンセンスコミックを彷彿とさせるもので、『フィネガン徹夜祭』の内容や帯文にふさわしいと思われた。その装丁者に気づいていなかったけれど、今になって確認してみると、堀内誠一だったのである。

装丁のことはともかく、『フィネガン徹夜祭』は刊行の翌年に、都市出版社が倒産したこともあって、古書価は失念してしまったが、どこでも安く売られていた。だからとても歯が立たないことは承知の上で、つい購入してしまった。またジョイスに内的独白の手法への方法的暗示を与えたとされるデュジャルダンの小説『もう森へなんか行かない』も都市出版社から、やはり鈴木幸夫、柳瀬尚紀訳で出され、同じように売られていた。しかし、こちらは買わなかったこともあり、これしか翻訳がないためなのか、その後古本屋でも見かけていない。

それから半世紀近く経ち、水声社の鈴木宏の『風から水へ』（「出版人に聞く」番外編、論創社）のインタビュー資料として、『水声通信』13の特集「何のための出版?」を読んだ。するとそこに、駒場の日本近代文学館における、作家中村邦生の講演「都市出版社を追懐する」が掲載されていたのである。これは「付記」によれば、その前に掲載の山崎勉「ヴィクター・ゴランツとその出版記」と同様に、東京出版理論サークルの第一回集会の講演で、このサークルは水声社スタッフを中心とする出版とその周辺の問題を考えるために立ち上げられたようで、その後も続いたのかは鈴木宏に確かめるに至っていない。

同サークルのことはいずれ確認するつもりでいるけれど、中村の講演に戻ると、中村は都市出版社の社員だった経験から、「一九六〇年代末のある文芸出版社のこと」を語っているのである。私も内藤三津子『薔薇十字社とその軌跡』（「出版人に聞く」シリーズ10）のインタビューもしていることから、都市出版社に関しても仄聞していたが、このように具体的に語られているのを初めて目にする。中村は大学生だった一九七〇年の夏に入社試験を受け、その秋に「見習い奉公」として勤めるようになる。彼の目に映った都市出版社のメンバーを紹介してみよう。

「伝説の編集者」でシャイな矢牧一宏、「偉大なる虚業家」にして編集プロデューサーの康芳夫、「本物のやくざ」のようなインド文学者の松山俊太郎などによる面接があり、「とにかく最初から奇妙な会社」だった。それから『フィネガン徹夜祭』の連載を読み、おもしろかったので、鈴木幸夫を訪ねた。

「そうしたら、まだ全体の五分の一くらしか進んでいない。だけど、本になるくらいの分量はありました。で、翻訳チームの現場にも行ったんです。そうしたら、柳瀬尚紀のアパートなんです。そこにみんな集まってやっているんですが、数行訳すのに何時間もかかっているんです。いろんな文献を並べまして這うようにして作業をしているんです。一番中心に柳瀬尚紀、まだ一番若かったんですよ。彼が抜群によくできる。それから私は彼と仲よくなり、彼の家に泊まりに行ったりするような付き合いになったんです。」

このようなプロセスを経て、『フィネガン徹夜祭』は出版されたのであり、あらためて鈴木幸夫の「あとがき」を見ると、「この翻訳出版に当たって、都市出版社の好意と編集部の中村邦生君に心から感謝をささげる」との謝辞がしたためられている。入社早々の中村の企画を通した「都市出版社の好意」は鈴木にとっても驚倒のように思われたはずだ。だが、それゆえに倒産してしまったとも言える。中村は「短く激しく燃え尽きた都市出版社のことを思い出すと、あの熱い時代の象徴のように懐かしく、心が騒ぎます」と講演を結んでいる。

194　宮崎修二朗と柳田国男『故郷七十年』

本誌連載の出久根達郎「本卦還りの本と卦」で、今村欣史の『触媒のうた』（神戸新聞総合出版センター）を知り、読んでみたところ様々に未知のことを教えられたので、それを書いてみたい。

同書には「宮崎修二朗翁の文学秘史」というサブタイトルが付されているように、詩人の今村による「兵庫県文苑の長老」宮崎からの聞き書きをコアとする一冊である。私は不勉強のために、この宮崎の名前を知らなかったし、神戸在住以外の読者も同様だと思われるので、まずその簡略なプロフィルを挙げて置こう。

大正十一年長崎市生まれ、昭和十六年文部省図書館講習所卒業、二十六年神戸新聞社に入社し、出版部長、編集委員を歴任。六十二年から大阪芸術大学などに出講し、平成十一年には神戸史学会賞受賞、著書は昭和三十年刊行の『文学の旅・兵庫県』（神戸新聞社）を始めとして五十冊あまりに及んでいる

それから私も知っている「のじぎく文庫」のことが出て来る。何とこの文庫は宮崎が生みの親だったのである。これは宮崎の『文学の旅・兵庫県』に端を発し、「ふるさと兵庫」をテーマとし、郷土の作家や著作物を発掘し、地域文化を高めようとする目的で、昭和三十三年に創刊されている。兵庫県、神戸市、神戸新聞社などから組織された郷土振興調査会の提唱から始まる会員制の出版機関であり、地方出版の先駆けといっていいだろう。平成二十年の創刊五十周年には二三〇点に達し

2018・5

たという。

宮崎には通じていなかったけれど、「のじぎく文庫」は知っていたし、その一冊は読んでいる。ただそれは「のじぎく文庫」としてではなく、「朝日選書」の柳田国男『故郷七十年』で、私はこの本に触発され、「出版者としての柳田国男」（『古本探求Ⅲ』所収、論創社）などを書いた。その際に『故郷七十年』の元版が「のじぎく文庫」とあったことを記憶していたし、後に神戸のロードス書房の古書目録に「のじぎく文庫」の全点明細が掲載されているのを見た。しかし「ふるさと兵庫」出版シリーズの印象が強く、これが地方出版の先駆けだとする知識に欠けていたから、『故郷七十年』以外のものに興味を覚えなかったのである。

だが柳田の『故郷七十年』には宮崎の名前はまったく出てこないけれど、実際にその口述筆記を担当したのは宮崎で、それは昭和三十三年の三十六歳の時だった。この企画の成立理由は、神戸新聞顧問の嘉治隆一が神戸新聞六十年記念事業として、兵庫県出身の柳田の自伝を連載したらという話を持ち込んだことによっている。嘉治は朝日新聞の論説委員や出版局長を歴任した芦屋出身の人物で、上田敏の娘婿でもあった。その毛並のよさから柳田のお気に入りのジャーナリストだった。その一方で、宮崎のほうは寝耳に水の社命により、その口述筆記に関わることになる。

これらのことから『故郷七十年』が後に柳田研究の重要な一冊となり、「朝日選書」に収録される事情がわかるのだが、宮崎にしてみれば、当時は次のような心境であった。

「柳田の旅行記ぐらいは読んでいましたが、その学問にはまったく不案内でしたし、民俗学などにいささかの興味もなかったんです。そのころ流行していた〝今だから話そう〟式の十回か二十回程度の軽い自伝の聞き書きだろうと勝手に決め、たかが二、三日のことだからと上京したんです。」

ところが宮崎は柳田から嫌われてしまったのである。その理由のひとつが率直に語られている。

「自伝の口述筆記というものは、ご本人が一方的にしゃべるものじゃないと思ってました。聞き手にも質問が許され、双方の協力で進めるものだと思ってました。けど、柳田さんはそれが気にいらなかったのですね。」

おそらく柳田のことだから、宮崎を「本屋風情」ならぬ地方新聞の若い「記者風情」と見なしたのであろう。それに加えて宮崎は柳田が神戸新聞創刊当時の社会部長の江見水蔭のところに滞在したことにふれ、さらに柳田の二番目の兄嫁が入水したという「柳翁が終生隠してこられた松岡家の暗部」を知ってしまったことで、決定的に嫌われてしまったのである。宮崎の言葉を借りれば、「僕は嫌われて途中で放り出されました」と。

それもあって、後半のテープ起こしは成城大学のアルバイト学生が担当したことにより、『故郷七十年』は失敗作で、それは柳田も認めているようだ。その事実は、この自伝は資料的に重要だが、注意して読まなければならないことを教えてくれる。またそれを補足するために宮崎が『柳田国男その原郷』（朝日選書、昭和五十三年）を書いたことを了承するのである。同書も『触媒のうた』から知ったのだが、宮崎が保育社の「カラーブックス」の著者であることもわかった。そこで文庫の棚を探してみると、宮崎の『吉備路』が出てきた。かって藤原審爾の『秋津温泉』を調べるために購入し、宮崎のことを認識せず、読んでいたのだ。

195　柳田国男と『真名本曽我物語』

2018・6

前回、宮崎修二朗が口述筆記に携わったという柳田国男『故郷七十年』（朝日選書）にふれ、それとは知らずに同書に触発され、いくつかの拙稿を書いたことを既述しておいた。「出版者としての柳田国男」だけを挙げておいたが、実は八編に及び、それらは『古本探求Ⅲ』（論創社）に収録されている。

しかし、『故郷七十年』における柳田の人脈や交友関係にしても、肝心なところはふれられておらず、意識した韜晦の感を否めない。それは柳田国男研究会編著『柳田国男伝』（三一書房）を参照しながら読んでも同様である。とりわけ不明なのは柳田の近傍にいたはずの多くの出版者や編集者たちで、岡書院の岡茂雄『本屋風情』（中公文庫）を例外として、出版する側からの内幕などが語られていないことにもよっている。それらに加えて、柳田の周辺にはこれも多彩な宗教関係者、日ユ同祖論者やユダヤ陰謀論者などが出没していたと思われる。

『故郷七十年』の中で、柳田は創価学会設立者牧口常三郎に繰り返し触れている。明治四十三年に新渡戸稲造を後援者、柳田を幹事役にして、郷土会が発足する。定例会員は有馬頼寧、石黒忠篤、小野武夫といった農政、農業経済の専門家を中心とし、それに人文地理学を専攻する牧口も加わっていた。すでに牧口は柳田に先んじて大著『人生地理学』（文会堂）を上梓していた。つまり郷土会とは地方を新しく発見しようとする近代農政学と人文地理学を中心にして始まり、大正八年まで続いた。それは大正期に入り、内務省主導によって相次いで刊行された郡誌、町村誌、郷土誌と併走しているといっていい。

それはともかく、柳田は後に「新興宗教の開祖」となる牧口に自らの神秘的な感受性を傾け、異例なまでの「大変な興味」を寄せていたことがうかがわれる。そのことは牧口の周辺人物や事物、法華経や富士山下の日蓮宗の寺にまで及んでいる。人物の一例を挙げれば、その本門寺の信徒で、三谷という牧口の法華の指導者でもあった「どうも正体の判らない変った人物」が出てくる。嘘ばかりいうのだが、「いくつかの珍しい妙薬」を持ち、それが良く効いたので、柳田も「その恩恵」を受けていた。ところが牧口と三谷は絶交することになり、消息を絶ってしまった。確かに奇妙な人物で、『故郷七十年』に登場する多くの人々の中でも、ひときわ印象に残るが、何者なのかわからないままだ。

その本門寺には三谷がいただけでなく、本門寺本と称される「真字本の曽我物語」が伝わっていて、「文法は成っていないが、一字の仮名も使わず、漢文ばかりで書いたもの」で、「非常に珍しい内容」だった。ところがこの本門寺本は余りに難解なので、大石寺本という訳本も出来ていて、それに関して、柳田は次のように記している。

「大石寺は富士の五箇寺の一つで、富士の西側にあって、そこに伝わるこの訳本は非常によく訳してあって解り易いが、その中身は本門寺本を元にしているので、普通に流布本と称し、寛永十二年に出版されている曽我物語とはまるで違っている。というよりはずっと良い内容を持っている。（中略）本門寺本の方は旧くて、中身も我々にとって大変面白いものである。真字本と書いてマナボンというのだろうが、その真字本曽我物語は非常に内容がいいし、正確にも出来ている。」

もちろん私はそうした古典類に通じているわけではないけれど、ここまで書かれれば、その「マナボン」を見てみたいと思ったことは当然であろう。

だがそれが実現したのは今世紀に入ってからで、古本屋で平凡社の東洋文庫の『真名本曽我物語』（青木晃他編、福田晃解説）全二巻を見つけたことによっている。昭和六十二年に出ていたのである。柳田は「真字本と書いてマナボン」と呼んでいたが、こちらは「真名本」で、ルビはやはり「まなぼん」とふられ、同一のものだった。同書は柳田がいう大石寺本と同様に、「真名本を訓み下したもの」であり、そのテキストは妙本寺本によっているという。

といっても、柳田ではないので、「日域（じちゐき）秋津島（日本国）と申すは」から始まる「真名本曽我物語」を読み通すことは難しい。そこで「解説」をたよりにして、その物語のコアを抽出してみる。

建久四年に源頼朝の富士の裾野の巻狩の宿門に、曽我十郎、五郎兄弟が押し入り、父の仇工藤祐経を討ち果たした。しかし、十郎は討死し、五郎は捕らえられ、頼朝からその孝心を賞せられたが、裁きに服し、刑死に至った。この仇討談が長く後代に「曽我物語」として伝えられるようになった。ただそのような物語として作品化される以前に、富士の裾野を中心とする各地において、兄弟の死霊語りを御霊信仰とともに遊行巫女が語り継ぎ、それが「曽我物語」として成長し、『真名本曽我物語』の成立に結びついていったとされる。

さわりのところで紙幅が尽きてしまった。この先は東洋文庫版を参照されたい。

196　柳田国男『秋風帖』と梓書房

2018・7

前回に続いて、もう一回、柳田国男と出版のことを書いておきたい。

柳田国男研究会編著『柳田国男伝』（三一書房）において、「大正九年（一九二〇）は、柳田のために最も記念すべき旅行の年になつた」と述べられている。それは柳田が八月に朝日新聞社に入り、九月から東北東海岸、十月から中部、関西、中国北方を旅し、十二月には南島に向けて出発しているからだ。これらの記録はそれぞれ、『雪国の春』（岡書院、昭和三年）、『秋風帖』（梓書房・同七年）、『海南小記』（大岡山書店、大正十四年）として刊行されている。

ここでとりあげたいのは『秋風帖』で、柳田はその「序」を「これは私の最も自由なる旅行の一つであつた」と書き出している。それは始めから計画を立てず、駿州の焼津で汽車を降り、大井川と天龍川から磐田引佐に向かい、秋葉路を抜け、熊村へ至り、三河の新城、岡崎に出るという旅だった。それらの行程は、これも「秋風帖」とある地図に示されている。

この『秋風帖』が『海南小記』や『雪国の春』の上梓に比べ、遅くなってしまったのは、それだけでは分量が少なく、一冊にならなかったことに起因している。だが、「大正九年は私一箇の為に、最も記念すべき旅行の年」だったことから、その他の同種の文を加え、「今度思ひ立つて書物の形にした」とあり、「此頃久しく旅をして見ぬので、脚も筆も共にや丶痿えて居る」と「序」は結ばれている。

ただここで言及したいのは、『秋風帖』の内容ではなく、版元の梓書房に関してなのである。私が古本屋で購入した『秋風帖』は裸本だが、かえってそれゆえに、折口信夫による背の黒題簽がくっきりと映る。おそらく折口が題簽を担ったのは、昭和五年の梓書房からの釈迢空『春のことぶれ』の刊行につながっているのかもしれない。梓書房は一般的には、戦前の山岳書版元として知られていると思われるけれど、岡書院の別会社であり、その事情について、岡茂雄は『〔新編〕炉辺夜話』（平凡社ライブラリー）で、次のように語っている。

「私は大震災後ある動機で、今でいう文化人類学関係の専門書肆岡書院を創めて、出版界に足を踏み入れましたが、この仕事をまご子に継がせる気持は毛頭なく、特別の縁故で私の許に来ていた、若いSという番頭に継がせることにし、出版という仕事を体験によって会得させようと思いました。そして梓書房という屋号を別に設けてこれに当らせ、私が後見することにしました。（中略）ところがSは、どのような経緯があったのか、ロシア文学専攻の若い詩人中山省三郎氏と親しくなっており、その関係からか詩集ばかり手懸けて、少なからず損害をして困りました。北原白秋、伊良子清白、横瀬夜雨、吉江孤雁等でしたので、大目に見てはいましたが、そうそう赤字を重ねられては困る、どうせ赤字を出すなら、私も好きな本もといって、取りかからせたのが、山岳書であった（後略）。」

これは管見の限り、梓書房と「S」についての唯一の具体的な証言なので、長い引用になってしまったが、梓書房の内部事情はよく伝わってくるはずだ。『秋風帖』にしても、岡の「好きな本」として出されたとも考えられるけれど、その奥付は当然のことながら、発行者として「S」の名前、坂口保治の名前が付されている。

それだけでなく、『〈新編〉炉辺夜話』の巻末に収録された梓書房出版目録を見ると、北原白秋『月と胡桃』や伊良子清白『孔雀船』などがリストアップされ、坂口に「どのような経緯があったのか」はわからないにしても、詩集出版者として出版史に記憶されなければならない人物のように思えてくる。先述の釈迢空歌集にしても、坂口の企画だったのではないだろうか。

実際に白秋の『月と胡桃』は昭和四十九年にほるぷ出版の『名著複刻児童文学館』第二集の一冊として、そのまま複刻されている。それは「童謡集」と謳われているように、そこには大正十三年の「からたちの花」から昭和四年の「ひるねずみ」に至る一四六編が収録され、その「序」には白秋の「胡桃の花は青く、月の光よ円かであれ」との言葉が見える。そして「後記」には「香ひあるすぐれてめでたきものへ向つて、わたしたちの童謡の道は開かれてあらねばならぬ。童謡も詩であるから」とも記されている。

その白秋の言葉に呼応するように、菊変型判の『月と胡桃』は上質の用紙三二二ページにわたって、それらの童謡が詩のように組まれ、その函には亀山巌の本文中の挿絵が転載され、まさに詩集のような造本に仕上がっている。これは未見だが、伊良子の『孔雀船』も最初の佐久良書房版よりもはるかに優れたもので、日夏耿之介が「解説」を寄せているという、それは日夏も梓書房から『明治文学雑考』を刊行していることによっているのだろう。

当然のことながら、梓書房も岡書院と同様に、昭和十年頃に倒産してしまう。その後の坂口はどうなったのであろうか。

197　垂水書房と天野亮

2018・8

浜松の時代舎から明治古典会の『第五十三回七夕古書大入札会目録』を恵贈され、すっかり目の保養をさせてもらった。私は初版本や署名本なども含め、このような「古書」の分野に門外漢であるのだが、それでも一点だけ、架蔵しているものを見出すことができた。もっとも全巻揃いでもないし、署名本でもないけれども、それは垂水書房の『吉田健一著作集』である。

これももう半世紀前のことになってしまうが、昭和四十年代までは垂水書房の書籍が特価本としてどこの古本屋でも売られていた。それらは『吉田健一著作集』を始めとして、これも吉田の『大衆文学時評』などの「垂水叢書」、外山滋比古『近代読者論』『修辞的残像』、福原麟太郎『芸は長し』といった「tarumi library」、マンスフィールド短編集『幸福』『園遊会』（いずれも黒沢茂訳）で、明らかによくある倒産後のゾッキ本だと思われた。

その後、垂水書房の外山の二冊は、みすず書房から復刻され、『吉田健一著作集』は原書房の『吉田健一全集』や集英社の『吉田健一著作集』へと継承されていったと見なせよう。

しかし、垂水書房と発行者の天野亮に関しては何も語られず、消息は不明のままで、倒産とゾッキ本化についての証言もなされてこなかった。

垂水書房の全出版物の明細は定かでないにしても、五十冊以上の単行本が出されたことは確実だし、様々な著者たちとのつながりも考えられるのに、言及は見出せない。とりわけ吉田健一が深い関係にあったのは明白だが、垂水書房のことには沈黙を守ってきたというしかないし、『吉田健一著作集』においても、まったく言及されていないはずだ。

その垂水書房と天野亮のことがそれなりに判明したのは、近年の長谷川郁夫の『吉田健一』（新潮社）の刊行を待ってのことだった。やはり長谷川も、昭和四十年代の垂水書房のゾッキ本の氾濫を見て、吉田に関し、「その圧倒的量は一人の作家を生殺しするに足りるほどのものだった」と証言し、次のように書いている。

「吉田健一と垂水書房。（中略）この先、吉田さんの文学的生涯は約二十年と限られるが、その真半分は垂水書房の天野亮が寄り添うものであった。いや、著者としての吉田さんは垂水書房と命運をともにした、といえるだろう。そしてそれは著者と出版社との理想的な関係を示す、もっとも美しい例の一つに数えられるものだった。」

ここで長谷川は、自らも吉田の『ポエティカ』などを刊行した小沢書店を倒産させたことを重ね合わせているのだろう。しかもこの二巻本は明らかに垂水書房の『吉田健一著作集』を範として編集されている。

そして長谷川は吉田からの断片的な証言を引き出すにいたる。「『引導を渡すのは辛かった。あれだけ…』と唸るように言ったまま、それきり口を噤んでしまわれた」。この吉田の言と先の長谷川の引用をクロスさせると、垂水書房の来し方とその最後のシーンが浮かび上がってくるような思いに捉われてしまう。

それればかりでなく、あらためて昭和三十九年に出されたA５変形判の『吉田健一著作集』第一巻の『英国の文学』を繰ってみると、その「後記」から同書が二十四年に雄鶏社編輯局長延原謙の依頼によって書かれ、同編輯部の加島祥造の手を経たこと、校正と原書引用確認は幾野宏によっているとわかる。垂水書房もそうした戦後の出版環境下に立ち上げられたのである。

主として長谷川の『吉田健一』をたどりながら、その天野亮のプロフィルを描いてみる。天野は大正九年生まれで淡路島出身とされる。東京文理科大学で福原麟太郎に師事し、外山滋比古とは同窓だった。それで福原や外山の著書の刊行を了承するのである。大学卒業後に池田書店に入り、その雑誌『人生』の編集長を務める。

池田書店といえば、実用書の出版社と思われがちだが、昭和二十四年創業時は、堀秀彦や武者小路実篤たちの人生論や教養書を出し、また福田恒存『龍を撫でた男』、吉田健一『シェイクスピア』は読売文学賞を受賞している。それからこれは余談だが、謝国権の『性生活の知恵』をベストセラー化させた創業者の池田敏子は、若い外国文学者たちのパトロネスだったと伝えられている。おそらく、この『人生』を通じて、吉田たちと池田書店の関係は成立し、それが天野による垂水書房設立へとつながっていったのであろう。『吉田健一著作集』第二巻所収の『シェイクスピア』は、昭和二十七年池田書店刊とあるし、第六巻の『文学人生案内』の半分は、『人生』連載との断りも付せられているからだ。これで天野が吉田とつながり、垂水書房を設立し、『吉田健一著作集』刊行に至る筋道が判明したことになる。

さてその垂水書房倒産後の天野のことだが、長谷川によれば、昭和五十年代には小学館の校正に従事し、その後福武書店辞書部の校正に携わっていたという。だが彼の最後までは見届けられていない。

198 東京美術倶楽部の『もくろく』

2018・9

前回、明治古典会の「七夕古書大入札会目録」から始めたので、続けて最近古本屋で入手した『もくろく』をとり上げてみたい。

それは茶色の表紙にただ『もくろく』という題簽が貼られた和本仕立ての一冊である。表紙を開くと、そこには「八瀬清閑荘伊藤庄兵衛氏所蔵品入札目録」と記され、期日は昭和十六年五月十七、十八日の両日が下見、十九日が入札並開札で、会場は東京市芝区新橋七丁目の東京美術倶楽部とされる。その次のページには札元として、東京四谷の平山洞、日本橋の瀬津伊之助、京都祇園の林新兵衛の三者が並んでいる。

菊判アート紙本文は一五〇ページほどで、三〇〇点に及ぶ実物写真が掲載され、さらに写真を伴わない売立品として、一四〇点が列挙されている。奥付には昭和十六年五月五日発行、非売品、編輯発行人は京都市東山区の山本湖舟、製作はやはり京都の安藤写真製版所と内外出版印刷で、発行所だけが東京美術倶楽部となっている。

その内容は厳島神社伝来の仏画「刺繡大日如来像」から始まり、仏像、様々な金銅器、密教法具、厨子、和鏡、玉類、硯箱、古写経、絵巻、六曲屏風、甕と壺、花瓶、皿などで、それらは日本古代や中世だけでなく、中国や韓国にも及び、まさに壮観であるといっていい。テレビの「何でもお宝鑑定団」ではないけれど、素人目にも総額では天文学的な金額になると思われた。ただ昭和十六年五月といえば、その年十二月の太平洋戦争を控え、大政翼賛会による「ぜいたくは敵だ！」というキャンペーンも展開されようとしていたし、こうした入札会が盛況だったのかどうかはわからない。

伊藤庄兵衛は戦前の仏教美術コレクターとしても著名だったとされる。だがどのような経緯と事情なのか、すでに昭和八年に京都美術倶楽部において、そのコレクションの売立入札を行い、その際にも『仏教美術売立図録』が出されているという。おそらく私が入手した『もくろく』奥付の編輯兼発行人や製作者たちが京都在住であることからすれば、先の『図録』の東京美術倶楽部版が、この『もくろく』とも考えられる。ただ残念なのは、こうした仏教美術分野において、反町茂雄の『蒐書家・業界・業界人』（八木書店）のような本が見当たらないので、それらの詳細はつかめない。

それから、この『もくろく』を購入したのは、かつて私がこの東京美術倶楽部でアルバイトをしていたこともあるからだ。それはもはや半世紀前の昭和四十五年頃の一年間で、下足番などの雑用係としてだった。自分が見つけたわけではなく、大学の仲間内の持ち回りの仕事であり、それなりにバイト料も高く、月に何回か開かれる催事日の要員なので、拘束がゆるやかであったことによる。

あらためて回想してみると、当時の東京美術倶楽部は古ぼけた木造の旅館、もしくは寺院のような感じで、骨董や美術品の展覧会が主だったと思う。催事の際には著名人の顔も見られたけれど、催事の内容に関してはまったく関心がなく、実際にそれらをほとんど目にしていない。まだ十代だったし、アルバイト仲間でも、それが話題になることはなかったし、確かアルバイトは催事場へは出入禁止だったことにもよっているのだろう。しかし今になって思えば、『もくろく』のような大がかりな入札ではなかったにしても、そのかたわらにいて、一度も見ることができなかったのは残念でならない。戦前には、この『もくろく』のような入札が行われていたわけだから。

またもうひとつの入手目的として、自分が所有している、一・八メートル近いアジアの女神像の手がかりがつかめないかと思ったことも挙げられる。これは十年以上前に、近くの郊外のリサイクルショップで見つけ、たまたま講演料をもらったこともあり、三万五千円で購入し、それからずっと玄関の守護神のように置いている。この一体は明らかに木を一本彫りしたもので、頭頂部をシニヨンとし、細面の中の黒い目は正面を見つめ、合掌している。その上半身には緑、下半身には赤の衣服を配し、それらには肌理の細かい装飾が施され、イスラム系のものだとわかるし、手作りに他ならないことが伝わってくる。

そのこともあって、植田康夫『「週刊読書人」と戦後知識人』（『出版人に聞く』シリーズ17）のインタビューの際に、昭和四十二年の大宅塾の東南アジア視察旅行で、多くの木彫人形を見たということから、私の女神像の写真を掲載し、何らかの情報が入ればと思った。ところがまったく何の教示も得られず、その出自はわからないままである。

最近亡くなったばかりの、植田によれば、マレーシアからタイにかけては木彫人形が多く、それは木材が豊富で、その加工賃がものすごく安いことから作られているものではないかとのことだった。だが、現在でも、そのことを具体的に確認するには至っていないし、同じものを東南アジアの美術書に発見していない。本当にこの女神像はどこからやってきたのだろうか。

199　松本清張『神々の乱心』と『宮中儀式略』

2018・10

前回の東京美術倶楽部の『もくろく』と一緒に見つけ、購入してきたのは、これも和本仕立ての『宮中儀式略』であった。ただ前者とことなるのは、中表紙も奥付もないことで、誰が編み、いつ、どこから刊行されたのかが不明の一冊だった。

それでも購入したのは松本清張の未完の遺作『神々の乱心』（文春文庫）に端を発している。この作品に関しては文庫化された際に「松本清張と読者」（『文庫、新書の海を泳ぐ』所収　編書房）を書き、晩年のものとは思えないほどの力作で、戦前の皇室と宗教と軍部の関係を描いたアクチュアルな作品であるにもかかわらず、解説すらも施されていないことに苦言を呈しておいた。

しかしそれから十年近く経って同じ文藝春秋から、サブタイトル「『神々の乱心』を読み解く」が付された原武史の『松本清張の「遺言」』（文春新書）が出された。これはまさに見事な別冊解説というべき一冊で、新興宗教と皇室の問題について、大いに触発されたといっていい。そこで原は指摘している。昭和天皇が実母の貞明皇后とうまくいっておらず、皇后は次男の秩父宮を可愛がっていた事実が『神々の乱心』全編を貫くひとつの大きなモチーフで、それは女官制度改革と宮中祭祀をめぐる問題として露出すると。

昭和天皇＝皇太子は大正時代の半年間のヨーロッパ視察から戻ると、イギリスの王室を手本とし、後宮改革に力を入れ、宮中に住み込んで外界を知らない高等女官を通勤制とし、社会的常識をつけさせ、ドライな関係に改めようとした。ところがである。原は書いている。

「これに宮内大臣の牧野伸顕は難色を示します。皇居の宮中三殿で行われる祭祀、つまり宮中祭祀における高等女官の役割は重要であり、通勤制に改めると祭祀に支障をきたすと考えたからです。しかし皇太子は承服しなかったため、牧野から話を聞いた貞明皇后は、宮中祭祀を軽視するがごとき皇太子の態度に、不満を感じるようになります。」

とりわけ宮中祭祀の中でも、新嘗祭は「夕の義」「暁の義」からなり、夕方から未明までかかり、長時間の正座が必要だが、皇太子は西洋風の習慣に影響されてしまい、正座ができないため、宮中祭祀は務まらず、実際にも熱心ではなかったのである。さらに原はこの構図が現在の皇室にも当てはまり、現皇后が宮中祭祀に熱心だが、これに対し、雅子皇太子妃がそうではないことも指摘している。

この宮中祭祀に関しては新嘗祭を除いて、ほとんどが明治になって再興されたり、新たに創り出されたもので、古代天皇制がそのまま近代がつながっていない。だがそれらの宮中祭祀の明細は示されているし、同じく原の『昭和天皇』（岩波新書）においても、繰り返し言及されている。しかし両書において、この宮中祭祀集と見られる『宮中儀式略』は資料、参考文献として挙げられていなかった。だが、そうであっても、この三七七ページに及ぶ一冊は、宮中祭祀の重要な文書だと考えられたのである。

例えば、十一月二十三日の新嘗祭を見てみると、それは三五ページにわたり、その由来、夕次第と暁次第、明治四年の大嘗祭、供御の新穀、白酒生酒の醸造の詳細が描かれている。確かに新嘗祭は夕方から暁方の長時間に及び、多く菜女や采女が必要だとわかる。それは牧野がいうように「宮中祭祀における高等女官の役割は重要」だとの言を裏付けている。それなのにこの『宮中儀式略』が資料として挙げられず、著者も版元も不明であるのはどうしてなのだろうか。

そこで「日本の古本屋」で検索したが、在庫は一冊もなく、探求書の告知が見出されるだけだった。さらに国会図書館のデジタルアーカイブを見てみると、ようやく『宮中儀式略』に出会えた。題簽文字が手書きと印刷の相違はあったとしても、巻頭の田中光顕による書の掲載は同じだったからだ。

田中は明治三十一年には宮内大臣として、大きな勢力を有する天皇親政派の宮廷政治家だったとされる。このような経歴から、『宮中儀式略』のための書を依頼されたのであろう。

さらにデジタルアーカイブを繰っていくと、中扉と奥付があったことも判明する。奥付によれば『宮中儀式略』は、明治三十七年に民友社から刊行され、著作者は平田久である。平田は同志社出身で徳富蘇峰が創刊した『国民新聞』の記者となり、優れたジャーナリストとして鳴らしたとされる。民友社退社後は宮内省に関係していたようなので、『宮中儀式略』はそれに絡んだ一冊だと推測できるし、その一円という定価は宮内省の大部の買い上げ、もしくは出版助成金を得ての刊行であることを告げていよう。

そのことから考えると、私が入手した『宮中儀式略』は宮内省の直接買い上げ分に当たり、それゆえに最初から中扉と奥付が付されていなかったのではないだろうか。すなわち宮内省が直接献本した一部のように思える。

200　清水俊二と多忠龍『雅楽』

2018・11

清水俊二といえば、私たちの世代にとっては、レイモンド・チャンドラーの『長いお別れ』の名訳者、多くの映画のスーパー字幕者として、よく知られた存在であった。しかし、これを書くために確認してみると、昭和六十三年になくなり、すでに三十年近くが過ぎ、チャンドラー訳にしても、村上春樹訳に移行しているので、清水に関しても説明を要する時代に入っているのかもしれない。

まして清水が戦時中から戦後にかけて出版社に勤め、単行本の翻訳者兼編集者で、さらに『野球日本』という雑誌を創刊したことを記憶している読者は少ないだろう。昭和十五年夏、清水は友人の大門一男に誘われ、工作機械を扱い、軍需景気で金回りが良かった六興商会が設立した六興商会出版部＝六興出版社に関わるようになった。そしてジュール・ロマン『欧羅巴の七つの謎』、ウイリアム・サロイヤン『わが名はアラム』を翻訳出版した。

後者は清水にとって、最も自信のある翻訳だったが、発売が真珠湾攻撃と重なり、書店の店頭にはほとんど並ばなかったという。しかし戦後になって月曜書房から再版され、昭和五十一年には晶文社の「文学のおくりもの」に収録され、ようやく不運だった『わが名はアラム』も報われたと清水は述べている。私も月曜書房版に関しては書影を示し、以前に「真善美社と月曜書房」（『古本探究』所収）を書いている。

昭和十六年十一月に清水はパラマウント映画会社を退職し、正式に六興商会出版部に入り、常勤の編集部長となる。太平洋戦争が始まり、清水は同僚たちが召集されていく中で、戦時下の編集者として、火野葦平『青狐』、杉山吉良『アリューシャン戦記』、高見順『東橋新誌』などを刊行し、来宮の谷崎潤一郎を訪ねたりしていた。

そのような九年間の六興出版会の編集生活で、「会心の仕事」といえるのは戦前の多忠龍『雅楽』と戦後の野田宇太郎『パンの会』だとされ、とりわけ愛着があるのは昭和十八年刊行の『雅楽』だった。清水の『映画字幕五十年』(早川書房)によれば、これは次のような経緯と事情からであった。友人を通じて、宮内省雅楽部の長老の多忠龍が喜寿を迎えるので、その一生を本にして残しておきたいと息子の多忠胤から依頼された。

清水も雅楽について知りたいと思っていたし、雅楽をわかりやすく書いた本は一冊もなかったこともあり、多忠龍から話をしてもらい、それを自分が補足して書く。「私の何でも知りたがるやじ馬根性にぴったりの企画だった」ので、すぐに取りかかった。

「雅楽について調べるのに三ヶ月かかった。ひととおり頭に入ったところで多忠龍さんに週一回ずつ、二ヶ月にわたって話を聞いた。宮中の話なので、活字にするわけにいかぬ部分がかなりあり、私がしらべた雅楽の歴史や楽器の話と組み合わせてまとめるのに苦労したが、多さんのべらんめい口調の語り口を生かして書くのが楽しく、私がいままで書いたもののなかでも私自身がなっとくのいく仕事の一つになった。(中略)私自身のことをいえば、自分が知りたいと思ったことをたんねんに調べて書くのがいかに楽しいことであるかを知った。」

つまり『雅楽』は清水が多にインタビューし、リライト編集することによって成立した一冊ということになり、それゆえに「私自身がなっとくのいく仕事」となったのである。しかしこの『雅楽』はその後他の出版社から再刊されたり、文庫化されていないと思われ、私もずっと読めないままだった。

ところが最近になって、まったく偶然に古本屋の棚に、それを見出したのである。古書価は七百円だった。実にシンプルにしてシックな装幀、造本で、戦時下の出版物には見えず、清水が誇ってしかるべき一冊の印象をもたらしてくれる。それはプロフィールに関して不明だけれど、装幀から本文の組までも担った池田木一の仕事の反映であろう。

読んでいくと、多の語りの中から千三百年に及ぶ雅楽の歴史が奏でられているようなリズム感を覚える。雅楽とは日本古来の音楽に、朝鮮、支那、シベリア、安南、印度、西蔵などの音額が加わり、多くの楽人の手により、日本独特の雅楽としてまとめられたものだと語られていく。清水がチャンドラーを始めとして名訳者であることは認識していたけれど、インタビューやリライト編集にも卓抜なことをあらためて認識するし、それがスーパー字幕の仕事と密接にリンクしていることにも気づかされる。

おまけに清水による「あとがき」に、この仕事が「多さんの軽妙洒脱な話の調子を生かさなければ」いけないので苦心したが「これだけりっぱな本」となったことを関係者と喜びたいとの言も見える。それだけ清水としても、『雅楽』の編集と出版は記念すべきものであったと思われる。入手した『雅楽』の奥付は昭和十七年十二月初版三千部、十八年再版五千部の記載が見える。だが現在ではどれほどの部数が残っているのだろう。

あとがき

ここに『古本屋散策』として上梓する本書は、『日本古書通信』二〇〇二年四月号から二〇一八年十一月号にかけて、同タイトルで連載した二百編に、章題の一部の変更と加筆修正を施したものである。各編の初出時はタイトル下の横組アラビア数字で示しておいた。それぞれの多くが後日譚を有しているけれど、それらを補足すると、さらに一冊分を要するので、書き加えられなかったこと、及び取り上げた本と時代状況を考え、あえて西暦と年号（和暦）を統一しなかったことを先に記しておく。

本書に収録した古本をめぐる二百編は、意図せずして私個人の営みとしての読書史を形成していることになり、羞恥の念を禁じ得ない。だがいささかなりとも、それが近代出版史や文学史へとリンクさせる試みであることは付記しておきたい。またこれらの一冊であっても、読者を喚起させ、読むという行為に誘うことができれば、それだけで幸いに思う。ただ私はこのような読書の果てに、多くのものを失ったことを想起してもいる。

この十七年に及ぶ連載は『日本古書通信』の樽見博氏のお誘いによって始められた。当時、私は『書店の近代』（平凡社新書）や『図書館逍遥』（編著書房）を書いたりしていたので、これらに古本屋を加えれば、書店、図書館、古本屋という主要な出版物インフラを合わせて言及することになると考えたのである。

しかしこれほど長きにわたる連載に及ぶとは予想もしなかった。その一方で、この連載をきっかけにして、『古本探究』三部作、『古雑誌探究』（いずれも論創社）の書き下しと刊行、拙ブログ「古本夜話」、論創社ＨＰ「本を読む」のスタートが続き、前者はすでに九百回に近づいている。それらもあって、『日本古書通信』の貴重な誌面の長期占有はよくないと思い、再三の辞退を申し出たのだが、樽見氏のずっと続けるようにとの寛容な言葉に甘え、ついに二百回を超えてしまい、現在でも連載は続いている。

そのような『日本古書通信』と樽見氏の好意に応えるためにも、単行本としてかたちにすべきだと考え、それを論創社の森下紀夫氏にお願いし、ここに上梓の運びになった。両氏に深甚の謝意を表する次第である。

二〇一八年十二月

著　者

小田 光雄（おだ・みつお）
1951年，静岡県生まれ。早稲田大学卒業。出版業に携わる。著書『〈郊外〉の誕生と死』『郊外の果てへの旅／混住社会論』（いずれも論創社）、『図書館逍遥』（編書房）、『書店の近代』（平凡社）、『出版社と書店はいかにして消えていくか』などの出版状況論三部作、『出版状況クロニクルⅠ～Ⅴ』インタビュー集「出版人に聞く」シリーズ、『古本探究Ⅰ～Ⅲ』『古雑誌探究』（いずれも論創社）、訳書『エマ・ゴールドマン自伝』（ぱる出版）、エミール・ゾラ「ルーゴン゠マッカール叢書」シリーズ（論創社）などがある。個人ブログ【出版・読書メモランダム】http://odamitsuo.hatenablog.com/に「出版状況クロニクル」を連載中。

古本屋散策

2019年5月20日　初版第1刷印刷
2019年5月25日　初版第1刷発行

著　者　小田光雄
発行者　森下紀夫
発行所　論 創 社
東京都千代田区神田神保町2-23　北井ビル
tel. 03（3264）5254　fax. 03（3264）5232　web. http://www.ronso.co.jp/
振替口座　00160-1-155266
装幀／鳥井和昌
印刷・製本／中央精版印刷　組版／フレックスアート
ISBN978-4-8460-1826-9